国家社科基金
GUOJIA SHEKE JIJIN HOUQI ZIZHU XIANGMU
后期资助项目

产品质量危机管理研究

Research on Product Quality Crisis Management

刘书庆　著

科 学 出 版 社

北 京

内 容 简 介

本书借鉴企业危机管理相关理论，发掘出产品质量危机内外部影响因子，并发现内外部影响因子对产品质量危机预控成效的作用机理；设计了产品质量危机预控、应对及顾客信任恢复过程控制流程，构建了产品实现过程质量危机预警模型、质量危机应对策略及其选择模型、顾客信任恢复策略及其选择模型；构建了产品质量危机管理有效性评价模型，发掘出质量危机预防、应对、恢复三阶段管理对策。

本书以产品质量危机预防、应对、恢复三阶段系统化管理为重点，内容创新实用、方法可操作性强，为企业及相关政府部门监控质量提供了借鉴，可作为 MBA 及其他管理类、经济类硕士研究生、本科生教材，也可作为研究人员和相关管理咨询人员探析质量危机管理理论的参考书。

图书在版编目（CIP）数据

产品质量危机管理研究 / 刘书庆著. —北京：科学出版社，2022.6
ISBN 978-7-03-071396-4

Ⅰ. ①产… Ⅱ. ①刘… Ⅲ. ①产品质量-质量管理-研究

Ⅳ. ①F273.2

中国版本图书馆 CIP 数据核字（2022）第 015524 号

责任编辑：王丹妮 / 责任校对：刘　芳
责任印制：张　伟 / 封面设计：无极书装

科 学 出 版 社 出版
北京东黄城根北街 16 号
邮政编码：100717
http://www.sciencep.com

北京中石油彩色印刷有限责任公司 印刷
科学出版社发行　各地新华书店经销

*

2022 年 6 月第 一 版　开本：720×1000　1/16
2022 年 6 月第一次印刷　印张：20 3/4
字数：400 000

定价：198.00 元
（如有印装质量问题，我社负责调换）

国家社科基金后期资助项目
出版说明

后期资助项目是国家社科基金设立的一类重要项目，旨在鼓励广大社科研究者潜心治学，支持基础研究多出优秀成果。它是经过严格评审，从接近完成的科研成果中遴选立项的。为扩大后期资助项目的影响，更好地推动学术发展，促进成果转化，全国哲学社会科学工作办公室按照"统一设计、统一标识、统一版式、形成系列"的总体要求，组织出版国家社科基金后期资助项目成果。

全国哲学社会科学工作办公室

前　言

随着以国内大循环为主体、国内国际双循环互相促进新发展格局的形成，企业在面临巨大发展机遇的同时，也面临着多种危机，其中就包括产品质量危机。产品质量危机是指产品不合格危及相关方人身健康、财产安全或经济利益，使相关方满意度下降、顾客投诉增加，并被广泛宣传而在社会上产生较大负面影响，导致企业信誉甚至生存面临很大威胁的突发性质量事件。一次产品质量危机事件极有可能使企业的品牌大厦瞬间坍塌。

近年来，我国非常重视产品质量监督管理，颁布并实施一系列质量监督管理与危机管理方面的政策，强力推进质量治理及产业高质量发展、供给侧结构性改革等。在这些政策的引导下，多数企业产品质量大幅度提高，但部分企业产品质量不满足相关方的要求，家具、儿童玩具、乳制品、保健品、药品、化妆品、家用电器、数码电子、轿车等产品伤害危机事件时有发生，质量危机管理能力与经济社会发展要求相比存在较大差距，不能适应"中国制造2025"、经济高质量发展等要求，甚至严重影响国计民生和企业健康发展。

造成产品质量危机事件频发的根源除了部分企业质量意识不强甚至价值取向扭曲，需要加大质量法规制度建设与产品质量监督管理力度外，关键在于企业缺乏产品质量危机管理理论的系统指导，其中主要表现如下：一是产品质量危机影响因素及对质量危机预控成效作用机理实证研究不够，政府部门与企业缺乏从强化驱动因子与提升使能因子方面预防与削减产品质量危机的理论指导。二是产品质量危机预防、应对、恢复过程管理流程研究不够，鲜有学者提出相对完善的质量危机预警模型、应对策略及决策模型、恢复策略及选择模型，企业缺乏质量危机预警、应对及恢复方面的理论指导。三是质量危机管理有效性评价与质量危机管理对策研究缺乏基于统计数据的实证支撑，不利于企业准确评价质量危机管理有效性以及结合自身实际探讨操作性强的产品质量危机管理系统性对策。因此，发掘产品质量危机影响因素及作用机理，探讨产品质量危机预防、应对及恢复方面的相关管理理论，提出有效预控与遏制产品质量危机的系统性管理对策，对有效削减产品质量危机，提升企业产品质量的社会信任感，改善企业提质增效能力，提高企业向质量要效益、靠质量求发展的能力具有重要理论与实践价值。

本书首先采用探索性因子分析法，发掘出产品质量危机影响因子，并采用主客观"组合赋权法"得出其关键影响因素；采用验证性因子分析法，探究产品实现过程质量控制能力对质量危机预控成效、产品质量危机内部影响因子对产品实现过程质量控制能力、产品质量危机外部影响因子对产品实现过程质量控制能力的作用机理。其次，提出产品实现过程质量危机预防与控制流程，形成产品实现过程质量风险预警指标体系，构建质量风险警情评价模型；完善产品质量危机应对过程控制流程，设计质量危机事件引发根源挖掘模型、质量危机情境类型界定模型，构建质量危机事件应对策略矩阵及应对策略选择模型；探讨质量危机恢复过程管理流程，提出在产品质量危机情境下的顾客信任恢复策略及选择模型。最后，发掘出质量危机管理有效性评价指标体系，构建质量危机预防、应对、恢复三阶段管理有效性评价模型，提出产品质量危机管理对策建议。

与已有成果相比，本书的贡献主要体现在以下几个方面。

（1）针对产品质量危机影响因子发掘及对质量危机预控成效作用关系的研究不足，从企业环境与质量管理体系结构的构成视角，采用实证研究方法，发掘出产品质量危机内外部影响因素，并发现质量治理力度、产业高质量发展驱动力及企业质量文化主导性、资源保障能力、质量改进有效性、产品实现过程质量控制能力对质量危机预控成效的作用机理。以往产品质量危机影响因素的研究多为逻辑推理，影响因素发掘与作用机理实证研究不够。本书充分考虑宏观环境、产业环境及企业质量管理体系结构对产品质量危机的制约与削减作用，采用探索性因子分析法，得出产品质量危机内外部影响因素的具体构成及关键影响因素；采用验证性因子分析法，提出并验证产品质量危机内外部影响因子对产品实现过程质量控制能力、产品实现过程质量控制能力对质量危机预控成效的作用机理假设及概念模型，验证质量管理体系三维结构模型的存在，并拓展形成质量管理体系四维空间结构模型。同时，克服产品质量危机管理实践中影响因素系统性提取不全面、因素间作用机理不明确等理论指导不足的困难。

（2）针对产品质量危机预警系统、应对过程决策模型、恢复策略选择模型等的研究不足，从产品质量危机预控、应对、恢复全过程视角，采用探索性因子分析等方法，设计产品实现全过程质量风险预警指标体系及相关评价指标体系并在改进相关决策模型的基础上，构建质量风险警情评价模型、产品质量危机事件引发根源挖掘模型、质量危机情境类型界定模型、应对策略及选择模型、顾客信任恢复策略及选择模型。以往企业产品质量危机管理流程研究较少，鲜有学者研究产品实现各过程质量危机或质量风险预警模型、质量危机事件应对策略及选择模型、顾客信任恢复策略及选择模型。本书从产品质量危机管理全过程构成视角，完善质量危机管理流程，构建产品实现过程质量风险预警模型、质量危机事件引发根源挖掘模型、质量危机情境类型界定模型，设计产品质量危机事件应对策略与顾客信任恢复策略，探索质量危机事件应对策略与顾客信任恢复策略选择模型，克服质量危机管理流程及过程决策模型方面理论指导不足的困难。

（3）针对产品质量危机管理有效性评价及管理对策的系统性研究不足，从有效发挥质量管理体系四维空间结构使能作用及多方共同管控作用视角，采用探索性因子分析法及物元可拓等方法，设计产品质量危机管理有效性评价指标体系及评价模型，构建产品质量危机监督管理组织网络框架，发掘出产品质量危机预控、应对、恢复全过程管理对策，为企业有效评价质量危机管理绩效和制定对策提供方法指导。以往研究较少探讨质量危机管理有效性评价模型，质量危机管理对策研究也多为逻辑推理，尽管有研究采用案例分析进行一定尝试，但较少通过实证研究全面发掘产品质量危机管理有效性评价指标及管理对策。本书从产品质量危机管理过程与结果视角，采用探索性因子分析等方法，设计质量危机管理有效性指标体系与评价模型；从不同主体对质量危机的共同管控视角，构建产品质量危机监督管理组织网络框架；从提升质量管理体系四维结构各要素作用视角，采用探索性因子分析法，发掘出产品质量危机预控、应对、恢复三阶段管理对策。同时，克服产品质量危机管理实践中质量危机管理有效性评价及质量危机管理对策的理论指导不足的困难，为企业有效评价质量危机管理绩效和制定对策提供方法指导。

刘书庆

2021 年 8 月

目　　录

第1篇　产品质量危机影响因素及其作用机理篇

第 1 篇　产品质量危机影响因素及其作用机理篇

产品质量危机影响因素多指可能引发产品质量危机事件发生的底层原因或预控产品质量危机事件发生需要重点关注的因素,全面发掘产品质量危机影响因素,明晰各因素对质量危机预控成效的作用机理,对企业预防产品质量危机事件发生以及国家推进供给侧结构性改革、产业高质量发展尤为重要。本篇在发掘产品质量危机影响因素的基础上,探究产品质量危机影响因素对质量危机预控成效的作用机理,为制定质量监督约束政策与全面控制质量危机影响因素提供依据。

第1章 产品质量危机特征及其影响因素

在界定产品质量危机的内涵及特征基础上，提取产品质量危机影响因素，并辨识产品质量危机关键影响因素。

1.1 产品质量危机特征与影响因素研究现状

1.1.1 产品质量危机内涵及特征

1. 产品质量危机内涵界定

近年来，学术界从不同视角对产品质量危机/产品伤害危机内涵进行界定，主要如下：Siomkos 和 Kurzbard 认为它是指偶尔发生并被广泛宣传的某产品存在缺陷或对顾客有危害的质量事件[1]；王凤雷认为它是由于不合格品流入市场，对顾客造成损害，顾客要求企业承担相应责任的事件[2]；李淑惠认为它是因产品质量问题而导致的对企业运转和信誉乃至生存产生重大威胁的紧急或灾难事件[3]。

将不同学者有关产品质量危机的内涵进行归类整理，同时结合企业危机的内涵，可以将产品质量危机的内涵界定如下：产品不合格危及相关方人身健康、财产安全或经济利益，使相关方满意度下降、顾客投诉增加，并被广泛宣传而在社会上产生较大负面影响，导致企业信誉甚至生存面临很大威胁的突发性质量事件。

2. 产品质量危机频发行业及其共性特征

产品质量危机主要涉及因产品不合格或服务承诺未完全兑现、产品缺陷问题难于有效解决、在产品使用说明书中有关使用风险未明示或顾客未知晓、产品信息宣传明显夸大产品功能等，导致产品功能丧失，甚至对顾客造成人身健康、财产安全危害的产品制造业与服务业，尤其是家具、儿童玩具、化妆品、保健品、食品、乳制品、药品生产及家用电器、数码电子、电动自行车、轿车制造业等顾客抱怨较多及产品因质量问题而退货较多、影响面宽泛的制造业。共性特征是使不合格品造成的人身健康或财产安全风险增大，关乎顾客健康和可能造成永久性损害，并且影响范围宽，往往涉及一个或多个顾客群体，社会危害大。产品不合格信息容易被广泛关注，媒体报道热度高，尤其是媒体的广泛传播会使产品质量危机事件快速扩散。

3. 产品质量危机特征

近年来不少学者探讨了产品质量危机的特征，在此将不同学者有关产品质量危机的特征进行归类整理，同时结合企业危机的特征，得出产品质量危机主要具有以下特征。

（1）双重性：产品质量危机在给企业带来威胁的同时，也可能给企业带来某种改进机会。质量危机发生后，其负面影响效力大小视如何去面对质量危机、处理质量危机而定。例如，企业通过各种有效措施正确应对、消除、转化质量危机，将会为企业带来一个新的契机，也能够大幅提升员工的士气，并唤起消费者的更大关注和认可。

（2）客观性：产品质量危机存在于产品实现过程的每一个阶段，甚至质量管理体系的每一项活动中。Robert Health 进行的一项专门调查结果显示，98%的被调查者认为，企业危机难以避免，其中包括产品质量危机。

（3）相关性：企业产品质量危机事件与经营者的行为及决策紧密关联，同一产品质量危机事件对不同行为者会产生不同的结果。遭受产品质量危机的企业不但遭受产品质量危机应对带来的直接损失，而且也面临其引起的品牌资产削弱的威胁，某一产品质量危机事件会蔓延到该品牌的其他产品，甚至同行业其他企业的同类产品也会被消费者认为质量存在缺陷。

（4）突发性：产品质量危机的发生具有突发性，通常在人们意想不到的时间、地点发生，企业很难预料。由于发生突然以及原因和结果不清晰，企业很容易陷入一种结果难于判断的困境，在慌乱之中决策有误，造成巨大损失。因此，管理层的应变能力与产品质量危机处理计划和演练，可以有效降低产品质量危机的不确定性对企业的影响。

（5）积累性：产品质量危机的爆发虽然具有突发性，但它是一个质量问题逐步积累的过程，因未得到有效控制，积累到一定程度，才会引起质量危机的爆发。

（6）紧迫性：产品质量危机爆发时间紧迫，留给管理者的反应时间、决策时间、处理时间极其有限，决策者必须做出快速处置响应，如不在最短时间内快速得当处理，将会使质量危机处于失控状态。如何在时间极短的条件下，获取产品质量危机所有相关的信息，做出正确的决策以遏止产品质量危机的扩大，是企业管理者必须注意的要项。

（7）破坏性：产品质量危机发生概率虽然较低，但发生后会对企业造成很大威胁，影响目标的实现，甚至可能会给企业带来严重的损失和极其恶劣的负面影响。

（8）舆论关注性：产品质量危机事件的爆发能够刺激人们的好奇心理，成为公众谈论和媒体跟踪报道的热点，企业应对越不得力，越会增添神秘色彩而引起相关方的关注。

1.1.2　产品质量危机影响因素挖掘现状

有关产品质量危机影响因素或成因，更多从危机产生的外部原因与内部原因方面挖掘，魏虹和陈传明认为引发质量危机的原因包括国家制度层面、社会道德与企业自身责任方面等，只有从宏观层面、中观层面、微观层面对质量危机原因进行调查分析，才能避免质量危机发生[4]。

（1）外部原因主要包括：①政治法律环境方面，产品质量法律法规健全程度[5, 6]、质量监督机制健全程度[5~7]及基层质量监督措施执行到位程度、质量诚信体系健全程度、缺陷产品的召回法规完善程度、产品质量问题监督检验力度[5~7]、违法违规行为处罚力度[6]、消费者维权保护政策完善程度[8]等；②经济环境方面，竞争机制健全程度[9]、企业经济行为的外在规制等；③社会文化环境方面，消费者对不合格产品容忍度[10]和维权意识、媒体监督力度[11]、行业协会等组织发挥作用程度；④技术环境方面，科学技术制约使产品潜在负面作用被检测与发现程度、产品标准先进程度[12, 13]；⑤产业环境方面，质量竞争机制完善程度[9]、顾客优质优价认同程度[14]、原材料质量或供应商配合改进主动性[14, 15]。

（2）内部原因主要包括：①质量文化方面，质量危机意识、管理理念、产品质量危机感和紧迫感[16]、企业道德和自律[17]；②人力资源方面，员工质量安全责任意识、员工质量危机相关知识培训[3]；③技术与信息方面，产品设计质量[18]、技术创新能力及数据与信息分析处理[19]；④客户服务方面，客户服务质量控制能力[14]。

上述研究成果为产品质量危机影响因素发掘奠定了基础，但有关产品质量危机影响因素探索性因子分析不够，需要在对产品质量危机研究文献中有关成因分析基础上，结合企业产品质量危机成因归类整理结果，从宏观环境、产业环境构成及企业质量文化与质量管理体系中产品实现、资源管理、质量改进等方面，采用探索性因子分析法，发掘出质量危机影响因素，并确定关键影响因素。

1.2 产品质量危机相关影响因素

产品质量危机影响因素发掘方法包括多元方差分析、主成分分析、因子分析、多元回归分析、聚类分析、线性结构模型、逻辑斯蒂回归分析等[20]。依据对以上方法用途比较结果[20, 21]，选用探索性因子分析法进行产品质量危机影响因素发掘，并明确其关键影响因素。

1.2.1 产品质量危机影响因素初步辨识

（1）产品质量危机影响因素相关文献分析。首先，以产品缺陷原因、产品危机原因、质量危机原因、质量危机成因、质量危机影响因子、质量危机影响因素等作为关键词，选取 Google 学术、EBSCO、Elsevier、ASCE、Emerald、ProQuest、CNKI、万方数字化期刊、IEEE/IET 等知名数据库，进行相关文献检索，搜集到涵盖产品质量危机影响因素内涵且相关度较高的文献 75 篇。其次，对甄选出的文献进行精炼提纯[22]，提取出 24 项产品质量危机影响因素。最后，按照逻辑顺序，整理形成产品质量危机影响因素文献分析表（表 1.1）。

表 1.1 产品质量危机影响因素文献分析表

序号	影响因素	内涵说明及涉及范畴界定	文献出处
1	质量法律制度健全程度	产品质量监督执法依据不够统一，质量安全事故强制报告、产品伤害事件应急管理、缺陷产品召回、产品责任赔偿等法律制度条款内容滞后或条文缺失，且相关执法主体权界界定不够明晰，违法违规行为处罚力度不够，难于有效消除缺陷产品的流通	[5, 6]
2	产品标准先进程度	我国部分产品标准不够领先，国外先进标准采纳程度不够高，部分产品标准对质量特性要求不全面、限定性控制参数控制不严格，难于有效监督与抑制不合格产品的流通	[5, 12, 13]
3	质量检验网络健全程度	产品质量检验网络覆盖面不全，检测平台差异化程度不高，难于满足技术发展需要，检测服务招标不够规范，质量检验资源利用率不高，难于群力监督与避免不合格产品的流通	[23]
4	产品质量监督管理力度	产品质量调查、质量监测与评价、质量监督抽查、质量风险监控等不够规范，质量诚信体系不够完善，产品质量全方位监管力度不够，难于有效监督与抑制不合格产品的流通	[5, 7]
5	消费者维权保护力度	产品质量安全事故调查处置不够到位，消费者维权途径较少、维权成本较高，顾客、消费者权益保护委员会（以下简称消委）、行业专家、主流媒体等相关方参与维权保护效果不佳，消费者利益保护不到位，难于群力监督与避免不合格产品的流通	[8]

续表

序号	影响因素	内涵说明及涉及范畴界定	文献出处
6	顾客优质优价认同程度	顾客质量意识不够强，相对偏向选择低价产品，造成优质产品不能得到相应的价格回报，质量控制投入得不到补偿，挫伤了制造商提高产品质量的主动性	[14]
7	供应商配合改进程度	部分物料特殊性导致供应商极少，供应商参与产品开发、质量改进主动性不强，导致产品成本增加，企业为降低成本，放松对物料性能的要求	[14, 15]
8	质量竞争机制健全程度	质量竞争机制不健全，市场竞争对质量要素的关注度不高，导致质量竞争意识不强，优胜劣汰及质量信息传递机制不够完善	[9]
9	质量战略优先程度	公司战略规划中没有凸显质量的优先地位，产品质量竞争意识及顾客中心意识不够强，片面追求短期经济效益，不重视保障产品质量	[24]
10	质量价值观念前瞻性	公司质量理念、目标及对自身行为的评价标准等相对落后，价值取向缺乏前瞻性、见利忘义，对不合格有令不行	[25]
11	质量意识增强程度	管理者质量意识不强，对先进质量理念的认同程度不高，质量习惯与行为模式等缺乏专业指导与培训	[25]
12	产品质量承诺履约程度	企业高层管理者对质量管理的支持与承诺兑现不足，缺乏有效的质量风险应急预案，对产品质量控制及对顾客做出的产品质量承诺兑现不够	[26]
13	产品要求准确识别能力	对产品要求辨识不全面，不能及时准确进行顾客需求、法规要求、社会道德要求信息收集与评审，造成产品要求得不到满足，顾客投诉增加	[27]
14	设计质量控制能力	相关先进技术获取及技术创新能力不强，不能及时准确将产品要求转化成设计成果，且突破性质量改进不到位，造成产品设计质量存在隐患	[17, 18]
15	采购外包质量控制能力	采购信息不够详尽，供应商评价、选择不够科学、有效，采购与外包过程质量监督控制不够到位，造成采购与外包质量不满足要求	[27]
16	生产运作质量控制能力	生产运作 5M1E 策划与文件控制不到位，生产运作过程质量控制不到位，产品标识和可追溯性不完善，造成产品质量存在隐患	[28]
17	客户服务质量控制能力	对产品销售与服务人员缺乏科学有效的监督控制，且与顾客沟通不够到位，以及顾客对产品使用不正确，导致产品质量危机事件发生	[14]
18	人力资源保障能力	人力资源规划与开发、培训不到位，绩效考评不完善，造成员工质量控制能力不强	[3]
19	作业环境控制能力	作业环境条件不达标或控制不到位，造成产品设计、生产等作业条件达不到要求，以及员工积极性及效率受到影响，导致产品质量不达标	[27]
20	知识资源利用能力	知识发现、获取、利用能力及集成创新能力不够强，导致质量事件预防与处置能力不足	[29]
21	监视与测量程度	质量管理体系及其产品实现过程、产品质量监视与测量不到位，不能及时发现质量隐患	[27]
22	不合格控制程度	产品及过程不合格品鉴别、标识、隔离、评审、处置不到位，造成产品存在不合格隐患	[30]
23	信息分析及时准确性	产品与过程质量数据和信息收集与分析不到位，传递及反馈失真，造成不能及时预测产品实现过程中存在的质量隐患	[19]
24	纠正预防措施有效性	产品不合格及潜在不合格原因调查分析、纠正预防措施制定与实施控制不到位，造成不能有效纠正和预防不合格	[31]

注：5M1E 指人、机、料、法、环、测

（2）产品质量危机影响因素预调查与补充。由于文献分析获取的产品质量危机影响因素弹性较大，故通过预调查进行影响因素调整与补充。首先以表 1.1 所示文献分析得出的影响因素作为问卷题项，形成产品质量危机影响因素预调查问卷。其次采用类目网格技术[32]，邀请儿童玩具、化妆品、保健品、乳制品、药品生产及家具、家用电器、数码电子、电动自行车、轿车制造业等产品质量危机相对频发行业内企业营销管理、质量管理、危机管理人员作为调查对象进行预调查，与调查对象共同斟酌影响因素的重要性，引导专家从 PEST（宏观环境分析模型）、六力互动模型及企业质量管理体系结构等方面发掘出更全面的影响因素[4]，并对内涵交叉的影响因素进行调整，增加替代品与互补品作用力、设施资源保障能力、财务资源保障能力、管理评审执行程度，最终初选出 28 项产品质量危机影响因素。

1.2.2　产品质量危机影响因素问卷设计与数据采集

依据产品质量危机影响因素文献分析与预调查结果，从 PEST、六力互动模型及企业质量管理体系结构视角形成详细调查问卷，通过调查获取实证研究数据[27]。

1. 问卷设计

采取直接设计和间接设计相结合的方法进行问卷设计[27]，每个影响因素至少设置一个题项，采用利克特（Likert）五级量表法设计，从 5（完全认同）到 1（完全不认同），形成涉及 28 项产品质量危机影响因素的调查问卷。

2. 数据采集与样本特征

（1）调查对象选择。考虑到产品质量危机爆发行业频次及研究结论的适用性，选择上述产品质量危机频发行业的企业及市场监督管理部门相关人员作为调查样本。通过市场监督管理部门、质量认证机构及网络资源获取典型企业信息，调查对象包括企业营销、研发、采购、生产、客户服务及质量管理、质量检验、人力资源管理、设备管理等方面核心管理人员，邀请调查对象对问卷中列出的产品质量危机影响因素的认同程度进行判断。

（2）调查数据采集。采用面对面访谈和 E-mail、问卷链接等形式，对上述人员进行调查，共发出问卷 582 份，回收有效问卷 458 份，满足实证研究有效问卷数量要求[20]。

（3）影响因素剔除。为明确专家对产品质量危机影响因素的认同程度，统计 458 份调查问卷中调查对象对各因素认同程度的平均值，剔除认同程度平均值<3 的替代品与互补品作用力、财务资源保障能力 2 个影响因素[33]，确定出 26 个认同程度较高的影响因素。

1.2.3　产品质量危机影响因素数据处理与分析

首先采用 SPSS24.0 对问卷进行项目分析，以确保问卷题项的有效性；其次对问卷进行信效度分析，确保问卷的可信性；最后采用因子分析法提取产品质量危机影响因素公因子。

1. 项目分析与影响因素删减

使用 SPSS24.0 将所有受试者问卷得分总和进行高低排序，将得分前27%作为高分组、得分后 27%作为低分组，进而对两组在各题项上的得分均值进行 t 检验，形成项目分析结果[21, 27]。分析结果表明，本问卷题项均达到 $\alpha<0.05$ 显著性水平，无须删除题项[20]。

2. 信效度分析与公因子提取

（1）效度分析。采用 SPSS24.0 对产品质量危机影响因素调查数据进行 KMO 检验和 Bartlett's 球形检验，检验结果表明 KMO 值为 0.847>0.7，Bartlett's 球形检验的 Sig. 值为 0.000<0.01，表明 26 个影响因素的相关矩阵存在共同因子，问卷具有良好效度，故可进行因素分析[20]。

（2）公因子提取。使用 SPSS24.0 对量表中 26 项影响因素提取共同因子，得到总方差解释表（表 1.2）和旋转后的因子载荷矩阵（表 1.3）。由表1.2可知，特征值>1.0 的因子共 6 个，因而可提取 6 个公因子，其累计方差贡献为 76.940%>70%，涵盖了原始数据的大部分。由表 1.3 可知，26 个题项的因子载荷>0.7，表明各题项共同度良好[20]。

表 1.2　质量危机影响因素总方差解释表

公因子	初始特征值			提取载荷平方和			旋转载荷平方和		
	特征值	方差贡献	累积方差贡献	特征值	方差贡献	累积方差贡献	特征值	方差贡献	累积方差贡献
1	6.489	24.958%	24.958%	6.489	24.958%	24.958%	3.876	14.909%	14.909%
2	3.441	13.236%	38.194%	3.441	13.236%	38.194%	3.783	14.551%	29.460%
3	3.275	12.595%	50.789%	3.275	12.595%	50.789%	3.780	14.537%	43.997%
4	2.852	10.968%	61.757%	2.852	10.968%	61.757%	3.185	12.251%	56.248%
5	2.071	7.964%	69.721%	2.071	7.964%	69.721%	3.027	11.642%	67.889%
6	1.877	7.219%	76.940%	1.877	7.219%	76.940%	2.353	9.051%	76.940%

注：表中数据是 SPSS24.0 运行结果小数点后面取三位数字之后四舍五入的结果

表 1.3 质量危机影响因素旋转成分矩阵表

影响因素	因子载荷					
	1	2	3	4	5	6
a_{10}. 设计质量控制能力	0.910	0.074	0.057	0.070	0.118	0.056
a_9. 产品要求准确识别能力	0.895	0.135	0.010	0.041	0.092	0.029
a_{12}. 生产运作质量控制能力	0.849	0.024	0.068	0.050	0.028	0.047
a_{13}. 客户服务质量控制能力	0.844	0.193	0.048	−0.011	0.096	−0.051
a_{11}. 采购外包质量控制能力	0.839	−0.047	0.042	0.097	0.001	0.032
a_4. 产品质量监督管理力度	0.075	0.892	0.046	0.019	0.098	0.061
a_1. 质量法律制度健全程度	0.090	0.844	0.013	0.068	0.177	0.106
a_5. 消费者维权保护力度	0.163	0.826	0.076	−0.003	0.235	0.105
a_3. 质量检验网络健全程度	0.045	0.824	0.035	0.006	0.159	0.069
a_2. 产品标准先进程度	0.009	0.812	0.065	0.084	0.062	0.059
a_{17}. 纠正预防措施有效性	0.072	0.042	0.903	0.067	0.072	0.048
a_{15}. 不合格控制程度	0.065	0.041	0.890	0.064	0.064	0.050
a_{18}. 管理评审执行程度	−0.020	0.036	0.839	0.025	0.049	0.076
a_{14}. 监视与测量程度	0.056	0.045	0.836	0.045	0.064	0.058
a_{16}. 信息分析及时准确性	0.051	0.058	0.809	0.073	0.116	−0.024
a_{19}. 人力资源保障能力	0.009	0.074	0.111	0.890	0.159	0.062
a_{22}. 作业环境控制能力	0.041	−0.004	0.070	0.887	−0.006	0.003
a_{20}. 知识资源利用能力	0.119	0.073	0.136	0.882	0.180	0.105
a_{21}. 设施资源保障能力	0.073	0.029	−0.033	0.842	0.089	0.036
a_{23}. 质量价值观念前瞻性	0.045	0.213	0.070	0.188	0.851	0.127
a_{25}. 质量战略优先程度	0.109	0.153	0.058	0.058	0.836	0.038
a_{24}. 质量意识增强程度	0.043	0.146	0.125	0.139	0.828	0.060
a_{26}. 产品质量承诺履约程度	0.107	0.168	0.111	0.046	0.804	0.033
a_8. 供应商配合改进程度	0.015	0.128	0.043	0.082	0.026	0.888
a_6. 顾客优质优价认同程度	0.038	0.183	0.018	0.055	0.084	0.873
a_7. 质量竞争机制健全程度	0.042	0.028	0.118	0.039	0.104	0.840

（3）因子命名。为明确 6 个公因子含义，在此根据表 1.2 质量危机影响因素总方差解释表中 6 个公因子初始特征值大小顺序以及不同公因子包含的产品质量危机影响因素的内涵与所属范畴对其进行命名。其中公因子 1 包括设计质量控制能力、产品要求准确识别能力、生产运作质量控制

能力、客户服务质量控制能力、采购外包质量控制能力，这些因素表现为产品实现过程质量控制能力，因此命名为产品实现过程质量控制能力。公因子 2 包括产品质量监督管理力度、质量法律制度健全程度、消费者维权保护力度、质量检验网络健全程度、产品标准先进程度，这些因素凸显了完善质量相关法律法规、实施全方位质量监管、强化消费者维权行为等对预控产品伤害事件的作用，它对产品质量危机具有监督、制约与驱动作用，属于质量治理范畴，因此命名为质量治理力度。公因子 3 包括纠正预防措施有效性、不合格控制程度、管理评审执行程度、监视与测量程度、信息分析及时准确性，这些因素属于质量改进范畴，体现了通过质量改进过程，实现质量危机预防和削减结果的有效性，命名为质量改进有效性。公因子4包括人力资源保障能力、作业环境控制能力、知识资源利用能力、设施资源保障能力，这些因素均属于资源保障的范畴，体现了企业利用相关资源来保障质量危机预防与削减的能力，因此将公因子 4 命名为企业资源保障能力。公因子 5 包括质量价值观念前瞻性、质量战略优先程度、质量意识增强程度、产品质量承诺履约程度，质量价值观念前瞻性综合反映了企业对待质量的精神追求以及质量奋斗方向与行为准则，质量意识增强程度反映企业对产品质量的认知程度以及对全员质量行为的引导与规范作用，质量战略优先程度体现企业战略中对质量的重视与支持程度，产品质量承诺履约程度体现企业积极主动履行对顾客承诺的程度，质量文化是被全体员工认同和遵从的有别于其他组织的与质量相关的意识、精神、战略、规范、价值观念、思维方式、道德水平、行为准则等的总和，因此将公因子 5 命名为企业质量文化主导性。公因子 6 包括供应商配合改进程度、顾客优质优价认同程度、质量竞争机制健全程度，这些因素都属于产业环境的关键构成要素，是产业互动模型的核心相关方，体现了通过良好的产业质量竞争机制、需求层次的提高与拉动、供应链质量的提升，实现产业结构的调整，推动产业高质量发展，驱使企业预防与削减质量危机，并且产业高质量发展的表现形式及其评价体系更多聚焦于需求侧结构调整、供给侧结构性改革、质量竞争机制的完善，因此命名为产业高质量发展驱动力。

（4）信度分析。采用克朗巴哈信度系数法，对 26 个产品质量危机影响因素及其 6 个公因子进行信度检验，得到各公因子及问卷总体信度（表1.4）。其中问卷总体信度为 0.873>0.70，且 6 个公因子的克朗巴哈系数全部超过 0.70，所有影响因素的克朗巴哈系数值也小于未删除前各分量表（公因子）克朗巴哈系数值，表明问卷整体结构设计具有较高可信度，问卷数据与产品质量危机影响因素发掘结果可信[20]。

表 1.4 质量危机影响因素信度分析结果表

影响因素	克朗巴哈系数	分量表克朗巴哈系数
a_1	0.889	
a_2	0.909	
a_3	0.899	0.913
a_4	0.882	
a_5	0.889	
a_6	0.779	
a_7	0.824	0.846
a_8	0.753	
a_9	0.893	
a_{10}	0.880	
a_{11}	0.919	0.922
a_{12}	0.913	
a_{13}	0.908	
a_{14}	0.901	
a_{15}	0.884	
a_{16}	0.907	0.914
a_{17}	0.879	
a_{18}	0.902	
a_{19}	0.873	
a_{20}	0.867	0.910
a_{21}	0.906	
a_{22}	0.889	
a_{23}	0.831	
a_{24}	0.858	0.887
a_{25}	0.858	
a_{26}	0.869	
问卷总体信度		0.873

1.2.4 产品质量危机关键影响因素识别

为辨识产品质量危机关键影响因素，应赋予其影响因素权重。影响因素赋权方法包括主观赋权法、客观赋权法和组合赋权法。其中，主观赋权法虽适用范围广，但主要依靠专家经验，难以排除评价主体主观因素的影响；客观赋权法赋权结果相对客观，但主要依靠客观统计数据之间内在结构关系，有时会与实际相悖；组合赋权法兼顾决策者对影响因素属性的偏好，同时增加赋权的客观性，基于统计数据内在规律和专家经验的组合赋权法被更多学者所接受，故采用主客观"组合赋权法"[34]，进行质量危机影响因素赋权。

1. 产品质量危机影响因素主观权重确定

主观赋权法主要有层次分析法（analytic hierarchy process，AHP）、德尔菲法、功效系数法、集值迭代法、集值统计法等。层次分析法、德尔菲法虽应用广泛，但赋权对象不宜超过 9 个，否则容易引起标度判断失误，不适用于数量较多的影响因素赋权。功效系数法通过确定每个指标的理想值和最不理想值，以最不理想值为下限，计算各指标的理想程度，并计算综合功效系数，由此形成指标权重，但质量危机影响因素赋权对应的满意值和不允许值难于确定。集值迭代法需要多次逐一对比选择重要指标而获得比较矩阵等，指标较多时鉴别力较低，不适用于数量较多的影响因素赋权。集值统计法可根据评价语集和个人经验进行认同程度判定，并利用认同程度判定结果进行质量危机影响因素赋权[27, 35]，故充分利用前述 458 份质量危机影响因素认同程度问卷调查数据，选用集值统计法确定质量危机影响因素主观权重[27]。

（1）影响因素权重估计值评语集区间数确定。根据前述调查问卷设计结果，将评语集 U={完全不认同，不认同，较认同，认同，完全认同}中五个等级对应的 1~5 分值，分别转化为[0, 0.2]、（0.2, 0.4]、（0.4, 0.6]、（0.6, 0.8]、（0.8, 1] 区间数。

（2）专家评判数据区间确定。将前述 458 个产品质量危机影响因素问卷题项的认同程度评判结果以区间 $\left[p_i^k, q_i^k \right]$ 的形式表示，其中 p_i^k 为第 k 位专家对影响因素 i 的认同程度下限值，q_i^k 为第 k 位专家对影响因素 i 的认同程度上限值，$i=1,2,\cdots,26$，$k=1,2,\cdots,458$。

（3）影响因素主观权重估计值 v_i 赋值。依据产品质量危机影响因素认同度评判区间，按式（1.1）可计算得影响因素的主观权重 v_i，如表 1.5 所示：

$$v_i = a_i \left(1-b_i\right) \bigg/ \sum_{i=1}^{26} a_i \left(1-b_i\right) \qquad (1.1)$$

式中，$a_i = \dfrac{1}{458}\sum_{k=1}^{458} \dfrac{p_i^k + q_i^k}{2}$；$b_i = \dfrac{1}{458}\sum_{k=1}^{458}\left(q_i^k - p_i^k\right)$。

表 1.5　产品质量危机影响因素组合权重统计表

影响因素公因子	内外部影响因素	v_i	c_i	u_i	w_{i1}	w_{i2}	w_{i3}
质量治理力度	质量法律制度健全程度	0.038	0.951	0.041	0.040	0.213	0.136
	产品标准先进程度	0.034	0.949	0.035	0.034	0.181	0.115
	质量检验网络健全程度	0.035	0.953	0.036	0.035	0.186	0.119
	产品质量监督管理力度	0.034	0.951	0.037	0.036	0.191	0.122
	消费者维权保护力度	0.040	0.956	0.045	0.043	0.229	0.146
产业高质量发展驱动力	顾客优质优价认同程度	0.040	0.970	0.033	0.037	0.346	0.125
	质量竞争机制健全程度	0.039	0.952	0.031	0.035	0.327	0.119
	供应商配合改进程度	0.039	0.950	0.031	0.035	0.327	0.118
产品实现过程质量控制能力	产品要求准确识别能力	0.035	0.954	0.049	0.042	0.201	0.060
	设计质量控制能力	0.037	0.952	0.052	0.045	0.215	0.064
	采购外包质量控制能力	0.037	0.948	0.041	0.039	0.187	0.056
	生产运作质量控制能力	0.039	0.967	0.045	0.042	0.201	0.059
	客户服务质量控制能力	0.034	0.952	0.047	0.041	0.196	0.058
质量改进有效性	监视与测量程度	0.044	0.965	0.035	0.040	0.207	0.057
	不合格控制程度	0.040	0.951	0.038	0.039	0.202	0.055
	信息分析及时准确性	0.039	0.968	0.035	0.037	0.192	0.052
	纠正预防措施有效性	0.041	0.951	0.039	0.040	0.207	0.057
	管理评审执行程度	0.043	0.961	0.031	0.037	0.192	0.053
企业资源保障能力	人力资源保障能力	0.034	0.953	0.039	0.036	0.245	0.051
	知识资源利用能力	0.037	0.941	0.046	0.041	0.279	0.058
	设施资源保障能力	0.040	0.941	0.032	0.036	0.245	0.051
	作业环境控制能力	0.039	0.941	0.030	0.034	0.231	0.048
企业质量文化主导性	质量价值观念前瞻性	0.038	0.951	0.042	0.040	0.256	0.057
	质量意识增强程度	0.038	0.963	0.037	0.037	0.238	0.052
	质量战略优先程度	0.043	0.950	0.036	0.039	0.250	0.055
	产品质量承诺履约程度	0.043	0.955	0.037	0.040	0.256	0.057

注：表中影响因素公因子按照质量管理体系外部影响因素、质量管理体系内部影响因素的逻辑关系排列

（4）影响因素主观权重估计值可信度评判。为衡量专家对影响因素认同度评判结果的可信度，根据质量危机影响因素认同度评判结果，采用式（1.2）计算出影响因素认同度评判结果可信度 c_i 值，如表 1.5 所示。从表 1.5 中 c_i 值可以看出，专家对每个影响因素认同度评判结果的可信度均高于 0.9，说明影响因素主观权重确定结果可信度高[27]：

$$c_i = \frac{1}{1 + d_i} \qquad (1.2)$$

式中，$d_i = \dfrac{\dfrac{1}{3}\sum\limits_{k=1}^{458}\left\{\left[q_i^k - \overline{\mu_i}\right]^3 - \left[p_i^k - \overline{\mu_i}\right]^3\right\}}{\sum\limits_{k=1}^{458}\left[q_i^k - p_i^k\right]}$；　$\overline{\mu_i} = \dfrac{\dfrac{1}{2}\sum\limits_{k=1}^{458}\left[\left(q_i^k\right)^2 - \left(p_i^k\right)^2\right]}{\sum\limits_{k=1}^{458}\left[q_i^k - p_i^k\right]}$。

2. 产品质量危机影响因素客观权重确定

客观赋权法主要有变异系数法、熵权法、主成分分析法等。变异系数法直接根据因素的原始数据的标准差与均值之比的绝对值进行赋权，但因素的原始数据难于获取；熵权法利用信息熵值来确定指标权重，但过于依赖问卷数据的聚集程度；主成分分析法通过线性组合，将具有错综复杂关系的多元变量降维为几个综合变量，削弱因素的相关性问题，使得因素权重确定结果更加科学、客观[36]，适合于样本数据较多、因素之间关系复杂的产品质量危机影响因素客观权重确定，故依据产品质量危机影响因素探索性因素分析结果，采用主成分分析法，确定产品质量危机影响因素的客观权重。

（1）主成分方程得分系数计算。将 26 个影响因素的因子载荷数分别除以表 1.2 对应的初始特征值合计列对应数据的平方根，可计算得 6×26 个主成分方程得分系数[37]。

（2）综合得分系数计算。以表 1.2 初始特征值方差列对应数据为权重，对 26 个影响因素对应的 6 个主成分方程得分系数进行加权平均，可得 26 个影响因素的综合得分系数。

（3）影响因素客观权重 u_i 赋值。将 26 个影响因素的综合得分系数值进行归一化，可得出各影响因素的客观权重 u_i，如表 1.5 所示。

3. 产品质量危机影响因素综合权重确定

采用主客观"组合赋权法"[34]，依据式（1.3），取折中系数 β=0.5[34]，可计算出质量危机影响因素的组合权重 w_{i1}，如表 1.5 所示。

$$w_{i1} = \beta u_i + (1 - \beta)v_i, 0 \leqslant \beta \leqslant 1, \quad i = 1, 2, \cdots, 26 \qquad (1.3)$$

式中，u_i 表示影响因素的客观权重；v_i 表示影响因素的主观权重。

4. 产品质量危机影响因素在内外部上的综合权重确定

由前述产品质量危机影响因素公因子提取结果可知，产品质量危机影响因素对应的 6 个公因子中包括质量治理力度、产业高质量发展驱动力 2 个外部影响因素，以及产品实现过程质量控制能力、质量改进有效性、企业资源保障能力、企业质量文化主导性 4 个内部影响因素。对 6 个公因子上的影响因素的组合权重 w_{i1} 分别进行归一化处理，可计算得影响因素在各自公因子上的权重 w_{i2} 如表 1.5 所示；对 2 个外部公因子以及 4 个内部公因子上的影响因素的组合权重 w_{i1} 分别进行归一化处理，可计算得 8 个外部影响因素以及 18 个内部影响因素的组合权重 w_{i3}，如表 1.5 所示。

5. 产品质量危机关键影响因素确定

依据 ABC 分类准则，结合表 1.5 中 w_{i3} 计算结果可知：质量法律制度健全程度、消费者维权保护力度、顾客优质优价认同程度为外部关键影响因素；产品要求准确识别能力、设计质量控制能力、生产运作质量控制能力、客户服务质量控制能力、监视与测量程度、纠正预防措施有效性、知识资源利用能力、质量价值观念前瞻性、产品质量承诺履约程度为内部关键影响因素。因此，市场监督管理部门为预防产品质量危机发生，应在完善质量法律制度的基础上，重点提高消费者维权保护力度，引导顾客增强优质优价意识；企业为预防产品质量危机发生，应重点提高质量价值观念前瞻性、产品质量承诺履约程度、知识资源利用能力，注重产品要求识别、设计质量、生产运作质量、客户服务质量控制，并通过准确的监视与测量，以及确保纠正预防措施的有效性，严格控制不合格品流入市场。

1.2.5　产品质量危机影响因素提取结果

通过以上探索性因子分析，发掘出如图 1.1 所示 6 个方面 26 个质量危机影响因素，现对其提取结果进行讨论。

1. 外部影响公因子提取结果

（1）质量治理力度。表 1.2 表明质量治理力度的方差贡献率大，且其中的多数影响因素的权重大，说明它对产品质量危机预防成效影响大。其中质量法律制度健全程度体现了相关质量法律法规条款的协调一致性，并为产品质量监督检验、产品伤害事件应急管理、缺陷产品召回、产品责任赔偿及违法违规行为处罚提供准确的法律依据；采用先进产品标准使产

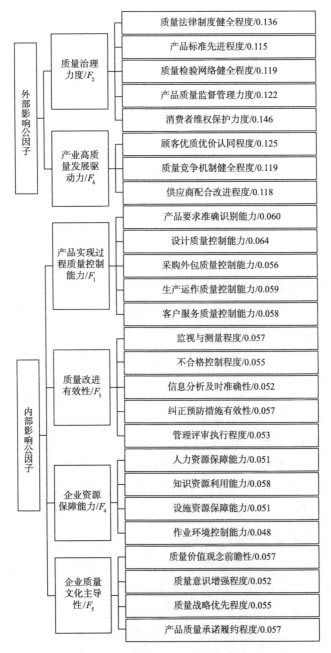

图 1.1　产品质量危机影响因素发掘结果图

品质量特性更加满足要求、限定性参数控制更加严格，Reardon 和 Farina
也认为产品标准的先进性对提高产品质量具有促进作用[12]，若国外先进标
准采标程度不够高、相关标准对产品质量特性要求不全面、限定性控制参

数控制不严格，则难于抑制不合格产品的流通；完善的产品质量检验网络便于加强质量监督检验，且政府监管+社会监管模式有利于充分利用社会资源，搞好质量监督检验，遏制企业违法行为，若产品质量检验网络覆盖不够全面、平台差异化程度不高、不能满足技术发展需要、检测服务招标不够规范、社会质量检验资源利用率不高，则难于抑制不合格产品的流通；产品质量监督管理政策促使企业保证产品符合相关法律法规及质量标准要求，若产品质量监督管理力度不够，则难于抑制不合格产品的流通；提高消费者维权保护力度可有力支持顾客维权，有效遏制企业不法行为，若质量违法行为举报渠道不够多样化、消费者维权成本过高，则难于抑制不合格产品的流通。

（2）产业高质量发展驱动力。表1.2表明产业高质量发展驱动力的方差贡献率相对不大，说明它对产品质量危机预防成效影响相对不太大。其中顾客优质优价意识及质量优先的采购策略可促使生产者重视产品质量，若顾客优质优价意识不强，甚至挫伤生产者提高产品质量的主动性，则难于有效抑制不合格产品流通；质量竞争机制的不断完善，可以有效约束生产企业行为，避免因恶意竞争导致产品质量下滑，若质量诚信体系不完善、产品质量诚信监管信息系统不健全，质量竞争意识不强，盲目追求低成本甚至生产劣质产品，则容易引发质量危机；供应商配合改进程度的增强可以协助企业提高产品创新能力与差异化战略的实施绩效，降低对特殊原材料的依赖性，并使产品更加贴近顾客要求。另外，在问卷预调查中增加的替代品与互补品作用力，在此没有获得认可，更多是因为高质量替代品的出现会促使企业积极采用先进技术，不断提高产品质量，故对其认同度不高。

2. 内部影响公因子提取结果

（1）产品实现过程质量控制能力。表1.2表明产品实现过程质量控制能力的方差贡献率最大，且其中的大多数影响因素的权重也大，说明它对产品质量危机预防成效影响最大。其中企业通过准确识别和确定相关方需求，并及时有效处理顾客投诉，对设计成果进行改进，可以保证产品最大限度满足顾客要求，若企业对顾客需求与法律法规要求、社会道德要求识别不够准确全面，不能及时有效处理顾客投诉，不能及时准确将顾客需求转化成设计成果，就会造成顾客满意度降低、投诉增加，进而导致质量隐患的发生。企业通过严格控制设计质量，可以保证产品符合要求，若企业技术创新能力不足，产品设计质量控制或质量改进不到位，就会造成产品质量不能满足要求。提高供应商评价与选择有效性可以保证采购质量的符合性，并且有效控制和监督采购合同、进货检验及外包过程，可以确保原材料质量及外包过程质量满足要求，若企业采购与外包要求不够全面准确，采购与外包过程控制不到位，就会造成采购与外包质量不能满足设计要求。对生产运作过程进行有效控制及对产品标识和可追溯性等进行确认，可以有效跟踪和控制潜在隐患，若企业生产工艺相对落后，过程能力与稳定性控制不到位，就会造成生产运作质量不能满足设计要求。提供优质的顾客服务可以提高顾客满意度，对顾客反馈及时有效处理，可以为企业提供准确的产品改进信息，若企业对销售服务缺乏科学有效监督管理，售中、售后服务控制不完善，与顾客有效沟通及对顾客满意度管理不到位，就会造成质量隐患时有发生。

（2）质量改进有效性。表 1.2 表明质量改进有效性的方差贡献率大，且其中部分影响因素权重大，因此它对产品质量危机预防成效影响大。其中准确的监视与测量可以为评价产品满足要求程度提供可靠依据，而调查发现企业需要完善监视与测量流程，强化顾客满意度评估与内部审核等，防止不合格发生。对不合格品进行控制可以保证采购质量与制造质量符合设计要求、有效降低过程不合格品率，对不符合项进行有效控制也可以保证质量管理体系的持续适宜性和有效性，若企业不合格品控制流程不够完善，仅对已经发现的不合格品进行处理，就会造成不合格产生原因、不合格品评审与确认、处置与实施过程控制不够。及时准确收集、分析与反馈信息，可以为寻求改进机会提供依据，da Cunha 等认为准确有效的数据与信息可以为质量改进提供依据[19]，若企业很少利用相关统计质量控制技术进行监视与测量数据分析，基于监视与测量数据的产品实现过程质量控制能力及稳定性评价不够，就不能及时预测产品实现过程中存在的质量隐患。纠正预防措施的有效实施可以消除不合格产生的原因，若企业纠正预防措施制定与评审、实施与监控、有效性评价与效果验证不到位，就难于避免不合格或潜在不合格的发生。实施管理评审可以有效寻求改进机会，确保质量方针、质量目标及资源配备、过程绩效、质量危机应急预案等的适宜性、充分性、有效性，便于有效预防与及时处置质量危机事件，若企业管理评审程序不健全，评审输入、评审输出不够全面，改进措施的实施效果跟踪不够到位，则很难保证产品质量。

（3）企业资源保障能力。表 1.2 表明企业资源保障能力的方差贡献率虽不大，但其中的部分影响因素的权重较大，因此它对产品质量危机预防成效影响较大。其中提高人力资源能力与岗位职责的匹配程度，可以保证员工素质满足产品实现过程质量控制要求，有效的质量控制技能培训能够提高员工质量危机应对能力，若企业培训体系不健全，员工质量意识不强，人力资源管理流程有待改善，尤其是在绩效考核指标体系中质量指标的权重相对偏低，质量激励不够到位，以至于员工质量责任心不够强，就会影响产品质量危机的预控。知识资源利用能力可以提高产品开发、工艺改进与技术创新绩效，提升产品实现过程质量，若企业产品实现过程知识获取与创新能力不强，则难于获取过程质量控制与质量改进所需知识。基础设施及过程设备、系统软硬件、测量设备的适宜性和先进性，可保障产品质量符合性，若企业产品实现过程所需的基础设施设备、过程设备、测量设备达不到相应要求，设施资源合格状态及稳定性控制不到位，则难于有效控制产品实现过程质量。有效保障作业环境符合工艺参数及设备使用要求，可以提高工作效率、降低不合格品率。另外，在前述问卷调查中发现，本节通过文献研究所提取出的财务资源保障能力没有得到认可，部分学者认为财务资源是其他资源保障与内部管控的基础，出现质量问题的企业大多由于内部管控不到位而引发，故对其认同度不高。

（4）企业质量文化主导性。表1.2表明企业质量文化主导性的方差贡献率较大，且其中部分影响因素权重大，因此它对产品质量危机预防成效影响大。其中优秀的质量文化可以提升公司崇尚质量的价值观，自觉把好产品质量关，Liu和Wu认为良好的企业质量文化可以使员工自觉改进与保障产品质量[25]。高层管理者良好的质量意识可以强化质量控制技能培训与质量责任，完善质量危机预防与应急预案，严格实施不合格控制及其纠正预防措施控制，确保产品质量满足或超越要求，若企业管理者与员工质量意识不强，没有在员工中树立正确的质量价值取向，就会造成不合格控制有令不行、有禁不止。质量在企业战略中的优先地位可以增强企业的质量竞争意识，若在战略规划中没有体现质量优先地位，质量竞争意识不强，就难于重视产品质量。注重产品质量承诺的超越性及其兑现程度，可以促使员工将产品质量控制到超越承诺的程度，并保证在质量危机发生时及时启动应急预案，避免质量危机扩大化，若企业不能兑现产品质量承诺，则难以将产品质量危机消灭在萌芽状态。

1.3　本章小结

本章在界定产品质量危机内涵与特征基础上，发掘出了产品质量危机影响因素的构成，明确了质量危机成功预控的关键因素。建议企业根据产品质量危机内涵与自身所在行业特征，从中选择出适合于本企业特征的产品质量危机影响因素及其关键影响因素，作为消除自身产品质量危机的关键成功因素，增强其核心竞争力，预防产品质量危机事件的发生。

1. 本章主要内容

1）提取出 6 个产品质量危机影响公因子及其 26 个影响因素

首先，在界定产品质量危机内涵基础上，采用文献分析法，得出了理论研究中关注程度较高的产品质量危机影响因素。其次，采取问卷直接设计、间接设计相结合方法，从 PEST、六力互动模型及企业质量管理体系结构视角，对产品质量危机的成因进行了发掘与系统化补充，形成了产品质量危机影响因素的调查问卷，使得问卷的题项既体现理论研究成果，又体现质量管理实践关注焦点。再次，选择产品质量危机相对频发的行业内企业作为调查对象，进行产品质量危机影响因素调查与数据采集，并根据调查问卷数据中对产品质量危机各影响因素认同程度的统计结果，剔除了认同程度较低的替代品与互补品作用力及财务资源保障能力 2 个因素，解决了仅依据因子载荷剔除产品质量危机影响因素的局限性。最后，对 26 个认可度较高的影响因素数据进行探索性因子分析，提取出了 2 个外部影响公因子及其对应的 8 个质量危机影响因素、4 个内部影响公因子及其对应的 18 个质量危机影响因素。

2）明确 12 个产品质量危机关键影响因素

采用主观集值统计法与客观主成分分析法相结合的组合赋权法，确定出了 26 个产品质量危机影响因素的权重，据此选择出了 12 个产品质量危机关键影响因素。其中，外部关键影响因素包括质量法律制度健全程度、消费者维权保护力度等 3 个；内部关键影响因素包括产品要求准确识别能力、设计质量控制能力、生产运作质量控制能力、客户服务质量控制能力等 9 个。同时，依据 6 个公因子方差贡献率与各影响因素的权重，探讨了影响因素对预防产品质量危机的效用。

2. 本章主要贡献

研究发现产品质量危机影响因素包括 2 个外部影响公因子及其对应的 8 个外部影响因素、4 个内部影响公因子及其对应的 18 个内部影响因素。

（1）外部影响公因子包括质量治理力度与产业高质量发展驱动力 2 个公因子。质量治理力度包含质量法律制度健全程度、产品标准先进程度、质量检验网络健全程度、产品质量监督管理力度、消费者维权保护力度 5

个影响因素；产业高质量发展驱动力包含顾客优质优价认同程度、质量竞争机制健全程度、供应商配合改进程度3个影响因素。建议政府在健全质量法律制度基础上，重点加大消费者维权保护力度、产品质量监督管理力度，引导顾客提高优质优价认同程度。

（2）内部影响公因子包括产品实现过程质量控制能力、质量改进有效性、企业资源保障能力、企业质量文化主导性4个公因子。产品实现过程质量控制能力包含产品要求准确识别能力、设计质量控制能力、采购外包质量控制能力、生产运作质量控制能力、客户服务质量控制能力5个影响因素；质量改进有效性包含监视与测量程度、不合格控制程度、信息分析及时准确性、纠正预防措施有效性、管理评审执行程度5个影响因素；企业资源保障能力包含人力资源保障能力、知识资源利用能力、设施资源保障能力、作业环境控制能力4个影响因素；企业质量文化主导性包含质量价值观念前瞻性、质量意识增强程度、质量战略优先程度、产品质量承诺履约程度4个影响因素。建议企业重点提高质量价值观念前瞻性、知识资源利用能力、监视与测量程度、纠正预防措施有效性、产品质量承诺履约程度，重点增强产品要求准确识别能力、设计质量控制能力、生产运作质量控制能力、客户服务质量控制能力。

3. 本章创新之处

本章成果与国内外同类技术相比，主要学术创新体现如下：

针对产品质量危机影响因素发掘研究不够的问题，从 PEST、六力互动模型及企业质量管理体系结构视角，发掘出了 6 个产品质量危机影响公因子，并发现了 4 个政府遏制质量危机及 9 个企业预防质量危机事件的重点。

以往产品质量危机影响因素的研究一般多为逻辑推理与经验判断，探索性因子分析不够，影响因素系统性提取不全面。

本章充分考虑了宏观环境、产业环境及质量管理体系构成要素对质量危机的制约与削减作用，明确了产品质量危机内外部影响因素的具体构成及关键影响因素，克服了产品质量危机影响因素提取的全面性不足的困难，并弥补了产品质量危机关键影响因素确定依据不充分的问题。

第2章 产品质量危机内部影响公因子 对质量危机预控成效作用机理

由 1.2 节产品质量危机相关影响因素提取结果可得,产品质量危机内部影响公因子包括产品实现过程质量控制能力、质量改进有效性、企业资源保障能力、企业质量文化主导性 4 个。这 4 个公因子之间关系复杂,明确内部影响公因子对质量危机预控成效作用机理,可以为产品质量控制与质量危机管理提供理论支持。

2.1 内部影响公因子对质量危机预控成效作用机理 研究现状

产品质量危机内部影响公因子对质量危机预控成效作用关系研究主要体现在以下方面:

(1)有关产品实现过程质量控制能力对质量危机预控成效影响研究主要包括:Samra 等认为产品开发与创新能够应对潜在质量危机[38];Zhou 和 Johnson 指出良好的供应商评级能够提高供应商质量水平和降低因供应质量问题而产生的产品召回风险[39];Duffie 等认为对生产过程进行调控可以提高生产过程稳定性[40],降低产品不合格风险;Sivakumar 等指出当服务交付不符合顾客期望时产生服务失败[41],而大规模服务失败易导致企业发生服务危机[42]。

(2)有关质量改进有效性对产品实现过程质量控制能力影响研究主要包括:Agus 和 Hassan 认为通过质量改进,可以有效应对不断变化的顾客需求[43];质量改进影响产品实现过程质量[44]。Jiang 和 Murthy 指出质量危机管理绩效受不合格品控制、纠正预防措施控制的影响[31]。

(3)有关企业资源保障能力对产品实现过程质量控制能力作用机理研究主要包括:Rodríguez-Pinto 等指出企业设施设备质量对新产品开发绩效有影响[45];Jozsef 和 Blaga 指出将质量改进技术、工具与高素质人才有机结合,可以保障产品质量[46];Ahmad 等提出充分利用基础设施资源,能够保障产品质量[47]；资源保障能力影响产品实现过程质量[48]。

（4）有关企业质量文化主导性对产品实现过程质量控制能力作用机理研究主要包括：顾客导向的价值观念能够促进员工准确获取产品要求信息[49]，设计文化对保障设计质量具有重要影响[50]，质量文化对于供应商选择及服务质量等有一定影响[51]，管理者及员工对质量承诺的履约程度是保障生产过程质量的关键[52]，以顾客为关注焦点的文化能够提升顾客满意度和忠诚度[53]；质量文化能够促进企业实现资源的有效配置，质量文化是影响质量改进的关键因素，优秀的质量文化能够促进企业持续改进产品质量[54]。

上述研究成果为产品质量危机内部影响公因子对质量危机预控成效作用关系奠定了基础，但更多集中于内部影响因素间影响关系的分析，其内部影响因素对质量危机预控成效作用机理论证不够，故需要探究产品实现过程质量控制能力以及质量改进有效性、企业资源保障能力、质量文化主导性对质量危机预控成效的作用机理，为预防质量危机提供借鉴。

2.2　产品实现过程质量控制能力对质量危机预控成效作用机理

采用验证性因子分析法，探讨产品实现过程质量控制能力对质量危机预控成效作用机理，为企业产品质量危机管理提供借鉴。

2.2.1　研究假设与概念模型

1. 理论分析与研究假设

由 1.2 节探索性因子分析得出，产品实现过程质量控制能力包括产品要求准确识别能力、设计质量控制能力、采购外包质量控制能力、生产运作质量控制能力、客户服务质量控制能力 5 个影响因素。质量危机预控成效主要体现为产品交付质量及使用过程可信性提高程度、顾客负面评价与品牌价值负面效应的防控程度[44]。

1）产品要求准确识别能力对质量危机预控成效影响分析

产品要求准确识别能力包括顾客沟通、产品要求信息收集及产品要求确定、评审、变更控制等活动[55]。新产品成功开发的关键之一是获取顾客需求与法规要求、社会道德要求信息，并将其转化为产品要求[56]。某品牌汽车内装饰甲醛超标、某饮料苯超标事件佐证了产品要求准确识别能力对质量危机预控成效的影响。王晓暾和熊伟认为通过准确辨识和预测顾客需求，可提高产品设计与交付质量[57]；马钦海和李艺认为准确判断不同顾客的需求，并为其提供相应服务，可确保其服务质量满足顾客期望，从而提高产品可信性[58]。企业在准确识别顾客需求的基础上，通过顾客需求信息的分析、评价及产品要求评审，能够确保顾客需求信息的客观性、可靠性及内部资源条件保障顾客要求的可实现性，并通过产品实现过程质量控制，使产品质量满足顾客要求，提升产品可信性。良好的顾客沟通有助于企业及时获取、更新顾客需求信息，以便提供更加符合顾客期望的产品，从而降低顾客负面评价与提高质量对品牌价值的贡献程度。基于此，提出如下假设。

H2.2.1：产品要求准确识别能力对质量危机预控成效有正向影响。

2）设计质量控制能力对质量危机预控成效影响分析

设计质量控制能力包括设计过程策划、设计输入控制、设计过程控制、设计输出控制、设计更改控制等活动[55]。某品牌汽车气囊质量事件在一定程度上佐证了设计质量控制能力对质量危机预控成效的影响。提高设计输入准确性与设计过程控制完备性，可有效减少设计失误，有利于快速开发顾客满意的新产品[59]，提高交付质量与产品可信性。Wilkinson 和 de Angeli 认为在产品开发过程中积极与顾客互动，可以增强顾客信任程度，减少顾客对企业的负面评价[60]。通过实施完备的设计与开发质量控制流程，并对设计结果进行评审、验证与确认，确保设计质量符合顾客要求，有利于提高交付质量，减少顾客投诉与负面评价。针对顾客反馈及设计评审、验证、确认等发掘的设计质量信息，及时进行产品更改与持续改进，可以快速减少顾客负面评价与市场负面影响。Nair 也认为持续产品改进可以减少顾客负面评价，提高质量对品牌价值的贡献程度[18]。基于此，提出如下假设。

H2.2.2：设计质量控制能力对质量危机预控成效有正向影响。

3）采购外包质量控制能力对质量危机预控成效影响分析

采购外包质量控制能力主要包括采购与外包计划制定、供应商与合作伙伴选择、合同管理、采购物资验证等[61]，采购与外包不合格会导致产成品不合格率加大、负面影响扩大等，某化妆品含重金属事件、某制药公司假冒丙二醇事件更多是因为采购检验没有严格把关而引发的质量危机事件。在采购与外包需求分析基础上，实施完善的采购与外包计划，有利于提高采购与外包质量和及时向顾客提供优质产品，提升交付质量与产品可信性。采购与外包的核心是供应商管理，Lotfi 等认为加深供应商、制造商和客户之间的合作关系，可以提高采购质量[62]，使产品质量满足顾客期望，从而增强顾客对产品的信任程度，提高质量对品牌价值的贡献程度。完善的进货验收流程有利于控制采购质量，通过评价采购质量及其供给过程的满意程度，协助供应商实施质量改进，可以提高采购与外包质量，进而确保产品交付质量。Zhou 和 Johnson 也认为通过供应商质量评级可以提高供应商质量水平，降低采购风险与负面影响[39]。基于此，提出如下假设。

H2.2.3：采购外包质量控制能力对质量危机预控成效有正向影响。

4）生产运作质量控制能力对质量危机预控成效影响分析

生产运作质量控制能力包括生产准备、生产组织控制、QHSE 控制、5M1E 控制、过程质量监控等活动[63]。加强生产过程控制是确保产品交付质量、避免质量危机发生的保障，帕杰罗事件、欣弗事件等佐证了生产运作质量控制能力对质量危机预控成效的影响。生产准备过程绩效影响生产过程质量，先进技术应用与 5M1E 控制绩效能够有效降低不合格品率，使产品质量满足或超越顾客期望，减少顾客投诉与负面评价。提高生产组织管理的有效性能够确保生产过程质量满足要求，减少顾客负面评价，提升质量对品牌价值的贡献程度。加强 QHSE 风险及 5M1E 控制，可确保生产过程处于受控状态，有效降低产品不合格率，提高产品符合度与可信度。基于此，提出如下假设。

H2.2.4：生产运作质量控制能力对质量危机预控成效有正向影响。

5）客户服务质量控制能力对质量危机预控成效影响分析

客户服务质量控制能力包括从接受、处理、交付客户订单到客户投诉处理、索赔管理等过程中与顾客之间的交互活动。某品牌汽车 4S 店夸大车辆故障从中牟取暴利事件正是因服务承诺未兑现而造成的；某品牌车发动机在装配过程中，将螺栓遗落在发动机内，导致该车在销售后的极短时间内发动机缸体破损而漏油，但销售公司不按要求解决质量问题，引发顾客负面评价的广泛传播。若客户服务质量未达到顾客要求，会导致顾客信任降低、顾客负面评价增加，面对产品召回事件，广泛的媒体报道会使顾客高估潜在不良后果，进而降低信任。优质的售前服务可以更全面满足顾客的个性化需求，从而提高顾客保留度，Law 等指出提高客户服务质量控制能力，确保服务质量满足顾客期望，能有效提高顾客保留度[64]；通过为客户及时提供售中服务，满足客户对交付过程的需求，可以提高顾客信任度，苏秦等发现在客户服务中交互质量对顾客信任有正向影响[65]；良好的售后服务尤其是对服务失误及时采取相关补救措施，有利于提升质量对品牌价值的贡献程度，Maxham 和 Netemeyer 发现对单次服务失误采取令人满意的补救行动，客户的回购率反而会增加[66]。因此，提出如下假设。

H2.2.5：客户服务质量控制能力对质量危机预控成效有正向影响。

2. 概念模型构建

基于以上理论分析与研究假设，将产品实现过程质量控制能力涉及的 5 个影响因素作为自变量，将质量危机预控成效作为因变量，可构建如图 2.1 所示产品实现过程质量控制能力对质量危机预控成效影响的概念模型图。

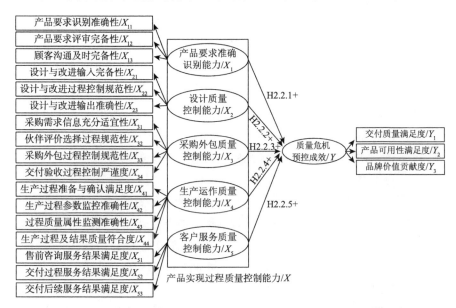

图 2.1　产品实现过程质量控制能力对质量危机预控成效影响的概念模型图

2.2.2　研究设计与数据收集

1）变量测量

（1）自变量的观测变量设置。根据前述假设及概念模型，参考已有研究结果[61, 63]，并结合 GB/T 19001 标准[55]、GB/T 19580 标准[67]等要求，设定 5 个自变量的相关表征变量或构成因素作为其观测变量，其观测变量如图 2.1 所示。

（2）因变量的观测变量设置。考虑到产品交付质量反映了按规定时间节点交付给顾客的产品的若干固有特性满足产品要求的程度。产品交付质量越高，越易被顾客所接受，而当交付质量不能满足产品要求时，极易引发顾客投诉及相关方关注与报道，并可能引发质量危机事件。产品可用性反映了产品可靠性、维修性、维修保障性及产品 EOL（end of life，寿命终止）服务、可持续性等满足要求的程度，可靠性、维修性、维修保障性越高，越能提高产品使用效率和降低使用成本，且在产品生命周期末期，及时为顾客提供产品可用性信息与 EOL 服务，可减少因产品老化对顾客造成意外损失。产品可信性低时不但会造成顾客流失，而且会给企业带来市场负面影响[68]，甚至引发质量危机。品牌价值贡献度反映了企业通过及时处理顾客投诉和改进产品质量，削减产品伤害事件影响范围和影响深度，进而对企业品牌价值带来增值的程度。它表现为顾客、市场监督管理部门、主流媒体、消保委等相关方对企业产品质量正面评价与正面影响的增长、负面评价与负面影响的减少，有关产品质量负面宣传会损害公司形象，尤其当相关方的不满、抱怨与负面报道、负面影响远大于正面影响时，质量对品牌价值贡献就会出现明显负效应，当产品质量负面信息、舆论累积到一定程度时，可能引发质量危机事件[69]。可见，三者体现出质量危机预控成效的高低，故以交付质量满足度、产品可用性满足度、品牌价值贡献度作为产品质量危机预控成效的观测变量，其观测变量如图 2.1 所示。

2）问卷设计

依据上述研究假设，将图 2.1 所示的每个观测变量至少设计为一个问卷题项。通过对前述产品质量危机频发行业典型企业及咨询机构相关专家的预调研，结合专家意见进行问卷完善，修正其中表达有歧义的问卷题项，基于利克特五级量表法，形成本节的正式调查问卷[27]。

3）数据收集

（1）调查对象选择。考虑到产品质量危机爆发的频次及研究结论的适用性，所选行业主要包括前述产品质量危机频发行业，调查问卷的发放对象主要包括企业质量管理、质量检验及产品实现过程相关部门质量负责人员[48]。

（2）调查数据采集。采用现场访谈、问卷链接等方式向前述调查对象发放调查问卷，回收问卷 442 份，得到 403 份有效问卷，满足本实证研究问卷数量要求[20]。

2.2.3　数据检验与分析

采用 SPSS24.0 与 AMOS24.0 对问卷进行信度分析和效度检验，并利用 AMOS24.0 对图 2.1 所示概念模型进行拟合分析，检验图 2.1 概念模型及研究假设的正确性。

1）问卷信度分析与效度检验

（1）信度分析。利用 SPSS24.0，以克朗巴哈系数 α 为评判标准进行量表信度分析，其运行结果如表 2.1 所示，可见各变量 α 系数均大于 0.7，表明问卷具有良好信度[20]。

表 2.1　产品实现过程质量控制能力对质量危机预控成效影响研究变量和
观测变量分析表

研究变量	观测变量	因子载荷	α 系数	AVE	CR
产品要求准确识别能力/ X_1	产品要求识别准确性	0.712	0.774	0.534	0.775
	产品要求评审完备性	0.717			
	顾客沟通及时完备性	0.763			
设计质量控制能力/ X_2	设计与改进输入完备性	0.764	0.760	0.517	0.762
	设计与改进过程控制规范性	0.671			
	设计与改进输出准确性	0.718			
采购外包质量控制能力/ X_3	采购需求信息充分适宜性	0.667	0.812	0.523	0.813
	伙伴评价选择过程规范性	0.769			
	采购外包过程控制规范性	0.758			
	交付验收过程控制严谨度	0.692			
生产运作质量控制能力/ X_4	生产过程准备与确认满足度	0.701	0.801	0.504	0.802
	生产过程参数监控准确性	0.655			
	过程质量属性监测准确性	0.699			
	生产过程及结果质量符合度	0.780			
客户服务质量控制能力/ X_5	售前咨询服务结果满足度	0.744	0.777	0.542	0.780
	交付过程服务结果满足度	0.685			
	交付后续服务结果满足度	0.777			
质量危机预控成效/Y	交付质量满足度	0.667	0.805	0.589	0.810
	产品可用性满足度	0.858			
	品牌价值贡献度	0.765			

注：AVE—average variance extracted，平均方差提取值；CR—composite reliability，组合信度

（2）效度检验。以 KMO 检验和 Bartlett's 球形检验为评判标准进行量表效度检验[70]，检验表明各变量的 KMO 值均大于 0.7，量表整体 KMO 值

为 0.863，Bartlett's 球形检验的显著性概率为 0.00。同时由表 2.1 可知，每个变量的因子载荷>0.6、AVE>0.5、CR>0.7，表明量表具有良好的聚合效度[71]。另外，各变量间的相关性分析结果如表 2.2 所示，其相关系数小于 0.7，且各变量间的相关系数小于各变量的 AVE 平方根，表明问卷具有良好的区分效度[71]。

表 2.2　产品实现过程质量控制能力对质量危机预控成效影响各变量相关系数及 AVE 平方根表

变量		X_1	X_2	X_3	X_4	X_5	Y
相关系数	产品要求准确识别能力/ X_1	1					
	设计质量控制能力/ X_2	0.29**	1				
	采购外包质量控制能力/ X_3	0.30**	0.25**	1			
	生产运作质量控制能力/ X_4	0.22**	0.20**	0.35**	1		
	客户服务质量控制能力/ X_5	0.15**	0.14**	0.26**	0.29**	1	
	质量危机预控成效/Y	0.45**	0.45**	0.48**	0.45**	0.39**	1
AVE 平方根		0.73	0.72	0.72	0.71	0.74	0.77

**表示 $P < 0.01$ 显著水平

2）概念模型拟合分析

利用 AMOS24.0 对模型进行拟合分析，具体拟合结果如表 2.3 所示，各变量之间的路径关系及标准化路径系数图如图 2.2 所示。表 2.3 检验结果表明，主要拟合指数均在可接受范围，模型拟合良好[71]，所有假设均成立。

表 2.3　产品实现过程质量控制能力对质量危机预控成效影响概念模型主要拟合指数表

拟合指数	χ^2/df	RMSEA	GFI	AGFI	NFI	IFI	TLI	CFI
评价标准	1~3	<0.080	>0.900	>0.900	>0.900	>0.900	>0.900	>0.900
拟合数值	1.273	0.026	0.953	0.936	0.934	0.985	0.982	0.985

注：RMSEA—root mean square error of approximation，近似均方根误差；GFI—goodness-of-fit index，拟合优度指数；AGFI—adjusted goodness-of-fit index，调整拟合优度指数；NFI—normed fit index，规范拟合指数；IFI—incremental fit index，增量拟合指数；TLI—Tucker-Lewis index，Tucker-Lewis 指数；CFI—comparative fit index，比较拟合指数

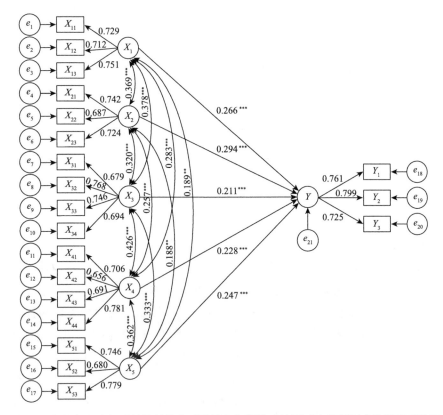

图2.2　产品实现过程质量控制能力对质量危机预控成效影响变量间标准化路径系数图

表示 $P<0.01$ 显著水平、*表示 $P<0.001$ 显著水平

3）产品实现过程质量控制能力对质量危机预控成效影响关系

由上述实证研究结果可知，产品实现五个过程质量控制能力对质量危机预控成效均有正向影响。同时，由图 2.2 中自变量对因变量影响路径系数发现，产品实现过程五个方面对质量危机预控成效的影响程度不同，其影响程度由高到低依次是设计质量控制能力、产品要求准确识别能力、客户服务质量控制能力、生产运作质量控制能力、采购外包质量控制能力，且产品实现五个过程之间存在共变关系，但五个产品实现过程因素之间协变性不足，其中当某一方面能力不强时，不会明显减弱其他四个方面的质量危机预控能力[70]。

（1）产品要求准确识别方面，由路径系数可知，顾客沟通及时完备性的作用最明显、产品要求识别准确性的作用明显、产品要求评审完备性的作用较明显。同时，图 2.2 所示共变关系拟合结果表明，产品要求识别结果的变化会直接影响其他四个过程。企业应做好顾客沟通，深度挖掘并持续提高顾客需求、法定要求、社会道德要求识别的全面性、准确性与有效性，并通过后续产品实现过程的持续改进，为顾客提供满意产品。

（2）设计质量控制能力方面，由路径系数可知，设计与改进输入完备性的作用最明显、设计与改进输出准确性的作用明显、设计与改进过程控制规范性的作用较明显。同时，由图 2.2 可知，产品设计与改进结果会直接影响后续三个过程。企业应重点完善产品设计质量控制流程，确保设计输出满足设计输入与产品要求，提升产品原创性与成熟度，并通过后续生产运作质量控制，提供满足顾客个性化需求的产品，从而消除产品先天性不合格。

（3）采购外包质量控制能力方面，由路径系数可知，伙伴评价选择过程规范性的作用最明显、采购外包过程控制规范性的作用明显、交付验收过程控制严谨度的作用较明显。同时，由图 2.2 可知，采购外包质量控制结果直接影响后续两个过程。企业应依据设计输出与生产运作要求，做好合作伙伴评价选择、采购与外包过程控制及检验把关，为提升生产运作和服务质量提供保障，并鼓励供应商参与产品质量改进与创新，确保采购与外包质量满足设计要求及产品要求。

（4）生产运作质量控制能力方面，由路径系数可知，生产过程及结果质量符合度的作用最明显、生产过程准备与确认满足度的作用明显、过程质量属性监测准确性的作用较明显。同时，由图 2.2 可知，生产运作质量控制结果直接影响客户服务过程。企业应做好生产运作过程质量控制，并与设计、采购部门搞好沟通协调，协助提高设计输出的制造可行性及设计更改有效性，确保生产运作质量满足产品设计质量要求，进而确保产品质量满足要求。

（5）客户服务质量控制能力方面，由路径系数可知，交付后续服务结果满足度的作用最明显、售前咨询服务结果满足度的作用明显、交付过程服务结果满足度的作用较明显。企业应通过顾客交互，关注顾客需求变化，提高产品要求识别的准确度，并通过邀请顾客参与产品改进，以及将顾客投诉及时反馈到采购与生产运作过程，按照顾客期望持续改进产品实现过程质量，从而提升顾客满意度，预控质量危机事件的发生。

2.3　质量改进有效性对产品实现过程质量控制能力作用机理

质量改进是通过采取提高活动和过程的效果与效率的有关措施来为

企业及其顾客提供增值效益，通过消除系统性问题来增强满足质量要求的能力[55]。质量改进有效性是指完成质量改进策划的活动和达到策划结果的程度[55]。由 1.2 节探索性因子分析得出质量改进有效性包括监视与测量程度、不合格控制程度、信息分析及时准确性、纠正预防措施有效性、管理评审执行程度五个因素[27]。在此通过分析质量改进有效性五个因素对产品实现过程质量控制能力五个因素影响的相关理论，采用验证性因子分析法，探讨质量改进有效性对产品实现过程质量控制能力的作用机理[70]，为企业产品质量危机管理提供借鉴。

2.3.1　研究假设与概念模型

1. 理论分析与研究假设

通过分析质量改进有效性对产品实现过程质量控制能力的影响关系，提出研究假设。

1）质量改进有效性对产品要求准确识别能力的影响分析

企业准确识别产品要求及发掘不同顾客的需求特点是保证产品满足要求的最初信息来源，Lai 等指出对顾客需求进行监测是获得顾客需求信息的有效方法[72]，可以使顾客需求识别过程更加完善。产品要求识别过程存在的不合格主要指产品要求不能被正确识别和充分理解，若其不合格控制及与顾客沟通不及时，将影响产品要求识别过程质量。Wankhade 和 Dabade 指出如果顾客需求信息与产品信息存在不对称，则可能导致接收端质量信息不确定[73]。同时，对产品要求识别过程及其监视和测量过程等数据进行适当分析、挖掘、传递与反馈等，可以为以后的顾客需求识别过程改进提供参照，最终确保产品要求识别过程的有效性。如果对顾客需求相关数据与信息分析不完全，也会导致顾客需求识别不够准确。另外，对在顾客需求识别过程中存在的不合格及潜在不合格采取纠正预防措施和对纠正预防措施的跟踪记录、评价不到位，将导致顾客需求识别活动不能完全满足准确性、全面性要求，进而可能难以满足顾客要求[70]。最后，最高管理者通过管理评审，对本企业及竞争对手业绩予以评价，寻求产品要求识别过程的改进方向，使顾客需求识别过程更加完善，便于相关人员能够更加及时准确地识别和理解顾客需求。可见，质量改进有效性方面的五个表征因素均对产品要求准确识别能力有正向影响[70]。基于此，提出如下假设。

H2.3.1：质量改进有效性对产品要求准确识别能力有正向影响。

2）质量改进有效性对设计质量控制能力的影响分析

企业新产品设计、老产品改进质量审核、验证、确认执行力及准确监视和测量是明确设计与改进成果的领先性与成熟度、保证产品研发质量满足顾客需求的前提。若产品设计与改进过程存在不合格及审核、验证、确认活动存在不符合项，则可能导致开发的产品不能够满足或超越顾客需求，若对这些不合格不能进行有效控制，将会影响产品改进质量。对产品开发过程监视和测量、不合格控制等数据和信息及时进行分析、传递与反馈，可最终确保产品设计与改进的有效性与可追溯性，确保不同阶段输出满足该阶段输入要求及顾客需求。Lee 等认为应完善复杂产品设计过程全面处理各种数据与信息的机制，以达到高效的知识检索和信息更新操作[74]，这可以使设计者从这些信息中获取灵感与构思，不断提升满足顾客需求的能力。对产品设计与改进过程相关活动中存在的不合格及潜在不合格采取纠正预防措施有效性不高，也会使开发的产品难于满足要求。最后，最高管理者通过实施管理评审，可以识别出产品领先性与成熟度改进机会，使产品设计与改进过程更加完善，并使开发与改进后的产品超越顾客需求。可见，质量改进有效性方面的五个表征因素对设计质量控制能力均有正向影响[70]。基于此，提出如下假设。

H2.3.2：质量改进有效性对设计质量控制能力有正向影响。

3）质量改进有效性对采购外包质量控制能力的影响分析

企业有效实施采购与外包过程的准确、及时监视和测量是确保物料与外包质量满足设计及生产运作要求的有效方法，监督供应商业绩是提升采购质量的有效手段[75]。若采购的物料存在不合格与外包过程存在不合格，就会导致物料或外包过程不能满足设计及生产要求，从而使产品不能满足顾客要求。对采购外包过程监视和测量、不合格控制等信息进行系统分析、传递与反馈，不但为供应商再选择等提供依据，而且能够降低未来采购与外包活动的盲目性，保障生产运作策划过程具备满足设计及生产运作实施过程要求的能力。对采购与外包过程的不符合项及采购物料与外包不合格采取的纠正预防措施控制不到位，会使物料质量、外包业务存在风险，从而导致产品不能满足设计要求。最后，最高管理者通过实施管理评审，可以识别出采购与外包过程的改进机会，使采购与外包相关过程更趋完善[70]，进而有效保证物料及外包质量满足设计要求。可见，质量改进有效性五个表征因素对采购外包质量控制能力均有正向影响[70]。基于此，提出如下假设。

H2.3.3：质量改进有效性对采购外包质量控制能力有正向影响。

4）质量改进有效性对生产运作质量控制能力的影响分析

企业对生产技术准备、生产运作、产品验证等过程及 5M1E 进行准确的监视和测量是确保生产运作质量满足设计要求，并保证向顾客提供满意产品的有效措施。若生产运作过程及 5M1E 控制等存在不合格，将导致产品不能满足设计要求及顾客需求，加强不合格品及不符合项控制，可以有效提升生产运作过程质量。对生产运作过程的监视和测量、不合格控制等数据和信息的分析、传递与反馈，为生产运作控制提供可靠依据，如采用统计过程控制（statistical process control，SPC）技术及相关统计质量控制工具对生产运作过程及结果进行分析，可以使企业逐步降低产品不合格品率，使产品满足设计要求和顾客需求。对生产运作过程中存在的不符合项及不合格品采取的纠正预防措施的有效性控制不到位，会使不符合项难于关闭、不合格品率难于降低，进而导致产品难以满足顾客需求。最后，最高管理者通过实施管理评审，可以识别出生产运作过程的改进机会，使生产运作过程更加完善，并在保证对 5M1E 进行有效控制的前提下，不断提高产品合格率，使产品满足与超越顾客要求。可见，质量改进有效性五个表征因素对生产运作质量控制能力均有正向影响[70]。基于此，提出如下假设。

H2.3.4：质量改进有效性对生产运作质量控制能力有正向影响。

5）质量改进有效性对客户服务质量控制能力的影响分析

企业对顾客需求及其偏好获取过程、产品满足顾客需求程度进行及时准确的监视和测量是招徕新客户、保留老客户及进一步提升客户关系的关键举措，监视与测量能准确评估顾客满意度、避免产品存在缺陷[76]。若对客户服务过程的不符合项及产品不满足顾客要求的应对措施控制不到位，将导致产品不能满足顾客需求，最终降低客户服务质量。对客户服务过程监视和测量、不合格控制等数据和信息进行分析、传递、反馈及评审与更新，可为发掘顾客潜在需求、提升顾客满意度提供依据。作为质量管理体系绩效的一种测量方法，监视顾客关于企业是否满足其要求的感受的相关信息，并确定利用这种信息的方法，对客户服务过程及其结果进行分析，能够为持续改进指明方向。对客户服务过程中存在的不符合项及产品不满足顾客要求的应对措施的不符合项及时进行关闭，有利于提升客户服务质量。最高管理者通过实施管理评审，可以识别顾客抱怨、不满意及原因，找到客户服务质量改进机会及产品改进机会，提高顾客满意度与忠诚度。可见，质量改进有效性五个表征因素对客户服务质量控制能力均有正向影响[70]。基于此，提出如下假设。

H2.3.5：质量改进有效性对客户服务质量控制能力有正向影响。

结合 1.2 节产品实现过程质量控制能力表征因素，由 H2.3.1~H2.3.5，提出如下假设。

H2.3：质量改进有效性对产品实现过程质量控制能力有正向影响。

2. 概念模型构建

基于以上分析与假设，设定质量改进有效性为自变量、产品实现过程质量控制能力为因变量，构建质量改进有效性对产品实现过程质量控制能力作用关系概念模型图，如图 2.3 所示。

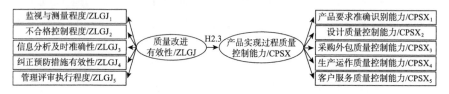

图 2.3　质量改进有效性对产品实现过程质量控制能力作用关系概念模型图

2.3.2　研究设计与数据收集

1）变量测量

根据 2.3.1 节提出的假设及概念模型，参考 1.2 节产品质量危机相关影响因素具体构成，设定自变量质量改进有效性 5 个表征变量作为其观测变量，设定因变量产品实现过程质量控制能力 5 个表征变量作为其观测变量，具体自变量、因变量及其观测变量如图 2.3 所示。

2）问卷设计

依据上述研究假设，设计调查问卷题项；通过对相关专家进行预调研，根据专家意见完善调查问卷，修正表达有歧义的题项；采用利克特五级量表法形成正式问卷[27]。

3）数据收集

（1）数据采集对象选择。重点邀请相关质量管理、人力资源管理、设备管理等方面核心管理人员及产品实现过程相关部门质量负责人进行问卷题项研判。

（2）调查数据采集。采用现场访谈、问卷链接等方式向前述调查对象发放调查问卷，回收问卷 482 份，共得到 405 份有效问卷，满足本实证研究有效问卷的数量要求[20]。

2.3.3　数据检验与分析

采用 SPSS24.0 与 AMOS24.0 分别对问卷进行信度分析和效度检验，并利用 AMOS24.0 检验图 2.3 模型及研究假设的正确性。

1）问卷信度分析与效度检验

（1）信度分析。利用 SPSS24.0，以克朗巴哈系数 α 为评判标准进行量表信度分析，分析结果如表 2.4 所示，可见各变量 α 系数均大于 0.7，表明问卷具有良好信度[20]。

表 2.4　质量改进有效性对产品实现过程质量控制能力影响研究变量和观测变量分析表

研究变量	观测变量	因子载荷	α 系数	AVE	CR
质量改进有效性/ZLGJ	监视与测量程度/$ZLGJ_1$	0.780	0.857	0.546	0.857
	不合格控制程度/$ZLGJ_2$	0.754			
	信息分析及时准确性/$ZLGJ_3$	0.704			
	纠正预防措施有效性/$ZLGJ_4$	0.746			
	管理评审执行程度/$ZLGJ_5$	0.708			
产品实现过程质量控制能力/CPSX	产品要求准确识别能力/$CPSX_1$	0.842	0.905	0.656	0.905
	设计质量控制能力/$CPSX_2$	0.833			
	采购外包质量控制能力/$CPSX_3$	0.794			
	生产运作质量控制能力/$CPSX_4$	0.806			
	客户服务质量控制能力/$CPSX_5$	0.774			

（2）效度检验。检验结果表明各变量的 KMO 值均大于 0.7，量表整体 KMO 值为 0.935，Bartlett's 球形检验的显著性概率为 0.000。同时，由表 2.4 每个变量的因子载荷、AVE、CR 表明量表具有良好的聚合效度[71]。另外，各变量间的相关性分析结果如表 2.5 所示，其相关系数大小表明问卷具有良好区分效度[71]。

表 2.5　质量改进有效性对产品实现过程质量控制能力影响各变量相关系数及 AVE 平方根表

研究变量		ZLGJ	CPSX
相关系数	质量改进有效性/ZLGJ	1	
	产品实现过程质量控制能力/CPSX	0.684**	1
AVE 平方根		0.739	0.810

**表示 $P < 0.01$ 显著水平

2）概念模型拟合分析

利用 AMOS24.0 对模型进行拟合分析，具体运行结果如表 2.6 所示，各变量之间的路径关系及标准化路径系数如图 2.4 所示。表 2.6 检验结果表明主要拟合指数均在可接受范围，模型拟合良好[71]，所有假设均成立。

表 2.6　质量改进有效性对产品实现过程质量控制能力影响概念模型主要拟合指数表

拟合指数	χ^2/df	RMSEA	GFI	AGFI	NFI	IFI	TLI	CFI
评价标准	1~3	<0.080	>0.900	>0.900	>0.900	>0.900	>0.900	>0.900
拟合数值	1.720	0.042	0.972	0.954	0.975	0.989	0.986	0.989

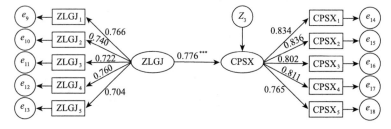

图 2.4　质量改进有效性对产品实现过程质量控制能力影响研究变量间标准化
路径系数图
***表示 $P < 0.001$ 显著水平

3）质量改进有效性对产品实现过程质量控制能力影响关系

由以上实证研究结果可得，质量改进有效性对产品实现过程质量控制能力有正向影响。同时，由图 2.4 路径系可知，监视与测量程度的作用最明显、纠正预防措施有效性的作用明显；质量改进有效性对设计质量控制能力的作用最明显，对生产运作质量控制能力、产品要求准确识别能力的作用明显。

2.4　企业资源保障能力对产品实现过程质量控制能力作用机理

企业资源保障能力是指企业内部资源的可获得性、适宜性等满足产品实现过程质量控制要求的程度[48]。由 1.2 节探索性因子分析得出企业资源保障能力包括人力资源保障能力、设施资源保障能力、作业环境控制能力、知识资源利用能力[27, 48]。在此通过分析企业资源保障能力 4 个因素对产品实现过程质量控制能力 5 个因素影响的相关理论，采用验证性因子分析法，探讨企业资源保障能力对产品实现过程质量控制能力作用机理[48]，为产品质量危机管理提供借鉴。

2.4.1　研究假设与概念模型

1. 理论分析与研究假设

通过理论分析，从企业资源保障能力对产品实现过程质量控制能力的直接影响、间接影响方面，提出资源保障能力对产品实现过程质量控制能力影响的路径假设[44, 48]。

1）企业资源保障能力对产品实现过程质量控制能力的直接影响关系分析

通过分析资源保障能力对产品实现过程质量控制能力的直接影响关系，提出研究假设。

（1）人力资源保障能力对产品实现过程质量控制能力的影响分析。人力资源保障能力是指企业通过人力资源规划与开发、培训与技能提升、绩效考核与薪酬激励改进等，使员工的知识、技能等能够保障产品实现过程要求的程度。高效的人力资源管理对产品实现过程的符合性有显著促进作用[46]，企业高素质的市场管理人员，能够准确收集顾客需求、法规要求与社会道德要求信息，并及时响应产品要求变化，确保产品要求识别的准确性[48]。企业根据产品设计过程对相关设计员工素质及知识、技能要求，开展人力资源规划和开发，培训与选择符合要求的人员，能够提升其设计知识获取能力、产品相关先进技术敏感性及技术创新能力，提升其产品设计质量。人力资源是影响采购与外包质量的关键，若采购与外包管理人员能力保障不到位，采购质量控制职责与方法不够明确，就难于确保采购外包质量满足设计质量要求。企业配置高素质的人力资源进行工艺技术创新，能够提升生产运作质量[48]；企业提升营销人员的沟通协调能力与主动性，通过掌握与响应顾客需求的变化，能够提升客户服务质量。Feng 等发现员工技能培训、服务薪酬提升与激励、适度放权等对客户满意度有明显影响[77]。企业通过以预防产品实现过程质量隐患为导向的绩效考核与薪酬激励，能够促进员工业务能力提升，确保产品实现过程质量隐患的预防。人力资源保障不到位，很难保证产品实现过程质量控制到位，人力资源保障能力对产品实现五个过程质量均有正向影响[48]。基于以上分析，提出如下假设。

H2.4.1a：人力资源保障能力对产品实现过程质量控制能力有正向影响。

（2）设施资源保障能力对产品实现过程质量控制能力的影响分析。

设施资源保障能力是指企业通过加大先期投资，提高产品实现过程设备、系统软硬件、监视与测量设备的适宜性与先进性，并通过实施规范的设施设备维护、保养与点检定修、改造升级等，使设施设备保障产品实现过程要求的程度。设施资源包括研发、生产设施设备及系统软硬件等，以及营销活动所需的信息、物流等服务平台[78]，通过提高产品实现过程所需设施设备的领先性及准确性，能够有效控制产品质量。企业采用先进的设施设备能够提高产品要求收集、分析、挖掘的及时性、准确性。Raspotnig 和Opdahl 认为完善的计算机支持系统有助于准确识别顾客需求[79]。设施资源对新产品开发绩效影响显著[80]，研发设备与开发软件的适宜性、可靠性及共享程度越高，越能有效控制研发成果及试制质量[21, 81]；采购与外包管理需借助网络信息资源进行潜在伙伴评价与选择、合作过程监督与监造，同时借助满足准确度要求的测量设备进行采购外包质量验证，可以保障采购与外包质量[48]；设施设备是生产运作质量控制的基础与保障，通过设施设备更新与技术改造，提高设备效能及工艺符合性。Kenne 和 Nkeungoue认为预防性设备维护将会提高生产系统的可用性[82]，客户服务离不开信息管理设施的支持，将客户服务系统融入决策支持系统，有助于提升客户服务质量[48]。设施资源保障能力对产品实现五个过程质量均有正向影响，若设施资源不满足要求，可能导致产品不合格，甚至引发质量危机事件[48]。基于以上分析，提出如下假设。

H2.4.1b：设施资源保障能力对产品实现过程质量控制能力有正向影响。

（3）作业环境控制能力对产品实现过程质量控制能力的影响分析。作业环境控制能力是指企业所提供的作业环境满足产品研发、生产等产品实现过程要求及员工身心健康要求的程度。作业环境主要包括心理因素、环境因素和支持性条件等[55]，企业根据产品实现过程对作业环境的具体要求，创造良好作业环境与安全防护措施，可以使作业环境对产品实现过程人的能动性和业绩产生积极影响。产品设计过程受环境条件的制约，并通过影响研发人员情绪，进而影响产品设计质量[48]。在采购外包管理过程中营造和谐愉悦的作业环境，能有效降低采购人员工作压力，González-Benito等认为良好的作业环境可以提高采购决策水平[83]。企业需要根据生产工艺对环境条件的要求，营造满足产品制造过程所需作业环境，若环境要素得不到有效控制，则会影响生产运作质量。作业环境是企业声誉的构成要素之一[84]，良好的作业环境也是企业隐含承诺的一部分，可以提升客户忠诚度[48]。另外，企业营造良好工作环境与和谐人际关系等，为众创提供了平台，有助于提高员工工作满意度，便于更好进行内外部沟通，提高产品实现过程质量，作业环境控制能力对产品实现五个过程质量均有正向影响[48]。基于以上分析，提出如下假设。

H2.4.1c：作业环境控制能力对产品实现过程质量控制能力有正向影响。

（4）知识资源利用能力对产品实现过程质量控制能力的影响分析。知识资源利用能力是指企业通过完善知识管理体系，提高知识获取、储备、转化、分享、创新等活动的有效性，使知识资源被充分利用的程度。产品实现过程质量控制和质量改进所需的知识资源不仅包括显性知识，如市场需求分析、产品设计、采购外包、生产运作质量控制相关知识等，还包括个人经验等隐性知识。企业应根据产品实现过程对知识资源的需求，发现、获取、整合、利用、分享满足产品实现过程所需知识，为产品质量改进提供知识保障。企业通过健全的知识管理，可以准确把握顾客态度和偏好等增值知识[85]，并通过信息获取及转换，可以准确把握顾客需求的变化趋势[86]。知识获取、利用程度直接影响企业新产品与新工艺开发绩效，知识资源整合能力与团队设计知识互补性均影响产品设计与质量改进绩效[48]。企业吸收外部知识、整合内部知识的程度对采购与研发外包质量有显著影响[48, 87]。企业充分运用知识资源整合能力，收集并利用先进工艺技术进行工艺创新，能够有效提高生产运作质量，知识储备、内部共享、学习能力等与生产运作质量正相关[48]。基于知识管理的客户服务重点在于对客户知识的获取、挖掘、共享和应用等，客户知识信息能帮助企业准确分析和及时响应客户需求变化[88]，提高客户满意度。知识资源利用能力对产品实现五个过程质量均有正向影响，若产品实现过程所需知识掌握不到位，则很难保证产品满足顾客及法律法规要求，从而导致产品质量危机发生[48]。基于以上分析，提出如下假设。

H2.4.1d：知识资源利用能力对产品实现过程质量控制能力有正向影响。

由 H2.4.1a~H2.4.1d 及企业资源保障能力的表征因素，提出如下假设。

H2.4.1：资源保障能力对产品实现过程质量控制能力有直接正向影响。

2）企业资源保障能力通过质量改进有效性对产品实现过程质量控制能力间接影响分析

通过分析资源保障能力对产品实现过程质量控制能力的间接影响关系，提出研究假设。

（1）企业资源保障能力通过监视与测量程度对产品实现过程质量控制能力影响分析。监视与测量程度是指企业对顾客需求变化、产品实现过程及质量管理体系相关过程监视、测量与分析、评估的及时准确程度，以及顾客满意度测量与评估的准确程度。监视与测量的不确定度受测量人员、测量设备、计量标准、测量方法、环境条件等影响，企业在综合考虑产品监视与测量要求的基础上，应策划监视与测量方法、设备、依据的标准、人员技能及环境要求等，实施准确的产品实现过程及最终产品的监视与测量，同时收集顾客满意度评价信息[44]。企业通过培训等方式，使监视与测量人员掌握监视与测量知识是准确监视和测量顾客满意程度、产品实现过程质量及产品质量的必要条件。Jabrouni 等认为有效的人力资源保障可以促进监视与测量过程的策划与实施[89]，监视产品实现过程质量满足要求的程度。监视与测量设备的准确度直接影响监视与测量结果的不确定度，企业依据计量要求配备满足要求的测量设备，可确保监视与测量过程及结果的准确程度，使用适宜测量设备实施产品测量，可以发现质量改进机会，提高质量改进能力。监视与测量需要适宜的作业环境，若环境条件不满足监视与测量要求，则难于保证监视与测量不确定度满足要求，难于准确监视与测量产品实现过程质量[90]。检验人员需借助相关知识进行监视与测量的正确策划，针对性地应用控制图等质量控制技术能够提高产品质量改进效率[90, 91]。同时，监视与测量程度对产品实现五个过程质量均有正向影响[70]，监视与测量程度通过产品实现五个过程质量控制影响质量危机的预控，若监视与测量资源保障及过程管理不到位，很难保证及时发现产品实现过程质量隐患[44]。基于以上分析，提出如下假设。

H2.4.2a：企业资源保障能力通过监视与测量程度影响产品实现过程质量控制能力。

（2）企业资源保障能力通过不合格控制程度对产品实现过程质量控制能力影响分析。不合格控制程度是指企业对产品实现过程的不合格，进行鉴别、标识、记录、隔离、评价、处置，消除产品不合格的程度[44]。员工熟练掌握产品实现过程质量要求、产品质量特性要求及不合格控制知识，可以提高不合格控制流程的规范性及实施有效性[90]。企业配置先进测量设备进行不合格品控制，可有效支撑不合格处置与实施，同时应用先进的计算机系统可提高不合格控制信息记录、存储与分析效率，便于不合格发生后的及时响应。作业环境控制能力影响不合格品的准确标识与隔离，若企业不能按照定置管理、5S①管理等方法保持作业环境的适宜性，可能导致不合格品不能有效标识或隔离，进而引起不合格品的误用[90]。不合格控制

---

① 5S 是整理（seiri）、整顿（seiton）、清扫（seiso）、清洁（seiketsu）、素养（shitsuck）的简称。

流程与质量控制技术的成熟度直接影响不合格控制能力，若不合格控制所需知识资源整合不到位，可能导致不合格控制不到位，知识型监督和故障诊断等质量改进工具的应用，可以提高不合格原因分析准确度和不合格处置决策有效性[92]。同时，不合格控制程度对产品实现五个过程质量均有正向影响[70]，若产品实现过程不合格控制所需资源保障不到位，将直接导致产品不符合要求[44]。基于以上分析，提出如下假设。

H2.4.2b：企业资源保障能力通过不合格控制程度影响产品实现过程质量控制能力。

（3）企业资源保障能力通过信息分析及时准确性对产品实现过程质量控制能力影响分析。信息分析评价准确性是指企业收集与传递可靠的质量管理体系，尤其是产品实现过程相关监视与测量结果、产品要求的符合性、产品特性及变化趋势、顾客满意程度等信息，并通过完善信息管理系统，优化数据分析技术与评价方法，提高质量信息分析评价结果的准确性[44]。信息分析需要配备具备相关知识的人员，若信息分析人员对数据与信息的敏感性以及相关统计质量控制技能掌握不足，则质量改进机会难于有效发掘。数据与信息分析也需要配备相应的设施资源，而且设施资源的先进性能够有效提升信息分析效率。企业通过应用先进设施设备改善质量信息收集与整合能力，为质量改进计划制订提供充分证据，灵活运用统计质量控制工具，也可以提高数据及信息分析绩效。监视和测量、不合格控制等信息分析与反馈也需要良好的工作氛围和作业环境的支持，若作业环境不满足要求，则会影响分析人员情绪和设备精准度，继而导致信息分析效果不准确[90]。数据与信息分析所需知识资源的获取和正确运用有利于提高信息分析及时准确性，将统计质量控制技术应用于数据与信息管理过程，可以提高信息分析的科学性[90]。同时，信息分析及时准确性对产品实现五个过程质量均有正向影响[70]，企业将质量改进技术与改善组织管理、改进过程技术紧密结合起来，对产品实现过程每项活动产生的信息进行收集、分析，并对产品实现过程产生的信息进行深度挖掘，据此验证产品实现过程质量满足顾客要求程度，对于分析产品实现过程存在的不合格、预防与消除质量危机十分重要，若信息收集、统计、分析所需资源保障及信息管理不规范或分析的准确性差，则很难掌握产品实现过程发展趋势及其可能存在的潜在不合格[44]。基于以上分析，提出如下假设。

H2.4.2c：企业资源保障能力通过信息分析及时准确性影响产品实现过程质量控制能力。

（4）企业资源保障能力通过纠正预防措施有效性对产品实现过程质

量控制能力影响分析。纠正预防措施有效性是指企业为消除不合格及潜在不合格产生的原因、防止不合格再次发生，评审产品实现过程存在的不合格或潜在不合格，确定不合格产生原因，制定防止不合格发生的纠正与预防措施，并对纠正预防措施的实施结果进行跟踪、记录及有效性评价，最终进行产品实现过程符合性与创新性改进的效果[49]。纠正预防措施控制程序中的不合格原因分析、确认及规范性处置与质量人员的知识技能密切相关[90]，制定纠正预防措施需要采用适宜的统计质量控制技术和科学的思维方法，实施人员的能力若达不到要求，则可能导致纠正预防措施效果不佳甚至同类不合格再次发生。纠正预防措施实施效果的监控与验证需相关设施设备的支持，若设施资源保障能力不足，则无法保证其验证结果的准确性，以及纠正预防措施实施与监控的有效性。针对产品实现过程中产生的不符合项，实施纠正预防措施需适宜的作业环境支持，若因作业环境不适宜，可能导致纠正预防措施实施效果及有效性验证出现偏差[90]。知识资源保障能力是提高纠正预防措施有效性的杠杆，企业采用质量改进技术可有效分析不合格产生的原因[92]，提高纠正预防措施的有效性，防止产品实现过程不合格的重复发生。同时，纠正预防措施有效性对产品实现五个过程质量均有正向影响[70]，纠正预防措施控制所需资源保障及流程管理不到位，很难消除在产品实现过程中的不合格[44]。基于以上分析，提出如下假设。

H2.4.2d：企业资源保障能力通过纠正预防措施有效性影响产品实现过程质量控制能力。

（5）企业资源保障能力通过管理评审执行程度对产品实现过程质量控制能力影响分析。管理评审执行程度是指最高管理者对照质量方针和质量目标，定期地和系统地评价质量管理体系的持续适宜性、充分性和有效性，并寻求质量改进机会，确定与实施改进措施，以响应相关方需求和期望的变化，对质量管理体系进行完善的效果[44]。企业系统收集管理评审输入信息，并按策划的时间间隔实施管理评审，识别与利用产品实现过程改进机会，可以达到产品实现过程质量的符合性、创新性改进[55]。管理评审多属于思辨性分析与跨组织论证，管理评审需要具备相关专业知识与管理技能尤其是质量改进技能的人力资源来保障，相关评审人员的知识储备、创新意识及组织能力等直接影响管理评审的执行效果[90]，人力资源管理不到位，很难保证管理评审职责履行到位，从而影响质量改进绩效。配置适宜的设施设备可以保障管理评审输出结果的有效实施，并辅助于实施效果的监视、测量与分析，为发现更多质量改进机会提供数据支持[90]。保障管理评审环境的适宜性，能够提高质量改进机会的识别与实施绩效，有效提升质量改进效果。对相关知识资源的有效利用，可以提高管理评审实施过程规范性，并且采用适宜的跨组织多方论证与统计质量控制技术可以提高管理评审执行程度。同时，管理评审执行程度对产品实现五个过程质量均有正向影响[70]，管理评审所需资源保障及流程执行效果不佳时，很难发掘质量改进机会，进而导致产品实现过程结果不能持续满足顾客需求[44]。基于以上分析，提出如下假设。

H2.4.2e：企业资源保障能力通过管理评审执行程度影响产品实现过程质量控制能力。

由 H2.4.2a~H2.4.2e 及质量改进有效性的表征因素，提出如下假设。

H2.4.2：企业资源保障能力通过质量改进有效性影响产品实现过程质量控制能力。

2. 概念模型构建

基于以上理论分析与研究假设，将企业资源保障能力作为自变量、质量改进有效性作为中介变量、产品实现过程质量控制能力作为因变量，构建企业资源保障能力对产品实现过程质量控制能力影响的概念模型图，如图2.5 所示。

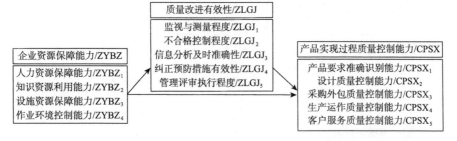

图 2.5　企业资源保障能力对产品实现过程质量控制能力影响的概念模型图

2.4.2　研究设计与数据收集

1）变量测量

根据上述假设及概念模型，设定企业资源保障能力的 4 个表征变量作为观测变量、质量改进有效性的 5 个表征变量作为观测变量、产品实现过程质量控制能力的 5 个表征变量作为观测变量，具体自变量、因变量及观测变量如图 2.5 所示。

2）问卷设计

首先根据上述理论假设，将每个观测变量设计成一个以上题项；其次组织相关专家进行预调研，根据专家意见修改调查问卷；最后基于利克特五级量表法形成正式调查问卷[27]。

3）数据收集

（1）数据采集对象选择。重点邀请相关质量管理、人力资源管理、设备管理等方面核心管理人员及产品实现过程相关部门质量负责人进行问卷题项研判。

（2）调查数据采集。通过现场发放、问卷链接等方式向上述调查对象发放问卷，回收问卷 482 份，得到 405 份有效问卷，满足本节问卷数量要求[20]。

2.4.3　数据检验与分析

采用 SPSS24.0 与 AMOS24.0 分别对问卷进行信度分析和效度检验，并利用 AMOS24.0 对图 2.5 概念模型进行拟合分析，检验研究假设正确性。

1）问卷信度分析与效度检验

（1）信度分析。利用 SPSS24.0，以克朗巴哈系数 α 为评判标准，进行量表的信度检验，其检验结果如表 2.7 所示，结果表明问卷具有良好的信度[20]。

表 2.7　企业资源保障能力对产品实现过程质量控制能力影响研究变量和观测变量分析表

研究变量	观测变量	因子载荷	α 系数	AVE	CR
企业资源保障能力/ZYBZ	人力资源保障能力/ZYBZ₁	0.752	0.845	0.579	0.846
	知识资源利用能力/ZYBZ₂	0.791			
	设施资源保障能力/ZYBZ₃	0.754			
	作业环境控制能力/ZYBZ₄	0.744			
质量改进有效性/ZLGJ	监视与测量程度/ZLGJ₁	0.780	0.857	0.546	0.857
	不合格控制程度/ZLGJ₂	0.754			
	信息分析及时准确性/ZLGJ₃	0.704			
	纠正预防措施有效性/ZLGJ₄	0.746			
	管理评审执行程度/ZLGJ₅	0.708			

续表

研究变量	观测变量	因子载荷	α 系数	AVE	CR
产品实现过程质量控制能力/CPSX	产品要求准确识别能力/CPSX₁	0.842	0.905	0.656	0.905
	设计质量控制能力/CPSX₂	0.833			
	采购外包质量控制能力/CPSX₃	0.794			
	生产运作质量控制能力/CPSX₄	0.806			
	客户服务质量控制能力/CPSX₅	0.774			

（2）效度检验。检验结果表明各变量的 KMO 值均大于 0.7，量表整体 KMO 值为 0.938，Bartlett's 球形检验的显著性概率为 0.000。同时由表2.7可知，每个变量的因子载荷、AVE、CR 表明量表具有良好的聚合效度[71]。另外，各变量间的相关性分析结果如表 2.8 所示，其相关系数大小表明问卷具有良好的区分效度[71]。

表 2.8　企业资源保障能力对产品实现过程质量控制能力影响变量相关系数及 AVE 平方根表

	研究变量	ZYBZ	ZLGJ	CPSX
相关系数	企业资源保障能力/ZYBZ	1		
	质量改进有效性/ZLGJ	0.542**	1	
	产品实现过程质量控制能力/CPSX	0.627**	0.684**	1
	AVE 平方根	0.761	0.739	0.810

**表示 $P < 0.01$ 显著水平

2）概念模型拟合分析

利用 AMOS24.0 对模型进行拟合分析，可得主要拟合指数如表 2.9 所示，各变量之间路径关系及标准化路径系数如图 2.6 所示。主要拟合指数均达到要求，模型拟合良好[71]。

表 2.9　企业资源保障能力对产品实现过程质量控制能力影响关系模型主要拟合指数表

拟合指数	χ^2/df	RMSEA	GFI	AGFI	NFI	IFT	TLI	CFI
评价标准	1~3	<0.080	>0.900	>0.900	>0.900	>0.900	>0.900	>0.900
拟合数值	1.761	0.043	0.957	0.939	0.960	0.982	0.978	0.982

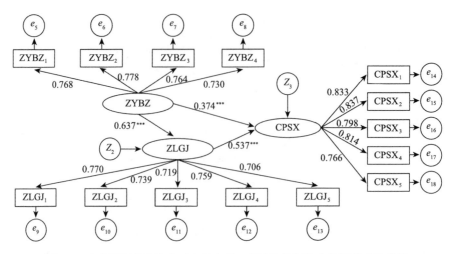

图 2.6　企业资源保障能力对产品实现过程质量控制能力作用关系路径图

***表示 $P < 0.001$ 显著水平

3）中介效应检验

采用 Bootstrap 法检验质量改进有效性的中介效应，其效应成立的判断标准为路径系数显著性 $P < 0.05$ 且在 95% 的置信区间内不包含 0。企业资源保障能力对产品实现过程质量控制能力的直接效应的非标准化路径系数为 0.418（$P = 0.000 < 0.05$），其偏差校正 95% 的置信区间为 [0.266，0.567]，具有显著性。企业资源保障能力通过质量改进有效性影响产品实现过程质量控制能力的中介效应的非标准化路径系数为 0.382（$P = 0.000 < 0.05$），其偏差校正 95% 的置信区间为 [0.274，0.521]，说明质量改进有效性的中介效应成立。同时，结合图 2.6 拟合结果，可得各标准化路径系数的效应值如表 2.10 所示。

表 2.10　企业资源保障能力对产品实现过程质量控制能力影响关系各路径的效应值与效应占比表

影响路径	效应大小	效应占比
ZYBZ→CPSX	0.374	52.2%
ZYBZ→ZLGJ→CPSX	0.637×0.537=0.342	47.8%
总效应	0.716	100%

4）企业资源保障能力对产品实现过程质量控制能力影响关系

由以上实证研究可知，企业资源保障能力对产品实现过程质量控制能力既存在直接正向作用，也存在通过质量改进有效性的中介效应的间接正向作用,据此验证了图 2.7 所示质量管理体系三维结构模型的存在[44]。同时,由路径系数发现,企业资源保障能力四个表征因素中,知识资源利用能力的作用最为明显,人力资源保障能力的作用明显;在质量改进有效性的中介作用中,监视与测量程度的作用最为明显,纠正预防措施有效性的作用明显。

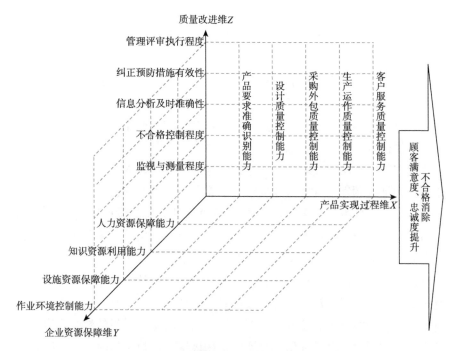

图 2.7　质量管理体系三维结构模型图

2.5　企业质量文化主导性对产品实现过程质量控制能力作用机理

企业质量文化是指企业全体成员认同的质量理念与价值观、习惯与行为模式、基本原则与制度及物质表现的总和[93]。在此,采用验证性因子分析法,探讨质量文化主导性对产品实现过程质量控制能力的作用机理,为质量危机管理提供借鉴。

2.5.1　研究假设与概念模型

1. 理论分析与研究假设

通过理论分析,从质量文化主导性对产品实现过程质量控制能力的直接影响、间接影响方面，提出质量文化主导性对产品实现过程质量控制能力影响的路径假设。

1）企业质量文化主导性对产品实现过程质量控制能力的直接影响关系分析

企业质量文化方面的质量危机影响因素包括质量价值观念前瞻性、质量意识增强程度、质量战略优先程度、产品质量承诺履约程度。通过分析企业质量文化主导性对产品实现过程质量控制能力的直接影响关系，提出研究假设。

（1）质量价值观念前瞻性对产品实现过程质量控制能力的影响分析。质量价值观是指企业在经营管理活动中所推崇的质量理念、目标及对自身行为的评价标准等，它是全体员工对质量及其积极作用的根本看法，已从符合性价值观、适用性价值观发展为顾客满意价值观，能够引导企业高度关注顾客需求与法定要求，并通过顾客沟通及鼓励顾客参与新产品开发，全面准确把握顾客需求及法定要求[55]。企业崇尚顾客满意价值观，能够引导员工在充分挖掘产品要求基础上，实施并保持完备的设计质量控制流程，提高产品设计质量控制能力；对满足顾客需求和期望的高度重视，能够引导企业制定适宜的采购目标，将顾客需求准确地、完整地转化为产品和采购过程规范，提高采购外包质量控制能力；超前的核心价值观能够引导企业科学规划生产运作流程，并制定可靠的作业指导书，有效提高生产运作质量控制能力；员工态度和行为直接影响顾客对服务质量的感知，得到全员认同的质量价值观念能够充分调动其积极性，使员工适时主动与顾客进行沟通，积极处理顾客投诉，提高客户服务质量控制能力。基于以上分析，提出如下假设。

H2.5.1a：质量价值观念前瞻性对产品实现过程质量控制能力有正向影响。

（2）质量意识增强程度对产品实现过程质量控制能力的影响分析。质量意识是指企业对先进质量理念与质量目标的认同程度，其表现形式为员工的质量习惯与行为模式。质量意识的核心是顾客意识，只有具备强烈的顾客意识，才会去积极探索顾客心理，进而提升产品要求准确识别能力；员工对产品的重视程度主要取决于质量意识，严谨的质量态度及规范的质量行为能够增加知识储备，有效提高产品设计质量控制能力；员工质量意识对采购质量具有决定性作用，超前的质量意识有利于引导员工依照法律规定进行供应商资质审查与选择，以提高采购外包质量控制能力；良好的质量意识能够促进企业不断引进新技术、改善 5M1E，提高生产运作质量控制能力；质量意识超前的企业能够快速解决顾客咨询和投诉，确保客户服务质量满足顾客要求。基于此，提出如下假设。

H2.5.1b：质量意识增强程度对产品实现过程质量控制能力有正向影响。

（3）质量战略优先程度对产品实现过程质量控制能力的影响分析。质量战略优先程度反映了质量在企业战略中的优先地位，体现出企业追求顾客价值最大化以及对潜在顾客需求的关注和满足程度。企业在制定质量战略的过程中，需要把握好变革和继承的关系，其目标也需要根据时代的发展与技术的革新发生变化，质量优先战略的首要目标是满足顾客需求、追求顾客价值最大化，并根据战略发展方向，关注潜在顾客和市场需求，由此可提高产品要求准确识别能力；企业对质量战略的高度关注，能够确保产品设计与开发过程充分的资源支撑，对卓越质量绩效的追求能够促使企业不断提升产品设计质量控制能力；追求卓越质量绩效能够促使企业各部门进行有效沟通，全面掌握采购与外包需求，提高采购外包质量控制能力，保证采购质量；在企业战略中明晰的质量导向，能够引导员工有效提高生产运作质量控制能力、产品符合性及组织绩效；企业推行质量优先战略有利于发掘顾客需求的变动趋势，探索客户服务质量的改进方向，从而提高企业服务质量控制能力。基于以上分析，提出如下假设。

H2.5.1c：质量战略优先程度对产品实现过程质量控制能力有正向影响。

（4）产品质量承诺履约程度对产品实现过程质量控制能力的影响分析。产品质量承诺履约程度反映了企业准确定义产品要求，在对外提供信息中做出满足产品要求的承诺，并通过产品实现过程兑现承诺的程度，也包括高层管理者对质量管理承诺的兑现程度。深入挖掘传统文化守诚信的时代价值，能够引导企业为履行产品质量承诺，全面准确识别产品要求，并对产品要求进行评审和顾客沟通，明确是否有能力完全满足产品要求。管理者做出产品开发和质量改进承诺，能够促使其专注于保障履行质量承诺的研发人员及设备配备，进而提升产品设计质量控制能力。质量承诺促进企业建立和保持完善的供应商选择流程，以确保供应商有能力提供满足要求的产品；质量承诺能够促使一线员工在生产过程中遵从质量要求，规范其质量行为，进而提高生产运作质量控制能力及产品符合性。管理者的质量承诺是顾客对企业服务能力产生良好质量感知的保证，缺乏相应的管理承诺将削弱企业的服务质量控制能力。基于以上分析，提出如下假设。

H2.5.1d：产品质量承诺履约程度对产品实现过程质量控制能力有正向影响。

基于 H2.5.1a~H2.5.1d 及质量文化主导性的表征因素，提出如下假设。

H2.5.1：企业质量文化主导性对产品实现过程质量控制能力有直接正向影响。

2）企业质量文化通过企业资源保障能力对产品实现过程质量控制能力间接影响分析

在分析企业质量文化主导性通过资源保障四个因素，对产品实现过程质量控制能力的作用关系的基础上，提出相应作用机理假设。

（1）企业质量文化通过人力资源保障能力对产品实现过程质量控制能力影响分析。企业优秀的质量价值观念能够引导企业为实现质量目标更多地招贤纳士，发扬"三顾茅庐"的求贤精神，从一而终地给予质量人才充分的资源与权限，借助其知识与力量帮助提高产品实现过程质量控制能力。管理者关注质量改进的意识能够促进企业采用多种形式进行员工质量意识与技能培训，在规范其质量行为的同时培养员工形成良好的质量习惯，以保证产品实现过程及其结果质量。聚焦卓越质量战略的企业会设置更加专业的质量组织，更多开展 QC 小组活动，并确保 QC 小组成员所掌握和运用的质量技能与时俱进且符合要求，进而提升产品实现过程质量控制能力。重视质量承诺的企业能够意识到质量人才在履行质量承诺过程中起到的关键作用，授予其更多的质量管理职责与权限，提高企业产品实现过程质量控制能力。基于上述分析，提出如下假设。

H2.5.2a：企业质量文化通过人力资源保障能力影响产品实现过程质量控制能力。

（2）企业质量文化通过知识资源利用能力对产品实现过程质量控制能力影响分析。企业前瞻的质量价值观及质量意识可以引导管理者发掘并及时引进、消化、吸收和创新有利于产品发展的知识[94]，及时地、针对性地将外部质量知识转化为内部质量知识，并运用于质量管理过程，及时解决企业产品实现过程质量难题，进而提高最终产品质量。质量文化是实现知识价值链流转的基础，质量改进过程也是一个知识创新的过程，质量战略对知识资源利用和创新具有促进作用[95]，使得企业能够利用现有知识进行集成创新，使企业内部知识体系的内容和结构拥有企业独特的基因，以提高知识的利用效率，进而保障产品实现过程质量控制能力的持续提升。企业为保持较高的质量承诺履约程度，将主动完善知识管理系统，从知识的角度针对质量问题寻找对应的解决途径，从而保证产品实现过程质量，履行质量承诺。基于上述分析，提出如下假设。

H2.5.2b：企业质量文化通过知识资源利用能力影响产品实现过程质量控制能力。

（3）企业质量文化通过设施资源保障能力对产品实现过程质量控制能力影响分析。企业员工对质量价值的正确认知，将驱使其准确掌握设施设备的操作规程和维护保养、点检定修方法，充分发挥设施设备功效，提高研发设备、试制设备、生产设备、检测设备、配送服务设备等的安全性、可靠性，进而提高产品实现过程质量控制能力。较强的质量意识将驱使员工按规操作设施设备，提高对设备故障的敏感性与预见性，并结合自身需要改造升级设施设备，提高产品实现过程质量及可靠性。企业对质量战略与质量承诺的重视程度，将直接影响产品实现过程设施规划与设备选型把关结果符合性，进而促使其及时淘汰不能满足研发、试制、生产等要求的陈旧设备，同时大举引进先进设施设备，以提高设备性能满足产品实现过程要求的程度。基于上述分析，提出如下假设。

H2.5.2c：企业质量文化通过设施资源保障能力影响产品实现过程质量控制能力。

（4）企业质量文化通过作业环境控制能力对产品实现过程质量控制能力影响分析。在中国传统文化引导下孕育出的企业文化具备动态性的特征，企业的质量价值观也遵循该特性，从最初的符合性价值观转变为顾客满意价值观，促使员工自觉关注顾客需求变化，策划满足产品要求的后续产品实现过程，并依据产品实现过程要求策划与持续改善作业环境，进而提高研发与生产设备运行及员工作业效率，保证产品实现过程质量满足要求。拥有较强质量意识的员工将严格遵守 5S 管理规范，始终保持自身工作区域满足 5S 管理要求，减少安全隐患并保障产品质量，进而提高产品实现过程质量控制能力。企业对质量战略与兑现质量承诺的重视程度，能够自觉完善包括作业环境控制等在内的作业标准，良好的作业环境能够有效提升员工的工作热情，激励员工以顾客需求为关注焦点，使产品实现过程质量满足顾客要求。基于上述分析，提出如下假设。

H2.5.2d：企业质量文化通过作业环境控制能力影响产品实现过程质量控制能力。

基于 H2.5.2a~H2.5.2d 及资源保障能力的表征因素，提出如下假设。

H2.5.2：企业质量文化主导性通过企业资源保障能力影响产品实现过程质量控制能力。

3）质量改进有效性在质量文化对产品实现过程质量控制能力影响中的中介作用分析

在分析企业质量文化通过影响质量改进有效性及其对产品实现过程质量控制能力作用关系基础上，提出相应作用机理假设。

（1）企业质量文化通过监视与测量程度对产品实现过程质量控制能力影响分析。企业追求顾客满意的质量价值观促进其建立完备的顾客满意度监视系统，及时调查顾客需求的满足度及期望的变化趋势，并对企业现有资源与能力进行准确监视与测量，找到可实现的顾客需求满足点，确保产品实现过程质量满足顾客需求并可控[70]。质量危机意识有利于企业建立与运行准确、灵敏的信息监测系统，及时准确识别过程不合格，以消除在产品实现过程中的质量隐患。卓越绩效评价准则强调企业应以战略为依据，建立健全的质量绩效测量系统，准确测量产品实现过程及支持性过程满足顾客要求的程度[67]，并根据监测结果调整质量改进方向，提高产品实现过程质量控制能力。企业注重质量承诺的履行，能够根据产品要求制定并实施完备的过程监视与测量计划，时刻关注质量承诺的履行到位情况，给予产品实现过程质量控制工作更多关注与资源投入，确保最终产品实现过程质量及其结果满足顾客需求与承诺。基于上述分析，提出如下假设。

H2.5.3a：企业质量文化通过监视与测量程度影响产品实现过程质量控制能力。

（2）企业质量文化通过不合格控制程度对产品实现过程质量控制能力影响分析。优秀的质量文化能够规范企业质量行为，优化质量管理目标，培养员工的质量价值观念与质量意识，将促使其规范作业行为与不合格控制行为，严格按照不合格控制流程进行不合格品标识、处置及不符合项关闭，以确保产品实现过程质量。坚持质量优先战略并严格履行质量承诺的企业能够主动制定与有效实施不合格控制程序，并赋予质量管理人员更多权限叫停不合格项，以控制不合格品的流出，并将不合格控制效果作为员工的重要的绩效考核指标，激励员工主动实施质量改善措施，降低 5M1E 的波动性，预防不合格流出，以降低产品实现过程不合格、确保产品交付质量。基于上述分析，提出如下假设。

H2.5.3b：企业质量文化通过不合格控制程度影响产品实现过程质量控制能力。

（3）企业质量文化通过信息分析及时准确性对产品实现过程质量控制能力影响分析。企业先进的质量价值观倡导以顾客为关注焦点，注重顾客要求满足程度的改进决策建立在对产品实现过程信息进行数据分析的基础之上[96]，通过提高信息分析准确性提高产品实现过程及其结果质量[70]。质量意识能够提升员工对异常质量数据敏感程度，引导其对相关数据进行挖掘，提升基于数据分析结果的质量改进决策的可靠性，进而提高产品实现过程质量控制能力。循证决策有助于提高质量优先战略实施信息收集的全面性及分析结果的准确性，保证产品实现过程质量及其结果满足顾客需求。企业根据质量承诺的内容和要求，为产品实现过程的信息收集、分析、评价等提供资源保障，可有效提升其信息分析及时准确性，进而为产品实现各过程的质量改进活动提供有效的决策依据，最终提升产品实现过程质量控制能力及交付质量。基于上述分析，提出如下假设。

H2.5.3c：企业质量文化通过信息分析及时准确性影响产品实现过程质量控制能力。

（4）企业质量文化通过纠正预防措施有效性对产品实现过程质量控制能力影响分析。在中华传统文化背景下的企业质量价值观能够促使员工以全局视角思考与解决质量问题，主动追溯质量问题产生的根本原因，在制定与实施有效的纠正措施并对其效果进行评估后，组织专业人员针对同类质量问题制定相应的预防措施，消除产品实现各过程不合格隐患，提高产品实现过程质量控制能力。企业实施质量优先战略，将主动进行产品质量变化趋势分析、风险分析，识别质量改进机会，制定、实施与评价、控制预防措施的有效性，确保产品实现过程质量满足要求。企业重视质量承诺的兑现，将大力完善质量风险预防体系，不遗余力地保证纠正预防措施的实施到位，投入较少的预防成本以换取内外部故障成本的降低，确保产品实现过程质量及交付质量。基于上述分析，提出如下假设。

H2.5.3d：企业质量文化通过纠正预防措施有效性影响产品实现过程质量控制能力。

（5）企业质量文化通过管理评审执行程度对产品实现过程质量控制能力影响分析。先进的质量文化能够促使企业持续探索提升顾客满意度的途径，不断寻找质量改进机会，尤其以顾客为导向的质量价值观可确保管理评审输入的全面客观及输出实施的有效性，进而保证产品实现过程及其结果质量符合顾客期望。质量意识强的员工能够习惯性地发现质量问题，企业通过汲取员工对质量问题的思考，能够扩大管理评审输入内容来源，以全员参与的方式完善质量管理体系，提高产品实现过程质量控制能力。质量优先战略的实施将迫使企业充分考虑环境变化、质量管理体系资源的完备性及运行绩效等，进而确保产品实现过程质量满足要求。企业重视质量承诺的兑现，有利于提升管理评审过程的规范性，并形成行之有效的质量改进方案，最终提高产品实现过程质量控制能力。基于上述分析，提出如下假设。

H2.5.3e：企业质量文化通过管理评审执行程度影响产品实现过程质量控制能力。

基于 H2.5.3a~H2.5.3e 及质量改进有效性的表征因素，提出如下假设。

H2.5.3：企业质量文化主导性通过质量改进有效性影响产品实现过程质量控制能力。

2. 概念模型构建与变量设计

通过上述理论分析与研究假设，将企业质量文化主导性作为自变量、企业资源保障能力与质量改进有效性作为中介变量、产品实现过程质量控制能力作为因变量，建立概念模型如图 2.8 所示。

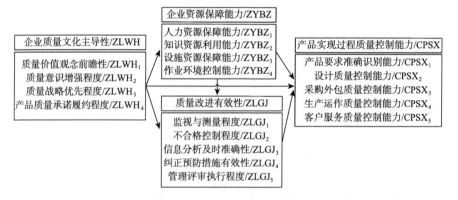

图 2.8　企业质量文化主导性对产品实现过程质量控制能力影响的概念模型图

2.5.2　研究设计与数据收集

1）变量测量

根据上述研究假设及概念模型，设定企业质量文化主导性的四个表征变量作为其观测变量、企业资源保障能力的四个表征变量以及质量改进有效性五个表征变量作为其观测变量、产品实现过程质量控制能力的五个表征变量作为其观测变量，具体自变量、中介变量、因变量及其观测变量如图2.8所示。

2）问卷设计

首先依据上述研究假设，设计调查问卷题项，并组织相关专家进行预调研，根据专家意见完善调查问卷，修正表达有歧义的题项；其次采用利克特五级量表法形成正式问卷[27]。

3）研究数据收集

（1）数据采集对象选择。重点邀请相关企业战略规划、质量管理、人力资源管理及产品实现过程相关部门质量负责人进行问卷题项研判。

（2）调查数据采集。通过现场发放、问卷链接等方式向上述调查对象发放问卷，回收问卷 482 份，得到 405 份有效问卷，满足本节问卷数量要求[20]。

2.5.3　数据检验与分析

采用 SPSS24.0 与 AMOS24.0 分别对问卷进行信度分析和效度检验，并利用 AMOS24.0 对图 2.8 概念模型进行拟合分析，检验图 2.8 模型及研究假设的正确性[70]。

1）问卷信度分析与效度检验

（1）信度分析。利用 SPSS24.0，以克朗巴哈系数 α 为评判标准进行量表信度分析，其分析结果如表 2.11 所示，可见各变量 α 系数均大于 0.7，表明问卷具有良好信度[20]。

表 2.11　企业质量文化主导性对产品实现过程质量控制能力影响研究变量和观测变量分析表

研究变量	观测变量	因子载荷	α 系数	AVE	CR
企业质量文化主导性/ZLWH	质量价值观念前瞻性/ZLWH$_1$	0.749	0.823	0.543	0.826
	质量意识增强程度/ZLWH$_2$	0.696			
	质量战略优先程度/ZLWH$_3$	0.712			
	产品质量承诺履约程度/ZLWH$_4$	0.787			
企业资源保障能力/ZYBZ	人力资源保障能力/ZYBZ$_1$	0.752	0.845	0.579	0.846
	知识资源利用能力/ZYBZ$_2$	0.791			
	设施资源保障能力/ZYBZ$_3$	0.754			
	作业环境控制能力/ZYBZ$_4$	0.744			
质量改进有效性/ZLGJ	监视与测量程度/ZLGJ$_1$	0.780	0.857	0.546	0.857
	不合格控制程度/ZLGJ$_2$	0.754			
	信息分析及时准确性/ZLGJ$_3$	0.704			
	纠正预防措施有效性/ZLGJ$_4$	0.746			
	管理评审执行程度/ZLGJ$_5$	0.708			

续表

研究变量	观测变量	因子载荷	α 系数	AVE	CR
产品实现过程质量 控制能力/CPSX	产品要求准确识别能力/CPSX₁	0.842	0.905	0.656	0.905
	设计质量控制能力/CPSX₂	0.833			
	采购外包质量控制能力/CPSX₃	0.794			
	生产运作质量控制能力/CPSX₄	0.806			
	客户服务质量控制能力/CPSX₅	0.774			

（2）效度检验。检验结果表明各变量的 KMO 值均>0.7，量表整体 KMO 值为 0.947，Bartlett's 球形检验的显著性概率为 0.000。同时由表2.11 每个变量的因子载荷、AVE、CR 表明量表具有良好的聚合效度[71]。另外，各变量间的相关性分析结果如表 2.12 所示，表明问卷具有良好区分效度[71]。

表 2.12　企业质量文化主导性对产品实现过程质量控制能力影响变量相关系数及 AVE 平方根表

	研究变量	ZLWH	ZYBZ	ZLGJ	CPSX
相关系数	企业质量文化主导性/ZLWH	1			
	企业资源保障能力/ZYBZ	0.533**	1		
	质量改进有效性/ZLGJ	0.600**	0.542**	1	
	产品实现过程质量控制能力/CPSX	0.666**	0.627**	0.684**	1
	AVE 平方根	0.737	0.761	0.740	0.810

**表示 $P < 0.01$ 显著水平

2）概念模型拟合分析

利用 AMOS24.0 对模型进行拟合分析，具体拟合结果如表 2.13 所示，各变量之间的路径关系及标准化路径系数如图 2.9 所示。表 2.13 表明模型拟合良好[71]。

表 2.13　企业质量文化主导性对产品实现过程质量控制能力影响关系模型主要拟合指数表

拟合指数	χ^2/df	RMSEA	GFI	AGFI	NFI	IFT	TLI	CFI
评价标准	1~3	<0.080	>0.900	>0.900	>0.900	>0.900	>0.900	>0.900
拟合数值	1.646	0.040	0.945	0.927	0.949	0.979	0.975	0.979

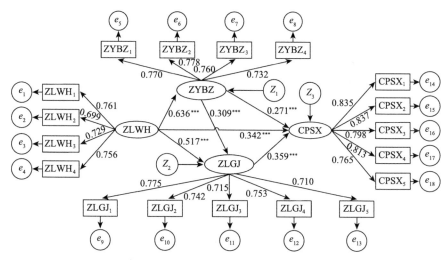

图 2.9　企业质量文化主导性对产品实现过程质量控制能力作用关系路径图

***表示 $P < 0.001$ 显著水平

3）中介效应检验

采用 Bootstrap 法检验中介效应，各路径的检验结果如表 2.14 所示，可见均满足判定条件，其中介效应均成立。同时，结合图 2.9 的拟合结果，可得各路径的标准化效应值具体如表 2.15 所示。

表 2.14　企业质量文化主导性对产品实现过程质量控制能力多重中介效应非标准化检验结果表

中介路径	路径系数	偏差校正 95%的置信区间		
		P 值	下限	上限
ZLWH→ZYBZ→CPSX	0.209	0.000	0.103	0.360
ZLWH→ZLGJ→CPSX	0.225	0.000	0.131	0.364
ZLWH→ZYBZ→ZLGJ→CPSX	0.086	0.000	0.033	0.174

表 2.15　企业质量文化主导性对产品实现过程质量控制能力影响关系各路径效应值与效应占比表

影响路径	效应大小	效应占比
ZLWH→CPSX	0.342	44.36%
ZLWH→ZLGJ→CPSX	0.517×0.359=0.186	24.12%
ZLWH→ZYBZ→CPSX	0.636×0.271=0.172	22.31%
ZLWH→ZYBZ→ZLGJ→CPSX	0.636×0.309×0.359=0.071	9.21%
总效应	0.771	100%

4）企业质量文化主导性对产品实现过程质量控制能力影响关系

由以上实证研究可知，企业质量文化主导性对产品实现过程质量控制能力既存在直接正向作用，也存在间接正向作用，据此可构建如图 2.10 所示质量管理体系四维空间结构模型图。同时，由路径系数可以看出，企业质量文化主导性 4 个表征因素中，质量价值观念前瞻性的驱动作用最为明显，产品质量承诺履约程度的驱动作用明显。

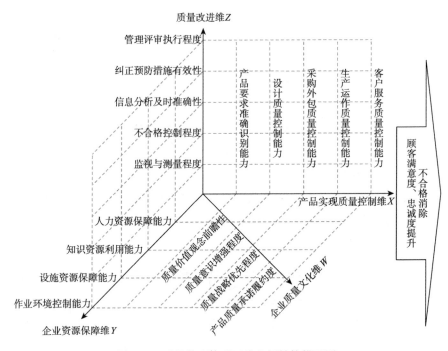

图 2.10　质量管理体系四维空间结构模型图

2.6　本 章 小 结

本章采用验证性因子分析法，探讨了产品质量危机内部影响公因子对质量危机预控成效的作用机理及影响力大小。建议企业根据自身所在行业特征与构建的质量管理体系四维空间结构模型，选择与自身产品质量风险预控关系密切的关键成功因素，依据这些产品质量危机成功预控的关键因素与产品质量预控成效的关系，提升自身产品实现过程质量控制能力，预防产品质量危机事件的发生。

1. 本章主要内容

本章探讨了产品实现过程质量控制能力对产品质量危机预控成效的

作用机理，以及质量改进有效性、企业资源保障能力、企业质量文化主导性对产品实现过程质量控制能力的作用机理，形成了如图 2.11 所示产品质量危机内部影响公因子对质量危机预控成效的作用关系图。

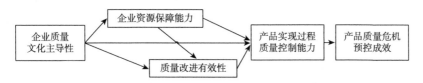

图 2.11　产品质量危机内部影响公因子对产品质量危机预控成效的作用关系图

（1）产品实现过程质量控制能力对质量危机预控成效作用机理研究方面，在分析产品实现过程质量控制能力 5 个表征因素对质量危机预控成效作用关系理论基础上，提出了产品实现过程质量控制能力对质量危机预控成效影响的研究假设，并构建其作用关系概念模型。通过获取实证研究数据，采用结构方程模型验证了产品实现过程质量控制能力对质量危机预控成效影响的研究假设和概念模型的正确性，明确了企业在质量危机预控过程中，对产品实现过程的投入与管理重点。

（2）质量改进有效性对产品实现过程质量控制能力作用机理研究方面，在分析质量改进有效性 5 个表征因素对过程质量控制能力作用关系理论基础上，提出了质量改进有效性对产品实现过程质量控制能力影响的研究假设，并构建了其影响关系概念模型。通过获取实证研究数据，采用结构方程模型验证了质量改进有效性对产品实现过程质量控制能力影响关系概念模型和研究假设的正确性，明确了产品实现各过程质量改进的管理要务。

（3）企业资源保障能力对产品实现过程质量控制能力作用机理研究方面，提出了企业资源保障能力对产品实现过程质量控制能力直接影响，以及质量改进有效性的中介效应的研究假设，并构建了其影响关系概念模型。通过获取实证研究数据，验证了其概念模型和研究假设的正确性，验证了质量管理体系三维空间结构模型的存在，明确了产品实现各过程中资源投入、质量改进的重点与管理要务。

（4）企业质量文化主导性对产品实现过程质量控制能力作用机理研究方面，提出了企业质量文化主导性对产品实现过程质量控制能力直接影响、资源保障能力与质量改进有效性独立中介作用、资源保障能力与质量改进有效性的链式中介作用的假设，并构建了其影响关系概念模型。通过获取实证研究数据，证明了概念模型和研究假设的正确性，提出了质量管理体系四维空间结构模型，明确了企业质量文化建设、产品实现各过程资源投入、质量改进的重点与管理要务。

2. 本章主要贡献

1）发现产品实现过程质量控制能力对质量危机预控成效的作用机理

研究发现产品实现过程 5 个方面的质量控制能力对产品质量危机预控均有正影响，且产品实现过程 5 个方面能力对质量危机预控成效的影响程度不同。产品实现过程质量控制能力的影响力大小由高到低依次为设计质量控制能力、产品要求准确识别能力、客户服务质量控制能力、生产运作质量控制能力、采购外包质量控制能力，且产品实现 5 个过程之间存在共变关系，虽然某一方面能力不强时，不会明显减弱其他 4 个方面的能力，但其中 1 个方面的能力会影响其他 4 个方面对产品质量危机的预控成效的作用。

2）发现质量改进有效性对产品实现过程质量控制能力的作用机理

研究发现质量改进有效性 5 个影响因素对产品实现过程 5 个方面的能力均有正影响，自变量的影响力大小由高到低依次为监视与测量程度、纠正预防措施有效性、不合格控制程度、信息分析及时准确性、管理评审执行程度。

3）发现企业资源保障能力对产品实现过程质量控制能力的作用机理

研究发现企业资源保障能力 4 个影响因素对产品实现过程 5 个方面的能力均有正影响，企业资源保障能力不仅直接作用于产品实现过程质量控制能力，还通过质量改进有效性的中介效应间接作用于产品实现过程质量控制能力的正向作用关系，企业资源保障能力的直接作用效应大于中介作用效应。企业资源保障能力的影响力大小由高到低依次为知识资源利用能力、人力资源保障能力、设施资源保障能力、作业环境控制能力。这一研究结果验证了质量管理体系三维空间结构的存在。

4）发现企业质量文化主导性对产品实现过程质量控制能力的作用机理

研究发现企业质量文化主导性 4 个影响因素对产品实现过程质量控制能力 5 个影响因素均有正影响，企业质量文化主导性对产品实现过程质量控制能力不但有直接正向影响，而且企业资源保障能力与质量改进有效性在质量文化对产品实现过程质量控制能力的影响中存在复杂的中介效应。其中企业资源保障能力与质量改进有效性不但各自单独发挥中介作用，而且两者同时在质量文化对产品实现过程质量控制能力的影响中发挥链式中介作用；企业质量文化主导性对产品实现过程质量控制能力的直接作用效应最大，在质量文化主导性通过资源保障能力和质量改进有效性各自的中介效应中，质量改进有效性的单独中介效应大。这一研究结果将质量管理体系结构由三维空间扩展到了四维空间结构。

综上研究成果可知，预防产品质量危机的核心主线是预防产品实现各过程质量风险，其预防的条件是四方面的资源保障、前提是五方面质量改进因素的良性循环，基于企业资源保障能力、质量改进有效性、产品实现过程质量控制能力的质量危机预防基础是企业质量文化主导性的正确导向。

3. 本章创新之处

本章成果与国内外同类技术相比，主要学术创新体现如下：

针对产品质量危机影响因素对产品质量危机预控成效作用关系实证研究不够的问题，发现了四个内部影响公因子对产品质量危机预控成效的作用机理及其影响力大小。产品实现过程质量控制能力直接正向影响产品质量危机预控成效；企业质量文化主导性、企业资源保障能力、质量改进有效性通过产品实现过程质量控制能力间接正向影响产品质量危机预控成效，且企业资源保障能力对质量改进有效性有正向作用，企业质量文化主导性对企业资源保障能力与质量改进有效性有正向作用，企业资源保障能力与质量改进有效性在质量文化对产品实现过程质量控制能力的影响中存在复杂的中介效应。

以往产品质量危机内部影响因素对质量危机预控成效的研究一般多为逻辑推理与经验判断，验证性因子分析不够。

本章提出与验证了产品质量危机四个内部影响公因子对质量危机预控成效的作用机理的假设，弥补了在以往研究中企业质量文化主导性、企业资源保障能力、质量改进有效性对产品实现过程质量控制能力以及产品实现过程质量控制能力对产品质量危机预控成效影响关系梳理不够系统全面、缺乏实证研究支撑的不足，验证了质量管理体系三维空间结构的存在。同时，将质量管理体系结构由三维空间扩展到了四维空间结构，即企业质量管理体系由产品实现 X、资源保障 Y、质量改进 Z、质量文化 W 四个维度构成。建议企业从质量管理体系四维空间构成视角，建立健全质量管理体系，通过强化客户导向的卓越质量价值观与质量精神，尤其注重增强产品实现过程的质量优先地位，塑造良好的行为准则及质量改进氛围，并明确质量改进活动的资源需求，依据相关资源保障的优先级规划结果，进行产品实现各过程质量策划与质量改进，确保产品实现过程需求与资源保障的有效匹配，不断提升产品实现过程质量控制能力，为客户做出并兑现卓越质量承诺，消除产品质量隐患。

第 3 章　产品质量危机外部影响公因子对产品实现过程质量控制能力作用机理

由 1.2 节产品质量危机相关影响因素具体构成可知，产品质量危机外部影响公因子包括质量治理力度、产业高质量发展驱动力两个公因子，这两个外部公因子对产品实现过程质量控制能力作用机理关系复杂，明确外部影响公因子对产品实现过程质量控制能力作用机理，可以为质量监督与质量危机管理提供理论支持。

3.1　外部影响公因子对产品实现过程质量控制能力作用机理研究现状

产品质量危机外部影响公因子对产品实现过程质量作用关系研究主要体现在以下方面。

（1）有关质量治理对产品实现过程质量作用关系研究方面：Kapala 等发现相关质量法规要求的不一致将导致低质产品的涌现[97]；Hofmann 和 Oldehaver 认为提高供应商的质量标准要求，能够提升质量改进能力[98]；Zhao 等认为政府有效的质量监管能够规范经营者的生产活动，保证产品质量安全[99]；Vatamanescu 等认为完善的消费者保护政策能够促使企业提升产品质量[100]；Zhang 等认为稳步、慢速提升处罚力度与国家标准，才能提升服务质量水平[101]。

（2）有关产业高质量发展驱动力对产品实现过程质量作用关系研究方面：温小琴和胡奇英认为消费者质量意识影响企业质量决策，进而影响最终产品质量[102]；Plambeck 和 Taylor 认为消费者质量意识较高的市场环境中，企业更倾向主动提升自身的产品质量[103]；程宏伟等认为有序的市场竞争规则能够使优质产品获得收益，恶性竞争是国内乳品产业陷入质量声誉危机的外部原因[104]；Wei 等认为健全的质量竞争机制能够减少非市场行为的发生，企业将更多采取正当行为参与市场竞争，进而提升整个产业的质量水平[105]。

上述研究成果为产品质量危机外部影响公因子对产品实现过程质量控制能力作用机理的研究奠定了基础，但鲜有学者实证研究外部影响公因子通过相关内部影响公因子中介作用于产品实现过程质量控制能力的机理。本章将通过构建外部影响公因子对产品实现过程质量控制能力作用关系概念模型，采用验证性因子分析法，探究产品质量危机外部影响公因子对产品实现过程质量控制能力的作用机理。

3.2　质量治理力度对产品实现过程质量控制能力作用机理

依据 1.2 节质量治理力度 5 个表征因素的具体构成，探讨质量治理力度对产品实现过程质量控制能力的作用机理，为政府质量监督与企业产品质量危机管理提供借鉴。

3.2.1　研究假设与概念模型

通过理论分析，从质量治理力度对产品实现过程质量控制能力的直接影响、间接影响方面，提出质量治理力度对产品实现过程质量控制能力影响的路径假设，并构建其概念模型。

1. 理论分析与研究假设

1）质量治理力度对产品实现过程质量控制能力的直接影响分析

通过分析质量治理力度对产品实现过程质量的直接影响关系，提出研究假设。

（1）质量法律制度健全程度对产品实现过程质量控制能力的直接影响分析。质量法律制度健全程度主要体现为产品质量监督执法依据统一程度，以及质量安全事故强制报告、产品伤害事件应急管理、缺陷产品召回、产品责任赔偿等法律制度条款的适宜及完善程度，执法主体权限界定明晰程度与违法违规行为处罚力度。产品质量监督执法依据的统一程度影响企业辨识相关质量法律法规要求的准确性与全面性，进而影响设计输入的适宜性及完整性。法律法规衔接协调程度及其内容完善程度影响企业采购与生产过程的合规性[106]，某乳业公司 OMP①事件也佐证了这一点。加大违法违规行为处罚力度将促使企业更加注重产品实现过程质量控制及售后服务流程的适宜性，迫使其提升客户服务质量控制能力，以杜绝类似陈年月饼

---

① OMP：Osteoblast Milk Protein，造骨牛奶蛋白。

拒绝召回事件的再度发生。基于以上分析，提出如下假设。

H3.2.1a：质量法律制度健全程度对产品实现过程质量控制能力有直接正向影响。

（2）产品标准先进程度对产品实现过程质量控制能力的直接影响分析。产品标准先进程度主要体现为国内相关产品标准对国外先进标准的采用程度，质量特性要求、限定性参数控制的全面程度及服务质量标准的完善程度等。企业内控标准、行业标准、国家标准对国外先进标准的采纳程度或本身的领先程度，能够促使企业以国际视野准确识别和定位产品质量特性要求，并促使政府部门加大技术创新政策倾斜力度，激励企业提高研发能力，以打破国外部分企业的技术垄断[107]。与国外先进标准保持同步，能够促使企业加大工艺技术改进与创新、先进设备配置、优质原材料选配等方面的投入，提升 5M1E 控制能力，进而提高生产运作质量。产品技术标准中限定性参数控制程度的提高，能够促使企业严格控制采购和生产过程质量参数，某乳品企业对产品标准中三聚氰胺含量排他性条款理解不到位，这与国外先进标准的一致性不足不无关系。我国服务质量标准的相对滞后为国外企业实行双重标准提供了依据，售后服务环节的差别对待将影响消费者满意度[108]，某手机双重保修服务标准事件也佐证了这点。基于以上分析，提出如下假设。

H3.2.1b：产品标准先进程度对产品实现过程质量控制能力有直接正向影响。

（3）质量检验网络健全程度对产品实现过程质量控制能力的直接影响分析。质量检验网络健全程度主要体现为质量检测网络覆盖面宽泛程度、质量检测平台先进程度、质量检测数据可靠性，以及政策支持社会独立第三方检测机构实施社会公益检测的力度、市场监督部门购买独立第三方检测服务进行产品质量公正监督检验的力度等。若产品质量检验网络覆盖不够全面、平台差异化程度不高，则难以满足技术发展需要，难以为顾客及产品质量监督提供公正准确数据。Ortega 等发现我国消费者对第三方检测组织的检测结果十分认可[109]，对独立第三方质量检测机构提供更多的政策支持，能够引导更多检测服务机构为消费者提供质量检测服务，加大不合格产品的曝光概率。提高产品质量检验网络覆盖面，使企业为避免第三方检测与曝光不合格产品而引发的社会负面舆论，更加注重提升产品设计及生产运作质量，杜绝不合格产品流入市场。更多利用社会公益质量检验资源，能够使消费者更容易获取权威检验证明，促使企业在面对公信力较高的产品不合格证据时，及时解决顾客投诉，提高客户服务质量。基于以上分析，提出如下假设。

H3.2.1c：质量检验网络健全程度对产品实现过程质量控制能力有直接正向影响。

（4）产品质量监督管理力度对产品实现过程质量控制能力的直接影响分析。产品质量监督管理力度主要体现为产品质量调查、质量监测与评价、质量监督抽查、质量风险监控等工作的规范程度，以及质量诚信体系健全程度、产品质量全方位监管力度等。产品质量监测与评价的规范程度影响企业对法律法规要求识别的严谨程度，进而影响产品设计输入的全面性和准确性。市场监督管理部门延伸产品质量监督覆盖面至企业采购活动，能够确保其采购过程合规性[110]，并保证产品交付质量。加大现场监督检查、审查业务记录等监督力度能够督促企业进行高质量生产运作[111]，苏丹红事件也佐证了这一点。质量监督管理不到位将导致公众良性预期下降[112]，难于抑制客户服务不合格，影响客户服务质量绩效，某品牌果汁"砒霜门"事件也佐证了这点。基于以上分析，提出如下假设。

H3.2.1d：产品质量监督管理力度对产品实现过程质量控制能力有直接正向影响。

（5）消费者维权保护力度对产品实现过程质量控制能力的直接影响分析。消费者维权保护力度主要体现为产品质量安全事故调查处置到位程度、消费者维权途径的广泛程度、维权成本的高低及社会相关方参与维权保护的效果等。《中华人民共和国消费者权益保护法》赋予部分商品的消费者无理由退货权，促使企业为降低退货风险而提高产品要求识别与顾客沟通能力，进而提高产品的适用性。召回产品的多数质量问题都源于产品设计不合格[113]，加大对产品质量安全事故的处置，将加大缺陷产品召回概率，继而加大企业外部故障成本的投入，迫使其全面分析顾客维权及产品不合格原因，加大预防成本和产品改进投入，主动提升设计质量控制能力。社会多方共同参与维权保护可从社会层面向企业施加质量提升压力，促使其提高采购与生产质量意愿。产品质量安全事故调查结果实时发布，能够通过增加信息透明度来减少顾客抱怨，引导企业提高客户服务质量，某品牌汽车漏油事件也从侧面印证了这一点。基于以上分析，提出如下假设。

H3.2.1e：消费者维权保护力度对产品实现过程质量控制能力有直接正向影响。

基于上述 H3.2.1a~H3.2.1e 分析，结合质量治理力度的表征因素，提出如下假设。

H3.2.1：质量治理力度对产品实现过程质量控制能力具有直接正

向影响。

2）质量治理力度通过企业质量文化主导性对产品实现过程质量控制能力间接影响分析

在分析质量治理力度通过企业质量文化主导性四个因素，对产品实现过程质量控制能力作用关系的基础上，提出相应作用机理假设。

（1）质量治理力度通过质量价值观念前瞻性对产品实现过程质量控制能力影响分析。健全的质量法律制度能够促使企业家塑造独特的价值观[114]，引导企业提升质量价值观念前瞻性，并通过规范员工质量理念、目标、行为及管理流程、管理制度，提升产品实现过程质量控制能力。产品标准先进程度和消费者维权保护力度，从企业"必须做"和"不能做"两个方面为企业质量价值观念的塑造界定了方向，通过顾客满意的价值观引导产品实现过程满足产品质量标准要求。产品质量全方位监管力度的加大以及产品质量检验网络的健全将加大企业提供产品质量的市场透明度，促使企业以提升质量价值为核心，不断塑造品牌价值，并通过质量价值观念的前瞻性引导消除产品质量隐患的冒险行为，使产品实现过程及结果满足产品质量要求。因此，基于上述分析，提出如下假设。

H3.2.2a：质量治理力度通过质量价值观念前瞻性影响产品实现过程质量控制能力。

（2）质量治理力度通过质量意识增强程度对产品实现过程质量控制能力影响分析。产品质量监督执法依据的准确一致将提高企业质量目标适宜性与可接受性，增强员工遵守质量行为规范的意愿与培养良好质量习惯，主动提升产品实现过程质量控制能力。严格控制产品限定性控制参数将迫使企业提高产品实现过程输入与输出质量要求，进而引导员工增强质量意识，完善质量管理体系，确保产品实现过程质量符合性。扩大维权途径与降低维权成本，将强化消费者质量意识，进而倒逼失信企业强化员工质量意识，提升产品质量水平[102]。产品质量全方位监管及提高质量检测网络覆盖面，有利于提高产品质量检验频次与质量特性要求，督促企业重视员工产品质量控制意识与能力培养，进而提高产品实现过程质量控制能力。因此，基于上述分析，提出如下假设。

H3.2.2b：质量治理力度通过质量意识增强程度影响产品实现过程质量控制能力。

（3）质量治理力度通过质量战略优先程度对产品实现过程质量控制能力影响分析。产品质量监督执法依据的统一能够为企业质量优先战略的制定和实施提供良好的外部环境，引导企业更多关注产品实现过程质量控制，使产品交付质量超越顾客需求和法定要求。国外先进标准采用程度的提高增强了产品质量的要求，迫使企业更多关注产品质量特性的可实现性，提升产品质量在企业战略中的优先地位，确保产品实现过程各环节能够获得更多资源支持，使产品实现过程质量及交付质量满足要求。消保委、行业专家、主流媒体等多方参与消费者维权保护将为质量失信企业的品牌建设带来巨大威胁，能够警醒其在制定战略规划时凸显质量的优先地位[115]，进而赋予质量管理人员更多职权与责任，以保证产品实现过程质量及交付质量的符合性。政府部门进一步规范质量监督抽查、质量风险监控及更多利用社会质量检测资源，将迫使企业更多关注卓越质量战略的实施，提高产品实现过程质量控制能力。因此，基于上述分析，提出如下假设。

H3.2.2c：质量治理力度通过质量战略优先程度影响产品实现过程质量控制能力。

（4）质量治理力度通过产品质量承诺履约程度对产品实现过程质量控制能力影响分析。缺陷产品召回及产品责任赔偿等法规条款的滞后，削弱了企业品牌的质量保证功能，影响企业做出并兑现更具竞争力的产品质量承诺，难以主动提高产品实现过程质量。企业引入国外领先标准能够为参与国际竞争进行质量背书[116]，企业为提升品牌价值，将恪守产品质量承诺并调用高标准 5M1E 资源，保证产品实现过程质量满足承诺。Inderst 和 Ottaviani 认为服务质量承诺中的退货条款通常对轻信型顾客不合理[117]，公众相关方参与消费者维权保护将促使企业设置并兑现合理的退货承诺，并通过加大内部激励与惩罚力度，督促员工恪守质量承诺，提高产品实现过程质量与交付质量。全方位的产品质量监管及提高质量检测平台差异化程度能够对更多产品准确进行质量评价，督促企业恪守产品质量承诺，不断完善质量控制流程，使产品质量满足承诺。因此，基于上述分析，提出如下假设。

H3.2.2d：质量治理力度通过产品质量承诺履约程度影响产品实现过程质量控制能力。

由 H3.2.2a~H3.2.2d 及质量文化主导性的表征因素，提出如下假设。

H3.2.2：质量治理力度通过企业质量文化主导性影响产品实现过程质量控制能力。

3）质量治理力度通过企业资源保障能力对产品实现过程质量控制能力间接影响分析

在分析质量治理力度通过企业资源保障能力四个因素，对产品实现过程质量控制能力作用关系的基础上，提出相应作用机理假设。

（1）质量治理力度通过人力资源保障能力对产品实现过程质量控制能力影响分析。质量相关法律法规要求的协调一致程度，促使企业明晰产品的法定要求及人力资源资质要求，促使企业明晰人力资源规划目标及人力资源开发要求。Prasad 和 Tata 认为相关法律法规的合理衔接与健全程度影响企业人力资源开发能力[118]，便于企业提高人力资源保障能力，并通过员工质量知识与技能保证产品实现过程质量控制能力。更多采用国外先进标准，对企业的 5M1E 控制能力提出了更高的人力资源规划要求，促使其开发与培养更多高素质质量人才，保障产品实现过程质量达到国外先进标准。规范产品质量调查、质量检测与评价及更多利用社会质量检测资源，将增强不合格产品曝光对企业的制约力度，迫使企业加大人力资本投资，提高员工的质量道德与技能，保证产品实现过程质量控制能力。公众相关方参与消费者维权保护增加了企业潜在威胁，促使其引导员工增强诚信意识，约束其质量行为，保障产品实现过程质量。因此，基于上述分析，提出如下假设。

H3.2.3a：质量治理力度通过人力资源保障能力影响产品实现过程质量控制能力。

（2）质量治理力度通过知识资源利用能力对产品实现过程质量控制能力影响分析。产品质量监督执法依据的协调统一能够降低宏观环境的复杂性，而复杂度较低的外部环境能够降低企业获取外部知识的难度[119]，提高知识资源利用绩效，继而提高产品实现过程技术领先性与产品交付质量。产品标准限定性参数要求的提高将迫使企业强化知识管理与集成创新，提升产品实现过程知识储备与知识资源利用效果，使产品实现过程质量达到国际领先水平。为消费者提供成本较低的维权途径将强化其维权能力，迫使企业持续进行由知识管理活动引领的质量改进活动[120]，通过增强知识管理有效性提高产品实现过程质量控制能力。提高质量检测与评价、质量监督抽查的规范性及拓展产品质量检验网络覆盖面，将增加不合格品曝光率，迫使企业主动识别质量知识短板，并通过合作研究、知识共享与创新，提升产品实现过程质量符合性[121]。因此，基于上述分析，提出如下假设。

H3.2.3b：质量治理力度通过知识资源利用能力影响产品实现过程质量控制能力。

（3）质量治理力度通过设施资源保障能力对产品实现过程质量控制能力影响分析。质量法规制度的协调统一能够保证质量监督人员准确把握监督执法依据，并通过严格执法，促使企业按照相关法定要求，提高产品实现过程设施设备的适宜性，保障产品实现过程质量满足法定要求。在产品标准中限定性参数控制程度的提高,对研发、生产与检测设备的先进性提出了更高要求,采用国外先进标准能够驱使企业加大设施设备先期投资[122],通过提高设备可靠性与适宜性,保障产品实现过程质量满足先进标准要求。产品质量安全事故的公正处置结果,将增强对不合格产品提供商的威慑力,进而驱使其配备可靠的设施设备,保障产品实现过程质量。加大产品质量全方位监管及产品质量监督检测力度,能够倒逼企业提高监视与测量设备的先进性,并利用先进决策支持系统与智能制造系统,及时发现并自动处置质量风险[79],保证产品实现过程质量的符合性。加大消费者维权保护力度以及对失信企业的曝光惩戒程度,将极大降低涉事企业品牌价值,促使企业通过配备与展示产品实现过程良好的基础设施、先进的软硬件设备及规范的产品实现过程控制流程等,削减产品不合格及顾客不信任。因此,基于上述分析,提出如下假设。

H3.2.3c:质量治理力度通过设施资源保障能力影响产品实现过程质量控制能力。

(4)质量治理力度通过作业环境控制能力对产品实现过程质量控制能力影响分析。协调一致的质量相关法律法规及更多采用国外先进标准,将迫使企业明确并提高质量目标要求,并通过改善内部管理间接提高作业环境的安全性[123],消除作业安全隐患,保证产品实现过程质量满足法规制度及先进标准要求。有效的质量监管与公正准确的质量监督检验能够提高企业作业环境控制有效性[124],迫使企业对作业环境因素进行严格控制,维持良好的研发、试制与生产环境,保障产品实现过程质量满足法定要求。消费者维权保护力度的提升,将警醒企业重视作业环境等支持性资源的保障能力,不断尝试、摸索适合企业的 5S 管理方法,进而提高产品实现过程质量控制能力。因此,基于上述分析,提出如下假设。

H3.2.3d:质量治理力度通过作业环境控制能力影响产品实现过程质量控制能力。

由假设 H3.2.3a~H3.2.3d 及企业资源保障能力的表征因素,可以提出如下假设。

H3.2.3:质量治理力度通过企业资源保障能力影响产品实现过程质量控制能力。

4)质量治理力度通过质量改进有效性对产品实现过程质量控制能力间接影响分析

在探究质量治理力度通过质量改进有效性五个因素对产品实现过程质量控制能力作用关系的基础上,提出相应作用机理假设。

（1）质量治理力度通过监视与测量程度对产品实现过程质量控制能力影响分析。质量相关法规制度要求的协调统一，为企业完善测量管理体系提供了准确依据，产品质量责任赔偿等法律制度条款内容的滞后或条文缺失，影响产品质量监督执法依据的准确把握，仅依靠企业社会责任感与道德感，难以保障有效进行监视与测量所要求的 5M1E 条件，影响产品实现过程质量及其最终产品质量评价的准确性。国外先进标准采标程度的提高，对完善企业质量管理体系提出了更高要求[125]，迫使企业增强监视与测量在质量保证中的作用，进而确保产品实现过程质量满足先进标准的要求。规范的质量监测与评价、质量监督抽查及全面的产品质量检验网络，能够客观评判企业内部监视与测量绩效，促使企业完善测量管理体系，提高产品实现过程质量监视与测量能力。社会相关方参与维权保护能够形成群力监督，迫使企业改善监测方法与流程[126]，通过准确的监视与测量及质量改进，提升产品实现过程质量控制能力。因此，基于上述分析，提出如下假设。

H3.2.4a：质量治理力度通过监视与测量程度影响产品实现过程质量控制能力。

（2）质量治理力度通过信息分析评价准确性对产品实现过程质量控制能力影响分析。质量法律制度的健全程度为产品监视与测量数据分析评价提出了更高要求，促使企业通过产品实现过程相关信息收集、分析、评价，发现产品改进机会，增强产品实现过程质量控制能力。采用国外先进标准或提高产品标准的领先性，能够增强企业产品质量特性、限定性参数等控制要求，进而逼迫其持续提高信息采集质量、分析与评估能力，持续改进与提高产品实现过程质量。完善产品监督抽查制度及构建先进的质量监督检测网络，将提高流通环节不合格产品曝光率，促使企业注重过程监测数据及信息分析评价准确性，并有效衔接产品生命周期的质量数据，提高产品实现过程的可持续性水平[127]，保证产品实现过程质量控制能力。消保委及主流媒体等社会相关方更多介入消费者维权事件，将迫使企业对顾客投诉、质量监督检验等信息进行准确分析与评价，持续消除质量隐患，进而提高产品实现过程质量控制能力。因此，基于上述分析，提出如下假设。

H3.2.4b：质量治理力度通过信息分析评价准确性影响产品实现过程质量控制能力。

（3）质量治理力度通过不合格控制程度对产品实现过程质量控制能力影响分析。产品质量监督执法依据的协调统一，有利于质量监督执法人员及企业准确界定产品不合格与缺陷，促使企业明晰不合格控制流程的价值，并严格控制过程不合格项及不合格品，提高产品实现过程质量控制能力。相关国家标准更多采用国外领先标准，将提高产品功能及质量特性要求，迫使企业严格控制产品实现过程不合格项，提高产品交付质量。先进的质量监督检测网络及其规范的质量检测服务招标流程，能够在保证质量监督检测公正准确的同时，减轻质量监管压力与成本，降低政府监管成本，迫使企业加大不合格控制流程的执行力度[128]，提升产品实现过程质量控制能力及产品合格率。完善消费者维权保护政策，加大对产品质量安全事故处置的严厉程度，将迫使企业重视不合格产品控制，进而提高产品实现过程质量。因此，基于上述分析，提出如下假设。

H3.2.4c：质量治理力度通过不合格控制程度影响产品实现过程质量控制能力。

（4）质量治理力度通过纠正预防措施有效性对产品实现过程质量控制能力影响分析。保障质量相关法律法规条款的协调一致性及采用国外先进标准，将提高产品法定要求的清晰度与质量监督的严谨性，能够促使企业对标产品法定要求，及时评审不合格产生原因，针对不同原因制定与实施有效的纠正预防措施，并将其制度化、程序化，提高纠正预防措施实施效果及其产品实现过程质量控制能力。加大产品质量全方位监管力度及产品质量检验网络覆盖面，将增大不合格产品的曝光率，进而增强企业制定与实施纠正预防措施的紧迫性，促使其加强事前事中事后质量控制，降低内外部故障成本，并保障产品实现过程质量。加大消费者维权保护力度，引导主流媒体积极参与消费者维权事件的报道，将加重企业质量失信行为的不良后果，迫使其增大纠正预防措施投入，减少质量隐患及不合格项，使产品实现过程质量符合相关方要求。因此，基于上述分析，提出如下假设。

H3.2.4d：质量治理力度通过纠正预防措施有效性影响产品实现过程质量控制能力。

（5）质量治理力度通过管理评审执行程度对产品实现过程质量控制能力影响分析。质量相关法规制度的协调统一程度、国家标准的先进程度及质量监督检测服务功效的充分发挥，能够促使企业高层管理者更加全面准确界定管理评审输入信息，不断寻求质量改进机会，确定与实施质量改进及创新措施，并对企业质量管理体系绩效目标提出更高要求，促使产品实现过程质量策划更加完善，进而保障了产品实现过程质量的符合性。加强质量监督抽查、产品质量安全事故调查处置及消费者维权保护力度，将对未达标产品提供商产生巨大威胁，迫使最高管理者提高对管理评审工作的重视程度，保障管理评审输出的全面实施，提高质量管理体系的持续适宜、充分及有效性，尤其确保产品实现过程质量满足顾客需求与法规要求。因此，基于上述分析，提出如下假设。

H3.2.4e：质量治理力度通过管理评审执行程度影响产品实现过程质量控制能力。

由 H3.2.4a~H3.2.4e 及质量改进有效性的表征因素，提出如下假设。

H3.2.4：质量治理力度通过质量改进有效性影响产品实现过程质量控制能力。

2. 概念模型构建与变量设计

通过上述理论分析与研究假设，结合 2.3 节、2.4 节、2.5 节主要结论，将质量治理力度与产品实现过程质量控制能力分别作为自变量与因变量，将企业质量文化主导性、企业资源保障能力与质量改进有效性作为中介变量，建立质量治理力度对产品实现过程质量控制能力影响的概念模型图，如图 3.1 所示。

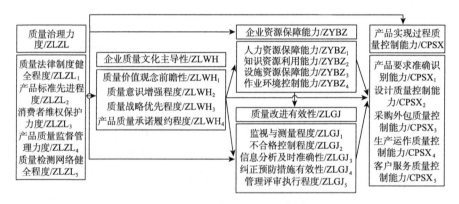

图 3.1　质量治理力度对产品实现过程质量控制能力影响的概念模型图

3.2.2　研究设计与数据收集

1）变量测量

根据上述研究假设及概念模型，设定自变量质量治理力度的 5 个表征变量作为其观测变量，以及中介变量企业质量文化主导性的 4 个表征变量、企业资源保障能力的 4 个表征变量及质量改进有效性 5 个表征变量作为其观测变量，同时设定因变量产品实现过程质量控制能力的 5 个表征变量作为其观测变量，具体自变量、中介变量、因变量及观测变量如图 3.1 所示。

2）问卷设计

基于上述研究假设，设计问卷题项，并组织相关专家进行预调研，根据专家意见完善调查问卷，然后采用利克特五级量表法形成正式问卷。

3）研究数据收集

（1）数据采集对象选择。重点邀请政府市场监督管理部门以及企业战略规划、质量管理、人力资源管理与营销、设计、采购、生产等部门相关管理人员进行问卷题项研判。

（2）调查数据采集。通过现场发放、问卷链接等方式向上述调查对象发放问卷，回收问卷 582 份，得到 405 份有效问卷，满足本节问卷数量要求[20]。

3.2.3　数据检验与分析

采用 SPSS24.0 与 AMOS24.0 分别对问卷进行信度分析和效度检验，并利用 AMOS24.0 对图 3.1 所示概念模型进行拟合分析，检验图 3.1 模型及研究假设的正确性。

1）问卷信度分析与效度检验

（1）信度分析。利用 SPSS24.0，以克朗巴哈系数 α 为评判标准，进行量表信度分析，分析结果如表 3.1 所示，可见各变量 α 系数均大于 0.7，表明问卷具有良好信度[20]。

表 3.1　质量治理力度对产品实现过程质量控制能力影响研究变量和观测变量分析表

研究变量	观测变量	因子载荷	α 系数	AVE	CR
质量治理 力度/ZLZL	质量法律制度健全程度/ZLZL$_1$	0.808	0.899	0.644	0.900
	产品标准先进程度/ZLZL$_2$	0.770			
	消费者维权保护力度/ZLZL$_3$	0.813			
	产品质量监督管理力度/ZLZL$_4$	0.783			
	质量检验网络健全程度/ZLZL$_5$	0.836			
企业质量文化主导 性/ZLWH	质量价值观念前瞻性/ZLWH$_1$	0.749	0.823	0.543	0.826
	质量意识增强程度/ZLWH$_2$	0.696			
	质量战略优先程度/ZLWH$_3$	0.712			
	产品质量承诺履约程度/ZLWH$_4$	0.787			
企业资源保障 能力/ZYBZ	人力资源保障能力/ZYBZ$_1$	0.752	0.845	0.579	0.846
	知识资源利用能力/ZYBZ$_2$	0.791			
	设施资源保障能力/ZYBZ$_3$	0.754			
	作业环境控制能力/ZYBZ$_4$	0.744			

研究变量	观测变量	因子载荷	α 系数	AVE	CR
质量改进 有效性/ZLGJ	监视与测量程度/ZLGJ$_1$	0.780	0.857	0.546	0.857
	不合格控制程度/ZLGJ$_2$	0.754			
	信息分析及时准确性/ZLGJ$_3$	0.704			
	纠正预防措施有效性/ZLGJ$_4$	0.746			
	管理评审执行程度/ZLGJ$_5$	0.708			
产品实现过程质量 控制能力/CPSX	产品要求准确识别能力/CPSX$_1$	0.842	0.905	0.656	0.905
	设计质量控制能力/CPSX$_2$	0.833			
	采购外包质量控制能力/CPSX$_3$	0.794			
	生产运作质量控制能力/CPSX$_4$	0.806			
	客户服务质量控制能力/CPSX$_5$	0.774			

（2）效度检验。结果表明各变量的 KMO 值>0.7，整体 KMO 值为 0.96，Bartlett's 球形检验的显著性概率为 0.000。同时，表 3.1 每个变量 的因子载荷、AVE、CR 表明量表具有良好聚合效度[71]。另外各变量间 相关性分析结果如表 3.2 所示，表明问卷具有良好区分效度[71]。

表 3.2 质量治理力度对产品实现过程质量控制能力影响各变量相关系数及 AVE 平方根表

研究变量		ZLZL	ZLWH	ZYBZ	ZLGJ	CPSX
相关系数	ZLZL	1				
	ZLWH	0.655**	1			
	ZYBZ	0.573**	0.533**	1		
	ZLGJ	0.629**	0.600**	0.542**	1	
	CPSX	0.696**	0.666**	0.627**	0.684**	1
AVE 平方根		0.802	0.737	0.761	0.747	0.809

**表示 $P < 0.01$ 显著水平

2）概念模型拟合分析

利用 AMOS24.0 对模型进行拟合分析，具体拟合指数如表 3.3 所示，各变量之间路径关系及标准化路径系数如图 3.2 所示，表明主要拟合指数 均在可接受范围，模型拟合良好[71]。

表 3.3　质量治理力度对产品实现过程质量控制能力影响主要拟合指数表

拟合指数	χ^2/df	RMSEA	GFI	AGFI	NFI	IFI	TLI	CFI
评价标准	1~3	<0.080	>0.900	>0.900	>0.900	>0.900	>0.900	>0.900
拟合数值	1.626	0.039	0.929	0.911	0.939	0.976	0.972	0.975

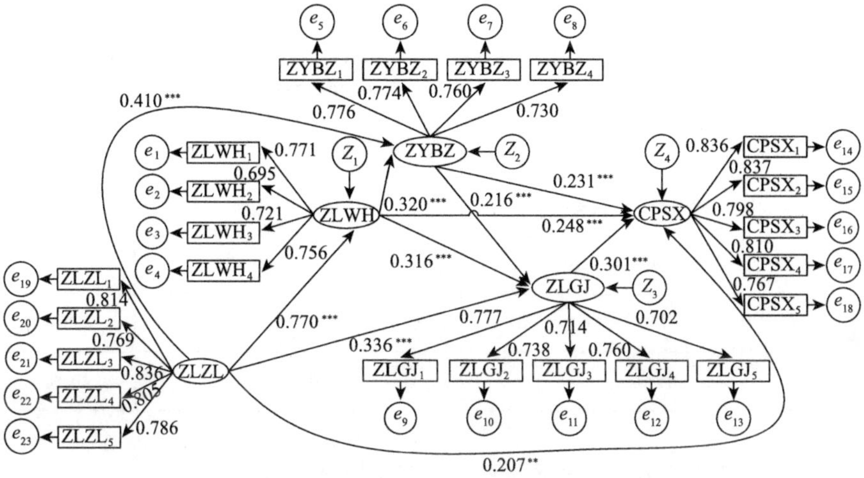

图 3.2　质量治理力度对产品实现过程质量控制能力作用关系路径图

***表示 $P < 0.001$ 显著水平

3）中介效应检验

采用 Bootstrap 法检验中介效应，检验结果如表 3.4 所示，可见满足判定条件，其中介效应均成立。同时，结合图 3.2 拟合结果，可得各路径的标准化效应值具体如表 3.5 所示。

表 3.4　质量治理力度对产品实现过程质量控制能力影响多重中介效应非标准化检验结果表

中介路径	路径系数	偏差校正 95%的置信区间		
		P 值	下限	上限
ZLZL→ZLWH→CPSX	0.227	0.012	0.044	0.429
ZLZL→ZYBZ→CPSX	0.112	0.001	0.039	0.232
ZLZL→ZLGJ→CPSX	0.120	0.000	0.040	0.252
ZLZL→ZLWH→ZYBZ→CPSX	0.068	0.005	0.021	0.129
ZLZL→ZLWH→ZLGJ→CPSX	0.087	0.001	0.035	0.179
ZLZL→ZYBZ→ZLGJ→CPSX	0.032	0.003	0.008	0.085
ZLZL→ZLWH→ZYBZ→ZLGJ→CPSX	0.019	0.008	0.003	0.060

表 3.5　质量治理力度对产品实现过程质量控制能力影响各路径效应值与效应占比表

影响路径	效应大小	效应占比
ZLZL→CPSX	0.207	26.99%
ZLZL→ZLWH→CPSX	0.770×0.248=0.191	24.90%
ZLZL→ZLGJ→CPSX	0.336×0.301=0.101	13.17%
ZLZL→ZYBZ→CPSX	0.410×0.231=0.095	12.39%
ZLZL→ZLWH→ZLGJ→CPSX	0.770×0.316×0.301=0.073	9.52%
ZLZL→ZLWH→ZYBZ→CPSX	0.770×0.320×0.231=0.057	7.43%
ZLZL→ZYBZ→ZLGJ→CPSX	0.410×0.216×0.301=0.027	3.52%
ZLZL→ZLWH→ZYBZ→ZLGJ→CPSX	0.770×0.320×0.216×0.301=0.016	2.09%
总效应	0.767	100%

4）质量治理力度对产品实现过程质量控制能力影响关系

由以上实证研究可知,质量治理力度对产品实现过程质量控制能力既存在直接正向作用,也存在间接正向作用。同时,由路径系数可以看出,在质量治理力度5个表征因素中,消费者维权保护力度的驱动作用最明显,质量法律制度健全程度的驱动作用明显,产品质量监督管理力度的驱动作用较明显,故提出如下政策建议。

（1）消费者维权保护力度方面,某品牌汽车漏油事件、某品牌相机进灰事件等都佐证了消费者维权保护力度对产品实现过程质量控制能力明显的正向作用。因此,应着力拓展消费者维权渠道,扎实推进首问负责制,降低消费者维权成本,加大产品质量安全事故调查处置力度,并定期对相关举报渠道进行暗访与抽查,确保渠道畅通及产品质量安全事故调查处置的流程合理、结果公正公开,同时加大举报者的奖励力度及隐私保护,提升消费者维权收益。另外,在鼓励新闻媒体、消保委等公众相关方在完全履行法律法规所赋予职责的同时,积极推动企业质量风险预控经验教训交流及消费者维权知识教育等活动,借助公众相关方的力量群力监督,形成良好的社会监督网络,有效抑制不合格产品的流通。

（2）质量法律制度健全程度方面,部分食品、乳制品、化妆品质量安全事件的发生多数与产品责任赔偿条款不健全有关,部分品牌轿车内装饰质量安全事件的发生多数与产品质量监督执法依据不够统一有关,产品召回立法不足也造成国外制造商在产品召回处置上国内外区别对待,由此佐证了质量法律制度健全程度对产品实现过程质量控制能力明显的正向作用。因此,应强化质量立法统一性,完善质量安全事故强制报告、产品伤害事件应急管理、缺陷产品召回、产品责任赔偿等法律制度条款,并将缺陷产品召回范围扩展至不合格产品,同时明晰执法主体的权限界定,在法律规定的范围内提高违法违规处罚力度,通过统一立法和加严执法进一步约束生产经营者的市场行为,抑制不合格产品的流通。

（3）产品质量监督管理力度方面,在三聚氰胺事件发生之后,相关部门加大了对乳品质量的监督管理力度,某乳品企业一年内被监督抽检了4 553次,但酸败事件、乳矿物盐事件等质量问题仍然没有被遏制,由此佐证了产品质量监督管理力度对产品实现过程质量控制能力的正向作用。因此,产品质量监督管理不应仅关注质量监督抽查,应强化产品质量调查、质量监测与评价,在完善质量监督抽查的事前技术把关、事中过程监督和事后效果评价反馈机制的基础上,强化企业的主体责任,加大质量风险监控体系及质量诚信体系建设力度,实施产品质量全方位监管,有效监督与抑制不合格产品的流通。

（4）质量检验网络健全程度方面,部分肉制品质量安全事件的发生多数与动物喂养过程加入违禁添加剂而未检测或监督抽样检验方案风险较大有关,部分电器质量安全事件的发生多数与产品质量检测样本选取不当、测量设备不够先进有关,由此佐证了质量检验网络健全程度对产品实现过程质量控制能力的正向作用。因此,应扩大质量监督检验门类与产品覆盖面,规范质量监督检测服务招标流程,更多关注质量监督检测设备先进性、检测技术领先程度、质量特性参数检测全面程度,促进质量检测网络差异化发展。同时,对符合产品质量监督检测条件的机构赋予相应的优惠政策,鼓励社会力量适应社会经济技术发展需要,投入更多先进资源参与质量监督检测,群力监督与抑制不合格产品的流通。

（5）产品标准先进程度方面,某品牌汽车断轴事件作为车企降低国内汽车市场技术配置的一个缩影,反映了部分国家标准相对于国外领先标准的落后,给消费者带来了较大损失及情感伤害,由此佐证了产品标准先进程度对产品实现过程质量控制能力的正向作用。因此,应跟踪国外先进标准的变化趋势,更多采纳或超越国外领先标准,明晰产品质量特性要求,尤其是限定性参数控制要求,并填补部分服务质量标准的缺失,为构建完整的内需体系提供制度保障。同时,鼓励企业内控标准超越国外领先标准，为国内大循环疏通堵点、消除痛点，使整个产业链能够为社会提供更多高质量产品的选择空间，进而有效抑制不合格产品的流通。

3.3　产业高质量发展驱动力对产品实现过程质量控制能力作用机理

依据 1.2 节产品质量危机影响因素具体构成，产业高质量发展驱动力通过顾客优质优价认同程度、质量竞争机制健全程度、供应商配合改进程度三个因素表征。在此，探讨产业高质量发展驱动力对产品实现过程质量控制能力的作用机理。

3.3.1　研究假设与概念模型

通过理论分析，从产业高质量发展驱动力对产品实现过程质量控制能力的直接影响与间接影响方面，提出产业高质量发展对产品实现过程质量影响的路径假设，并构建其概念模型。

1. 理论分析与研究假设

1）产业高质量发展驱动力对产品实现过程质量控制能力的直接影响分析

通过分析产业高质量发展驱动力对产品实现过程质量的直接影响关系，提出研究假设。

（1）顾客优质优价认同程度对产品实现过程质量控制能力的直接影响分析。顾客优质优价认同程度主要体现为顾客质量意识强弱、顾客对优质且性价比高的产品的接受程度等。顾客对优质优价的高度认同能够为企业提供更加准确的需求信息，有利于企业准确发掘与迭代产品要求，并显著提高产品设计、采购质量控制主动性[129]，廉价劣质化妆品伤害事件也可佐证这一点；顾客认同优质优价还能够鼓励企业增加预防成本与鉴定成本，提高生产运作质量，杜绝类似于问题电缆质量事件的发生；顾客对服务质量期望的增加将促使企业提高服务质量、降低服务过程质量成本[130]。基于以上分析，提出如下假设。

H3.3.1a：顾客优质优价认同程度对产品实现过程质量控制能力有直接正向影响。

（2）质量竞争机制健全程度对产品实现过程质量控制能力的直接影

响分析。质量竞争机制健全程度主要体现为质量竞争公平性、在市场竞争中对质量要素的关注程度及质量信息传递机制完善程度等。质量竞争机制若不健全，则不能实现优胜劣汰，难于促使企业准确识别和定位产品质量特性差异化要求，更多偏重价格竞争，进而削弱产品改进和创新动力及为顾客提供满意服务的自觉性，某手机电池爆炸事件与要求电池供应商降价不无关系；质量信息传递机制若不完善，将导致优质无法优价，使高质量产品迫于成本压力退出市场[131]，导致企业在采购与生产过程更加注重成本而非质量，某国药品市场质量竞争机制缺失导致上千起假药致死事件也能佐证这一点。基于以上分析，提出如下假设。

H3.3.1b：质量竞争机制健全程度对产品实现过程质量控制能力有直接正向影响。

（3）供应商配合改进程度对产品实现过程质量控制能力的直接影响分析。供应商配合改进程度主要体现为供应商主动配合制造商进行产品质量改进、提供性价比高的产品与服务的程度。供应商配合进行产品质量改进的程度，将直接影响制造商设计与采购外包质量控制能力，Oke 等也发现制造商与创新型供应商关系密切程度影响双方的创新转化能力[132]。多起乳制品质量安全事件佐证了供应商主动实施质量控制，能够为制造商的生产运作质量提供保障。熊伟等认为供应商配合改进程度的提高，能够使制造商及时响应市场快速变化，进而提升客户服务绩效[133]。基于以上分析，提出如下假设。

H3.3.1c：供应商配合改进程度对产品实现过程质量控制能力有直接正向影响。

基于 H3.3.1a~H3.3.1c 的分析，结合产业高质量发展驱动力的表征因素，提出如下假设。

H3.3.1：产业高质量发展驱动力对产品实现过程质量控制能力具有直接正向影响。

2）产业高质量发展驱动力通过企业质量文化对产品实现过程质量控制能力间接影响分析

通过分析企业质量文化主导性四个因素的中介作用，提出相应的作用机理假设。

（1）产业高质量发展驱动力通过质量价值观念前瞻性对产品实现过程质量控制能力影响分析。顾客认同优质优价，增大了优质产品的利润空间，可促使企业推崇超越顾客需求的质量理念，增强质量价值观念前瞻性，其顾客满意价值观能够确保产品质量的符合性[134]。健全的质量竞争机制能够通过质量激励约束机制迫使企业调整质量价值观念，引导企业提高产品实现过程质量，快时尚服装产业的竞争规则导致的多起质量危机也佐证了这一点。作为战略合作伙伴的供应商配合实施质量改进，有利于双方塑造一致且前瞻的质量价值观念，并以此推动双方共同提升产品实现过程质量。基于上述分析，提出如下假设。

H3.3.2a：产业高质量发展驱动力通过质量价值观念前瞻性影响产品实现过程质量控制能力。

（2）产业高质量发展驱动力通过质量意识增强程度对产品实现过程质量控制能力影响分析。在顾客普遍认同优质优价的环境中，企业更易招纳到质量意识强的员工，并通过员工质量意识与行为确保产品实现过程质量满足要求。建立与完善质量竞争机制，将加大劣质产品市场目标的实现难度，迫使其强化员工质量意识和质量行为模式，提高顾客对产品质量的认可程度[135]，并提高产品实现过程质量。供应商主动参与制造商产品质量改进，有利于员工在与供应商协作中，提高作为质量意识宏观表现形式的整体意识[136]，并将供应商配合质量改进的价值最大化，进而提升产品实现过程质量。基于上述分析，提出如下假设。

H3.3.2b：产业高质量发展驱动力通过质量意识增强程度影响产品实现过程质量控制能力。

（3）产业高质量发展驱动力通过质量战略优先程度对产品实现过程质量控制能力影响分析。顾客对优质优价理念的认同程度作为企业制定或调整战略所考虑的关键因素，将影响质量在企业战略中的优先地位，迫使其提高产品性价比[137]，并引导企业重视产品实现过程质量。健全的质量竞争机制能够促使企业快速识别出竞争战略在质量层面的偏倚程度，并对质量相关战略进行调整，确保产品实现过程质量满足要求。供应商配合改进意愿以及质量改进能力，能够为制造商实施质量优先战略提供保障，便于提高产品实现过程质量管理实践绩效。基于上述分析，提出如下假设。

H3.3.2c：产业高质量发展驱动力通过质量战略优先程度影响产品实现过程质量控制能力。

（4）产业高质量发展驱动力通过产品质量承诺履约程度对产品实现过程质量控制能力影响分析。顾客对优质优价的高度认同，将鼓励企业做出并兑现高质量承诺，徐静等认为企业兑现质量承诺是减少顾客投诉的有效途径[138]，高质量承诺也时刻警醒着企业不断增强产品质量控制能力，提高产品实现过程质量，三聚氰胺事件之后，国内乳品企业做出高质量承诺并努力使抽检合格率持续提高佐证了这一点。在健全的质量竞争环境中，企业质量失信行为将引起市场密切关注，迫使企业谨慎做出高质量承诺，并确保产品实现过程质量能够兑现承诺。供应商履约行为是制造商向顾客兑现质量承诺的前提[139]，供应商积极主动配合制造商的质量改进要求，能够激励制造商做出高于竞争对手的质量承诺，并为兑现质量承诺而不断完善质量管理体系，提升产品实现过程质量。基于上述分析，提出如下假设。

H3.3.2d：产业高质量发展驱动力通过产品质量承诺履约程度影响产品实现过程质量控制能力。

由 H3.3.2a~H3.3.2d 及质量文化主导性的表征因素，提出如下假设。

H3.3.2：产业高质量发展驱动力通过企业质量文化主导性影响产品实现过程质量控制能力。

3）产业高质量发展驱动力通过企业资源保障对产品实现过程质量控制能力间接影响分析

通过分析企业资源保障能力 4 个因素的中介作用，提出相应的中介作用机理假设。

（1）产业高质量发展驱动力通过人力资源保障能力对产品实现过程质量控制能力影响分析。顾客对优质优价的认同，将激励企业注重提高员工专业技能，使其具备产品实现过程与顾客感知质量控制的能力[137]。随着市场竞争中质量要素的增强，企业将更加重视开发与培育人才，强化员工质量改进素养，助力提升产品实现过程质量。Cheng 认为供应商参与创新活动是制造商员工获取外部知识的重要来源之一，有助于提升制造商员工技能[140]，进而提高员工的质量改进绩效及产品实现过程质量。基于上述分析，提出如下假设。

H3.3.3a：产业高质量发展驱动力通过人力资源保障能力影响产品实现过程质量控制能力。

（2）产业高质量发展驱动力通过知识资源利用能力对产品实现过程质量控制能力影响分析。顾客较强的优质优价意识，能够激励企业为满足顾客需求而强化技术创新与知识资源利用，提升产品实现过程技术领先性，使产品质量超越顾客需求。公平的质量竞争环境，将激励企业吸收更多前沿知识与技术[141]，并将其运用于提高产品实现过程质量控制能力。供应商积极配合质量改进，能够强化企业间知识共享[142]，进而提高隐性知识在供应链上的转移效率[143]，便于制造商创新与改进产品实现过程质量。基于上述分析，提出如下假设。

H3.3.3b：产业高质量发展驱动力通过知识资源利用能力影响产品实现过程质量控制能力。

（3）产业高质量发展驱动力通过设施资源保障能力对产品实现过程质量控制能力影响分析。顾客优质优价高认同程度，能够激励高质量产品制造商投入更多资源进行设备更新与改造，增强其对产品实现过程的保障能力。在质量竞争机制健全的市场中，高质量的差异化产品将拥有更大利润空间[144]，使企业能够获得更多资金进行设施设备先进性升级，保障产品实现过程质量。设施设备供应商主动配合制造商进行设备维护与改造升级，有利于企业确保产品实现过程的可靠性，因设备供应商配合运营商实施设施设备操作深度培训与设备维护不到位，而引发的多起铁路交通事故也佐证了这一点。基于上述分析，提出如下假设。

H3.3.3c：产业高质量发展驱动力通过设施资源保障能力影响产品实现过程质量控制能力。

（4）产业高质量发展驱动力通过作业环境控制能力对产品实现过程质量控制能力影响分析。顾客对优质优价的高度认同以及在采购决策过程实施的第二方 QHSE 管理体系审核，将促使企业通过改善包括作业环境在内的 5M1E，消除产品质量隐患发生的可能原因，提高产品实现过程质量。健全的质量竞争机制将扩大包括生产环境在内的产品竞争层面，迫使企业持续改善作业环境，提高质量竞争力[145]，进而保证产品实现过程质量。供应商主动响应制造商的质量改进要求，能够分享作业环境方面的控制经验，提高供应链多方作业环境方面的控制效果，确保产品实现过程质量控制的有效性。基于上述分析，提出如下假设。

H3.3.3d：产业高质量发展驱动力通过作业环境控制能力影响产品实现过程质量控制能力。

由 H3.3.3a~H3.3.3d 及企业资源保障能力的表征因素，提出如下假设。

H3.3.3：产业高质量发展驱动力通过企业资源保障能力影响产品实现过程质量控制能力。

4）产业高质量发展驱动力通过质量改进对产品实现过程质量控制能力间接影响分析

通过分析质量改进有效性 5 个因素的中介作用，提出相应的作用机理假设。

（1）产业高质量发展驱动力通过监视与测量程度对产品实现过程质量控制能力影响分析。顾客优质优价认同程度影响企业对顾客感知的重视程度，并激励企业构建集成化客户满意度监测系统，以提供顾客认同的优质产品与服务[146]，同时配备满足产品实现过程计量要求的测量设备，以保证采购与生产过程各参数和性能符合设计要求与顾客需求。健全的质量竞争机制能够使企业不断完善计量确认体系，以更加精确地跟踪监视产品实现过程质量特性，使产品质量超越竞争对手。供应商主动参与制造商质量改进，能够共享与审视各自监视与测量系统，识别与修补系统漏洞，保证产品实现过程质量特性符合要求。基于上述分析，提出如下假设。

H3.3.4a：产业高质量发展驱动力通过监视与测量程度影响产品实现过程质量控制能力。

（2）产业高质量发展驱动力通过信息分析评价准确性对产品实现过程质量控制能力影响分析。顾客对优质优价的接受程度，将鼓励企业重视数据分析人才开发与先进软硬件系统配置，精确识别顾客个性化需求，提升质量信息分析与评价的准确性，以保证产品实现过程及其结果满足顾客期望。公平的质量竞争环境，能够驱使企业主动运用数据分析方法，对顾客个性化需求与自身及竞争对手的产品质量信息进行比较分析，寻找差异化突破口，为差异化产品开发与质量改进提供决策依据，提高产品实现过程质量。供应商主动配合制造商产品质量改进，将提高制造商对供应链数据分析结果的准确性，增强供应链的协同效应[147]，进而提高产品实现过程质量，与电池供应商信息共享不充分而导致的某品牌电动车自燃事件也佐证了这一点。基于上述分析，提出如下假设。

H3.3.4b：产业高质量发展驱动力通过信息分析评价准确性影响产品实现过程质量控制能力。

（3）产业高质量发展驱动力通过不合格控制程度对产品实现过程质量控制能力的影响分析。顾客选择产品的依据之一是企业服务质量信誉[148]，不合格品的频繁曝光将大幅降低企业质量信誉，而顾客优质优价意识的增强，将迫使企业提升不合格品控制效果，提高产品实现过程质量。健全的质量竞争机制，将增大市场对不合格产品的敏感程度，迫使企业致力于提升不合格品的控制效果，以提高产品实现过程质量，双寡头垄断的飞机制造行业多次发生质量丑闻也印证了这一点。供应商参与质量改进程度受其技术与管理能力等影响[149]，优秀供应商的积极配合能够通过知识共享，帮助制造商完善不合格品控制流程，进而确保产品实现过程质量满足要求。基于上述分析，提出如下假设。

H3.3.4c：产业高质量发展驱动力通过不合格控制程度影响产品实现过程质量控制能力。

（4）产业高质量发展驱动力通过纠正预防措施有效性对产品实现过程质量控制能力影响分析。顾客认同优质优价能够激励企业为获得更大利润空间，强化纠正预防措施控制程序执行力，形成产品实现过程质量改进的良性循环。健全的质量竞争机制，将引导企业进行以产品质量为核心的多维度竞争，促使其不断完善纠正预防措施控制流程，提高产品实现过程质量。供应商主动参与制造商的产品质量改进，能够共享纠正预防措施制定与实施等方面的实践经验，促进产品实现过程质量满足顾客要求。基于上述分析，提出如下假设。

H3.3.4d：产业高质量发展驱动力通过纠正预防措施有效性影响产品实现过程质量控制能力。

（5）产业高质量发展驱动力通过管理评审执行程度对产品实现过程质量控制能力影响分析。顾客过度追求低价中标将降低质量竞争优势强的企业的中标概率[150]，而实施欧盟推行的 MEAT 评标标准，能够促使企业在管理评审中高度关注产品质量满足相关方要求的程度，竭力发掘产品实现过程质量改进机会。健全的质量竞争机制将凸显质量风险发生的危害程度，迫使企业系统评价质量管理体系，不断寻求质量改进机会，提高产品实现过程质量绩效。供应商主动参与质量改进程度将影响管理评审输入中的供方绩效数据可靠性，便于制造商对供应商潜力进行准确判断，促使供应商协助制造商识别与应对质量风险，提高产品实现过程质量风险管理能力，保证产品质量满足要求。基于上述分析，提出如下假设。

H3.3.4e：产业高质量发展驱动力通过管理评审执行程度影响产品实现过程质量控制能力。

由 H3.3.4a~H3.3.4e 及质量改进有效性的表征因素，提出如下假设。

H3.3.4：产业高质量发展驱动力通过质量改进有效性影响产品实现过程质量控制能力。

2. 概念模型构建与变量设计

通过上述理论分析与研究假设，结合 2.3 节、2.4 节、2.5 节主要结论，将产业高质量发展驱动力作为自变量、企业质量文化主导性和企业资源保障能力及质量改进有效性作为中介变量，将产品实现过程质量控制能力作为因变量，构建产业高质量发展驱动力对产品实现过程质量控制能力影响的概念模型图，如图 3.3 所示。

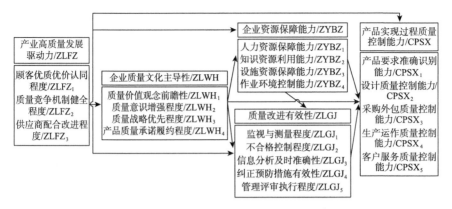

图 3.3　产业高质量发展驱动力对产品实现过程质量控制能力影响的概念模型图

3.3.2　研究设计与数据收集

1）变量测量

根据上述研究假设及概念模型，设定自变量的 3 个表征变量作为其观测变量，以及中介变量企业质量文化主导性、企业资源保障能力与质量改进有效性各自的表征变量作为其观测变量，同时设定因变量的 5 个表征变量作为其观测变量，具体自变量、中介变量、因变量及观测变量如图3.3所示。

2）问卷设计

首先基于上述研究假设，将每个观测变量或表征因素设计成至少一个问卷题项；其次通过对市场监督管理部门、质量危机频发行业典型企业和有关咨询组织相关专家进行预调研，根据专家意见完善调查问卷，修正表达含糊或有歧义的题项；最后采用利克特五级量表法形成正式问卷。

3）研究数据收集

（1）数据采集对象选择。重点邀请相关政府市场监督管理部门以及企业战略规划、质量、人力资源与营销、设计、采购、生产等部门相关管理人员进行问卷题项研判。

（2）调查数据采集。通过现场发放问卷、问卷链接等方式向上述调查对象发放问卷，共回收问卷 582 份，得到有效问卷 405 份，满足本节问卷数量要求[20]。

3.3.3　数据检验与分析

1）问卷信度分析与效度检验

（1）信度分析。利用 SPSS24.0，以克朗巴哈系数 α 为评判标准，进行量表信度分析，分析结果如表 3.6 所示，结果显示各变量 α 系数均大于 0.7，表明问卷具有良好信度[20]。

表 3.6 产业高质量发展驱动力对产品实现过程质量控制能力影响研究变量和观测变量分析表

研究变量	观测变量	因子载荷	α 系数	AVE	CR
产业高质量发展驱动力/ZLFZ	顾客优质优价认同程度/ZLFZ$_1$	0.733	0.758	0.512	0.759
	质量竞争机制健全程度/ZLFZ$_2$	0.698			
	供应商配合改进程度/ZLFZ$_3$	0.733			
企业质量文化主导性/ZLWH	质量价值观念前瞻性/ZLWH$_1$	0.749	0.823	0.543	0.826
	质量意识增强程度/ZLWH$_2$	0.696			
	质量战略优先程度/ZLWH$_3$	0.712			
	产品质量承诺履约程度/ZLWH$_4$	0.787			
企业资源保障能力/ZYBZ	人力资源保障能力/ZYBZ$_1$	0.752	0.845	0.579	0.846
	知识资源利用能力/ZYBZ$_2$	0.791			
	设施资源保障能力/ZYBZ$_3$	0.754			
	作业环境控制能力/ZYBZ$_4$	0.744			
质量改进有效性/ZLGJ	监视与测量程度/ZLGJ$_1$	0.780	0.857	0.546	0.857
	不合格控制程度/ZLGJ$_2$	0.754			
	信息分析及时准确性/ZLGJ$_3$	0.704			
	纠正预防措施有效性/ZLGJ$_4$	0.746			
	管理评审执行程度/ZLGJ$_5$	0.708			
产品实现过程质量控制能力/CPSX	产品要求准确识别能力/CPSX$_1$	0.842	0.905	0.656	0.905
	设计质量控制能力/CPSX$_2$	0.833			
	采购外包质量控制能力/CPSX$_3$	0.794			
	生产运作质量控制能力/CPSX$_4$	0.806			
	客户服务质量控制能力/CPSX$_5$	0.774			

（2）效度检验。检验结果表明各变量的 KMO 值均大于 0.7，量表整体 KMO 值为 0.954，Bartlett's 球形检验的显著性概率为 0.000。同时由表3.6 可知，每个变量的因子载荷、AVE、CR 表明量表具有良好的聚合效度[71]。另外，各变量间的相关性分析结果如表 3.7 所示，其相关系数大小表明问卷具有良好的区分效度[71]。

表 3.7　产业高质量发展驱动力对产品实现过程质量控制能力影响各变量相关系数
及 AVE 平方根表

	研究变量	ZLFZ	ZLWH	ZYBZ	ZLGJ	CPSX
相关系数	产业高质量发展驱动力/ZLFZ	1				
	企业质量文化主导性/ZLWH	0.638**	1			
	企业资源保障能力/ZYBZ	0.517**	0.533**	1		
	质量改进有效性/ZLGJ	0.584**	0.600**	0.542**	1	
	产品实现过程质量控制能力/CPSX	0.646**	0.666**	0.627**	0.684**	1
AVE 平方根		0.715	0.737	0.761	0.747	0.809

**表示 $P < 0.01$ 显著水平

2）概念模型拟合分析

利用 AMOS24.0 软件对模型进行拟合分析，可得检验结果如表 3.8 所示、各变量之间的路径关系及标准化路径系数如图 3.4 所示。表 3.8 检验结果表明模型拟合良好[71]。

表 3.8　产业高质量发展驱动力对产品实现过程质量控制能力影响概念模型
主要拟合指数表

拟合指数	χ^2/df	RMSEA	GFI	AGFI	NFI	IFI	TLI	CFI
评价标准	1~3	<0.080	>0.900	>0.900	>0.900	>0.900	>0.900	>0.900
拟合数值	1.480	0.034	0.941	0.924	0.945	0.982	0.978	0.981

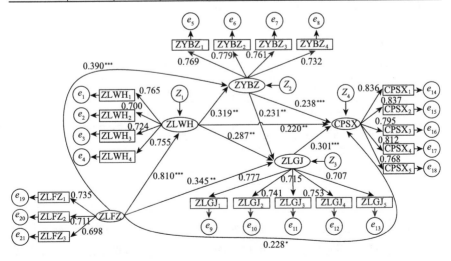

图 3.4　产业高质量发展驱动力对产品实现过程质量控制能力作用关系路径图

*表示 $P < 0.1$ 显著水平、**表示 $P < 0.01$ 显著水平、***表示 $P < 0.001$ 显著水平

3）中介效应检验

采用 Bootstrap 法检验中介效应，各路径的检验结果如表 3.9 所示，可见其中介效应均成立。同时，结合图 3.4 拟合结果，可得各路径的标准化效应值具体如表 3.10 所示。

表 3.9　产业高质量发展驱动力对产品实现过程质量控制能力影响多重中介效应非标准化检验结果表

中介路径	路径系数	偏差校正 95%的置信区间		
		P 值	下限	上限
ZLFZ→ZLWH→CPSX	0.217	0.042	0.004	0.430
ZLFZ→ZYBZ→CPSX	0.113	0.002	0.037	0.264
ZLFZ→ZLGJ→CPSX	0.127	0.006	0.035	0.307
ZLFZ→ZLWH→ZYBZ→CPSX	0.075	0.010	0.016	0.191
ZLFZ→ZLWH→ZLGJ→CPSX	0.085	0.020	0.016	0.210
ZLFZ→ZYBZ→ZLGJ→CPSX	0.033	0.007	0.007	0.103
ZLFZ→ZLWH→ZYBZ→ZLGJ→CPSX	0.022	0.014	0.003	0.121

表 3.10　产业高质量发展驱动力对产品实现过程质量控制能力关系各路径效应值及其占比表

影响路径	效应大小	效应占比
ZLFZ→CPSX	0.228	29.27%
ZLFZ→ZLWH→CPSX	0.810×0.220=0.178	22.85%
ZLFZ→ZLGJ→CPSX	0.345×0.301=0.104	13.35%
ZLFZ→ZYBZ→CPSX	0.390×0.238=0.093	11.94%
ZLFZ→ZLWH→ZLGJ→CPSX	0.810×0.287×0.301=0.070	8.99%
ZLFZ→ZLWH→ZYBZ→CPSX	0.810×0.319×0.238=0.061	7.83%
ZLFZ→ZYBZ→ZLGJ→CPSX	0.390×0.231×0.301=0.027	3.47%
ZLFZ→ZLWH→ZYBZ→ZLGJ→CPSX	0.810×0.319×0.231×0.301=0.018	2.31%
总效应	0.779	100%

4）产业高质量发展驱动力对产品实现过程质量控制能力影响关系

由以上实证研究可知，产业高质量发展驱动力对产品实现过程质量控制能力既存在直接正向作用，也存在间接正向作用。同时由路径系数可以发现，产业高质量发展驱动力 3 个表征因素中，顾客优质优价认同程度的驱动作用最为明显，质量竞争机制健全程度的驱动作用明显，供应商配合改进程度的驱动作用较明显。故提出如下政策建议。

（1）顾客优质优价认同程度方面，某电商平台在发展初期过度推行低价竞争策略引发的多起产品质量投诉事件以及三聚氰胺等事件后，消费者大量高价购买国外知名品牌产品，迫使国内相关企业提高产品实现过程质量，都佐证了顾客优质优价认同程度对产品实现过程质量控制能力明显的正向作用。因此，在推动我国经济高质量发展中，应注重升级消费者质量意识，尤其是顾客对优质且性价比高的产品的认同程度，推进相对低价中标向高性价比中标转化，激活顾客的高质量需求，通过调整需求结构促进供给侧质量的提升。

（2）质量竞争机制健全程度方面，某建筑公司先后多年在多地开发交付的项目被曝出诸多质量安全事件、某公司电缆质量安全事件、移动电源质量事件等，都佐证了质量竞争机制健全程度对产品实现过程质量控制能力明显的正向作用。因此，应努力营造优胜劣汰的竞争环境，引导竞争者由低价格竞争向高质量、差异化竞争转变，从而消除质量安全保障能力与消费者质量需求之间的矛盾。

（3）供应商配合改进程度方面，某品牌手机电池爆炸事件以及乳制品质量危机事件的发生也佐证了供应商配合改进程度对产品实现过程质量控制能力明显的正向作用。因此，制造商应优先选择掌握核心技术、产品质量安全控制能力强的卓越供应商，同时深化供应链合作共赢关系，邀请供应商及时辨识原材料及产业链可能出现的质量隐患，激励供应商参与产品实现过程质量改进，促使供应商利用专业技能实施产品创新与质量改进，降低产品质量安全风险。

3.4　本章小结

本章基于产品质量危机影响因素探索性因子分析结果，采用验证性因子分析法，探讨了产品质量危机外部影响因素对产品实现过程质量控制能力的影响机理。建议企业根据自身所在行业特征，寻求质量治理与产业高质量发展给企业的机遇与威胁，努力化解威胁和充分利用机会，并依据质量治理、产业高质量发展方面的产品质量危机成功监控的关键因素与产品质量预控成效的关系，提升自身产品实现过程质量控制能力，预防产品质量危机事件的发生。

1. 本章主要内容

根据产品质量危机内外部影响因素发掘结果，探讨了产品质量危机外部影响因素对产品实现过程质量控制能力的作用机理，明确了产品质量危机外部影响公因子对质量危机预控成效的作用关系。

（1）质量治理力度对产品实现过程质量控制能力驱动作用研究方面，在分析质量治理力度 5 个表征因素对产品实现过程质量控制能力作用关系理论基础上，提出了质量治理力度对产品实现过程质量控制能力的多重链式影响关系的理论假设，并构建其作用关系概念模型；通过获取实证研究数据，采用结构方程模型，验证了质量治理力度对产品实现过程质量控制能力的多重链式影响关系假设和概念模型的正确性，提出了相关政策建议，为市场监督管理部门强化质量监督，抑制产品伤害事件的发生提供了理论依据。

（2）产业高质量发展驱动力对产品实现过程质量控制能力作用机理研究方面，在分析产业高质量发展驱动力 3 个表征因素对产品实现过程质量控制能力作用关系理论基础上，提出产业高质量发展驱动力对产品实现过程质量控制能力的多重链式影响关系的理论假设，并构建其作用关系概念模型；通过获取实证研究数据，采用结构方程模型，验证了产业高质量发展驱动力对产品实现过程质量控制能力的多重链式影响关系假设和概念模型的正确性，提出了相关政策建议，为产业政策制定部门调整并完善需求侧、供给侧及其质量竞争机制，预防产品伤害事件的发生提供了理论依据。

2. 本章主要贡献

1）发现质量治理力度对产品实现过程质量控制能力的作用机理

研究发现质量治理力度直接影响产品实现过程质量控制能力；质量治理力度不仅分别以企业质量文化主导性、企业资源保障能力、质量改进有效性三个独立中介变量影响产品实现过程质量控制能力，还通过质量文化→资源保障、质量文化→质量改进、质量文化→资源保障→质量改进这三条链式路径影响产品实现过程质量控制能力。质量治理力度 5 个表征因素的路径系数表明其正向作用关系中，消费者维权保护力度的驱动作用最为明显，质量法律制度健全程度与产品质量监督管理力度的驱动作用明显。

2）发现产业高质量发展驱动力对产品实现过程质量控制能力的作用机理

研究发现产业高质量发展驱动力直接影响产品实现过程质量控制能力；产业高质量发展驱动力不仅分别以企业质量文化主导性、企业资源保障能力、质量改进有效性 3 个独立中介变量影响产品实现过程质量控制能力，还通过质量文化→资源保障、质量文化→质量改进、质量文化→资源保障→质量改进这 3 条链式路径影响产品实现过程质量控制能力。产业高质量发展驱动力 3 个表征因素的路径系数表明其正向作用关系中，顾客优质优价认同程度的驱动作用最为明显，质量竞争机制健全程度的驱动作用明显。

综上研究成果，质量治理力度和产业高质量发展驱动力能够引导企业质量文化主导性适应环境变化，并对企业资源保障能力、质量改进有效性及产品实现过程质量控制能力的提升具有导向作用，进而引导企业提升产品质量危机预控成效。同时，政府相关部门也根据产品质量危机预控成效，不断调整质量治理和产业高质量发展的相关政策。因此，政府相关部门应在健全产品质量法律制度基础上，提升产品质量标准的领先性、完善产品质量监督检验体系、加大消费者维权保护与违法违规处罚力度，调整并完善需求侧、供给侧及质量竞争机制，为企业削减产品质量危机的发生创造良好的政策环境。

3. 本章创新之处

本章成果与国内外同类技术相比，主要学术创新体现如下。

本章提出并验证了质量治理力度、产业高质量发展驱动力对产品实现过程质量控制能力的多重链式作用机理，发现质量治理力度、产业高质量发展驱动力直接作用于产品实现过程质量控制能力，以及通过企业质量文化主导性、企业资源保障能力、质量改进有效性的复杂链式中介作用，间接作用于产品实现过程质量控制能力的影响力大小。

以往质量治理力度、产业高质量发展驱动力对产品实现过程质量控制能力影响关系的研究一般多为逻辑推理与经验判断，验证性因子分析不够。

本章提出与验证了质量治理力度、产业高质量发展驱动力对产品实现过程质量控制能力的完整的影响路径，丰富了质量治理、产业高质量发展对产品实现过程质量控制能力影响机制研究，为市场监督管理部门调整及完善质量监督政策，以及企业调整及完善产品实现过程质量控制方案，提高产品质量危机预控成效提供了理论支撑。

第 2 篇 产品质量危机管理流程及其过程决策模型篇

产品质量危机管理多指企业为了预防、应对、控制、转化因产品不合格引起的企业危机以及恢复顾客等相关方信任与提升品牌价值，而进行的产品质量危机全过程管理[3]，它包括质量危机预控、应对、恢复三个阶段。完善产品质量危机管理流程及其过程决策模型，是产品质量危机管理实践关注的焦点。本部分将依据产品质量危机影响因素实证研究结果，借鉴现代质量管理理论，设计质量危机预控、应对、恢复过程管理流程，构建产品实现过程质量危机预警模型，设计产品质量危机应对、恢复策略及其选择模型。

第4章 产品质量危机预防与预警模型

产品质量危机预防与预警是指运用现代质量管理技术与方法，在可能引发质量危机的警源上设置警情指标，监测产品实现过程质量风险预警指标的变化，对可能引起产品质量危机的质量指标异常进行分析，随时捕捉警讯并及时发出警报，以便采取纠正与预防措施，达到防控质量危机爆发或降低其危害程度、缩小其危害范围的活动。企业应基于前述产品质量危机影响因素及其对质量危机预控成效的作用机理，预先识别各种潜在风险源，将质量风险源作为监控要素，监控风险源波及范围与影响。同时，应设置质量风险预警指标，并根据预警指标警情大小，采取有效措施进行预先控制，防止产品质量危机事件发生，故本章以提高质量风险预控能力为主线，在重点阐述质量风险预控流程基础上，探讨质量风险预警指标体系、质量风险警情评价模型，为企业预防质量危机事件提供借鉴。

4.1 产品质量危机预防与预警研究现状

企业产品质量危机预防与预警研究主要集中在质量危机预警系统及预警模型研究。有关质量危机预警系统研究方面，Sun 等开发了基于 Web 的质量预警系统，根据历史数据绘制控制图并给出过程能力指数，判断生产过程是否处于受控状态[151]；Hu 等提出了一种基于汽车投诉细粒度情感分析的产品危害危机预警系统[152]。有关质量危机预警模型研究方面，Xiao 等提出基于控制图的两步骤工艺参数平均值与不合格品数超限预警方法[153]；Fan 建立了乳品质量安全信任评价指标体系，并运用控制图法设置控制限值进行预警[154]；Hu 等建立了供应链质量危机的诱因评价指标体系，并提出了基于粗糙集与特征加权支持向量机的供应链质量危机预警模型[155]；曾欣平等提出了以过程抽检合格率为主的食品质量安全风险评价指标体系，并运用可拓学理论建立了乳制品质量安全预警模型[156]。以上研究多以企业整体危机为关注焦点，未细化至产品实现五个过程质量风险微观层面，基于质量控制技术及质量管理系统方法的质量风险预警指标提取与预警模型研究成果较少，企业缺乏质量风险预警方面的理论指导。在产品质量危机管理实践方面，企业产品质量危机预防较多基于质量管理体系评价标准的要求及过程检验，多数企业质量风险预控流程不规范、质量风险预警指标设定不全面、质量风险预警方法不健全，企业亟须获取质量风险预警方面的理论指导，故本章重点阐释产品实现各过程质量风险预控流程，并提取质量风险预警指标，构建质量风险预警模型，以便能够准确预警因产品实现过程质量风险事件的发生而引发的质量危机。

4.2　产品要求识别过程质量危机预防与预警模型

产品要求识别过程质量危机特指产品要求辨识过程质量风险事件的发生，引发产品设计、采购、生产运作及交付质量不满足要求，使得交付给顾客的产品在使用过程危及人身健康、财产安全或功效下降，导致顾客投诉增加，并被广泛宣传而在社会上产生较大负面影响的突发性事件。产品要求识别过程质量危机预防与预警的核心是过程质量风险预控，需要在完善产品要求识别过程质量风险预控流程的基础上，发掘产品要求识别过程质量风险预警指标，构建产品要求识别过程质量风险预警模型，为企业有效削减因产品要求识别过程质量风险事件的发生而引发的质量危机提供理论借鉴。

4.2.1　产品要求识别过程质量风险预控流程

依据 TQM（total quality management，全面质量管理）原理及质量管理体系要求[55]、卓越绩效评价准则[67]等质量管理系统方法中有关产品要求识别要求，结合前述质量危机频发行业相关企业调查结果，提出产品要求识别过程质量风险预控流程图（图 4.1）。

（1）策划质量监控。企业应完善产品要求识别过程质量控制流程，进行产品要求信息收集与数据挖掘、产品要求评审与确定、顾客沟通等过程与活动策划，明确相关职能部门产品要求识别职责、各自权限与接口关系，以及产品要求识别方法与资源需求。同时，做好产品要求识别策划过程及其结果监控，及时发现存在的不符合项，分析产品要求识别策划结果满足要求的程度，对策划质量风险事件进行报警，提醒相关部门采取纠正措施，提高产品要求识别过程策划质量。

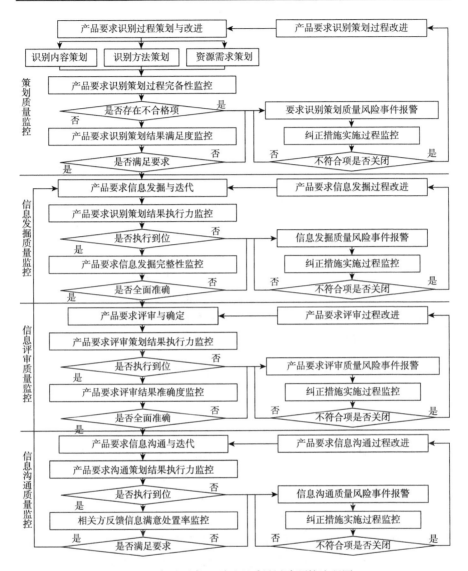

图 4.1　产品要求识别过程质量风险预控流程图

（2）信息发掘质量监控。企业应严格按照产品要求识别过程策划结果，及时准确收集、分析顾客要求、法律法规要求等信息，及时跟踪产品要求信息及国外先进标准变化趋势，及时迭代形成准确完整的产品要求信息。同时，做好产品要求识别策划结果执行力、产品要求信息发掘完整性监控，及时发现存在的不符合项，分析产品要求信息的完整性与准确性，对产品要求信息发掘质量风险事件进行报警，提醒相关部门采取纠正措施，提高产品要求信息发掘质量。

（3）信息评审质量监控。企业应严格按照产品要求评审过程策划结果，及时准确进行产品要求满足能力评审，形成产品要求可实现性信息。同时，做好产品要求评审策划结果执行力、产品要求评审结果准确度监控，及时发现存在的不符合项，对产品要求评审质量风险事件进行报警，采取纠正措施，形成客观、完整的评审报告，保证产品要求完整性、准确性及可实施性，以便能够兑现产品质量承诺。

（4）信息沟通质量监控。企业应严格按照产品要求信息沟通过程策划结果，在产品要求信息发掘、产品要求评审等过程，及时、主动进行关键顾客及重要相关方沟通，及时传递产品质量承诺和响应顾客反馈，解决顾客对产品信息的疑惑以及与顾客期望不一致的产品要求信息，并做好与市场监督管理等政府质量稽查部门及公司内部质量稽查部门的沟通，及时进行产品要求信息迭代。同时，做好产品要求沟通策划结果执行力、相关方反馈信息满意处置率监控，及时发现存在的不符合项，对产品要求沟通质量风险事件进行报警，提醒相关部门采取纠正措施，提高产品要求信息沟通的准确性，保证产品要求信息沟通与问题反馈处置的及时性和有效性，避免因产品要求识别质量问题而发生质量危机。

4.2.2　产品要求识别过程质量风险预警指标体系

产品要求识别过程质量风险预警指标的提取，既要考虑该指标能够全面覆盖可能出现的质量风险，又要考虑该指标能有效预警产品质量风险给企业及相关方造成的危害。有关质量风险预警指标提取方法主要有文献分析法[154]、关联度法、监控要素-预警指标关联分析法[61, 63]、探索性因子分析法等。探索性因子分析法是在文献分析与关联度分析的基础上，通过问卷调查与样本数据分析，发掘预警指标，相对于其他方法更为客观，故采用探索性因子分析法进行产品要求识别过程质量风险预警指标发掘，并确定预警指标权重、设定警度等级与评价标准，形成产品要求识别过程质量风险预警指标体系。

1. 质量风险预警指标发掘

1）质量风险预警指标初步识别

（1）产品要求识别过程质量风险预警指标文献分析。首先选取 1.2.1节所述知名数据库，以顾客需求识别、顾客需求评审、产品要求识别风险、产品要求评价、产品要求评审、顾客沟通等组合形成的中英文关键词和主题词进行检索，共搜集出 41 篇相关文献，剔除与本书目相差较大文献后，获得 15 篇相关度较高的文献;然后对筛选的风险指标进行精炼提纯与规范命名[22],归纳出如表 4.1 所示 8 个产品要求识别过程质量风险预警指标。

表 4.1　产品要求识别过程质量风险预警指标文献分析表

序号	预警指标	预警指标要点说明	主要出处
1	产品要求识别内容策划完整率	产品要求识别过程质量控制流程规范程度;产品要求信息收集、数据挖掘、产品要求评审与确定、顾客沟通等策划内容完整程度,以及各部门职责划分与各自控制要点、各自权限与接口关系等策划内容完整程度	[48, 157]
2	产品要求识别方法策划到位率	产品要求信息收集、数据挖掘、数据质量控制、产品要求评审与确定、顾客沟通等过程需要采用的技术、工具等策划的完整程度及先进程度	[72, 157]
3	产品要求识别资源规划到位率	产品要求识别与评审过程所需的人才技能、知识资源、信息、设施设备等资源规划的完整程度,以及实际提供结果满足要求程度	[48]
4	产品要求信息发掘完整率	严格按策划结果,及时、准确、完整地调查、收集、分析顾客要求、法律法规要求、社会道德要求等信息,并及时跟踪产品要求信息变化趋势,更新形成准确完整的产品要求信息	[57, 72, 157]
5	产品要求评审结果准确度	严格按策划结果,及时准确进行产品要求满足能力评审与调整,形成产品要求可实现性及本企业有能力满足的产品要求信息	[48, 157]
6	顾客沟通信息满意处置率	严格按策划结果,及时、准确、主动进行关键顾客沟通,及时传递产品质量承诺,及时响应顾客问询与顾客反馈等,解决顾客对产品信息的疑惑,以及与顾客期望不一致的产品要求信息	[55]
7	产品要求发掘过程绩效评价执行率	依据质量管理体系绩效评价要求及策划结果,及时、准确实施产品要求识别过程监视与测量,明确产品要求确定过程策划结果执行到位程度	[55, 70, 157]
8	产品要求发掘过程问题迭代归零率	及时分析产品要求信息发掘完整率或产品要求识别过程不符合项产生原因,补充收集产品要求信息,及时更新产品要求识别结果的程度	[55, 70]

（2）质量风险预警指标预调查与补充。由于文献分析获取的预警指标弹性较大,需要通过预调查进行预警指标调整与补充,故邀请前述质量危机频发行业内企业营销管理、技术管理、质量管理、销售服务人员作为调查对象,采用现场访谈方式,与调查对象共同斟酌产品要求识别过程质量风险预警指标设置的完备性,进行质量风险预警指标的精炼提纯[22],根据调查对象的建议,增添产品要求评审过程绩效评价执行率、顾客沟通过程绩效评价执行率、产品要求评审过程问题处置归零率、顾客沟通过程问题按期迭代归零率 4 个指标,最终初选出 12 个产品要求识别过程质量风险预警指标。

2）问卷设计与数据采集

（1）调查问卷设计。根据上述初选的 12 个产品要求识别过程质量风险预警指标，采用利克特五级量表法，形成该预警指标关联度调查问卷。

（2）问卷调查与数据收集。同 1.2.2 节一样，选择质量危机频发行业，采用现场发放、问卷链接等方式，邀请企业营销管理、技术管理、风险管理、质量管理等人员，对产品要求识别过程质量风险预警指标的认可度进行评判。共回收问卷 500 份，得到有效问卷 433 份，符合本实证研究问卷的数量要求[20]。

3）数据处理与预警指标提取

（1）项目分析与预警指标筛选。同 1.2.3 节一样，进行项目分析与预警指标筛选，项目分析结果表明，本问卷题项均达到 $\alpha<0.05$ 显著性水平，无须剔除该质量风险预警指标[20]。

（2）信效度分析与公因子提取。同 1.2.3 节一样，进行信效度分析、公因子提取。

第一，效度分析。效度分析结果可知 KMO 值为 0.749>0.7，Bartlett's 球形检验的 Sig. 值为 0.000<0.01，达到非常显著性水平，故可进行因素分析[20]。

第二，公因子提取。利用 SPSS24.0 对 12 个预警指标提取共同因子，得到总方差解释表如表 4.2 所示，表明问卷结构效度较好[20]；旋转后的因子载荷矩阵如表 4.3 所示，由此可知各题项共同度良好[20]，故可提取产品要求识别过程质量风险 4 个公因子。

表 4.2 产品要求识别过程质量风险预警指标总方差解释表

公因子	初始特征值			提取载荷平方和			旋转载荷平方和		
	特征值	方差贡献	累积方差贡献	特征值	方差贡献	累积方差贡献	特征值	方差贡献	累积方差贡献
1	4.020	33.498%	33.498%	4.020	33.498%	33.498%	2.585	21.540%	21.540%
2	2.868	23.904%	57.401%	2.868	23.904%	57.401%	2.564	21.364%	42.905%
3	1.907	15.890%	73.292%	1.907	15.890%	73.292%	2.454	20.452%	63.357%
4	1.239	10.325%	83.617%	1.239	10.325%	83.617%	2.431	20.260%	83.617%

注：表中数据是 SPSS24.0 运行结果小数点后面取三位数字之后四舍五入的结果

表 4.3 产品要求识别过程质量风险预警指标旋转成分矩阵表

质量风险预警指标	主成分 1	主成分 2	主成分 3	主成分 4
产品要求识别方法策划到位率	0.934	0.095	0.101	0.007
产品要求识别内容策划完整率	0.926	0.119	0.104	0.068
产品要求识别资源规划到位率	0.879	0.157	−0.026	0.060

质量风险预警指标	主成分 1	主成分 2	主成分 3	主成分 4
产品要求发掘过程绩效评价执行率	0.180	0.922	0.055	-0.037
产品要求评审过程绩效评价执行率	0.086	0.920	0.075	-0.069
顾客沟通过程绩效评价执行率	0.109	0.887	0.086	0.095
产品要求发掘过程问题迭代归零率	0.077	0.012	0.889	0.315
顾客沟通过程问题按期迭代归零率	0.031	0.137	0.869	0.082
产品要求评审过程问题处置归零率	0.083	0.074	0.859	0.302
产品要求信息发掘完整率	0.066	-0.062	0.204	0.893
产品要求评审结果准确度	-0.034	0.057	0.152	0.847
顾客沟通信息满意处置率	0.112	-0.013	0.259	0.834

　　第三，公因子命名。为明确 4 个公因子含义，依据表 4.2 产品要求识别过程质量风险预警指标总方差解释表中 4 个公因子初始特征值大小顺序以及 TQM 及其质量管理体系评价标准、质量管理成熟度评价标准，结合 PDCA（plan、do、check、act，计划、执行、检查、处理）循环对其进行命名。其中公因子 1 包括产品要求识别方法策划到位率、产品要求识别内容策划完整率、产品要求识别资源规划到位率 3 个预警指标，体现了产品要求识别过程策划的核心内容，包含了产品要求信息内容、方法、资源需求等的策划，将其命名为产品要求识别过程策划完备性；公因子 2 包括产品要求发掘过程绩效评价执行率、产品要求评审过程绩效评价执行率、顾客沟通过程绩效评价执行率 3 个预警指标，体现了产品要求识别过程监视与测量的核心内容，反映了企业对产品要求识别过程及结果满足要求程度进行评价的执行力，将其命名为产品要求识别过程评价执行到位率；公因子 3 包括产品要求发掘过程问题迭代归零率、顾客沟通过程问题按期迭代归零率、产品要求评审过程问题处置归零率 3 个预警指标，体现了产品要求识别过程改进及产品要求信息迭代的核心内容，反映了企业重视后续流程及顾客投诉的与产品要求识别质量相关问题的纠正措施实施绩效，通过持续迭代产品要求信息，增强产品要求信息完整性与准确性，将其命名为产品要求识别过程问题迭代归零率；公因子 4 包括产品要求信息发掘完整率、产品要求评审结果准确度、顾客沟通信息满意处置率 3 个预警指标，

体现了产品要求识别过程的核心内容，反映了企业依据产品要求识别过程策划结果，对产品要求信息发掘、评审及顾客沟通进行严格控制，确保产品要求信息完整、准确，将其命名为产品要求识别过程控制规范性。

第四，信度分析。同 1.2.3 节一样，对预警指标及其 4 个公因子进行信度检验，检验结果如表 4.4 所示。由此表明每个公因子内各预警指标的重要性与必要性[158]，问卷数据与预警指标可信[20]。

表 4.4　产品要求识别过程质量风险预警指标信度检验表

预警指标	克朗巴哈系数	分量表克朗巴哈系数
产品要求识别内容策划完整率	0.798	
产品要求识别方法策划到位率	0.802	0.915
产品要求识别资源规划到位率	0.805	
产品要求信息发掘完整率	0.804	
产品要求评审结果准确度	0.808	0.859
顾客沟通信息满意处置率	0.800	
产品要求发掘过程绩效评价执行率	0.803	
产品要求评审过程绩效评价执行率	0.809	0.911
顾客沟通过程绩效评价执行率	0.799	
产品要求发掘过程问题迭代归零率	0.791	
产品要求评审过程问题处置归零率	0.790	0.894
顾客沟通过程问题按期迭代归零率	0.799	
问卷总体信度	0.814	

2. 质量风险预警指标赋权

依据 1.2.4 节有关赋权法比较及赋权方法选择结果，采用主客观"组合赋权法"[34]，确定产品要求识别过程质量风险预警指标权重。

1）预警指标主观权重赋权

依据 1.2.4 节有关主观赋权法选择结果，采用集值统计法进行预警指标主观权重赋值。其中包括：依据前述 433 份调查问卷进行的调查对象评判数据所在区间确定、利用式（1.1）进行产品要求识别过程质量风险 12 个预警指标主观权重 v_j 确定、利用式（1.2）进行质量风险 12 个预警指标主观权重的可信性分析等[27]，计算得如表 4.5 所示产品要求识别过程质量风险预警指标主观权重及其可信性。由表 4.5 可知，每个预警指标主观权重评判结果的可信度 c_j 值均大于 0.9，说明调查对象对 12 个产品要求识别过程质量风险预警指标主观权重确定结果一致可信[27]。

表 4.5　产品要求识别过程质量风险预警指标组合权重赋值表

预警指标公因子	预警指标	v_j	c_j	u_j	w_{ij1}	w_{ij2}
产品要求识别过程策划完备性	C_{11} 产品要求识别内容策划完整率	0.077	0.978	0.109	0.093	0.341
	C_{12} 产品要求识别方法策划到位率	0.078	0.973	0.105	0.092	0.337
	C_{13} 产品要求识别资源规划到位率	0.079	0.977	0.098	0.088	0.322
产品要求识别过程控制规范性	C_{21} 产品要求信息发掘完整率	0.085	0.967	0.069	0.077	0.345
	C_{22} 产品要求评审结果准确度	0.089	0.937	0.054	0.072	0.323
	C_{23} 顾客沟通信息满意处置率	0.087	0.963	0.061	0.074	0.332
产品要求识别过程评价执行到位率	C_{31} 产品要求发掘过程绩效评价执行率	0.086	0.939	0.089	0.088	0.344
	C_{32} 产品要求评审过程绩效评价执行率	0.086	0.941	0.079	0.082	0.320
	C_{33} 顾客沟通过程绩效评价执行率	0.084	0.960	0.088	0.086	0.336
产品要求识别过程问题迭代归零率	C_{41} 产品要求发掘过程问题迭代归零率	0.084	0.949	0.084	0.084	0.339
	C_{42} 产品要求评审过程问题处置归零率	0.080	0.969	0.087	0.083	0.335
	C_{43} 顾客沟通过程问题按期迭代归零率	0.085	0.952	0.077	0.081	0.326

注：表中预警指标公因子按照公因子 1~4 的逻辑关系顺序（策划、实施、评价、改进）排列

2）预警指标客观权重赋权

依据 1.2.4 节有关客观赋权法选择结果，选取主成分分析法，利用前述探索性因子分析得出的表 4.2 与表 4.3 数据，计算得如表 4.5 所示产品要求识别过程质量风险预警指标客观权重 u_j。

3）预警指标综合权重 w_{ij} 确定

采用主客观"组合赋权法"[34]，利用式（1.3）可计算得 12 个产品要求识别过程质量风险预警指标的组合权重 w_{ij1}，并对 4 个公因子上的预警指标的组合权重 w_{ij1} 分别进行归一化，计算得 12 个质量风险预警指标在各自公因子上的权重 w_{ij2}，具体如表 4.5 所示。

3. 质量风险预警指标评价语集与算法设计

产品要求识别过程 12 个质量风险预警指标包括 3 个定性指标和 9 个定量指标。其中，产品要求识别内容策划完整率、产品要求识别方法策划到位率、产品要求识别资源规划到位率 3 个预警指标为定性指标，其余预警指标为定量指标。

1）质量风险定性预警指标评价语集设计

采用利克特五级量表法，根据 3 个定性预警指标的内涵，对其策划到位情况进行五级划分，形成如表 4.6 所示评价语集。

表 4.6　产品要求识别过程质量风险定性预警指标评价语集表

定性指标	实施完全到位	实施到位	实施基本到位	实施部分到位	实施完全不到位
产品要求识别内容策划完整率/C_{11}	信息收集内容清晰明确，信息挖掘、评审、顾客沟通等流程完整规范，相关部门职责权限划分与控制要点详尽明确，管理规范达到行业标杆水平	信息收集内容明确，信息挖掘、评审、顾客沟通等流程完整，相关部门职责权限划分与控制要点明确，管理规范达到行业先进水平	信息收集内容比较明确，信息挖掘、评审、顾客沟通等流程基本完整，相关部门职责权限划分与控制要点基本明确，管理规范处于行业平均水平	信息收集内容不够明确，信息挖掘、评审、顾客沟通等流程部分完整，相关部门职责权限划分与控制要点不够明确，管理规范低于行业平均水平	信息收集内容不明确，信息挖掘、评审、顾客沟通等流程不完整，相关部门职责权限划分与控制要点不明确
产品要求识别方法策划到位率/C_{12}	信息收集与挖掘、产品要求评审、顾客沟通等过程策划的方法完整规范，相关技术应用达到行业标杆水平	信息收集与挖掘、产品要求评审、顾客沟通等过程策划的方法完整，相关技术应用达到行业先进水平	信息收集与挖掘、产品要求评审、顾客沟通等过程策划的方法基本完整，相关技术应用处于行业平均水平	信息收集与挖掘、产品要求评审、顾客沟通等过程策划的方法不够完整，相关技术应用低于行业平均水平	信息收集与挖掘、产品要求评审、顾客沟通等过程策划的方法不完整，缺乏相关技术的应用
产品要求识别资源规划到位率/C_{13}	产品要求识别过程所需人才、知识、设施等资源规划及配置达到行业标杆水平	产品要求识别过程所需人才、知识、设施等资源规划及配置到位	产品要求识别过程所需人才、知识、设施等资源规划及配置基本到位	产品要求识别过程所需人才、知识、设施等资源规划及配置部分到位	产品要求识别过程所需人才、知识、软硬件设施等资源规划及配置缺乏或未配置

2）质量风险定量预警指标计算公式设定

依据产品要求识别过程质量控制要求及常用评价指标量化方法，结合质量管理实践专家对计算公式的修改建议，形成如下质量风险定量预警指标计算公式。

（1）产品要求信息发掘完整率。依据产品要求识别过程策划结果，准确完整地调查、收集、分析顾客要求、法律法规要求、社会道德要求、本组织相关产品附加要求信息，对信息发掘结果进行统计，以产品要求信息发掘完整率 C_{21} 来判断是否产生警情，C_{21} 计算公式见式（4.1）：

$$C_{21} = \frac{\sum_{j=1}^{4} f_j \omega_j}{\sum_{j=1}^{4} F_j \omega_j} \times 100\%, \quad j=1,2,3,4; \quad f_j = 0,1,2,\cdots,F_j \qquad (4.1)$$

式中，f_j 表示按照策划结果，对第 j 项产品要求信息完整准确收集、分析的类别数；F_j 表示策划结果（标准规范、识别过程要求策划结果等）中明确规定对第 j 项产品要求需要收集、分析的信息类别数；ω_j 表示第 j 项产品要求的相对重要性；$j=1\sim4$，分别表示顾客明示要求与隐含要求、法律法规要求、社会道德要求、本组织提出的产品附加要求信息。

（2）产品要求评审结果准确度。依据产品要求识别过程策划结果，对识别出的产品要求的可实现性及本组织的资源条件满足能力进行评审，统计出依据可靠的实际可实现及本组织有能力满足的产品要求信息类别总数。以产品要求评审结果准确度 C_{22} 来判断是否产生警情，C_{22} 计算公式见式（4.2）：

$$C_{22} = \frac{\sum_{j=1}^{4} d_j \omega_j}{\sum_{j=1}^{4} F_j \omega_j} \times 100\%, \quad j=1,2,3,4; \quad d_j = 0,1,2,\cdots,F_j \qquad (4.2)$$

式中，d_j 表示评审记录中反映出的实际对第 j 项产品要求的满足能力进行完整准确评审的类别数；F_j 表示策划结果规定对第 j 项产品要求信息进行评审的类别数，即对式（4.1）中的 f_j 进行评审的类别数；ω_j 表示第 j 项产品要求的相对重要性；$j=1\sim4$，分别表示顾客明示要求与隐含要求、法律法规要求、社会道德要求、本组织提出的产品附加要求信息。

（3）顾客沟通信息满意处置率。依据产品要求识别过程策划结果，针对产品要求评审结果、产品信息、顾客问询、合同或订单疑惑、顾客反馈意见等，及时、准确、主动地进行目标市场顾客沟通，对与顾客要求不一致的产品信息、本组织无能力满足的产品要求、顾客提出的疑惑等进行沟通交流，及时采纳、调整与本组织确定的产品要求不一致的信息，解决顾客疑惑。以顾客沟通信息满意处置率 C_{23} 来判断是否产生警情，C_{23} 计算公式见式（4.3）：

$$C_{23} = \frac{\sum_{i=1}^{5} g_i \omega_i}{\sum_{i=1}^{5} G_i \omega_i} \times 100\%, \quad i=1,2,3,4,5; \quad g_i = 0,1,2,\cdots,G_i \qquad (4.3)$$

式中，G_i 表示产品要求评审结果中本组织无能力或没必要满足的产品要求、与顾客要求不一致的产品信息、顾客问询、合同或订单疑惑、顾客反馈中需要沟通的信息总数；g_i 表示对需要沟通的信息，相关记录反映出已进行顾客满意处理与解决的总数；ω_i 表示第 i 项产品要求的相对重要性；$i=1\sim5$，分别表示评审结果中本组织无能力满足的产品要求、与顾客要求不一致的产品信息、顾客问询、合同或订单、顾客反馈中需要沟通的信息总数。

（4）产品要求发掘过程绩效评价执行率。依据产品要求识别过程监视与测量计划，是对"顾客需求、法律法规要求、社会道德要求、本组织附加要求"这四个方面信息的收集、分析过程实际执行结果进行统计，明确产品要求确定过程策划结果执行到位程度。以产品要求发掘过程绩效评价执行率 C_{31} 来判断是否产生警情，C_{31} 计算公式见式（4.4）：

$$C_{31}=\frac{\sum_{j=1}^{4}n_j\omega_j}{\sum_{j=1}^{4}F_j\omega_j}\times100\%，\ j=1,2,3,4;\ n_j=0,1,2,\cdots,F_j \qquad（4.4）$$

式中，n_j 表示对照产品要求确定过程策划结果，对前述 F_j 中第 j 项产品要求确定过程实际进行监视、测量与评价的执行到位的个数。

（5）产品要求评审过程绩效评价执行率。对汇总形成的产品要求信息评审过程实际执行结果进行统计，明确产品要求评审过程策划结果执行到位程度。以产品要求评审过程绩效评价执行率 C_{32} 来判断是否产生警情，C_{32} 计算公式见式（4.5）：

$$C_{32}=\frac{\sum_{j=1}^{4}m_j\omega_j}{\sum_{j=1}^{4}F_j\omega_j}\times100\%，\ j=1,2,3,4;\ m_j=0,1,2,\cdots,F_j \qquad（4.5）$$

式中，m_j 表示对照产品要求评审过程策划结果，对前述 F_j 产品要求信息评审过程的客观公正严谨全面程度进行监视、测量与评价的执行到位的个数。

（6）顾客沟通过程绩效评价执行率。依据顾客需求满足程度，对产品要求评审结果、产品信息、顾客问询、合同或订单疑惑、顾客反馈及建议等信息沟通过程实际执行结果进行统计，明确顾客沟通过程策划结果执行到位程度。以顾客沟通过程绩效评价执行率 C_{33} 来判断是否产生警情，C_{33} 计算公式见式（4.6）：

$$C_{33} = \frac{\sum_{i=1}^{5} t_i \omega_i}{\sum_{i=1}^{5} G_i \omega_i} \times 100\% \text{ , } i = 1,2,3,4,5\text{; } t_i = 0,1,2,\cdots,G_i \qquad (4.6)$$

式中，t 表示对照顾客沟通过程策划结果，对前述 G_i 顾客沟通过程的主动解决问题消除疑惑程度进行监视、测量与评价的执行到位的个数。

（7）产品要求发掘过程问题迭代归零率。组织分析式（4.1）中 f_j 与 F_j 的差距以及式（4.4）中 n_j 与 F_j 的差距或不符合项产生原因，补充收集与分析 4 个方面的产品要求信息，及时更新产品要求确定结果的程度。以产品要求发掘过程问题迭代归零率 C_{41} 来判断是否产生警情，C_{41} 计算公式见式（4.7）：

$$C_{41} = \frac{\sum_{j=1}^{4} af_j \omega_j + \sum_{j=1}^{4} an_j \omega_j}{\left(\sum_{j=1}^{4} F_j - \sum_{j=1}^{4} f_j\right)\omega_j + \left(\sum_{j=1}^{4} F_j - \sum_{j=1}^{4} n_j\right)\omega_j} \times 100\% \qquad (4.7)$$

式中，af_j 表示 f_j 与 F_j 差距的补充收集、分析与信息更新的类别数；an_j 表示 n_j 与 F_j 差距的补充监视、测量、评价与信息更新的类别数；超过两次未迭代的问题直接报警。

（8）产品要求评审过程问题处置归零率。组织分析式（4.2）中 d_j 与 F_j 的差距以及式（4.5）中 m_j 与 F_j 的差距或不符合项产生原因，补充评审 4 个方面的产品要求信息，及时更新产品要求确定结果的程度。以产品要求评审过程问题处置归零率 C_{42} 来判断是否产生警情，C_{42} 计算公式见式（4.8）：

$$C_{42} = \frac{\sum_{j=1}^{4} ad_j \omega_j + \sum_{j=1}^{4} am_j \omega_j}{\left(\sum_{j=1}^{4} F_j - \sum_{j=1}^{4} d_j\right)\omega_j + \left(\sum_{j=1}^{4} F_j - \sum_{j=1}^{4} m_j\right)\omega_j} \times 100\% \qquad (4.8)$$

式中，ad_j 表示 d_j 与 F_j 差距的补充评审与更新的类别数；am_j 表示 m_j 与 F_j 差距的补充监视、测量、评价与更新的类别数；超过两次未迭代的问题直接报警。

（9）顾客沟通过程问题按期迭代归零率。组织分析式（4.3）中 g_i 与 G_i 的差距以及式（4.6）中 t_i 与 G_i 的差距或不符合项产生原因，补充与顾客沟通 5 个方面的产品信息，及时更新产品要求确定结果的程度。以顾客沟通过程问题按期迭代归零率 C_{43} 来判断是否产生警情，C_{43} 计算公式见式（4.9）：

$$C_{43} = \frac{\sum\limits_{i=1}^{5} ag_i\omega_i + \sum\limits_{i=1}^{5} at_i\omega_i}{\left(\sum\limits_{i=1}^{5} G_i - \sum\limits_{i=1}^{5} g_i\right)\omega_i + \left(\sum\limits_{i=1}^{5} G_i - \sum\limits_{i=1}^{5} t_i\right)\omega_i} \times 100\% \qquad （4.9）$$

式中，ag_i 表示 g_i 与 G_i 差距的补充沟通与更新的类别数；at_i 表示 t_i 与 G_i 差距的补充沟通与更新的类别数；超过两次未迭代的问题直接报警。

4. 质量风险预警指标警度等级设置

将产品要求识别质量风险警度等级划分为无警、轻警、中警、重警、巨警 5 个级别，面向质量危机相对频发行业营销管理、质量管理人员和质量审核专家进行调查访谈，按最大隶属度原则，以 5% 作为质量风险定性预警指标的初始阈值，以 0.27% 作为定量预警指标初始阈值[61, 63]，结合产品要求识别质量风险预警指标区间设计准则及规避风险愿望，采用等比数列确定预警指标 5 个警度级别阈值[61, 63]，计算得如表 4.7 所示产品要求识别过程质量风险预警指标警情等级划分表。根据预警指标 C_{ij} 实测值，利用表4.7 可直接判定 C_{ij} 所属警度等级。

表 4.7　产品要求识别过程质量风险预警指标警情等级划分表

预警指标性质	预警指标	无警 I 级	轻警 II 级	中警 III 级	重警 IV 级	巨警 V 级
定性预警指标	$C_{11} \sim C_{13}$	[1，0.95)	[0.95, 0.863)	[0.863, 0.713)	[0.713, 0.452)	[0.452, 0]
定量预警指标	$C_{21} \sim C_{43}$	[1，0.997)	[0.997, 0.986)	[0.986, 0.941)	[0.941, 0.756)	[0.756, 0]

4.2.3　产品要求识别过程质量风险警情评价模型

有关质量风险警度等级评价方法主要包括模糊综合评价法、灰色聚类评价法、极大熵聚类法、反向传播神经网络法及物元可拓法等。其中，模糊综合评价法用于警度等级评价时，需要逐一建立每一过程的隶属函数且其阈值难于确定；灰色聚类评价法用于警度等级评价时，若评价对象处于某一警度等级区间内，则其关联度均为 1，无法体现相同区间内关联度的变化，且预警指标取值范围不连续时，采用灰色聚类评价法建立白化权函数，会导致警度等级评价结果与实际不符；极大熵聚类法用于警度等级评价时，需要对码向量初始值进行设定，但码向量取值准确性难以验证；反向传播神经网络法的逼近和推广能力与学习样本的典型性密切相关，而从产品要求识别过程质量问题中选取典型样本组成训练集有一定难度。物元可拓法相对更适合解决这一基于区间划分的警度等级评价，但经典物元可拓模型用基于点到区间距离计算出的关联度数值来判断其警度等级，容易损失非最大隶属度警度阈值区间信息；当点处于某一警度等级区间内时，点到与所在区间的相邻区间的距离可能小于该点到所在区间距离，容易对预警指标的警度等级形成误判[61, 63]，故结合表 4.7 警度等级阈值，改进传统物元可拓法的局限性，建立产品要求识别过程质量风险警情评价模型。

1. 质量风险警度等级标准化经典域及节域确定

根据表 4.7 产品要求识别过程质量风险警度等级划分结果及相关物元可拓模型[159]，分别确定预警指标评价等级标准化经典域及节域。

1）质量风险警度等级经典域标准化处理

以表 4.7 中产品要求识别过程质量风险预警指标的取值范围作为经典域，为方便警情评价模型建立与数据处理，需对表 4.7 警度等级经典域依据式（4.10）进行标准化处理：

$$a'_{ijp} = \frac{a_{ijp} - a_{ij}}{b_{ij} - a_{ij}}; b'_{ijp} = \frac{b_{ijp} - a_{ij}}{b_{ij} - a_{ij}} \tag{4.10}$$

式中，a_{ijp} 为第 i 过程第 j 个指标第 p 警度等级经典域中的左端点值；a'_{ijp} 为其标准化后的左端点值；b_{ijp} 为第 i 过程第 j 个指标第 p 警度等级经典域中的右端点值；b'_{ijp} 为其标准化后的右端点值；a_{ij}、b_{ij} 分别为第 i 过程第 j 个指标取值范围的左、右端点值。

2）质量风险警度等级标准化经典域确定

依据式（4.10）进行警度等级经典域标准化处理，可得到 $C_1 \sim C_4$ 四个过程各自的警度等级标准化经典域 $R_{1i} \sim R_{5i}$。同时，对四个产品要求识别过程的质量风险预警指标分别与对应的五个警度的标准化经典域 $R_{1i} \sim R_{5i}$ 进行合并，可形成产品要求识别整体过程质量风险警度等级标准化经典域 $R_1 \sim R_5$：

$$R_1 = \left(I, C_{ij}, V_{ij1} \right)$$

$$= \begin{bmatrix} 无警 & C_{11} & [0, 0.050) \\ & C_{12} & [0, 0.050) \\ & C_{13} & [0, 0.050) \\ & C_{21} & [0, 0.003) \\ & \vdots & \vdots \\ & C_{43} & [0, 0.003) \end{bmatrix}$$

$$R_2 = \left(\text{II}, C_{ij}, V_{ij2} \right)$$

$$= \begin{bmatrix} \text{轻警} & C_{11} & [0.050, 0.137) \\ & C_{12} & [0.050, 0.137) \\ & C_{13} & [0.050, 0.137) \\ & C_{21} & [0.003, 0.014) \\ & \vdots & \vdots \\ & C_{43} & [0.003, 0.014) \end{bmatrix}$$

$$R_3 = \left(\text{III}, C_{ij}, V_{ij3} \right)$$

$$= \begin{bmatrix} \text{中警} & C_{11} & [0.137, 0.287) \\ & C_{12} & [0.137, 0.287) \\ & C_{13} & [0.137, 0.287) \\ & C_{21} & [0.014, 0.059) \\ & \vdots & \vdots \\ & C_{43} & [0.014, 0.059) \end{bmatrix}$$

$$R_4 = \left(\text{IV}, C_{ij}, V_{ij4} \right)$$

$$= \begin{bmatrix} \text{重警} & C_{11} & [0.287, 0.548) \\ & C_{12} & [0.287, 0.548) \\ & C_{13} & [0.287, 0.548) \\ & C_{21} & [0.059, 0.244) \\ & \vdots & \vdots \\ & C_{43} & [0.059, 0.244) \end{bmatrix}$$

$$R_5 = \left(\text{V}, C_{ij}, V_{ij5} \right)$$

$$= \begin{bmatrix} \text{巨警} & C_{11} & [0.548, 1] \\ & C_{12} & [0.548, 1] \\ & C_{13} & [0.548, 1] \\ & C_{21} & [0.244, 1] \\ & \vdots & \vdots \\ & C_{43} & [0.244, 1] \end{bmatrix}$$

3）过程及整体质量风险警度等级节域确定

以表 4.7 各质量风险预警指标的取值范围作为经典域，以各指标取值范围对应的经典域之和作为 C_1、C_2、C_3、C_4 过程预警指标警度等级节域 R_{p1}、R_{p2}、R_{p3}、R_{p4}，同前述整体警度等级评价标准化经典域确定方法，可得出 R_p。

$$R_{p1} = \left(p, C_{1j}, V_{1jp} \right)$$
$$= \begin{bmatrix} \text{I:V} & C_{11} & [1,0] \\ & C_{12} & [1,0] \\ & C_{13} & [1,0] \end{bmatrix}$$

$$R_{p2} = \left(p, C_{2j}, V_{2jp} \right)$$
$$= \begin{bmatrix} \text{I:V} & C_{21} & [1,0] \\ & C_{22} & [1,0] \\ & C_{23} & [1,0] \end{bmatrix}$$

$$R_{p3} = \left(p, C_{3j}, V_{3jp} \right)$$
$$= \begin{bmatrix} \text{I:V} & C_{31} & [1,0] \\ & C_{32} & [1,0] \\ & C_{33} & [1,0] \end{bmatrix}$$

$$R_{p4} = \left(p, C_{4j}, V_{4jp} \right)$$
$$= \begin{bmatrix} \text{I:V} & C_{41} & [1,0] \\ & C_{42} & [1,0] \\ & C_{43} & [1,0] \end{bmatrix}$$

$$R_p = \left(p, C_{ij}, V_{ijp} \right)$$
$$= \begin{bmatrix} \text{I:V} & C_{11} & [1,0] \\ & \vdots & \vdots \\ & C_{43} & [1,0] \end{bmatrix}$$

2. 过程统计值与警度等级的贴近度函数改进

　　鉴于传统物元可拓模型采用的关联度函数判定等级的原理类似于最大隶属度原则，存在信息损失大等不足，而贴近度作为度量模糊集合接近程度的一种方法，贴近度准则替代最大隶属度准则、选用非对称贴近度具有明显的优势[160]，故采用贴近度函数来评定基于预警指标实测值的产品要求识别四个分过程及其整体过程质量风险统计值与不同警度等级的贴近程度，提出产品要求识别过程质量风险警度等级贴近度函数，见式（4.11）[61, 63]。同时，为克服利用传统的点与区间距离公式计算过程统计值与所在区间及相邻区间的距离存在绝对值相等的问题，对传统点与区间的距离公式进行修正，将公式中表示区间两端的变量转换为区间中点的变量，依据过程质量风险统计值的标准化值与警度等级标准化经典域的距离，形成式（4.11）的 $D_{ijp}\left(v'_{ij}\right)$ 表达式[61, 63]：

$$N_{ip}\left(p_0\right) = 1 - \frac{2}{n_i\left(n_i+1\right)}\sum_{j=1}^{n_i} j\left|D_{ijp}\left(v'_{ij}\right)\right|w_{ij}\left(x\right)$$

$$D_{ijp}\left(v'_{ij}\right) = \begin{cases} \left|a'_{ijp} - \dfrac{v'_{ij}+d_{ijp}}{2}\right| - \dfrac{d_{ijp}-v'_{ij}}{2}, & v'_{ij} < a'_{ijp} \\[2mm] \left|v'_{ij} - d_{ijp}\right| - \dfrac{b'_{ijp}-a'_{ijp}}{2}, & v'_{ij} \in \left[a'_{ijp}, b'_{ijp}\right) \\[2mm] \left|b'_{ijp} - \dfrac{v'_{ij}+d_{ijp}}{2}\right| - \dfrac{v'_{ij}-d_{ijp}}{2}, & v'_{ij} \geqslant b'_{ijp} \end{cases} \quad （4.11）$$

$$d_{ijp} = \frac{a'_{ijp}+b'_{ijp}}{2}$$

式中，$D_{ijp}\left(v'_{ij}\right)$ 为待评价的产品要求识别过程质量风险预警指标实测数据的标准化值 v'_{ij} 与警度等级标准化经典域修正后的距离；n_i 为产品要求识别第 i 个过程预警指标数，$i=1\sim4$，$n_i=3$；p 为产品要求识别过程警度等级，$p=1\sim5$；$w_{ij}\left(x\right)$ 为产品要求识别第 i 过程第 j 个预警指标的综合权重；a'_{ijp}、b'_{ijp} 分别为产品要求识别第 i 过程第 j 个预警指标在警度等级为 p 时的评价等级标准化经典域的左、右端点值；v'_{ij} 为预警指标实测值经过标准化处理后的值。

3. 过程与整体警度等级评价模型建立

在依据式（4.11）计算出产品要求识别过程各个预警指标在不同警度等级上的贴近度 $N_{ip}\left(p_0\right)$ 基础上，对所得贴近度进行标准化处理，可得式（4.12）所示质量风险警度等级特征变量值 j_i^* 以及具体警度等级 $N_i\left(p_0\right)$，将 $N_i\left(p_0\right)$、j_i^* 与表4.8结合运用，构建产品要求识别四个过程及整体过程质量风险警度等级评价模型：

$$N_i\left(p_0\right) = \max_{p\in\{1,2,3,4,5\}} N_{ip}\left(p_0\right); \quad j_i^* = \frac{\sum_{p=1}^{5} p\overline{N_{ip}}\left(P_0\right)}{\sum_{p=1}^{5}\overline{N_{ip}}\left(P_0\right)}; \quad \overline{N_{ip}}\left(p_0\right) = \frac{N_{ip}\left(p_0\right) - \min N_{ip}\left(p_0\right)}{\max N_{ip}\left(p_0\right) - \min N_{ip}\left(p_0\right)}$$

$$（4.12）$$

式中，j_i^* 为产品要求识别第 i 过程警度等级偏向另一警度等级的程度。

利用式（4.12）计算出 j_i^* 后，可依据表4.8所示警度等级判定准则判断产品要求识别第 i 过程或整体过程质量风险的警度等级。

表 4.8　产品要求识别过程质量风险警度等级判定表

j_i	$j_i^*<1$	$1\leqslant j_i^*<1.5$	$1.5\leqslant j_i^*<2$	$2\leqslant j_i^*<2.5$	$2.5\leqslant j_i^*<3$	$3\leqslant j_i^*<3.5$	$3.5\leqslant j_i^*<4$	$4\leqslant j_i^*<4.5$	$4.5\leqslant j_i^*\leqslant 5$
警度	无警	无警到轻警偏向无警	无警到轻警偏向轻警	轻警到中警偏向轻警	轻警到中警偏向中警	中警到重警偏向中警	中警到重警偏向重警	重警到巨警偏向重警	重警到巨警偏向巨警

4. 产品要求识别过程质量风险实际预警与处置

企业在按照警度等级评价模型进行产品要求识别过程质量风险预警时，首先进行其质量风险预警指标数据采集与警度判定，若前一过程质量风险预警指标警度出现中警及以上警度时，则应按照图 4.1 所示预控流程进行质量改进，直至降至轻警以下；其次进行过程及整体质量风险警度判定，当四个分过程顺序或整体警度判定得出的 $N_{ip}(p_0)$ 中的 $p\leqslant 2$ 时，应对出现的轻警状况采取纠正措施进行自主改进，直至降至轻警以下后，才能实施后续过程预警；当产品要求识别四个分过程及整体 $N_{ip}(p_0)$ 中的 $p\geqslant 3$ 时，应及时进行报警，并按照图 4.1 所示预控流程进行质量改进，将产品要求识别质量风险降至轻警或无警状态。在此，以 A 公司的 Fa 系列产品要求识别为例，对其质量风险预警指标进行监控与参数评估值信息收集，并依据表4.7 警度等级及上述质量风险警情评价模型，进行产品要求识别过程质量风险警度等级评价与警情评价模型应用。

1）产品要求识别过程质量风险预警指标实际警情评价与预警

结合 A 公司的 Fa 系列产品要求识别实际，首先选择营销管理、技术管理、风险管理、质量管理等熟悉产品要求识别的人员作为评价主体，并根据评价人员业务熟悉程度、相关知识掌握程度进行评价主体赋权，请评价主体按照表 4.6 质量风险定性预警指标评价标准，进行 $C_{11}\sim C_{13}$ 定性预警指标评价，并根据评价结果进行定性预警指标评价值统计计算[161]。其次依据式（4.1）~式（4.9）相关参数的内涵，进行 $C_{21}\sim C_{43}$ 定量预警指标原始数据收集、参数统计，评价值统计计算[61]。再次计算 C_1、C_2、C_3、C_4 四个过程质量风险预警指标值，并依据表 4.7 所示警级划分标准进行预警指标警级划分。最后利用式（4.10）计算 C_1、C_2、C_3、C_4 四个过程质量风险预警指标标准化值，形成如表 4.9 所示预警指标值及其警级统计结果。由此可见，Fa 系列产品要求识别方法策划不到位，产品要求信息发掘完整率、产品要求评审结果准确性及顾客沟通信息满意处置率不高，产品要求发掘、评审过程、顾客沟通过程绩效评价执行不到位，产品要求发掘、评审及顾客沟通过程质量问题改进归零率不理想，C_{22}、C_{23}、C_{31}、C_{32}、C_{41}、C_{42}、

C_{43}均处于重警，应重点进行这七个预警指标的系统报警。

表 4.9　产品要求识别过程质量风险预警指标值及其警级统计结果表

阶段	C_1			C_2			C_3			C_4		
预警指标	C_{11}	C_{12}	C_{13}	C_{21}	C_{22}	C_{23}	C_{31}	C_{32}	C_{33}	C_{41}	C_{42}	C_{43}
预警指标值	0.877	0.721	0.869	0.981	0.804	0.848	0.873	0.829	0.978	0.870	0.868	0.900
标准化值	0.123	0.179	0.131	0.019	0.196	0.152	0.127	0.171	0.022	0.130	0.132	0.100
警度等级	轻警	中警	轻警	中警	重警	重警	重警	重警	中警	重警	重警	重警

2）产品要求识别分过程质量风险警度等级贴近度计算及警度等级评价

将表 4.5 中$C_{11}\sim C_{43}$预警指标的组合权重w_{ij2}及表 4.9 中$C_{11}\sim C_{43}$预警指标的标准化值代入式（4.11），计算得各过程在不同警度等级的贴近度，利用式（4.12）计算出$N_i(p_0)$、j_i^*，可得各过程相关警度参数的计算结果如表 4.10 所示。

表 4.10　产品要求识别过程质量风险警度等级评价结果表

C_i	N_{i1}	N_{i2}	N_{i3}	N_{i4}	N_{i5}	N_i	所属等级	j_i^*
C_1	0.991 7	0.993 5	0.993 3	0.959 4	0.925 4	0.993 5	轻警	2.295
C_2	0.966 6	0.993 6	0.998 2	0.994 8	0.990 0	0.998 2	中警	3.436
C_3	0.948 2	0.979 3	0.998 3	0.999 4	0.995 0	0.999 4	重警	3.635
C_4	0.973 2	0.981 2	0.998 2	0.999 7	0.996 3	0.999 7	重警	3.784
C	0.990 1	0.995 6	0.997 4	0.998 6	0.995 8	0.998 6	重警	3.534

（1）产品要求识别策划过程预警结果。依据表 4.8 评定标准和表 4.10 警度等级计算结果，可知 2.5>j_1^*=2.295>2，表明产品要求识别策划质量风险属于轻警，其风险点主要表现为产品要求识别方法策划不到位，可能导致产品要求信息发掘不够全面准确，故应主动向行业标杆企业学习，完整规范信息收集与挖掘、创意可实现性评价过程质量控制方法，将产品要求识别策划质量风险降至轻警以下。

（2）产品要求识别控制过程预警结果。依据表 4.8 评定标准和表 4.10 警度等级计算结果，可知 3.5>j_2^*=3.436>3，表明产品要求发掘质量风险属于中警，其风险点主要表现为产品要求信息发掘结果不完整、评审结果不准确及顾客沟通信息满意处置不到位，故应依据产品要求识别过程策划结果，确保产品要求信息发掘、评审、顾客沟通和信息迭代的全面性，同时规范应用产品要求识别过程质量控制技术，将产品要求发掘质量控制风险降至轻警以下。

（3）产品要求识别评价过程预警结果。依据表 4.8 评定标准和表 4.10 警度等级计算结果，可知 $4 > j_3^* = 3.635 > 3.5$，表明产品要求识别过程监视与测量质量风险属于重警，其风险点主要表现为产品要求信息发掘、评审、顾客沟通过程监视与测量不到位，可能导致产品要求信息发掘结果不够全面准确，故应重点依据产品要求识别过程策划结果，规范产品要求识别过程监视与测量方法，强化产品要求发掘过程质量监督，及时发现产品要求信息发掘、评审、顾客沟通过程存在的不符合项，将产品要求识别过程绩效监督与评价质量控制风险降至轻警以下。

（4）产品要求识别迭代过程预警结果。依据表 4.8 评定标准和表 4.10 预警等级计算结果，可知 $4 > j_3^* = 3.784 > 3.5$，表明产品要求信息迭代质量风险属于重警，其风险点主要表现为产品要求发掘质量改进及信息迭代不到位，可能导致产品要求信息发掘结果不够全面准确，故应重点依据产品要求识别过程策划结果，规范产品要求识别过程纠正预防措施控制程序的应用，及时纠正产品要求信息发掘、评审、顾客沟通过程存在的不符合项，做好产品要求信息的补充与迭代，将产品要求信息迭代质量风险降至轻警以下。

3）产品要求识别过程质量风险整体警情评价

（1）质量风险警度等级贴近度计算及警度等级评价。将表 4.5 中 $C_{11} \sim C_{43}$ 的组合权重 w_{ij1} 及表 4.9 中 $C_{11} \sim C_{43}$ 的标准化值，代入式（4.11）计算得各预警指标在不同警度等级的贴近度，并利用式（4.12）计算出整体过程 $N(p_0)$、j^*，可得计算结果如表 4.10 所示。

（2）质量风险警度等级评价结果。依据表 4.8 评定标准和表 4.10 警度等级计算结果，可知 $4 > j^* = 3.534 > 3.5$，表明产品要求识别质量风险属于重警，其风险点主要表现为产品要求信息发掘质量、识别过程监视与测量质量控制不到位，识别过程质量改进及信息迭代不够严谨，可能导致产品要求信息发掘结果不够全面准确，故应在对产品要求识别过程策划、信息发掘质量控制的基础上，通过产品要求识别过程的监控与奖惩，以及产品质量问题纠正措施实施效果信息反馈与迭代，有效解决产品要求识别过程的质量问题，将产品要求识别质量风险降低到轻警以下。

4.3　产品设计过程质量危机预防与预警模型

产品设计过程质量危机是指由于产品设计质量风险事件的发生，引发采购、生产运作及交付质量不满足要求，导致顾客投诉增加，并被广泛宣传而产生负面影响的突发性事件。产品设计过程质量危机预防与预警的核心是过程质量风险预控，需要在完善产品设计过程质量风险预控流程基础上，发掘产品设计过程质量风险预警指标，构建其质量风险警情评价模型，为企业有效削减因产品设计质量风险事件的发生而引发的质量危机提供理论借鉴。

4.3.1　产品设计过程质量风险预控流程

在此，提出产品设计过程质量风险预控流程图如图4.2所示。

（1）设计策划质量监控。企业应完善产品设计与开发过程质量控制流程，进行产品设计与开发阶段划分、产品设计与开发质量目标分解、设计与开发所需资源规划、相关方参与设计需求规划、设计与开发质量控制技术策划，明确划分产品设计与开发组织职责、各自权限与接口关系。同时，做好产品设计与开发策划过程监控，及时发现存在的不符合项，分析产品设计与开发策划结果满足要求的程度，对产品设计与开发策划质量风险事件进行报警，采取纠正措施进行不符合项归零，并及时评估设计与开发策划质量改进的有效性，提高产品设计策划质量。

（2）设计过程质量监控。企业应按照产品设计与开发过程策划结果，进行设计与开发输入、设计与开发过程、设计与开发输出控制，及时迭代形成准确完整的产品设计与开发输出信息。同时，做好设计与开发输入全面性、设计与开发过程规范性、设计与开发输出完备程度监控和满足要求程度的评审，评价设计输入信息发掘的全面性与准确性、设计过程质量控制的有效性以及设计目标、指标与要求的达成度，及时发现存在的不合格，对产品设计过程质量控制风险事件进行报警，采取纠正措施进行不合格更改与归零，并及时评估设计与开发输入迭代、设计与开发过程质量改进、设计与开发输出迭代的有效性，确保产品设计质量满足产品要求。

（3）设计评价质量监控。企业应按照产品设计与开发过程策划结果，进行设计与开发阶段性成果及设计与开发输出评审、验证、确认，形成产品设计与开发输出满足输入要求、满足预期使用要求以及设计目标、指标与

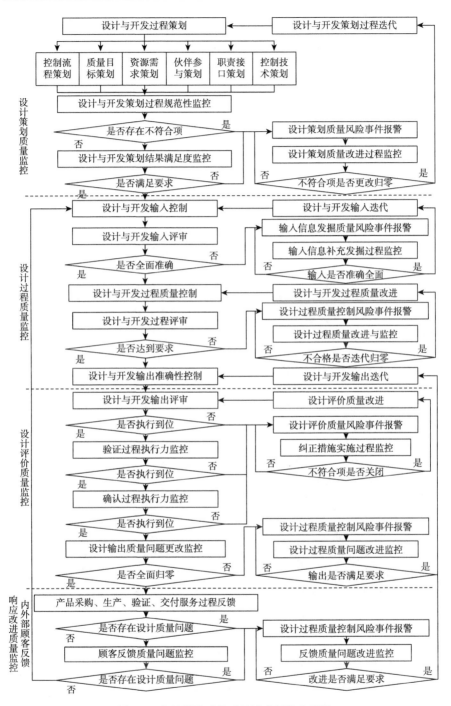

图 4.2 产品设计过程质量风险预控流程图

要求达成度的评审报告。同时，做好设计评审、验证、确认执行到位程度及设计输出质量问题更改监控，及时发现存在的不符合项以及设计质量问题改进的不足，对产品设计评价质量风险事件进行报警，提醒相关部门采取纠正措施进行不符合项关闭及设计质量问题归零，并及时评估设计与开发输出迭代的有效性，确保产品设计与开发质量评价结果准确可靠，设计更改质量满足产品要求。

（4）内外部顾客反馈响应改进质量监控。企业应及时主动进行关键顾客及重要相关方沟通，及时进行采购、生产、产品验证交付服务等后续流程反馈的设计质量问题及外部顾客反馈、投诉中与设计相关质量问题的响应改进。同时，做好设计过程质量问题、内部反馈质量问题、顾客反馈质量问题改进归零程度监控，及时发现存在的设计质量问题，对产品设计过程质量控制风险事件进行报警，提醒相关部门采取纠正措施进行设计质量问题归零，并及时评估设计质量改进、设计输出迭代的有效性，确保产品设计与开发更改质量满足产品要求，避免因产品设计质量问题而发生质量危机。

4.3.2　产品设计过程质量风险预警指标体系

采用 4.2.2 节质量风险预警指标发掘方法，进行产品设计过程质量风险预警指标发掘，形成产品设计过程质量风险预警指标体系。

1. 质量风险预警指标发掘

1）质量风险预警指标初步识别

（1）产品设计过程质量风险预警指标文献分析。首先选取 1.2.1 节所述相关知名数据库，以设计质量风险、设计缺陷、设计质量隐患、设计评价、设计质量评价等组合形成的中英文为关键词和主题词进行检索，获得 65 篇相关度较高的文献；然后对筛选出的风险指标进行精炼提纯与规范命名[22]，归纳出如表 4.11 所示 10 个产品设计过程质量风险预警指标。

表 4.11　产品设计过程质量风险预警指标初选表

序号	预警指标	预警指标要点说明	主要出处
1	设计质量控制流程规范性	正确规划设计阶段，明确每一个设计阶段主要过程与活动，并规范各阶段的质量控制流程的程度	[55]
2	设计资源规划完备性	明确设计过程所需人才技能、软硬件设施、知识与信息等资源满足产品设计要求的程度	[162]

序号	预警指标	预警指标要点说明	主要出处
3	相关方参与设计规划完备性	顾客、合作伙伴、供应商等相关方参与产品要求信息确认、设计各阶段质量控制与改进等活动规划满足需求程度	[163]
4	设计职责及接口关系规划完备性	设计相关部门、相关团队、参与设计人员接口关系控制及职责权限的规范程度	[164]
5	设计与开发过程控制规范性	按照产品设计策划结果进行设计与开发的规范程度，尤其是设计过程相关质量控制活动执行程度及质量控制技术规范应用程度	[165]
6	设计评审执行到位率	设计过程审及后续产品实现过程反馈意见、顾客投诉等与产品设计相关问题更改过程评审的执行到位程度	[55]
7	设计验证执行到位率	设计输出验证及后续产品实现过程反馈意见、顾客投诉等与产品设计相关问题更改结果验证的执行到位程度	[166]
8	设计确认执行到位率	设计结果确认及后续产品实现过程反馈意见、顾客投诉等与产品设计相关问题更改结果确认的执行到位程度	[167]
9	内部反馈质量问题处置满意率	采购、生产、客户服务等过程反馈的设计质量问题及时满意更改、迭代归零程度	[168]
10	顾客反馈质量问题改进归零率	顾客反馈、顾客投诉中与设计相关的质量问题及时满意更改、迭代归零程度	[169]

（2）产品设计过程质量风险预警指标预调查与补充。同 4.2.2 节一样，邀请前述产品质量危机相对频发行业内企业设计人员、技术管理、设计质量控制人员作为调查对象，采用现场访谈方式，与调查对象共同斟酌产品设计过程质量风险预警指标设置的完备性，进行质量风险预警指标的精炼提纯[22]，据此增添设计质量控制技术策划完备性、设计质量目标分解结果满足度、设计与开发输入全面性、设计与开发输出准确性、设计过程质量问题迭代归零率 5 个指标，最终初选出 15 个产品设计过程质量风险预警指标。

2）问卷设计与数据采集

（1）调查问卷设计。根据初步辨识的 15 个产品设计过程质量风险预警指标，采用利克特五级量表法，形成该质量风险预警指标调查问卷。

（2）问卷调查与数据收集。同 1.2.2 节一样，选择质量危机频发行业，采用现场发放问卷、问卷链接等方式，邀请产品设计项目主管、设计质量控制人员、核心设计人员，对该预警指标认可程度进行判定[27]。共回收问卷 442 份，得到有效问卷 402 份，符合该研究问卷数量要求[20]。

3）数据处理与预警指标提取

（1）项目分析与预警指标筛选。同 1.2.3 节一样，进行项目分析与预警指标筛选，项目分析结果表明，问卷题项均达到 $\alpha < 0.05$ 显著性水平，无须剔除该产品设计过程质量风险预警指标[20, 27]。

（2）信效度分析与公因子提取。同 1.2.3 节一样，进行信效度分析、公因子提取。

第一，效度分析。效度分析得到 KMO 值为 0.829>0.7，Bartlett's 球形检验的 Sig. 值为 0.000<0.01，达到显著性水平，表明 15 个预警指标的相关矩阵存在共同因子，故可进行因素分析[20]。

第二，公因子提取。提取 15 个预警指标的共同因子，得其总方差解释表如表 4.12 所示，表明问卷结构效度较好[20]；旋转后的因子载荷矩阵如表4.13 所示，由此可知各题项共同度良好[20]，故可提取出 4 个产品设计过程质量风险公因子。

表 4.12　产品设计过程质量风险预警指标总方差解释表

公因子	初始特征值			提取载荷平方和			旋转载荷平方和		
	特征值	方差贡献	累积方差贡献	特征值	方差贡献	累积方差贡献	特征值	方差贡献	累积方差贡献
1	4.334	30.016%	30.016%	4.334	30.016%	30.016%	3.927	28.836%	28.836%
2	2.905	19.007%	49.023%	2.905	19.007%	49.023%	2.488	16.215%	45.051%
3	2.131	15.446%	64.469%	2.131	15.446%	64.469%	2.373	15.654%	60.705%
4	1.262	9.835%	74.304%	1.262	9.835%	74.304%	2.159	13.599%	74.304%

注：表中数据是 SPSS24.0 运行结果小数点后面取三位数字之后四舍五入的结果

表 4.13　产品设计过程质量风险预警指标旋转成分矩阵表

质量风险预警指标	主成分 1	主成分 2	主成分 3	主成分 4
设计职责及接口关系规划完备性	0.852	−0.002	0.093	0.041
设计资源规划完备性	0.833	−0.027	0.101	0.079
设计质量目标分解结果满足度	0.819	0.039	0.076	−0.116
设计质量控制技术策划完备性	0.803	0.109	0.107	−0.024
相关方参与设计规划完备性	0.738	−0.013	0.061	0.117
设计质量控制流程规范性	0.724	0.167	0.149	0.093

续表

质量风险预警指标	主成分 1	主成分 2	主成分 3	主成分 4
内部反馈质量问题处置满意率	−0.048	0.883	0.042	0.148
顾客反馈质量问题改进归零率	0.068	0.871	0.137	−0.088
设计过程质量问题迭代归零率	0.045	0.836	−0.087	0.139
设计评审执行到位率	0.153	0.164	0.891	−0.028
设计验证执行到位率	0.054	0.203	0.877	0.079
设计确认执行到位率	0.046	0.161	0.865	0.039
设计与开发输入全面性	0.151	0.045	0.136	0.898
设计与开发输出准确性	0.176	0.065	0.096	0.875
设计与开发过程控制规范性	0.268	0.099	0.152	0.854

　　第三，公因子命名。为明确 4 个公因子含义，同 4.2.2 一样，对其进行命名。其中，公因子 1 包括设计职责及接口关系规划完备性、设计资源规划完备性、设计质量目标分解结果满足度、设计质量控制技术策划完备性、相关方参与设计规划完备性、设计质量控制流程规范性 6 个预警指标，体现了设计策划的核心内容，包含了将设计质量目标分解、分配、落实到设计相关部门，以及设计各阶段应采纳的质量控制技术等方面策划内容，将其命名为设计过程策划完备性；公因子 2 包括内部反馈质量问题处置满意率、顾客反馈质量问题改进归零率、设计过程质量问题迭代归零率 3 个预警指标，体现了设计质量改进的核心内容，反映了企业重视后续流程及顾客投诉的与设计质量相关问题的纠正措施实施绩效，通过持续改进设计质量，提高顾客满意度，将其命名为设计质量改进到位率；公因子 3 包括设计评审执行到位率、设计验证执行到位率、设计确认执行到位率 3 个预警指标，体现了设计质量评价的核心内容，反映了企业对设计过程及结果满足要求程度进行评价的执行力，将其命名为设计质量评价到位率；公因子 4 包括设计与开发输入全面性、设计与开发输出准确性、设计与开发过程控制规范性 3 个预警指标，体现了设计过程质量控制的核心内容，反映了企业依据设计过程策划结果与后续改进需求，对设计输入、设计过程及设计输出进行严格控制，确保设计输入信息的充分性和适宜性、质量控制技术使用规范及设计输出符合要求，将其命名为设计过程控制规范性。

第四，信度分析。同 1.2.3 一样，对预警指标及 4 个公因子进行信度检验，结果如表 4.14 所示，由此表明问卷数据与预警指标可信[20]。

表 4.14   产品设计过程质量风险预警指标信度检验表

预警指标	克朗巴哈系数	分量表克朗巴哈系数
设计质量控制流程规范性	0.822	
设计质量目标分解结果满足度	0.819	
设计资源规划完备性	0.818	
相关方参与设计规划完备性	0.837	0.875
设计职责及接口关系规划完备性	0.818	
设计质量控制技术策划完备性	0.821	
设计与开发输入全面性	0.819	
设计与开发过程控制规范性	0.808	0.820
设计与开发输出准确性	0.817	
设计评审执行到位率	0.815	
设计验证执行到位率	0.828	0.839
设计确认执行到位率	0.812	
设计过程质量问题迭代归零率	0.820	
内部反馈质量问题处置满意率	0.831	0.854
顾客反馈质量问题改进归零率	0.821	
问卷总体信度	0.805	

2. 质量风险预警指标赋权

依据 1.2.4 节有关权重确定方法选择结果，采用主客观"组合赋权法"[34]，对产品设计过程质量风险 15 个预警指标进行赋权。

1）预警指标主观权重赋值

借鉴 1.2.4 节有关主观赋权法选择结果，同 4.2.2 节一样，采用集值统计法进行预警指标主观权重赋值，计算得如表 4.15 所示产品设计过程质量风险预警指标主观权重及其可信性。由表 4.15 可知，每个设计质量风险预警指标主观权重评判结果的可信度 c_j 值均大于 0.9，说明调查对象对设计质量风险 15 个预警指标主观权重确定结果一致可信[27]。

表 4.15　产品设计过程质量风险预警指标组合权重赋值表

预警指标公因子	预警指标	v_j	c_j	u_j	w_{ij1}	w_{ij2}
设计过程策划 完备性	C_{11} 设计质量控制流程规范性	0.076	0.975	0.078	0.077	0.183
	C_{12} 设计质量目标分解结果满足度	0.065	0.968	0.064	0.065	0.155
	C_{13} 设计资源规划完备性	0.066	0.970	0.071	0.069	0.164
	C_{14} 相关方参与设计规划完备性	0.066	0.971	0.065	0.065	0.155
	C_{15} 设计职责及接口关系规划完备性	0.071	0.969	0.072	0.071	0.169
	C_{16} 设计质量控制技术策划完备性	0.074	0.969	0.073	0.073	0.174
设计过程控制 规范性	C_{21} 设计与开发输入全面性	0.066	0.969	0.064	0.065	0.327
	C_{22} 设计与开发过程控制规范性	0.068	0.972	0.075	0.071	0.357
	C_{23} 设计与开发输出准确性	0.064	0.967	0.063	0.063	0.317
设计质量评价 到位率	C_{31} 设计评审执行到位率	0.065	0.973	0.070	0.067	0.341
	C_{32} 设计验证执行到位率	0.065	0.967	0.069	0.067	0.339
	C_{33} 设计确认执行到位率	0.062	0.966	0.063	0.063	0.320
设计质量改进 到位率	C_{41} 设计过程质量问题迭代归零率	0.063	0.966	0.055	0.059	0.321
	C_{42} 内部反馈质量问题处置满意率	0.064	0.972	0.058	0.061	0.332
	C_{43} 顾客反馈质量问题改进归零率	0.068	0.971	0.060	0.064	0.347

注：表中预警指标公因子按照公因子 1~4 的逻辑关系顺序（策划、实施、评价、改进）排列

2）预警指标客观权重赋值

依据 1.2.4 节有关客观赋权法选择结果，同 4.2.2 节一样，选取主成分分析法，利用前述表 4.12 与表 4.13 数据，计算得如表 4.15 所示 15 个产品设计过程质量风险预警指标客观权重 u_j。

3）预警指标综合权重 w_{ij} 确定

采用主客观"组合赋权法"[34]，同 4.2.2 节一样，计算得 15 个产品设计过程质量风险预警指标的组合权重 w_{ij1} 及在各自公因子上的权重 w_{ij2}，如表 4.15 所示。

3. 质量风险预警指标评价语集与算法设计

产品设计过程质量风险 15 个预警指标包括 5 个定性指标和 10 定量指标。其中设计质量控制流程规范性、设计质量目标分解结果满足度、设计

资源规划完备性、相关方参与设计规划完备性、设计职责及接口关系规划完备性 5 个预警指标为定性指标，其余预警指标为定量指标。

1）质量风险定性预警指标评价语集设计

采用利克特五级量表法，形成如表 4.16 所示定性预警指标评价语集。

表 4.16 产品设计过程质量风险定性预警指标评价语集表

定性指标	实施完全到位	实施到位	实施基本到位	实施部分到位	实施完全不到位
设计质量控制流程规范性/C_{11}	设计阶段规划规范，过程与活动明确，质量控制流程达到行业标杆水平	设计阶段规划合理，主要过程与活动明确，质量控制流程规范	设计阶段规划基本合理，主要活动基本明确，质量控制流程基本规范	设计阶段规划不很合理，主要活动基本明确，质量控制流程不够规范	设计阶段规划不合理，过程与活动不明确，没有形成质量控制流程
设计质量目标分解结果满足度/C_{12}	设计质量目标分解过程逻辑严谨，完全分配、落实到个人，设计质量目标完全支撑总体目标实现	设计质量目标分解过程逻辑基本严谨，较清晰分配、落实到个人，设计质量目标能够支撑总体目标实现	设计质量目标分解过程逻辑较严谨，基本清晰分配、落实到个人，设计质量目标基本可以支撑总体目标实现	设计质量目标分解过程逻辑不够严谨，部分分配、落实到个人，设计质量目标不能有效支撑总体目标实现	质量目标未分配、落实到个人，设计质量目标无法支撑总体目标实现
设计资源规划完备性/C_{13}	设计各过程所需人才、知识、软硬件等资源规划及配置达到行业标杆水平	设计各过程所需人才、知识、软硬件等资源规划及配置到位	设计各过程所需人才、知识、软硬件等资源规划及配置基本到位	设计各过程所需人才、知识、软硬件等资源规划及配置部分到位	设计各过程所需人才、知识、软硬件等资源规划及配置缺乏或未配置
相关方参与设计规划完备性/C_{14}	顾客、合作伙伴、供应商等参与设计相关过程规划及实施达到行业标杆水平	顾客、合作伙伴、供应商等参与设计相关过程规划及实施到位	顾客、合作伙伴、供应商等参与设计相关过程规划及实施基本到位	满足顾客、合作伙伴、供应商等参与设计相关过程规划及实施部分到位	顾客、合作伙伴、供应商等参与设计相关过程规划缺乏或未实施
设计职责及接口关系规划完备性/C_{15}	参与设计的团队、人员之间接口关系明确细致，职责权限极细粒度划分，形成很明确的接口颗粒度管理规范	参与设计的团队、人员之间接口关系明确，职责权限细粒度划分，形成明确的接口颗粒度管理规范	参与设计的团队、人员之间接口关系基本明确，职责权限较细粒度划分，形成较明确的接口颗粒度管理规范	参与设计的团队、人员之间接口关系部分明确，职责权限仅较粒度划分，未形成颗粒度管理规范	参与设计的团队、人员之间接口关系不明确，职责不清晰

2）质量风险定量预警指标计算公式设定

依据产品实现过程质量控制原理及调研企业产品设计过程常用指标量化方式，结合相关专家对计算公式讨论与修改结果，形成如下质量风险定量预警指标计算公式。

（1）设计质量控制技术策划完备性。依据相关研究成果、国家标准、行业规范对企业设计与开发过程采用的设计质量控制技术建议，进行设计

质量控制技术在设计输入、不同设计阶段、设计输出等过程应用的可行性
分析，判定 QFD（quality function deployment，质量功能展开）、三次设计
及其正交试验、可靠性设计等设计质量控制技术的可用性，形成设计质量
控制技术可用集。以设计质量控制技术可用集与设计策划阶段形成的设计
质量控制技术应用数目之比 C_{16} 作为设计质量控制技术策划完备性评价依
据，计算公式见式（4.13）：

$$C_{16} = \frac{\sum\limits_{i=1}^{n} x_i}{\sum\limits_{i=1}^{n} X_i} \times 100\% , \quad i = 1, 2, \cdots, n \qquad (4.13)$$

式中，x_i 为设计策划结果明确规定第 i 设计与开发阶段应采用的设计质量
控制技术数目；X_i 为第 i 设计与开发阶段的设计质量控制技术可用集，可
依据相关文献提出的设计质量控制技术建议设定；n 为本企业实际划分的
设计与开发阶段数。

（2）设计与开发输入全面性。依据设计过程策划结果，对设计输入
进行审核，评价设计输入体现顾客明示及隐含需求、法律法规要求、本组
织附加要求、行业内标杆企业相关要求等的全面性和设计输入信息更新及
时性，尤其是根据设计更改进行设计与开发信息迭代的全面性，统计设计
输入已包含内容和更新信息。以设计与开发输入全面性 C_{21} 判断是否产生
警情，计算公式如式（4.14）所示：

$$C_{21} = \sum_{l=1}^{L} w_l m_l \times 100\% , \quad l = 1, 2, \cdots, L \qquad (4.14)$$

式中，L 为产品要求的总数；w_l 为应用 QFD 技术确定的第 l 项产品要求的
权重值；m_l 为设计输入包含产品要求中第 l 项要求的程度，$m_l \in [0,1]$。

（3）设计与开发过程控制规范性。依据设计过程策划结果，评审设
计质量控制流程中相关过程、活动执行程度及设计过程中质量控制技术规
范应用程度。以设计与开发过程控制规范性 C_{22} 判断是否产生警情，计算
公式如式（4.15）所示：

$$C_{22} = \frac{\sum\limits_{i=1}^{n} h_i + \sum\limits_{i=1}^{n} x'_i}{\sum\limits_{i=1}^{n} H_i + \sum\limits_{i=1}^{n} x_i} \times 100\% , \quad i = 1, 2, \cdots, n \qquad (4.15)$$

式中，h_i 为第 i 设计与开发阶段的质量控制流程中相关质量控制活动执行
到位数目；x'_i 为第 i 设计与开发阶段的质量控制技术实际应用效果明显的
数目；H_i 为设计策划结果明确规定第 i 设计与开发阶段质量控制流程中应

实施的质量控制活动数目；x_i 为设计策划结果明确规定第 i 设计与开发阶段应采用的质量控制技术数目；n 为本企业实际划分的设计与开发阶段数。企业根据实施设计质量控制活动相对于质量控制技术的重要程度，确定两者的相对权重，进行分子分母加权求和。

（4）设计与开发输出准确性。依据设计过程策划结果，对设计输出及其设计输出的更新结果进行设计评审，评价设计输出满足输入要求程度，评价设计输出体现采购、生产及服务过程监视与测量要求等信息、安全和正常使用所必需的产品特性等信息的完备程度。以设计与开发输出准确性 C_{23} 判断是否产生警情，计算公式如式（4.16）所示：

$$C_{23} = \frac{d_1 + d_2}{D_1 + D_2} \times 100\% \qquad (4.16)$$

式中，d_1 为设计输出及其更新结果满足设计输入及使用要求的项目数；d_2 为设计输出中体现的后续采购、生产、服务过程要求以及监视与测量要求、安全使用要求、正常使用所必需的产品特性等信息数；D_1 为设计策划结果中要求的输出项目总数；D_2 为设计策划结果中要求体现的信息总数。企业根据输出满足设计输入及使用要求程度相对于设计输出体现后续过程要求的重要程度，确定两者的相对权重，进行分子分母加权求和。

（5）设计评审执行到位率。依据设计过程策划结果，对设计及其更改、后续产品实现过程反馈意见改进、顾客投诉中与设计相关质量问题改进结果进行评审的执行到位程度进行统计。以设计评审执行到位率 C_{31} 判断是否出现警情，计算公式见式（4.17）：

$$C_{31} = \frac{1}{S} \sum_{s=1}^{S} T_s \times 100\%, \quad s = 1, 2, \cdots, S \qquad (4.17)$$

式中，T_s 表示按照设计质量控制流程，第 s 项评审实际执行到位程度，若执行到位记为 1，未执行到位记为 0；S 表示质量控制流程中要求实施设计评审的总数。

（6）设计验证执行到位率。依据设计过程策划结果，对设计及其更改输出、后续产品实现过程反馈问题改进输出、顾客投诉与产品设计相关质量问题改进输出进行验证的执行到位程度进行统计。以设计验证执行到位率 C_{32} 判断是否出现警情，计算公式见式（4.18）：

$$C_{32} = \frac{1}{R} \sum_{r=1}^{R} Q_r \times 100\%, \quad r = 1, 2, \cdots, R \qquad (4.18)$$

式中，Q_r 表示验证设计输出满足第 r 项输入要求的实际执行到位程度，若执行到位记为 1，未执行到位记为 0；R 表示设计输入总数。

（7）设计确认执行到位率。依据设计过程策划结果，对设计输出、后续产品实现过程反馈问题改进输出、顾客投诉与产品设计相关质量问题改进输出进行确认的执行到位程度进行统计。以设计确认执行到位率 C_{33} 判断是否出现警情，计算公式见式（4.19）：

$$C_{33} = \frac{1}{J} \sum_{j=1}^{J} Q_j \times 100\% , \quad j=1,2,\cdots,J \qquad (4.19)$$

式中，Q_j 表示确认设计输出满足第 j 项规定使用要求或预期用途要求的实际执行到位程度，若执行到位记为 1，未执行到位记为 0；J 表示规定使用要求或预期用途要求总数。

（8）设计过程质量问题迭代归零率。依据设计过程策划结果，对设计评审、验证、确认过程发现的质量问题更改结果进行统计，统计按期更改归零及设计输出迭代的个数。以设计过程质量问题迭代归零率 C_{41} 判断是否产生警情，计算公式如式（4.20）所示：

$$C_{41} = \frac{q_1 + q_2 + q_3}{Q_1 + Q_2 + Q_3} \times 100\% \qquad (4.20)$$

式中，q_1、q_2、q_3 分别表示设计评审、设计验证、设计确认发现的质量问题按期更改到位及设计输出迭代项数；Q_1、Q_2、Q_3 表示设计评审、设计验证、设计确认发现的质量问题总数。企业根据设计评审、设计验证、设计确认发现的质量问题的重要程度，确定三者的相对权重，进行分子分母加权求和。

（9）内部反馈质量问题处置满意率。依据设计过程策划结果，及时收集与处置采购外包、制造、检验、客户服务等过程反馈的与设计相关的质量问题，并与相关部门进行及时沟通，统计满意更改的设计质量相关问题个数，以内部反馈质量问题处置满意率 C_{42} 判断是否产生警情，计算公式如式（4.21）所示：

$$C_{42} = \frac{e_1 + e_2 + e_3 + e_4}{E_1 + E_2 + E_3 + E_4} \times 100\% \qquad (4.21)$$

式中，$e_1 \sim e_4$ 分别表示采购外包、制造、检验、客户服务反馈的与设计质量相关不符合项满意更改与设计输出迭代归零个数；$E_1 \sim E_4$ 分别表示采购外包、制造、检验、客户服务反馈的与设计质量相关的问题数。企业根据这四个过程反馈质量问题的重要程度，确定四者的相对权重，进行分子分母加权求和。

（10）顾客反馈质量问题改进归零率。依据顾客沟通程序及设计过程策划结果，统计顾客意见反馈、顾客投诉信息中相关产品设计质量问题满意改进与设计输出迭代归零个数。以顾客反馈质量问题改进归零率 C_{43} 判断是否产生警情，计算公式如式（4.22）所示：

$$C_{43} = \frac{k}{K} \times 100\% \qquad (4.22)$$

式中，k 表示顾客反馈、投诉中与设计相关质量问题满意改进个数；K 表示顾客反馈、投诉中与设计相关质量问题总数。企业依据顾客投诉质量问题严重程度、影响面、客户重要性，确定质量问题相对权重，对分子分母分别进行加权求和。

4. 质量风险警度等级设置

依据 4.2.2 节质量风险警度等级划分标准，将产品设计过程质量风险警度等级划分为 5 个级别，同 4.2.2 节一样的阈值设置方法，形成表 4.17 所示产品设计过程质量风险预警指标警度等级划分表。根据预警指标 C_{ij} 实测值，利用表 4.17 可直接判定 C_{ij} 所属警度等级。

表 4.17　产品设计过程质量风险预警指标警度等级划分表

预警指标性质	预警指标	无警 I 级	轻警 II 级	中警 III 级	重警 IV 级	巨警 V 级
定性预警指标	$C_{11} \sim C_{15}$	[1, 0.95)	[0.95, 0.863)	[0.863, 0.713)	[0.713, 0.452)	[0.452, 0]
定量预警指标	$C_{16} \sim C_{43}$	[1, 0.997)	[0.997, 0.986)	[0.986, 0.941)	[0.941, 0.756)	[0.756, 0]

4.3.3　产品设计过程质量风险警情评价模型

依据 4.2.3 节有关警情评价方法比较、选择与改进结果，结合表 4.17 警度等级阈值，建立产品设计四个过程和整体质量风险警情评价模型。

1. 质量风险警度等级标准化经典域及节域确定

结合表 4.17 质量风险警度等级划分结果，确定预警指标评价等级标准化经典域及节域。

1）质量风险警度等级标准化经典域确定

借鉴 4.2.3 节有关预警指标警度等级标准化经典域设定方法，对表 4.17 所示产品设计过程质量风险预警指标警度等级经典域，利用式（4.10）进行标准化处理，可形成与 4.2.3 节结构相同的 $C_1 \sim C_4$ 产品设计四个过程各自的质量风险警度等级标准化经典域 $R_{1i} \sim R_{5i}$。同时，对四个产品设计过程的 $R_{1i} \sim R_{5i}$ 进行合并，可形成产品设计整体过程质量风险警度等级标准化经典域 $R_1 \sim R_5$。

2）质量风险警度等级节域确定

以表 4.17 中各预警指标的取值范围作为经典域,将各预警指标对应的经典域之和作为 C_1、C_2、C_3、C_4 过程质量风险预警指标警度等级节域 R_{p1}、R_{p2}、R_{p3}、R_{p4},同前述整体质量风险警度等级评价标准化经典域确定方法,可得出 R_p。

2. 过程统计值与警度等级的贴近度函数

依据 4.2.3 节有关质量风险统计值与警度等级的贴近度函数改进结果,可同样形成与式(4.11)相同的产品设计过程质量风险警度等级贴近度函数。式中,$D_{ijp}(v'_{ij})$ 为待评价的产品设计过程质量风险预警指标实测数据的标准化值 v'_{ij} 与警度等级标准化经典域修正后的距离;n_i 为产品设计第 i 个过程预警指标数,$i = 1 \sim 4$,$n_1 = 6$,$n_2 = n_3 = n_4 = 3$;p 为产品设计质量风险警度等级,$p=1\sim5$;$w_{ij}(x)$ 为第 i 设计过程第 j 个预警指标的综合权重;a'_{ijp}、b'_{ijp} 分别为产品设计第 i 过程第 j 个预警指标在警度等级为 p 时的评价等级标准化经典域的左、右端点值;v'_{ij} 为设计第 i 过程第 j 个预警指标实测值经过标准化处理后的值。

3. 过程与整体警度等级评价模型建立

依据 4.2.3 节有关警度等级评价模型建立结果,可同样形成与式(4.12)相同的产品设计过程及整体过程质量风险警度等级特征变量值 j_i^* 及具体警度等级 $N_i(p_0)$,将 $N_i(p_0)$、j_i^* 与表 4.8 结合运用,构建产品设计各过程及整体过程质量风险警度等级评价模型。式中,j_i^* 反映了产品设计第 i 过程预警结果偏向另一级程度。

4. 产品设计过程质量风险实际预警与处置

企业在按照警度等级评价模型进行设计过程质量风险预警时,首先进行设计四个过程质量风险预警指标警度判定,若前一过程预警指标警度出现中警及以上警度时,则按照图 4.2 所示预控流程制定与实施纠正措施,直至降至轻警以下;其次进行设计过程预警,当产品设计四个分过程或整体 $N_{ip}(p_0)$ 中的 $p \geqslant 3$ 时,应立刻进行报警,并按照图 4.2 所示流程进行质量改进,将其质量风险降至轻警以下。在此,以 C 公司 Ga 系列产品设计为例,对产品设计过程质量风险预警指标进行监控与参数评估值信息收集,并依据表 4.17 警度等级及上述设计质量风险警情评价模型,进行产品设计质量风险警度等级评价与警情评价模型应用。

1）产品设计过程质量风险预警指标实际警情评价与预警

结合 C 公司 Ga 系列产品设计实际，首先选择产品设计项目主管、核心设计人员、设计质量控制人员等熟悉产品设计质量控制的人员作为评价主体，并进行评价主体赋权，请评价主体按照表 4.16 质量风险定性预警指标评价标准，进行 $C_{11} \sim C_{15}$ 定性预警指标评价及评价值统计计算[161]；其次依据式（4.13）~式（4.22）相关参数的内涵，进行 $C_{16} \sim C_{43}$ 定量预警指标评价值统计计算[61]；再次计算 C_1、C_2、C_3、C_4 四个过程质量风险预警指标值，并依据表 4.17 所示警级划分标准进行预警指标警级划分；最后利用式（4.10）计算 C_1、C_2、C_3、C_4 四个过程质量风险预警指标标准化值，形成如表 4.18 所示预警指标值及其警级统计结果。由此可见，Ga 系列产品设计质量控制职责权限细粒度划分不够明晰；设计与开发过程质量控制执行力不够，引发设计评审、验证、确认执行到位率不高，以及设计过程质量问题迭代归零率、内部反馈质量问题处置满意率、顾客反馈质量问题改进归零率不理想，C_{22}、C_{31}、C_{32}、C_{33}、C_{41}、C_{42}、C_{43} 均处于重警，应重点进行这七个预警指标的系统报警，提醒 C 公司相关设计部门进行应对与改进。

表 4.18　产品设计过程质量风险预警指标值及其警级统计结果表

阶段	C_1						C_2			C_3			C_4		
预警指标	C_{11}	C_{12}	C_{13}	C_{14}	C_{15}	C_{16}	C_{21}	C_{22}	C_{23}	C_{31}	C_{32}	C_{33}	C_{41}	C_{42}	C_{43}
预警指标值	0.872	0.873	0.875	0.895	0.803	1	0.987	0.899	1	0.867	0.811	0.783	0.832	0.773	0.810
标准化值	0.128	0.127	0.125	0.105	0.197	0	0.013	0.101	0	0.133	0.189	0.217	0.168	0.227	0.190
警度等级	轻警	轻警	轻警	轻警	中警	无警	轻警	重警	无警	重警	重警	重警	重警	重警	重警

2）产品设计过程质量风险警度等级贴近度计算及警度评价

将表 4.15 中 $C_{11} \sim C_{43}$ 预警指标的组合权重 w_{ij2} 及表 4.18 中 $C_{11} \sim C_{43}$ 预警指标的标准化值，代入式（4.11）计算得各过程在不同警度等级的贴近度，利用式（4.12）计算出 $N_i(p_0)$、j_i^*，可得各过程警度参数计算结果如表 4.19 所示。

表 4.19　产品设计过程质量风险警度等级评价结果

C_i	N_{i1}	N_{i2}	N_{i3}	N_{i4}	N_{i5}	N_i	所属等级	j_i^*
C_1	0.991 1	0.994 6	0.993 2	0.979 8	0.962 4	0.994 6	轻警	2.347
C_2	0.983 1	0.993 8	0.998 7	0.997 9	0.980 6	0.998 7	中警	3.205

C_i	N_{i1}	N_{i2}	N_{i3}	N_{i4}	N_{i5}	N_i	所属等级	j_i^*
C_3	0.976 4	0.983 9	0.995 3	0.996 7	0.989 7	0.996 7	重警	3.657
C_4	0.982 9	0.984 3	0.991 8	0.998 5	0.997 7	0.998 5	重警	4.076
C	0.958 1	0.977 7	0.989 1	0.997 4	0.975 9	0.997 4	重警	3.513

（1）产品设计策划过程预警结果。依据表 4.8 评定标准和表 4.19 警度等级计算结果，可知 $2.5 > j_1^* = 2.347 > 2$，表明产品设计策划质量风险属于轻警，其风险点主要表现为设计职责及接口关系规划不到位，可能导致设计质量控制不到位，故首先应规划相关方参与设计需求，细化设计相关部门、相关团队、参与设计人员之间的职责权限及接口关系，形成明确的接口颗粒度管理规范；其次主动向行业标杆企业学习，规范设计质量控制流程，规划设计质量目标与设计所需资源，将产品设计策划质量风险降至轻警以下。

（2）产品设计实施过程预警结果。依据表 4.8 警度等级评定标准和表4.19 警度等级计算结果，可知 $3.5 > j_2^* = 3.205 > 3$，表明产品设计过程质量控制风险属于中警，其风险点主要表现为设计与开发输入不全面、设计与开发过程控制不规范，可能导致设计输出不满足要求，故应重点依据设计过程策划结果，确保设计输入信息和迭代信息的全面性，同时规范应用设计过程质量控制技术，强化设计质量控制执行力，将产品设计过程质量控制风险降至轻警以下。

（3）产品设计评价过程预警结果。依据表 4.8 评定标准和表 4.19 警度等级计算结果，可知 $4 > j_3^* = 3.657 > 3.5$，表明产品设计评价质量风险属于重警，其风险点主要表现为设计评审、验证、确认过程执行不到位，可能导致设计质量问题未能被发现，故应依据设计过程策划结果，采用跨组织多方论证等方法，提高设计评审、验证及确认的准确性，以便准确评判设计质量，将产品设计评价质量风险降至轻警之下。

（4）产品设计改进过程预警结果。依据表 4.8 评定标准和表 4.19 警度等级计算结果，可知 $4.5 > j_4^* = 4.076 > 4$，表明产品设计质量改进风险属于重警，其风险点主要表现为设计过程、内部反馈、顾客反馈质量问题处置与改进不到位，故应严格实施纠正预防措施控制程序，及时进行设计质量突破性改进，消除设计过程、后续流程及顾客投诉相关质量问题，将设计质量改进风险降至轻警之下。

3）产品设计过程质量风险实际整体警情评价

（1）产品设计过程警度等级贴近度计算及警度等级评价。将表 4.15 中 $C_{11} \sim C_{43}$ 各预警指标的组合权重 w_{ij1} 及表 4.18 中 $C_{11} \sim C_{43}$ 各预警指标的标准化值，代入式（4.11）计算得各预警指标在不同警度等级的贴近度，并利用式（4.12）计算出整体过程 $N(p_0)$、j^*，可得计算结果如表 4.19 所示。

（2）产品设计过程质量风险警度等级评价结果。依据表 4.8 警度等级评定标准和表 4.19 警度等级计算结果，可知 4> j^*=3.513>3.5，表明产品设计质量风险中警到重警偏向重警，其风险点主要表现为设计过程控制、设计质量评价、设计质量改进不到位，可见该公司设计质量控制策划结果执行力不强，尤其是设计质量评价与质量改进能力不足，导致设计质量及其改进结果不满足要求，故应在对产品设计策划、产品设计控制、产品设计评价监控基础上，通过产品设计质量持续改进，以及后续流程相关纠正措施实施效果信息反馈与监督控制，有效解决发现的产品设计质量及顾客投诉质量问题，将产品设计质量风险降低到轻警以下。

4.4　采购过程质量危机预防与预警模型

采购过程质量危机是指由于采购质量风险事件的发生，引发生产运作及交付质量不满足要求，导致顾客投诉增加，并被广泛宣传而产生较大负面影响的突发性事件。采购过程质量危机预防与预警的核心是采购过程质量风险预控，需要在完善采购过程质量风险预控流程的基础上，发掘采购过程质量风险预警指标，构建采购质量风险警情评价模型，为企业削减因采购质量风险事件的发生而引发的质量危机提供理论借鉴。

4.4.1　采购过程质量风险预控流程

在此，提出采购过程质量风险预控流程图如图 4.3 所示[61]。

（1）采购过程策划质量监控。企业应完善采购质量控制流程，进行采购所需资源规划、采购质量控制技术策划，明确划分采购质量职责、权限与接口关系。同时，做好采购策划过程完备程度监控，及时发现存在的不符合项，分析采购策划结果满足要求程度，对采购策划质量风险事件进行报警，采取纠正措施进行不符合项归零，并及时评估采购策划质量改进的有效性，提高采购过程策划质量。

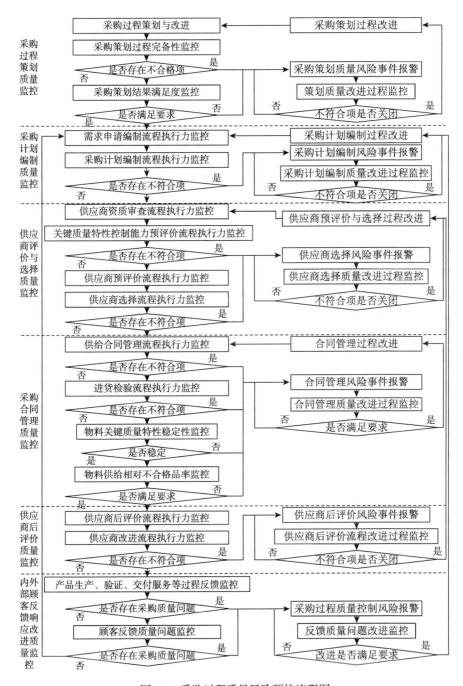

图 4.3 采购过程质量风险预控流程图

（2）采购计划编制质量监控。企业应按照采购过程策划结果，进行基于设计输出的需求申请编制、采购计划编制过程控制，形成准确的采购计划信息。同时，通过采购流程评估与内外部评审，做好需求申请、采购计划编制流程完备性与执行力监控，尤其重点做好采购质量参数及其检验计划完备性监控，及时发现存在的不符合项，对采购计划编制风险事件进行报警，采取纠正措施进行不合格更改归零，并评估采购计划编制质量改进有效性，使采购计划编制质量满足要求[61]。

（3）供应商评价与选择质量监控。企业应按照采购过程策划结果，进行供应商资质审查、综合能力预评价、供应商选择等过程监控，选择出具备相应资质且质量保证能力强的供应商。同时，通过过程评估与内外部评审，做好供应商资质审查流程、供应商能力预评价流程、供应商选择流程完备性与执行力监控，尤其重点做好供应商关键质量特性控制能力预评价流程完备性与执行力、物料关键质量特性参数稳定性、过程能力指数满足程度监控，及时发现存在的不符合项，对供应商评价与选择风险事件进行报警，采取纠正措施进行不合格更改归零，并评估供应商评价与选择质量改进有效性，使供应商选择结果满足采购计划及设计质量要求[61]。

（4）采购合同管理质量监控。企业应按照采购过程策划结果，进行合同管理及进货检验流程监控，及时采购到满足质量要求的物料。同时，通过过程评估与内外部评审，做好供给合同管理流程、进货检验流程完备性与执行力监控，尤其重点做好物料关键质量特性稳定性与过程能力、物料供给相对不合格品率监控，及时发现存在的不符合项，对采购合同管理风险事件进行报警，采取纠正措施进行不合格更改归零，并评估采购合同管理质量改进有效性，使采购质量满足要求[61]。

（5）供应商后评价质量监控。企业应按照采购过程策划结果，进行供应商后评价流程、供应商改进过程监控，及时调整供应商名录。同时，通过供应商后评价流程、供应商改进监督流程完备性与执行力监控，及时发现存在的不符合项，对供应商评价与选择风险事件进行报警，采取纠正措施进行不合格更改归零，并评估供应商评价与选择质量改进有效性，使物料供给质量满足采购计划要求[61]。

（6）内外部顾客反馈响应改进质量监控。企业应按照采购过程策划结果，及时主动进行关键顾客及重要相关方沟通，及时进行生产、验证、交付服务等后续流程反馈的采购质量问题以及在顾客投诉中与采购相关质量问题的响应改进。同时，做好采购过程质量问题改进归零程度监控，及时发现存在的采购质量问题，对采购过程质量控制风险事件进行报警，采取纠正措施进行采购质量问题归零，并评估采购质量改进有效性，确保采购质量处于受控状态[61]，避免因采购质量问题而发生质量危机。

4.4.2 采购过程质量风险预警指标体系

依据 4.2.2 节有关质量风险/隐患预警指标提取方法比较与选择结果，采用关联度法、监控要素-预警指标关联分析法[61]，进行采购过程质量风险预警指标发掘，并构建采购过程质量风险预警指标体系。

1. 采购过程质量风险监控要素发掘

依据采购过程质量风险预控流程及其控制活动，通过归纳总结采购质量影响因素研究成果及在相关质量危机频发行业内企业调研，设计采购质量影响因素与采购质量风险发生关联程度调查问卷，邀请相关专家对其关联程度进行判定，并在对回收问卷信效度分析基础上，形成如表 4.20 所示采购过程质量风险监控要素[61]。

表 4.20 采购过程质量风险监控要素

监控要素	要素内涵说明
需求申请编制流程完备性与执行力	物料需求申请编制流程规范，需求申请编制流程执行力强，需求申请信息与设计输出相关的物料质量特性要求一致，审核流程与改进流程执行力强
采购计划编制流程完备性与执行力	采购计划编制流程规范，采购计划编制流程执行力强，采购信息与设计输出相关的物料质量特性要求一致，审核流程与改进流程执行力强
供应商资质审查流程完备性与执行力	供应商资格审查内容、条件及流程完善，资格审查流程与改进流程执行力强
质量控制能力评价流程完备性与执行力	供应商提供样品关键质量特性稳定性、过程能力指数评价流程完备，稳定性、过程能力预评价流程执行力强，质量特性稳定性及过程能力满足要求
供应商能力预评价流程完备性与执行力	供应商综合能力预评价指标体系与评价模型完备，综合能力评价流程与供应商筛选流程完善，供应商能力预评价流程执行力强
供应商选择流程完备性与执行力	供应商选择方法及选择流程完善，选择流程执行力与改进流程执行力强
合同管理流程完备性与执行力	合同编制、内容审查、履行过程控制、变更过程控制、纠正预防与跟踪控制等合同管理流程完善性、执行力及改进措施有效性
进货检验流程完备性与执行力	进货检验流程完备性、检验方法选择适宜性、检验计划完善性及其执行力，以及质量改进措施有效性
质量特性稳定性监控流程执行力	基于控制图法的物料关键质量特性稳定性及基于过程能力指数的过程不合格品率监控流程完备性及其执行力，以及质量改进措施有效性
不合格监控流程执行力	不合格监控流程完备性及其执行力、监控结果低于 AQL（acceptance quality limit，接收质量限）及改进措施有效性

续表

监控要素	要素内涵说明
供应商后评价流程完备性与执行力	供应商后评价指标、评价标准与评价模型等评价体系完备性、评价过程执行力
供应商改进监督流程完备性与执行力	基于不同物料供应商后评价结果的处置流程完善性、执行力，以及调整供应商名录的有效性
内外部顾客反馈响应流程完备性与执行力	对后续生产、检验、顾客投诉中与采购过程相关的质量问题，及时响应流程完备性与执行力，以及质量改进措施有效性

2. 采购过程质量风险预警指标及其算法设计

依据筛选的监控要素及质量风险预警指标设置原则，综合现场调查、专家访谈结果，采用目标−手段分析法，提出采购过程质量风险预警指标如图4.4所示[61]。

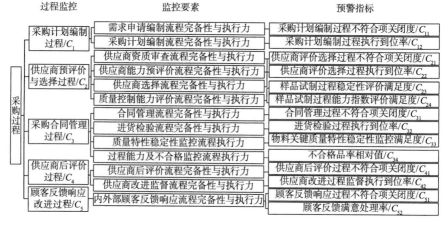

图 4.4　采购过程质量风险监控要素与预警指标关系图

（1）过程不符合项关闭度 C_{i1}。依据质量管理体系审核方案，采购计划编制、供应商预评价与选择、采购合同管理、供应商后评价、顾客反馈响应改进过程进行内部审核并接受外部审核，依据每次审核中出具的 $C_1 \sim C_5$ 过程不同严重程度的不符合项，若严重不符合项发生时，立即报警；若非严重不符合项发生时，则由责任部门采取纠正预防措施程序进行纠正与关闭，并由审核组组长对不符合项关闭情况进行确认，统计出 $C_1 \sim C_5$ 过程关闭的不同严重程度的不符合项数 r_{ik}，以不符合项关闭度来判断是否产生警情，C_{11}、C_{21}、C_{31}、C_{41}、C_{51} 计算公式见式（4.23）：

$$\alpha_{i1} = \frac{\sum\limits_{k=1}^{3} r_{ik} w_k}{\sum\limits_{k=1}^{3} n_{ik} w_k} \times 100\% \,, \quad i=1,2,3,4,5 \,; \quad k=1,2,3 \qquad (4.23)$$

式中，r_{ik} 表示采购第 i 过程第 k 级严重度不符合项关闭个数；n_{ik} 表示采购第 i 过程第 k 级严重度不符合项个数，$i=1,2,3,4,5$；k 表示不符合项严重程度，$k=1,2,3$ 分别对应待观察项、轻微不符合项、一般不符合项（因严重不符合项发生时立刻报警，故严重不符合项不在统计范围）；w_k 表示 k 级严重度等级不符合项的权重，采取古林法得 $w_1=1/6$，$w_2=1/3$，$w_3=1/2$。

（2）过程执行到位率 C_{i2}。按照企业质量管理体系文件中有关采购质量控制点要求及采购过程策划形成的质量监控点执行标准，对采购过程策划结果实际执行效果进行评价与确认，计算出该过程策划结果执行到位率。以过程策划结果执行到位率判断是否产生警情，C_{12}、C_{22}、C_{32}、C_{42} 计算公式见式（4.24）：

$$\beta_{i2} = \frac{K_i}{S_i} \times 100\% \,, \quad K_i=1,2,\cdots,S_i \,; \quad i=1,2,3,4 \qquad (4.24)$$

式中，K_i 表示采购过程策划的第 i 个过程实际执行到位状况，实际执行到位记为 1、未执行到位记为 0；S_i 表示采购过程策划的要求第 i 个过程执行的总个数。

（3）样品试制过程稳定性评价满足度 C_{23}。通过对供应商提供样品/顾客批准件检验，收集物料质量特性实际数据，并据此绘制评价用控制图[170]，再依据控制图判异准则[170]，判定样品关键质量特性是否稳定，以过程不稳定符合判异准则个数来判断是否产生警情。

（4）样品试制过程能力指数评价满足度 C_{24}。通过对供应商提供物料样品进行检验，收集物料质量特性实际数据，计算过程能力指数 c_{pm}[171]，确认过程能力满足性，以过程能力指数 c_{pm} 所处等级来判断是否产生警情。

（5）物料关键质量特性稳定性监控满足度 C_{33}。依据检验计划，按批次进行进货检验，收集与统计采购物料关键质量特性实际数据，并绘制监控用控制图[170]，再依据控制图判异准则[170]，判定采购物料关键质量特性是否稳定，以过程不稳定符合判异准则的个数来判断是否产生警情。当因物料批量小而无法使用常规控制图时，可以采用预控图法进行物料质量稳定性监控[172]，以是否有样本的质量特性值落入 1/8 之外区间来判断产生警情大小。

（6）不合格品率相对值 C_{34}。依据检验计划，按批次进行检验，及时统计每批不合格品数 d_i，计算过程不合格品率 p_i，并求过程平均不合格品率 p，以不合格品率相对于与供应商协商确定的 AQL 比值大小来判断是否产生警情，C_{34} 计算公式见式（4.25）：

$$\gamma = \frac{p}{\text{AQL}} \times 100\% ; \quad p = \left(\sum_{h=1}^{m} D_h \bigg/ \sum_{h=1}^{m} n_h \right) \times 100\%, \quad h = 1 \sim m \quad (4.25)$$

式中，p 表示合同期内供应商 m 批供货平均不合格品率；D_h 表示第 h 批进货检验检出的不合格品数；n_h 表示第 h 批进货检验的样本量，$h=1\sim m$；AQL 表示本公司与供应商协商确定的接收质量限，为本公司允许的最差过程平均质量水平。

（7）顾客反馈满意处理率 C_{52}。及时收集与处置采购后续生产、检验等过程内部顾客反馈及外部顾客投诉中与采购质量相关的问题，并与内外部顾客就采购质量问题进行沟通，统计采购质量问题处置满意的个数。以顾客反馈满意处理率来判断是否产生警情，C_{52} 指标计算公式见式（4.26）：

$$\delta = \frac{v}{V} \times 100\% ; \quad v = v_1 + v_2 ; \quad V = V_1 + V_2 \quad (4.26)$$

式中，v_1 表示评定期内采购部门及时、满意处理的外部顾客投诉数；v_2 表示评定期内采购部门及时、满意处理的内部顾客反馈数；V_1 表示评定期内与采购质量相关的外部顾客投诉数总和；V_2 表示评定期内与采购质量相关的内部顾客反馈数总和。

3. 采购过程质量风险警度等级划分

依据 4.2.2 节质量风险警度等级划分标准，将采购过程质量风险警度等级划分为 5 级。同 4.2.2 节一样的阈值设置方法，将 0.27% 作为采购过程不符合项关闭度及执行到位率初始阈值，将 5% 作为不合格品率相对值的初始阈值，结合采购过程质量风险预警指标区间设计准则及规避风险愿望，采用等比数列确定 5 级警度的阈值，计算得到如表 4.21 所示采购过程质量风险预警指标警度等级划分表[61]。当因物料批量小而无法使用常规控制图进行样品试制过程稳定性评价、关键质量特性稳定性监控时，以 n 个样本质量特性值全部落入质量参数允许变化范围中心值两侧 1/8 为无警，以有 1 个样本质量特性值落入 1/8~1/4 区间为轻警、1 个样本质量特性值落入 1/4~3/8 区间为中警、1 个样本质量特性值落入 3/8~1/2 区间为重警、1 个样本质量特性值落入质量参数允许变化范围之外为巨警[172]。

表 4.21　采购过程质量风险预警指标警度等级划分表

预警指标	无警Ⅰ级	轻警Ⅱ级	中警Ⅲ级	重警Ⅳ级	巨警Ⅴ级
C_{11}	（99.73%，1]	（98.63%，99.73%]	（94.11%，98.63%]	（75.62%，94.11%]	[0，75.62%]
C_{12}	（99.73%，1]	（98.63%，99.73%]	（94.11%，98.63%]	（75.62%，94.11%]	[0，75.62%]
C_{21}	（99.73%，1]	（98.63%，99.73%]	（94.11%，98.63%]	（75.62%，94.11%]	[0，75.62%]
C_{22}	（99.73%，1]	（98.63%，99.73%]	（94.11%，98.63%]	（75.62%，94.11%]	[0，75.62%]
C_{23}	[0，1）	[1，2）	[2，4）	[4，6）	[6，8]
C_{24}	（2，2.33]	（1.67，2]	（1.33，1.67]	（1，1.33]	（0，1]
C_{31}	（99.73%，1]	（98.63%，99.73%]	（94.11%，98.63%]	（75.62%，94.11%]	[0，75.62%]
C_{32}	（99.73%，1]	（98.63%，99.73%]	（94.11%，98.63%]	（75.62%，94.11%]	[0，75.62%]
C_{33}	[0，1）	[1，2）	[2，4）	[4，6）	[6，8]
C_{34}	[0，5%）	[5%，14%）	[14%，29%）	[29%，55%）	[55%，100%]
C_{41}	（99.73%，1]	（98.63%，99.73%]	（94.11%，98.63%]	（75.62%，94.11%]	[0，75.62%]
C_{42}	（99.73%，1]	（98.63%，99.73%]	（94.11%，98.63%]	（75.62%，94.11%]	[0，75.62%]
C_{51}	（99.73%，1]	（98.63%，99.73%]	（94.11%，98.63%]	（75.62%，94.11%]	[0，75.62%]
C_{52}	（99.73%，1]	（98.63%，99.73%]	（94.11%，98.63%]	（75.62%，94.11%]	[0，75.62%]

4. 采购过程质量风险预警指标赋权

为避免预警指标赋权时受主观因素影响过大，同时体现预警对象在综合评价中的主动参与，运用层次分析法和变权理论相结合的方法确定采购质量风险预警指标权重[61]。

（1）初步权重设定。采用层次分析法确定出采购五个过程风险预警指标权重和整体权重[173]，经判断符合一致性要求后，形成如表 4.22 所示权重确定结果[61]。

表 4.22　采购过程预警指标初步权重确定结果

过程	C_1		C_2				C_3				C_4		C_5	
预警指标	C_{11}	C_{12}	C_{21}	C_{22}	C_{23}	C_{24}	C_{31}	C_{32}	C_{33}	C_{34}	C_{41}	C_{42}	C_{51}	C_{52}
指标各过程权重	0.500	0.500	0.076	0.076	0.516	0.332	0.103	0.057	0.541	0.299	0.500	0.500	0.500	0.500
指标整体权重	0.034	0.034	0.012	0.012	0.084	0.054	0.036	0.020	0.190	0.104	0.069	0.069	0.141	0.141

（2）变权权重设定。依据图 4.3 所示预控流程对采购过程进行监控，并获取图 4.4 所示预警指标对应计算式（4.23）~式（4.26）中各变量的实际数据，利用式（4.23）~式（4.26）计算各指标实测值 v_{ij}，借鉴变权综合模型及据此导出的指标权重计算公式[174]，利用 v_{ij} 和前述第 i 过程第 j 个指标警度等级节域的左右端点值来计算采购过程预警指标变权权重值，计算公式如式（4.27）所示：

$$w_{ij}(X) = \frac{\exp\left[d_{ij\min} - d_{ij\max}\right]}{\sum_{j=1}^{n_i} \exp\left[d_{ij\min} - d_{ij\max}\right]}, \quad i=1,2,3,4,5; \quad n_1 = n_4 = n_5 = 2; \quad n_2 = n_3 = 4$$

$$d_{ij\max} = \max\left\{\left|v_{ij} - a_{ij}\right|, \left|b_{ij} - v_{ij}\right|\right\}; \quad d_{ij\min} = \min\left\{\left|v_{ij} - a_{ij}\right|, \left|b_{ij} - v_{ij}\right|\right\} \quad （4.27）$$

式中，a_{ij}、b_{ij} 分别表示第 i 个过程第 j 个指标节域的左、右两个端点值，具体数值见表 4.21 及后续节域数据。

（3）综合权重确定。结合表 4.22 预警指标初步权重与式（4.27）确定的预警指标变权权重，利用计算公式（4.28）计算出预警指标综合权重：

$$w'_{ij}(x) = W_{ij} w_{ij} / \sum_{j=1}^{n_i} W_{ij} w_{ij}, \quad i=1,2,3,4,5; \quad n_1 = n_4 = n_5 = 2; \quad n_2 = n_3 = 4 （4.28）$$

式中，W_{ij} 表示层次分析法计算得出的第 i 个过程、第 j 个指标权重；w_{ij} 表示对应变权权重。

4.4.3　采购过程质量风险警情评价模型

依据 4.2.3 节有关警情评价方法比较、选择与改进结果，结合表 4.21 警度等级阈值，建立采购 5 个过程和整体质量风险警情评价模型[61]。

1. 采购过程质量风险警度等级标准化经典域及节域确定

结合表 4.21 质量风险警度等级划分结果，确定预警指标评价等级标准化经典域及节域。

1）采购过程质量风险警度等级标准化经典域确定

借鉴 4.2.3 节有关预警指标警度等级标准化经典域设定方法，对表 4.21 所示预警指标警度等级的经典域，利用式（4.10）进行标准化处理，可形成与 4.2.3 节结构相同的 $C_1 \sim C_5$ 5 个采购过程各自的质量风险警度等级标准化经典域 $R_{1i} \sim R_{5i}$。同时，对五个采购过程的 $R_{1i} \sim R_{5i}$ 进行合并，形成采购质量风险警度等级标准化经典域 $R_1 \sim R_5$。

2）采购过程质量风险警度等级节域确定

以表 4.21 中各指标的取值范围作为经典域，将各指标对应的经典域之和作为 C_1、C_2、C_3、C_4、C_5 过程质量风险预警指标警度等级节域 R_{p1}、R_{p2}、R_{p3}、R_{p4}、R_{p5}，同前述整体质量风险警度等级评价标准化经典域确定方法，可得出 R_p。

2. 过程统计值与警度等级的贴近度函数

依据 4.2.3 节有关质量风险统计值与警度等级的贴近度函数改进结果，可同样形成与式（4.11）相同的采购过程质量风险警度等级贴近度函数。式中，$D_{ijp}\left(v'_{ij}\right)$ 表示待评价的采购过程质量风险预警指标实测数据的标准化值 v'_{ij} 与警度等级标准化经典域修正后的距离；n_i 表示采购第 i 个过程预警指标数，$i = 1 \sim 5$，$n_1 = n_4 = n_5 = 2$，$n_2 = n_3 = 4$；p 表示采购过程质量风险警度等级，$p = 1 \sim 5$；$w'_{ij}(x)$ 为采购第 i 过程第 j 个预警指标的综合权重；a'_{ijp}、b'_{ijp} 分别表示采购第 i 过程第 j 个预警指标在警度等级为 p 时的评价等级标准化经典域的左、右端点值；v'_{ij} 表示采购第 i 过程第 j 个预警指标实测值经过标准化处理后的值。

3. 过程与整体警度等级评价模型建立

依据 4.2.3 节有关警度等级评价模型建立结果，可同样形成与式（4.12）相同的采购五个分过程及整体过程质量风险警度等级特征变量值 j_i^* 以及具体警度等级 $N_i\left(p_0\right)$，将 $N_i\left(p_0\right)$、j_i^* 与表 4.8 结合运用，构建采购过程质量风险警度等级评价模型。式中，j_i^* 表示采购第 i 过程预警结果偏向另一级的程度[61]。

4. 采购过程质量风险实际预警与处置

企业在按照警度等级评价模型进行采购过程质量风险预警时，首先进行采购五个分过程预警指标警度判定，若前一过程预警指标警度出现中警及以上警度时，则按照图 4.3 所示质量风险预控流程制定与实施纠正措施，直至降至轻警以下；其次进行采购分过程及整体预警，当采购五个分过程或整体 $N_{ip}(p_0)$ 中的 $p \geqslant 3$，即出现中警以上警度时，应立刻进行报警，并按照图 4.3 所示预控流程进行质量改进，将采购质量风险降至轻警或无警状态[61]。在此以某制药公司物料采购实际为例，对其采购过程质量风险进行实时监控与参数评估值信息收集，并依据表 4.21 划分的警度等级及上述质量风险警情评价模型，进行采购各过程质量风险预警指标及整体质量风险等级评价与警情评价模型应用。

1）采购过程质量风险预警指标实际警情评价与预警

首先依据式（4.23）~式（4.26）相关参数的内涵，进行 $C_{11} \sim C_{52}$ 预警指标原始数据收集、参数统计，评价值统计计算[61]；其次计算 C_1、C_2、C_3、C_4、C_5 五个分过程质量风险预警指标值，并依据表 4.21 所示警级划分标准进行预警指标警级划分；最后利用式（4.10）计算 $C_1 \sim C_5$ 五个分过程质量风险预警指标标准化值，形成如表 4.23 所示预警指标值及其警级统计结果。由此可见，该制药公司物料供应商预评价与选择过程的样品试制过程稳定性评价满足度 C_{23}、样品试制过程能力指数评价满足度 C_{24} 及采购合同管理过程的进货检验过程执行到位率 C_{32}、物料关键质量特性稳定性监控满足度 C_{33}、不合格品率相对值 C_{34} 这五个质量风险预警指标均处于轻警，尽管无须报警，但公司应对其进行必要改进与重点监控。

表 4.23　采购过程质量风险预警指标值及其警级统计结果表

阶段	C_1		C_2				C_3				C_4		C_5	
预警指标	C_{11}	C_{12}	C_{21}	C_{22}	C_{23}	C_{24}	C_{31}	C_{32}	C_{33}	C_{34}	C_{41}	C_{42}	C_{51}	C_{52}
预警指标值	1	1	1	1	1	1.690	1	0.990	1	0.100	1	1	1	1
标准化值	0	0	0	0	0.125	0.275	0	0.010	0.125	0.100	0	0	0	0
警度等级	无警	无警	无警	无警	轻警	轻警	无警	轻警	轻警	轻警	无警	无警	无警	无警

2）采购过程质量风险预警指标各过程权重设定

依据表 4.22 中 $C_1 \sim C_5$ 过程 $C_{11} \sim C_{52}$ 预警指标的过程权重及表 4.23 中

$C_1 \sim C_5$ 过程 $C_{11} \sim C_{52}$ 预警指标值，由式（4.27）与式（4.28）计算得采购过程质量风险预警指标综合权重，如表 4.24 中 $C_{11} \sim C_{52}$ 对应预警指标的过程权重。

表 4.24　采购过程质量风险预警指标综合权重

过程	C_1		C_2				C_3				C_4		C_5	
预警指标	C_{11}	C_{12}	C_{21}	C_{22}	C_{23}	C_{24}	C_{31}	C_{32}	C_{33}	C_{34}	C_{41}	C_{42}	C_{51}	C_{52}
指标过程权重	0.500	0.500	0.161	0.161	0.008	0.670	0.194	0.110	0.007	0.689	0.500	0.500	0.500	0.500
指标整体权重	0.045	0.045	0.016	0.016	0.002	0.069	0.048	0.027	0.002	0.170	0.092	0.092	0.188	0.188

3）采购分过程质量风险警度等级贴近度计算及警度评价

将表 4.24 中 $C_{11} \sim C_{52}$ 的过程权重及表 4.23 中 $C_{11} \sim C_{52}$ 的标准化值，代入式（4.11）计算得采购各过程在不同警度等级的贴近度，利用式（4.12）计算出 $N_i(p_0)$、j_i^*，可得采购五个分过程相关警度参数的计算结果，如表 4.25 所示。

表 4.25　采购过程质量风险警度等级评价结果

C_i	N_{i1}	N_{i2}	N_{i3}	N_{i4}	N_{i5}	N_i	所属等级	j_i^*
C_1	0.999 8	0.998 7	0.993 2	0.970 6	0.878 1	0.999 8	无警	2.396
C_2	0.981 0	0.997 6	0.995 3	0.971 9	0.906 0	0.997 6	轻警	2.454
C_3	0.979 1	0.997 4	0.996 0	0.974 0	0.914 1	0.997 4	轻警	2.471
C_4	0.999 8	0.998 7	0.993 2	0.970 6	0.878 1	0.999 8	无警	2.396
C_5	0.999 8	0.998 7	0.993 2	0.970 6	0.878 1	0.999 8	无警	2.396
C	0.998 5	0.999 6	0.991 5	0.986 4	0.967 8	0.999 6	轻警	2.288

（1）采购计划编制过程预警结果。依据表 4.8 评定标准和表 4.25 采购计划编制过程警度等级计算结果，可知 2.5> j_1^*=2.396>2，表明采购计划编制质量风险虽属于无警，但有向轻警发展的可能。因此应做好采购计划编制过程控制，防止其向轻警以上发展。

（2）供应商预评价与选择过程预警结果。依据表 4.8 评定标准和表 4.25 供应商评价选择过程警度等级计算结果，可知 2.5> j_2^*=2.454>2，表明供应商评价选择质量风险属于轻警，其风险点主要表现为关键质量特性稳定性与过程能力评价不满足要求，故应重点监控供应商提供样品质量，促使供应商提高生产过程稳定性与过程能力，防止供应商评价与选择过程警度向中警以上发展。

（3）采购合同管理过程预警结果。依据表 4.8 评定标准和表 4.25 采购合同管理过程警度等级计算结果，可知 $2.5 > j_3^* = 2.471 > 2$，表明进货质量风险属于轻警，其风险点主要表现为进货检验计划执行不到位、关键质量特性稳定性监控不满足要求，且过程能力及不合格品率控制不到位，故应重点监控这 3 个预警指标，监督供应商及时改进，防止进货检验过程警度向中警以上发展。

（4）供应商后评价过程预警结果。依据表 4.8 评定标准和表 4.25 供应商后评价过程警度等级计算结果，可知 $2.5 > j_4^* = 2.396 > 2$，表明供应商后评价质量风险虽属于无警，但有向轻警发展的趋势。因此，应控制物料供应商后评价过程执行到位率及供应商改进到位率，防止该过程警度向轻警以上转移。

（5）顾客反馈响应改进过程预警结果。依据表 4.8 评定标准和表 4.25 内外部顾客反馈问题响应改进过程警度等级计算结果，可知 $2.5 > j_5^* = 2.396 > 2$，表明响应改进风险虽属于无警，但有向轻警发展的趋势。因此，应控制顾客反馈响应改进过程执行到位率及顾客反馈满意处理率，防止该过程警度向轻警以上转移。

4）采购质量风险整体实际警情评价

（1）采购质量风险预警指标整体权重设定。依据表 4.22 中 $C_1 \sim C_5$ 过程 $C_{11} \sim C_{52}$ 预警指标的整体权重及表 4.23 中 $C_1 \sim C_5$ 过程 $C_{11} \sim C_{52}$ 预警指标的标准化值，由式（4.27）与式（4.28）计算得采购过程质量风险预警指标综合权重，如表 4.24 中 $C_{11} \sim C_{52}$ 的整体权重赋值结果。

（2）采购质量风险警度等级贴近度计算。将表 4.24 中 $C_{11} \sim C_{52}$ 的整体权重及表 4.23 中 $C_{11} \sim C_{52}$ 的标准化值，代入式（4.11）计算得采购过程在不同警度等级的贴近度，同时利用式（4.12）计算出 $N(p_0)$、j^*，得采购整体过程相关警度参数的计算结果如表 4.25 所示，并依据表 4.8 判断采购整体过程的警度等级。

（3）采购质量风险警度等级评价结果。依据表 4.8 警度等级评定标准和表 4.25 采购质量风险警度等级计算结果，可知 $2.5 > j^* = 2.288 > 2$，表明采购质量风险属于轻警，其风险点主要表现为供应商评价、采购合同执行过程控制与监督不到位，故应在进行供应商评价与选择、采购合同执行过程监控基础上，注意各过程质量风险预警指标值的变异，通过采购质量持续改进及后续流程相关部门纠正措施实施效果信息反馈与监督控制，有效解决发现的采购质量及顾客投诉质量问题，将采购质量风险降低到轻警以下。

4.5　生产运作过程质量危机预防与预警模型

生产运作过程质量危机是指由于生产运作质量风险事件的发生，引发产品交付质量不满足要求，导致顾客投诉增加，并被广泛宣传而在社会上产生较大负面影响的突发性事件。生产运作过程质量危机预防与预警的核心是过程质量风险预控，需要在完善生产运作过程质量风险预控流程基础上，辨识生产运作质量风险预警指标，设计生产运作质量风险警情评价模型，为企业有效削减因生产运作质量风险事件的发生而引发的质量危机提供理论借鉴。

4.5.1　生产运作过程质量风险预控流程

在此，提出生产运作过程质量风险预控流程图如图 4.5 所示[63]。

（1）生产准备质量监控。企业应完善生产运作过程质量控制流程，根据设计输出进行生产运作过程策划，规划与创新生产工艺技术，进行生产运作所需资源规划、质量控制技术应用策划，明确划分生产运作过程质量职责、权限与接口关系，并制定监视与测量设备、基础设施、作业环境等 5M1E 控制方案，实施设备、工艺验证及人员资质认可，编制作业指导书等质量控制文件[63]。同时，做好生产运作策划流程完备性与执行力监控，并通过样品试制过程数据收集、初始过程稳定性和过程能力评价，对生产运作策划及生产准备结果进行评审、改进与确认，及时发现存在的不符合项，分析生产运作过程策划及生产准备结果满足要求程度，对生产准备质量风险事件进行报警，采取纠正措施进行不符合项归零，并及时评估质量改进有效性，使生产运作过程策划及生产准备质量满足要求。

（2）生产过程质量监控。企业应按照生产运作过程策划结果，进行生产运作过程控制，对生产运作策划结果完备程度及执行力，尤其是5M1E 资源状态、过程监视与测量、产品监视与测量状态进行实时监控[63]。同时，做好生产运作策划流程完备性与执行力监控，并通过关键质量特性稳定性和过程能力在线监控、一次检验相对不合格品率监控，分析生产过程质量及产品固有质量特性满足要求的程度，对生产过程质

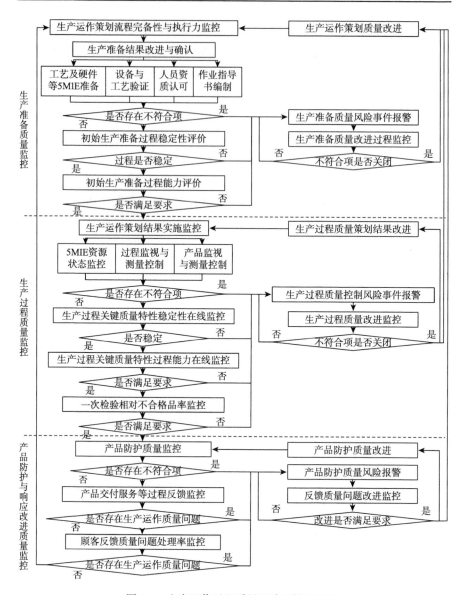

图4.5　生产运作过程质量风险预控流程图

量控制风险事件进行报警，采取纠正措施进行不符合项归零，并通过不合格品处置、纠正措施实施过程监控，及时评估质量改进有效性，确保生产过程质量处于受控状态。

（3）产品防护与响应改进质量监控。企业应按照生产运作过程策划结果，进行产品防护过程、内外部顾客反馈响应改进过程实时监控，主动进行客户服务等后续流程反馈的生产运作质量问题以及在顾客投诉中与生产运作相关质量问题的响应改进。同时，做好产品防护质量问题、生产运作过程质量问题改进归零程度监控，及时发现存在的生产运作质量问题，对产品防护质量风险事件进行报警，采取纠正措施进行产品防护质量问题归零，并评估产品防护质量改进有效性，确保产品防护质量满足产品要求[63]，使交付与服务提供质量满足顾客要求，避免因生产运作质量问题发生质量危机。

4.5.2　生产运作过程质量风险预警指标体系

依据 4.2.2 节有关质量风险预警指标提取方法比较与选择结果，采用关联度法、监控要素–预警指标关联分析法[63]，进行生产运作过程质量风险预警指标发掘，并确定预警指标权重、设定警度等级与评价标准。

1. 生产运作过程质量风险监控要素发掘

依据生产运作过程质量风险预控流程及其控制活动，通过归纳总结生产运作质量影响因素研究成果及在相关质量危机频发行业内企业实地调研，形成生产运作过程质量影响因素与生产运作质量风险发生关联程度调查问卷，邀请相关专家对关联程度进行判定，并在对回收问卷信效度分析基础上，形成生产运作过程质量风险监控要素表（表 4.26）[63]。

表 4.26　生产运作过程质量风险监控要素表

监控要素	要素内涵说明
生产运作策划流程完备性与执行力	生产运作策划流程规范、过程流程图、物料选择及质量标准建立、监视与测量计划、测量系统分析计划、产品标识和可追溯性控制流程等满足要求的程度
5M1E 资源配置流程完备性与执行力	5M1E 资源配置流程规范、人、机、料、法、环、测等相关生产准备及设备验证、工艺验证结果满足要求的程度
初始过程稳定性评价与改进流程执行力	样品关键质量特性稳定性评价流程规范，对设备性能确认、样品试制与预生产过程关键质量特性初始稳定性进行评价、分析与改进结果满足要求的程度
初始过程能力评价与改进流程执行力	样品关键质量特性生产过程能力评价流程规范，对样品试制与预生产过程关键质量属性的初始过程能力指数进行计算、评价及改进结果满足要求的程度
生产运作策划结果完备性与执行力	生产运作策划结果完善，生产运作策划结果执行力及质量改进有效性
5M1E 资源满足度	生产运作过程人、机、料、法、环、测等资源满足要求程度及改进调整有效性
生产过程监视与测量控制执行力	生产运作过程监视与测量系统完善，监视与测量过程及结果分析过程满足要求程度
产品放行检验过程监控执行力	生产过程输出成品放行质量检验程序完善，产品检验计划执行力及质量改进有效性
生产过程稳定性监控执行力	基于控制图或其他闭环在线控制的过程稳定性监控程序完善，过程稳定性监控程序执行力及质量改进有效性

续表

监控要素	要素内涵说明
生产过程能力监控执行力	基于过程能力指数的生产运作实施过程能力监控程序完善，过程能力监控程序执行力及质量改进有效性
一次检验不合格品监控执行力	生产过程及产品一次检验相对不合格品率监控程序完善，一次检验相对不合格品率低于 AQL 程度及质量改进有效性
产品防护质量监控流程执行力	产品防护质量监控流程完善，产品防护质量监控流程执行力及质量改进有效性
内外部顾客反馈响应改进流程执行力	产品交付、销售、服务过程及顾客投诉中与生产运作过程相关的质量问题响应改进流程的完备性与执行力，以及质量改进有效性

2. 生产运作过程质量风险预警指标设定

依据上述生产运作过程质量风险监控要素及预警指标的设置原则，综合现场调查、专家访谈，采用目标-手段分析法，提出生产运作过程质量风险预警指标，如图 4.6 所示[63]。

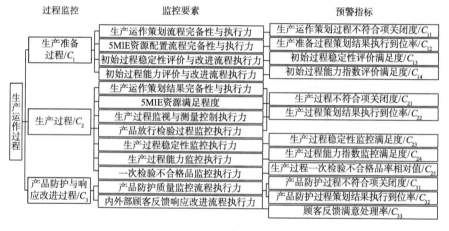

图 4.6　生产运作过程质量风险监控要素与预警指标关系图

（1）过程不符合项关闭度 C_{i1}。依据质量管理体系审核方案，对生产运作过程进行内部审核及接受外部审核，在每次审核过程中开具 $C_1 \sim C_3$ 过程不同严重程度的不符合项报告，若出现严重不符合项时，则立即报警；若非严重不符合项发生时，对不符合项进行纠正与关闭，并确认关闭的不符合项个数，以过程不符合项关闭度来判断是否产生警情，C_{11}、C_{21}、C_{31} 计算公式 α_{i1} 见式（4.29）：

$$\alpha_{i1} = \sum_{k=1}^{3} r_{ik} w_k \bigg/ \sum_{k=1}^{3} n_{ik} w_k \times 100\%, \quad i = 1,2,3; \quad k = 1,2,3 \qquad （4.29）$$

式中，r_{ik} 指生产运作第 i 过程第 k 严重度不符合项关闭的个数，$i = 1,2,3$；

$k=1,2,3$ 分别指待观察项、轻微不符合项、一般不符合项（严重不符合项发生时立刻报警与处置，故不在统计范围）；w_k 指 k 级严重度不符合项的权重，采取古林法可得 $w_1=1/6$、$w_2=1/3$、$w_3=1/2$；n_{ik} 指第 i 过程第 k 严重度不符合项的个数。

（2）过程策划结果执行到位率 C_{i2}。按照质量管理体系文件及过程策划结果中有关过程质量控制要求，形成具体质量监控点及其执行标准，对过程质量控制点实际控制效果进行评价与确认，计算过程策划结果执行到位率。以过程策划结果执行到位率来判断是否产生警情，C_{12}、C_{22}、C_{32} 计算公式 β_{i2} 见式（4.30）：

$$\beta_{i2}=\frac{K_i}{S_i}\times100\%，\quad K_i=1,2,\cdots,S_i；\quad i=1,2,3 \qquad (4.30)$$

式中，K_i 表示生产运作第 i 个过程策划结果中有关质量控制要求实际执行到位的个数；S_i 表示生产运作第 i 个过程策划结果中有关质量控制要求的个数。

（3）初始过程稳定性评价满足度 C_{13}/生产过程稳定性监控满足度 C_{23}。利用过程是否处于统计控制状态的判定技术，通过对生产准备过程样品试制数据及正式生产过程关键质量特性在线监控数据收集、控制图绘制[170]，依据控制图出现变差可查明原因的 8 个模式检验准则[170]，判定试制过程及生产过程关键质量特性是否稳定，以过程不稳定而出现 8 个模式之中的模式数量来判断是否产生警情，C_{13}、C_{23} 指标的统计值 $\gamma_i=0,1,2,\cdots,8$。

（4）初始过程能力指数评价满足度 C_{14}/生产过程能力指数监控满足度 C_{24}。利用产品制造绩效与规格界限之间关系的过程能力指数[171]，通过生产准备过程样品试制数据及正式生产过程关键质量特性在线监控数据收集，计算过程能力指数 c_{pm}[171]，以 c_{pm} 所处区间来判断是否产生警情，C_{14}、C_{24} 的统计值为 c_{pm}。

（5）生产过程一次检验不合格品率相对值 C_{25}。依据生产过程质量检验计划或 QC 工程图，进行过程及产品质量监视与测量，及时统计每批中包含的一次检验不合格品数 D_h，并求过程平均不合格品率 p^*，以过程平均不合格品率相对于 AQL 比值的大小来判断是否产生警情，C_{25} 计算公式 δ 见式（4.31）：

$$\delta=\frac{p^*}{\mathrm{AQL}}\times100\%；\quad p^*=\left(\sum_{h=1}^{m}D_h\Big/\sum_{h=1}^{m}n_h\right)\times100\%，\quad h=1\sim m \quad (4.31)$$

式中，p^* 表示 m 批产品的平均不合格品率；D_h 表示第 h 批产品一次检出的不合格品数；n_h 表示第 h 批产品的样本量，$h=1\sim m$；AQL 表示质量检验计划或供需双方协商确定的接收质量限，为内部管控或顾客可接受的过程平均质量水平。

（6）顾客反馈满意处理率 C_{33}。及时收集和处置产品交付、服务等过程内部顾客反馈及外部顾客投诉中与生产运作过程相关的质量问题，并与内外部顾客进行质量问题沟通，统计质量问题处置满意的反馈或投诉个数。以顾客反馈满意处理率来判断是否产生警情，C_{33}计算公式 ε 见式（4.32）：

$$\varepsilon = \frac{v_1 + v_2}{V_1 + V_2} \times 100\% \qquad (4.32)$$

式中，v_1 表示评定期内生产部门及时、满意处理的外部顾客投诉数；v_2 表示评定期内生产部门及时、满意处理的产品交付、服务等过程相关内部顾客反馈数；V_1 表示评定期内与生产质量相关的外部顾客投诉数；V_2 表示评定期内与生产质量相关的内部顾客反馈数。

3. 生产运作过程质量风险预警指标警度等级划分

依据 4.2.2 节质量风险警度等级划分标准，将生产运作质量风险警度等级划分为 5 级。同 4.2.2 节一样的阈值调查、统计与设置方法，将 6σ 波动幅度对应的 c_{pm} 范围作为过程能力指数评价/监控满足度的初始阈值，将 3σ 对应的 0.27% 作为过程不符合项关闭度、策划结果执行到位率及顾客反馈满意处理率的初始阈值，将常见错误概率 5% 作为其一次检验不合格品率相对值的初始阈值，并结合质量风险预警指标区间设计准则以及规避质量风险愿望，采用等比数列确定各预警指标警度阈值，形成生产运作过程质量风险预警指标警度等级划分表（表 4.27）[63]。当因试制的样品及生产的产品批量小而无法使用常规控制图进行初始过程稳定性评价、正式过程稳定性监控时，以 n 个样本质量特性值全部落入质量参数允许变化范围中心值两侧 1/8 为无警，以有 1 个样本质量特性值落入 1/8~1/4 区间为轻警、1 个样本质量特性值落入 1/4~3/8 区间为中警、1 个样本质量特性值落入 3/8~1/2 区间为重警、1 个样本质量特性值落入质量参数允许变化范围之外为巨警[172]。

表 4.27　生产运作过程质量风险预警指标警度等级划分表

预警指标	无警Ⅰ级	轻警Ⅱ级	中警Ⅲ级	重警Ⅳ级	巨警Ⅴ级
C_{11}	[1, 99.73%)	[99.73%, 98.63%)	[98.63%, 94.11%)	[94.11%, 75.62%)	[75.62%, 0]
C_{12}	[1, 99.73%)	[99.73%, 98.63%)	[98.63%, 94.11%)	[94.11%, 75.62%)	[75.62%, 0]

预警指标	无警 I 级	轻警 II 级	中警 III 级	重警 IV 级	巨警 V 级
C_{13}	[0, 1)	[1, 2)	[2, 4)	[4, 6)	[6, 8]
C_{14}	[2.33, 2)	[2, 1.67)	[1.67, 1.33)	[1.33, 1)	[1, 0]
C_{21}	[1, 99.73%)	[99.73%, 98.63%)	[98.63%, 94.11%)	[94.11%, 75.62%)	[75.62%, 0]
C_{22}	[1, 99.73%)	[99.73%, 98.63%)	[98.63%, 94.11%)	[94.11%, 75.62%)	[75.62%, 0]
C_{23}	[0, 1)	[1, 2)	[2, 4)	[4, 6)	[6, 8]
C_{24}	[2.33, 2)	[2, 1.67)	[1.67, 1.33)	[1.33, 1)	[1, 0]
C_{25}	[0, 5%)	[5%, 14%)	[14%, 29%)	[29%, 55%)	[55%, 100%]
C_{31}	[1, 99.73%)	[99.73%, 98.63%)	[98.63%, 94.11%)	[94.11%, 75.62%)	[75.62%, 0]
C_{32}	[1, 99.73%)	[99.73%, 98.63%)	[98.63%, 94.11%)	[94.11%, 75.62%)	[75.62%, 0]
C_{33}	[1, 99.73%)	[99.73%, 98.63%)	[98.63%, 94.11%)	[94.11%, 75.62%)	[75.62%, 0]

4. 生产运作过程质量风险预警指标权重赋值

为避免预警指标赋权时受主观因素影响过大，同时体现预警对象在综合评价中的主动参与，运用层次分析法和变权理论相结合的方法确定生产运作过程质量风险预警指标权重[63]。

（1）初步权重设定。在与质量危机频发行业内企业生产管理、质量管理人员进行讨论基础上，采用同 4.4.2 节一样的采购过程质量风险预警指标权重设定方法，形成生产运作过程质量风险预警指标初步权重确定结果（表4.28）[63]。

表 4.28　生产运作过程质量风险预警指标初步权重表

过程	C_1				C_2					C_3		
预警指标	C_{11}	C_{12}	C_{13}	C_{14}	C_{21}	C_{22}	C_{23}	C_{24}	C_{25}	C_{31}	C_{32}	C_{33}
指标过程权重	0.338	0.401	0.097	0.164	0.217	0.377	0.074	0.132	0.120	0.163	0.297	0.540
指标整体权重	0.108	0.128	0.031	0.052	0.121	0.211	0.041	0.074	0.112	0.020	0.036	0.066

（2）变权权重设定。依据图 4.5 所示质量风险预控流程对生产运作过程进行监控，并获取图 4.6 所示预警指标对应式（4.29）~式（4.32）中各变量的实际数据，利用式（4.29）~式（4.32）计算各指标实测值 v_{ij}，借鉴变权综合模型及指标权重计算公式[174]，利用 v_{ij} 和前述第 i 过程第 j 个指标警

度等级节域的左右端点值来计算生产运作过程预警指标变权权重值，计算公式如式（4.27）所示。其中，$i=1 \sim 3$；$i=1$ 时，$j=1 \sim 4$；$i=2$ 时，$j=1 \sim 5$；$i=3$ 时，$j=1 \sim 3$；a_{ij}、b_{ij} 分别为第 i 个过程第 j 个指标节域的左、右两个端点值，具体数值见表 4.27 及后续节域数据[63]。

（3）综合权重确定。结合表 4.28 预警指标初步权重与式（4.27）确定的预警指标变权权重，利用式（4.28）计算出生产运作过程预警指标综合权重。

4.5.3　生产运作过程质量风险警情评价模型

依据 4.2.3 节有关警情评价方法比较、选择与改进结果，结合表 4.27 警度等级阈值，建立生产运作三个过程和整体质量风险警情评价模型[63]。

1. 质量风险警度等级标准化经典域及节域确定

结合表 4.27 质量风险警度等级划分结果，确定预警指标评价等级标准化经典域及节域。

1）生产运作过程质量风险警度等级标准化经典域确定

借鉴 4.2.3 节有关预警指标警度等级标准化经典域设定方法，对表 4.27 所示预警指标警度等级的经典域，利用式（4.10）进行标准化处理，可形成 $C_1 \sim C_3$ 三个过程各自的质量风险警度等级标准化经典域 $R_{1i} \sim R_{5i}$。同时，对生产运作过程的 $R_{1i} \sim R_{5i}$ 进行合并，得生产运作整体过程质量风险警度等级的标准化经典域 $R_1 \sim R_5$。

2）生产运作过程质量风险警度等级节域确定

以表 4.27 中各预警指标的取值范围为经典域，将各预警指标对应的经典域之和作为 C_1、C_2、C_3 过程预警指标警度等级节域 R_{p1}、R_{p2}、R_{p3}。同时，按照区间顺序相加原则，由 R_{p1}、R_{p2}、R_{p3} 可得生产运作整体过程质量风险警度等级节域 R_p[63]。

2. 过程统计值与警度等级的贴近度函数改进

依据 4.2.3 节有关质量风险统计值与警度等级的贴近度函数改进结果，可同样形成与式（4.11）相同的生产运作过程质量风险警度等级贴近度函数。式中，$D_{ijp}\left(v'_{ij}\right)$ 表示待评价的生产运作质量风险预警指标实测数据的标准化值 v'_{ij} 与警度等级标准化经典域修正后的距离；n_i 表示生产运作第 i 个过程预警指标数，$i=1 \sim 3$，$n_1=4$，$n_2=5$，$n_3=3$；p 表示生产运作过程质量风险警度等级，$p=1\sim 5$；$w'_{ij}(x)$ 表示生产运作第 i 过程第 j 个预警指标的综合权重；a'_{ijp}、b'_{ijp} 分别表示生产运作第 i 过程第 j 个预警指标在警度等级为 p 时的标准化经典域的左、右端点值；v'_{ij} 表示生产运作第 i 过程第 j 个预警指标实测值经过标准化处理后的值[63]。

3. 过程与整体警度等级评价模型建立

依据 4.2.3 节有关过程与整体警度等级评价模型建立结果，可形成与式（4.12）相同的生产运作分过程及整体过程质量风险警度等级特征变量值 j_i^* 及具体警度等级 $N_i(p_0)$，将 $N_i(p_0)$、j_i^* 与表 4.8 结合运用，构建生产运作三个分过程以及整体过程质量风险警度等级评价模型。式中，j_i^* 表示生产运作第 i 过程质量风险预警结果偏向另一级的程度[63]。

4. 过程与整体质量风险实际预警与处置

企业按照警度等级评价模型在进行生产运作过程质量风险预警时，首先进行三个过程预警指标警度判定，若前一过程预警指标警度出现中警及以上警度时，则按照图 4.5 所示预控流程制定与实施纠正措施，直至降至轻警以下；其次进行生产运作分过程及整体预警，当三个分过程及整体 $N_{ip}(p_0)$ 中的 $p\geqslant 3$ 时，应及时进行报警，并按照图 4.5 所示预控流程进行质量改进，将生产运作过程质量风险降至轻警或无警状态[63]。在此，以某实施 6σ 管理的制药公司某产品生产实际为例，对其生产运作过程质量风险进行实时监控与参数评估值信息收集，并依据表 4.27 划分的警度等级及上述质量风险警情评价模型，进行生产运作过程及整体质量风险等级评价与警情评价模型应用[63]。

1）生产运作过程质量风险预警指标实际警情评价与预警

首先依据式（4.29）~式（4.32）相关参数的内涵，进行 $C_{11}\sim C_{33}$ 原始数据收集、参数统计，评价值统计计算；其次计算 C_1、C_2、C_3 三个过程质量风险预警指标值，并依据表 4.27 所示警级划分标准进行预警指标警级划分；最后利用式（4.10）计算 $C_1\sim C_3$ 三个过程质量风险预警指标标准化值，形成如表 4.29 所示预警指标值及其警级统计结果[63]。由此可见，该制药公司生产准备过程策划结果执行到位率 C_{12}、初始过程能力指数评价满足度 C_{14} 及生产过程能力指数监控满足度 C_{24}、生产过程一次检验不合格品率相对值 C_{25} 这四个质量风险预警指标均处于轻警，尽管无须报警，但公司应对其进行必要改进与重点监控。

表 4.29 生产运作过程质量风险预警指标值及其警级统计结果表

过程	C_1				C_2					C_3		
预警指标	C_{11}	C_{12}	C_{13}	C_{14}	C_{21}	C_{22}	C_{23}	C_{24}	C_{25}	C_{31}	C_{32}	C_{33}
预警指标值	1	0.990	0	1.820	1	1	0	1.840	0.100	1	1	1
标准化值	0	0.010	0	0.219	0	0	0	0.210	0.100	0	0	0
警度等级	无警	轻警	无警	轻警	无警	无警	无警	轻警	轻警	无警	无警	无警

2）生产运作过程质量风险预警指标各过程权重设定

依据表 4.28 中 $C_1 \sim C_3$ 过程 $C_{11} \sim C_{33}$ 的过程权重及表 4.29 中 $C_1 \sim C_3$ 过程 $C_{11} \sim C_{33}$ 预警指标值，由式（4.27）与式（4.28）计算得质量风险预警指标综合权重，如表 4.30 中 $C_{11} \sim C_{33}$ 对应预警指标的过程权重。

表 4.30 生产运作过程质量风险预警指标综合权重表

过程	C_1				C_2					C_3		
预警指标	C_{11}	C_{12}	C_{13}	C_{14}	C_{21}	C_{22}	C_{23}	C_{24}	C_{25}	C_{31}	C_{32}	C_{33}
指标过程权重	0.389 14	0.472 24	0.000 10	0.138 52	0.232 77	0.405 21	0.000 07	0.099 80	0.262 15	0.163 40	0.297 00	0.539 60
指标整体权重	0.117 37	0.142 43	0.000 03	0.041 81	0.131 73	0.229 30	0.000 04	0.056 42	0.148 27	0.021 65	0.039 38	0.071 57

3）生产运作分过程质量风险警度等级贴近度计算及警度评价

将表 4.30 中 $C_{11} \sim C_{33}$ 的过程权重及表 4.29 中 $C_{11} \sim C_{33}$ 的标准化值，代入式（4.11）计算得生产运作各过程在不同警度等级的贴近度，利用式（4.12）计算出 $N_i(p_0)$、j_i^*，得生产运作三个过程相关警度参数的计算结果，如表4.31所示。

表 4.31 生产运作过程质量风险警度等级评价结果表

C_i	N_{i1}	N_{i2}	N_{i3}	N_{i4}	N_{i5}	N_i	所属等级	j_i^*
C_1	0.995 9	0.995 8	0.995 4	0.989 2	0.956 5	0.995 9	无警	2.431 8
C_2	0.996 0	0.994 5	0.993 6	0.982 7	0.957 7	0.996 0	无警	2.350 0
C_3	0.999 8	0.998 8	0.994 5	0.976 6	0.903 4	0.999 8	无警	2.396 2
C	0.999 0	0.998 6	0.998 1	0.984 3	0.982 1	0.999 0	无警	2.381 5

（1）生产准备过程质量风险预警结果。依据表 4.8 评定标准和表 4.31 生产准备过程质量风险警度等级计算结果，可知 2.5> j_i^* =2.431 8>2，表明生产准备质量风险虽属于无警，但有向轻警发展的趋势，其风险点主要表

现为生产准备过程策划结果执行到位率、初始过程能力指数不满足要求。因此，应重点监控生产准备过程策划结果执行到位率、初始过程能力指数评价满足度，预防生产准备质量风险的警度向轻警以上转移。

（2）生产过程质量风险预警结果。依据表 4.8 评定标准和表 4.31 生产过程质量风险警度等级计算结果，可知 $2.5 > j_2^* = 2.35 > 2$，表明生产过程质量控制风险虽属于无警，但有向轻警发展的趋势，其风险点主要表现为生产过程能力指数、一次交付合格品率不满足要求，故应重点监控生产过程能力指数，减少偏移量与样本标准偏差，预防生产过程质量风险的警度向轻警以上转移。

（3）产品防护与响应改进过程质量风险预警结果。依据表 4.8 评定标准和表 4.31 产品防护与响应改进过程质量风险警度等级计算结果，可知 $2.5 > j_3^* = 2.396\ 2 > 2$，表明产品防护与响应改进过程质量风险虽属于无警，但有向轻警发展的趋势，故应按照生产运作过程质量风险预控流程监控 C_{31}、C_{32} 及 C_{33}，预防产品防护与响应改进过程质量风险的警度向轻警以上转移。

4）生产运作过程质量风险整体实际警情评价

（1）生产运作过程质量风险预警指标整体权重设定。依据表 4.28 中 $C_1 \sim C_3$ 过程 $C_{11} \sim C_{33}$ 预警指标的整体权重及表 4.29 中 $C_1 \sim C_3$ 过程 $C_{11} \sim C_{33}$ 预警指标的标准化值，由式（4.27）与式（4.28）计算得生产运作过程质量风险预警指标综合权重，如表 4.30 中 $C_{11} \sim C_{33}$ 对应预警指标的整体权重赋值结果。

（2）生产运作过程质量风险警度等级贴近度计算。将表 4.30 中 $C_{11} \sim C_{33}$ 对应预警指标的整体权重及表 4.29 中 $C_{11} \sim C_{33}$ 预警指标的标准化值，代入式（4.11）计算得生产运作整体过程在不同警度等级的贴近度，同时利用式（4.12）计算出 $N(p_0)$、j^* 的生产运作整体过程相关警度参数的计算结果如表 4.31 所示。

（3）生产运作过程质量风险警度等级评价结果。依据表 4.8 警度等级评定标准和表 4.31 生产运作质量风险警度等级计算结果，可知 $2.5 > j^* = 2.381\ 5 > 2$，表明生产运作质量风险虽属于无警，但有向轻警发展的趋势，其风险点主要表现为生产准备过程、生产过程质量控制不到位，故应在提高初始生产过程与正式生产过程能力基础上，注意各过程预警指标值的变异，通过生产运作质量的持续改进，以及后续流程纠正措施实施效果信息反馈与监督控制，有效解决发现的生产运作质量及顾客投诉的质量问题，将生产运作质量风险降低到轻警以下。

4.6　客户服务过程质量危机预防与预警模型

客户服务过程质量危机是指由于客户服务质量风险事件的发生，引发产品交付服务及交付后服务质量不满足要求，导致顾客投诉增加，并被广泛宣传而产生较大负面影响的突发性事件。客户服务过程质量危机事件预防与预警的核心是客户服务过程质量风险的预控，需在完善客户服务质量风险预控流程基础上，发掘客户服务质量风险预警指标，构建客户服务质量风险警情评价模型，为企业有效削减因客户服务质量风险事件的发生而引发的质量危机提供借鉴。

4.6.1　客户服务过程质量风险预控流程

在此，提出客户服务过程质量风险预控流程图如图 4.7 所示。

（1）客户服务策划质量监控。企业应完善客户服务过程质量控制流程，进行服务要求信息收集与数据挖掘、服务要求评审与确定、服务内容策划与服务规范编制，明确相关职能部门客户服务职责、权限与接口关系，以及客户服务资源需求。同时，做好客户服务策划过程及结果完备程度监控，及时发现存在的不符合项，分析客户服务策划结果满足要求的程度，对客户服务策划质量风险事件进行报警，实施客户服务策划质量改进，提高客户服务过程策划质量。

（2）客户服务提供质量监控。企业应严格按照客户服务过程策划结果，进行客户服务提供过程质量控制，对客户服务策划结果执行力，尤其是咨询服务、配送服务、技术服务及时满足程度进行实时监控。同时，做好客户满意程度信息收集与分析，并通过客户意见反馈与内部沟通全面准确程度监控，及时发现产品及服务存在的不合格，以及实施客户反馈的响应补救、主动发现质量问题的自主补救结果满足要求程度监控，分析客户服务质量满足要求的程度，对客户服务质量风险事件进行报警，实施产品固有质量特性及客户服务质量改进，以确保服务质量满足质量承诺与顾客要求。

（3）客户服务评估质量监控。企业应完善客户服务质量评估流程及客户满意程度评估流程，及时准确进行咨询服务、交付服务、交付后服务质量评估及客户满意度评估，进行产品固有质量及客户服务提供过程不合格统计分析，形成客户服务质量与客户满意度评估报告。同时，做好客

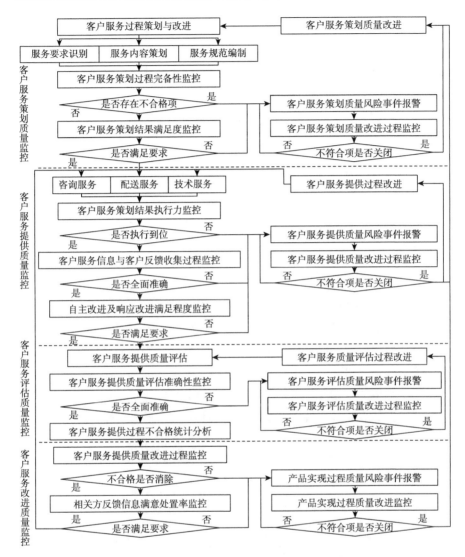

图 4.7　客户服务过程质量风险预控流程图

户服务质量评估及客户满意程度评估准确性监控，及时发现存在的不符合项，对客户服务评估质量风险事件进行报警，实施客户服务评估过程及时性与准确程度改进，确保客户服务过程质量评估及时准确。

（4）客户服务质量改进监控。企业应及时组织内外部产品实现过程相关部门，按照不合格控制流程与纠正预防措施控制流程，主动进行产品固有质量及客户服务提供过程不合格改进。同时，及时主动进行关键顾客及重要相关方沟通，做好内部反馈质量问题、顾客反馈质量问题改进归零程度监控，以及咨询服务、交付服务、交付后服务不合格改进归零程度监控，及时发现未消除归零的产品固有质量及客户服务过程的不符合项，并对产品固有质量及客户服务质量风险事件进行及时报警，提醒相关部门采取纠正预防措施进行产品质量与服务质量问题归零，同时评估产品实现过程质量改进的有效性，确保产品实现过程质量处于受控状态，避免因产品质量与服务质量问题而发生质量危机。

4.6.2　客户服务过程质量风险预警指标体系

依据 4.2.2 节有关质量风险/隐患预警指标提取方法比较与选择结果，进行客户服务过程质量风险预警指标发掘，形成客户服务过程质量风险预警指标体系。

1. 客户服务过程质量风险预警指标发掘

1）客户服务过程质量风险预警指标初步辨识

（1）客户服务过程质量风险预警指标文献分析。首先选取 1.2.1 节所述相关知名数据库，以客户服务、客户服务质量、服务质量风险、服务质量评价、质量危机预警等组合形成的中英文为关键词和主题词进行检索，获得 61 篇相关度较高文献；其次对筛选出的指标进行精炼提纯与规范命名，归纳出如表 4.32 所示 8 个客户服务过程质量风险预警指标。

表 4.32　客户服务过程质量风险预警指标初选表

序号	预警指标	预警指标要点说明	主要出处
1	服务要求辨识全面程度	准确辨识顾客对服务的需求及必须履行的服务要求或期望的全面程度	[175]
2	服务过程策划领先程度	客户服务所需资源规划、服务过程及流程、服务质量监督控制与激励约束机制等内容全面适宜及行业领先程度	[176]
3	配送服务及时准确程度	严格按照服务过程策划结果，配送、交付、安装调试等兑现承诺程度，交付质量满足承诺及顾客要求程度	[177]
4	技术服务先进程度	严格按照服务过程策划结果，及时提供产品安全使用、常见故障排除方法培训等各类技术支持性服务的先进程度	[178]
5	响应补救满足要求程度	及时响应顾客反馈及投诉，评估产品质量安全事件，并按服务承诺以及顾客要求，召回、更换、修复产品，确保达到承诺的交付质量的程度	[179]
6	交付服务质量评估准确度	严格按照服务过程策划结果，定期调查、及时准确评估产品配送、技术支持、安装调试等服务质量满足顾客要求和期望的程度	[44，70]
7	交付后服务质量评估准确度	严格按照服务过程策划结果，及时准确调查顾客满意程度、评估顾客反馈及投诉的响应补救、自主补救质量满足顾客要求和期望的程度	[180]
8	交付后服务不合格归零率	及时分析与彻底消除交付后服务过程不符合项产生原因，并将有效的改进方法纳入服务规范中，改进服务策划结果及交付后服务质量程度	[181]

（2）客户服务过程质量风险预警指标预调查与补充。同 4.2.2 节一样，邀请前述产品质量危机频发行业内企业质量管理、危机公关与营销管理人员作为调查对象，采用现场访谈方式，与调查对象共同斟酌预警指标设置的完备性，进行质量风险预警指标的精炼提纯[22]，依据调查对象建议，添加服务规范编制完善程度、咨询服务满足期望程度、客户意见反馈便捷程度、自主补救满足期望程度、咨询服务质量评估准确度、咨询服务不合格归零率、交付服务不合格归零率，最终初选出 15 个客户服务过程质量风险预警指标。

2）问卷设计与数据采集

（1）调查问卷设计。根据初步识别的 15 个客户服务过程质量风险预警指标，采用利克特五级量表法，形成该质量风险预警指标关联度调查问卷。

（2）问卷调查与数据收集。同 1.2.2 节一样，选择质量危机频发行业，采用现场发放问卷、问卷链接等方式，邀请企业客户服务主管与营销管理、质量管理人员，对客户服务质量风险预警指标的认可度进行评判。共回收问卷 500 份，排除不符合要求的问卷，得到有效问卷 428 份，符合该探索性因子分析问卷的数量要求[20]。

3）数据处理与预警指标提取

（1）项目分析与预警指标筛选。同 1.2.3 节一样，进行项目分析与预警指标筛选，项目分析得出问卷题项均达到 $\alpha<0.05$ 显著性水平，无须剔减该客户服务过程质量风险预警指标[20]。

（2）信效度分析与公因子提取。同 1.2.3 节一样，进行信效度分析、公因子提取。

第一，效度分析。效度检验得到 KMO 为 0.852>0.7，Bartlett's 球形检验的 Sig. 值为 0.000<0.01，达到显著性水平要求，故可进行因素分析[20]。

第二，公因子提取。利用 SPSS24.0 提取 15 个预警指标的共同因子，得其总方差解释表如表 4.33 所示，表明问卷结构效度较好[20]；旋转后的因子载荷矩阵如表 4.34 所示，由此可知各题项共同度良好[20]，故可提取 4 个客户服务过程质量风险公因子。

表 4.33　客户服务过程质量风险预警指标总方差解释表

公因子	初始特征值			提取载荷平方和			旋转载荷平方和		
	特征值	方差贡献	累积方差贡献	特征值	方差贡献	累积方差贡献	特征值	方差贡献	累积方差贡献
1	4.296	28.974%	28.974%	4.296	28.974%	28.974%	3.868	26.119%	26.119%

续表

公因子	初始特征值			提取载荷平方和			旋转载荷平方和		
	特征值	方差贡献	累积方差贡献	特征值	方差贡献	累积方差贡献	特征值	方差贡献	累积方差贡献
2	2.767	17.115%	46.089%	2.767	17.115%	46.089%	2.61	16.066%	42.185%
3	2.468	14.988%	61.077%	2.468	14.988%	61.077%	2.525	15.335%	57.520%
4	1.601	10.528%	71.605%	1.601	10.528%	71.605%	2.163	14.085%	71.605%

注：表中数据是 SPSS24.0 运行结果小数点后面取三位数字之后四舍五入的结果

表 4.34　客户服务过程质量风险预警指标旋转成分矩阵表

质量危机预警指标	主成分 1	主成分 2	主成分 3	主成分 4
配送服务及时准确程度	0.851	0.011	0.109	−0.070
客户意见反馈便捷程度	0.847	0.041	−0.032	0.125
响应补救满足要求程度	0.845	−0.009	0.097	0.089
技术服务先进程度	0.839	−0.070	0.128	0.047
咨询服务满足期望程度	0.836	−0.072	0.144	−0.026
自主补救满足期望程度	0.804	−0.051	0.212	0.044
交付后服务不合格归零率	−0.008	0.869	0.029	0.030
交付服务不合格归零率	−0.007	0.863	0.026	0.025
咨询服务不合格归零率	−0.110	0.831	0.018	0.072
服务规范编制完善程度	0.147	0.064	0.861	0.110
服务过程策划领先程度	0.210	−0.044	0.847	−0.012
服务要求辨识全面程度	0.179	0.054	0.829	0.030
交付后服务质量评估准确度	0.120	0.121	0.030	0.851
咨询服务质量评估准确度	0.016	−0.075	0.066	0.844
交付服务质量评估准确度	0.114	0.087	0.023	0.817

第三，公因子命名。为明确 4 个公因子含义，同 4.2.2 节一样，对其进行命名。其中，公因子 1 包括配送服务及时准确程度、客户意见反馈便捷程度、响应补救满足要求程度、技术服务先进程度、咨询服务满足期望程度、自主补救满足期望程度 6 个预警指标，反映了企业根据客户多样化服务需求，按照服务策划结果与服务承诺，为客户兑现差异化服务承诺的程度，将其命名为服务提供质量满足程度；公因子 2 包括交付后服务不合格

归零率、交付服务不合格归零率、咨询服务不合格归零率 3 个预警指标，反映了企业根据顾客反馈的服务质量评价结果，针对服务质量评估发现的不符合项进行改进，提高客户的满意程度，将其命名为服务不符合项归零程度；公因子 3 包括服务规范编制完善程度、服务过程策划领先程度、服务要求辨识全面程度 3 个预警指标，反映了客户服务策划过程及结果满足服务要求的程度，将其命名为服务策划结果完善程度；公因子 4 包括交付后服务质量评估准确度、咨询服务质量评估准确度、交付服务质量评估准确度 3 个预警指标，反映了客户服务质量评估的准确性，将其命名为服务质量评估准确程度。

第四，信度分析。同 1.2.3 节一样，对预警指标及 4 个公因子进行信度检验，检验结果如表 4.35 所示，由此表明问卷数据与预警指标可信[20]。

表 4.35 客户服务过程质量风险预警指标信度检验表

预警指标	克朗巴哈系数	分量表克朗巴哈系数
C_{11} 服务要求辨识全面程度	0.794	
C_{12} 服务过程策划领先程度	0.842	0.865
C_{13} 服务规范编制完善程度	0.833	
C_{21} 咨询服务满足期望程度	0.797	
C_{22} 配送服务及时准确程度	0.775	
C_{23} 技术服务先进程度	0.779	
C_{24} 客户意见反馈便捷程度	0.801	0.811
C_{25} 响应补救满足要求程度	0.787	
C_{26} 自主补救满足期望程度	0.803	
C_{31} 咨询服务质量评估准确度	0.799	
C_{32} 交付服务质量评估准确度	0.784	0.832
C_{33} 交付后服务质量评估准确度	0.815	
C_{41} 咨询服务不合格归零率	0.803	
C_{42} 交付服务不合格归零率	0.802	0.824
C_{43} 交付后服务不合格归零率	0.811	
问卷总体信度	0.781	

2. 质量风险预警指标赋权

依据 1.2.4 节有关权重确定方法选择结果，采用主客观"组合赋权法"[34]，对客户服务过程质量风险 15 个预警指标进行赋权。

1）预警指标主观权重赋值

借鉴 1.2.4 节有关主观赋权法选择结果,采用集值统计法进行质量风险预警指标主观权重赋值,计算得如表 4.36 所示客户服务过程质量风险预警指标主观权重及其可信性。由表 4.36 可知,每个客户服务过程质量风险预警指标认可程度评判结果的可信度 c_j 值均大于 0.9,说明专家对客户服务过程质量风险 15 个预警指标主观权重确定结果一致可信[27]。

表 4.36　客户服务过程质量风险预警指标及其在不同层级上的组合权重赋值表

预警指标公因子	预警指标	v_j	c_j	u_j	w_{ij1}	w_{ij2}
服务策划结果完善程度	C_{11} 服务要求辨识全面程度	0.069	0.968	0.069	0.069	0.332
	C_{12} 服务过程策划领先程度	0.067	0.964	0.064	0.065	0.316
	C_{13} 服务规范编制完善程度	0.074	0.963	0.072	0.073	0.352
服务提供质量满足程度	C_{21} 咨询服务满足期望程度	0.062	0.970	0.074	0.068	0.154
	C_{22} 配送服务及时准确程度	0.064	0.963	0.076	0.070	0.158
	C_{23} 技术服务先进程度	0.070	0.964	0.077	0.073	0.166
	C_{24} 客户意见反馈便捷程度	0.071	0.975	0.080	0.076	0.170
	C_{25} 响应补救满足要求程度	0.077	0.967	0.082	0.080	0.179
	C_{26} 自主补救满足期望程度	0.073	0.970	0.080	0.077	0.173
服务质量评估准确程度	C_{31} 咨询服务质量评估准确度	0.056	0.971	0.043	0.050	0.300
	C_{32} 交付服务质量评估准确度	0.051	0.955	0.058	0.054	0.330
	C_{33} 交付后服务质量评估准确度	0.059	0.968	0.063	0.061	0.370
服务不符合项归零程度	C_{41} 咨询服务不合格归零率	0.065	0.969	0.048	0.056	0.306
	C_{42} 交付服务不合格归零率	0.067	0.975	0.057	0.062	0.336
	C_{43} 交付后服务不合格归零率	0.075	0.967	0.057	0.066	0.358

注:按照客户服务过程策划、实施、评价、改进的逻辑顺序排列

2）预警指标客观权重赋值

依据 1.2.4 节客观赋权法选择结果,选取主成分分析法,利用表 4.33 与表 4.34 运行结果,计算得如表 4.36 所示客户服务过程质量风险预警指标客观权重 u_j。

3）预警指标综合权重 w_{ij} 确定

采用主客观"组合赋权法"[34],利用式(1.3)计算得 15 个客户服务过程质量风险预警指标的组合权重 w_{ij1},并对 4 个公因子上的预警指标的组合权重 w_{ij1} 分别进行归一化,计算得 15 个客户服务过程质量风险预警指

标在其公因子上的权重 w_{ij2}，具体如表 4.36 所示。

3. 质量风险预警指标评价语集与算法设计

客户服务过程质量风险 15 个预警指标包括 3 个定性指标和 12 定量指标。其中服务要求辨识全面程度、服务过程策划领先程度、服务规范编制完善程度 3 个质量风险预警指标为定性指标，其余为定量指标。

1）质量风险定性预警指标评价语集设置

采用利克特五级量表法，形成客户服务过程质量风险定性预警指标评价语集表（表 4.37）。

表 4.37　客户服务过程质量风险定性预警指标评价语集表

定性指标	实施完全到位	实施到位	实施基本到位	实施部分到位	实施完全不到位
服务要求辨识全面程度/C_{11}	服务明示要求、隐含需求及法定要求、本组织附加要求识别准确全面	服务明示要求及法定要求、部分隐含需求、本组织附加要求识别准确	服务明示要求及法定要求、部分隐含需求识别准确	仅识别出服务明示要求及法定要求	仅识别出部分服务明示要求及法定要求
服务过程策划领先程度/C_{12}	服务内容超越服务要求，资源规划、过程监控准则达到行业领先水平	服务内容涵盖全部服务要求，资源规划、过程监控准则达到行业先进水平	服务内容涵盖服务要求，资源规划、过程监控准则达到行业中等水平	服务内容涵盖服务要求，规划了部分资源、过程监控方法	服务内容涵盖基本服务要求，规划了部分资源、过程监控方法
服务规范编制完善程度/C_{13}	服务规范、服务提供规范及质量控制规范完善，服务承诺达到行业领先水平	服务规范、服务提供规范及质量控制规范完善，服务承诺达到行业先进水平	服务规范、服务提供规范及质量控制规范较为完善，服务承诺达行业中等水平	服务规范、服务提供规范较为完善，服务承诺在行业内一般	服务规范较完善，服务承诺在行业内偏落后

2）质量风险定量预警指标计算公式设定

依据服务质量控制原理及调研企业客户服务质量常用指标量化方式，在专家研讨基础上，形成客户服务质量风险定量预警指标计算公式，如表 4.38 所示。

表 4.38　客户服务过程质量风险定量预警指标计算公式表

定量指标	计算公式
咨询服务满足期望程度/C_{21}	按服务策划要求实施并达到客户满意的产品咨询服务次数/评定期产品咨询服务总次数
配送服务及时准确程度/C_{22}	按服务策划要求实施并达到客户满意的产品配送安装交付服务次数/评定期产品配送安装交付服务总次数
技术服务先进程度/C_{23}	按服务策划要求实施并达到客户满意的技术支持服务次数/评定期技术支持服务总次数

续表

定量指标	计算公式
客户意见反馈便捷程度/C_{24}	及时通畅收集并准确进行内部反馈的客户意见次数/评定期客户反馈的改进意见及投诉总次数
响应补救满足要求程度/C_{25}	及时满意解决客户反馈质量问题次数/评定期客户要求解决质量问题总次数
自主补救满足期望程度/C_{26}	及时主动解决公司自身发现的质量问题次数/评定期公司要求解决自身发现的质量问题总次数
咨询服务质量评估准确度/C_{31}	准确进行咨询服务质量评价的客户数/评定期要求提供咨询服务的客户数
交付服务质量评估准确度/C_{32}	准确进行交付服务质量评价的客户数/评定期要求提供交付服务的客户数
交付后服务质量评估准确度/C_{33}	准确进行交付后服务质量评价的客户数/评定期要求提供交付后服务的客户数
咨询服务不合格归零率/C_{41}	及时关闭的咨询服务不符合项数/评定期咨询服务不符合项总数
交付服务不合格归零率/C_{42}	及时关闭的交付服务不符合项数/评定期交付服务不符合项总数
交付后服务不合格归零率/C_{43}	及时关闭的交付后服务不符合项数/评定期交付后服务不符合项总数

4. 质量风险警度等级设置

依据 4.2.2 节质量风险警度等级划分标准,将客户服务过程质量风险警度等级划分为 5 个级别,同 4.2.2 节一样的阈值的设置方法,形成客户服务过程质量风险预警指标警度等级划分表(表 4.39)。

表 4.39　客户服务过程质量风险预警指标警度等级划分表

预警指标性质	预警指标	无警Ⅰ级	轻警Ⅱ级	中警Ⅲ级	重警Ⅳ级	巨警Ⅴ级
定性预警指标	$C_{11} \sim C_{13}$	[1, 0.95)	[0.95, 0.863)	[0.863, 0.713)	[0.713, 0.452)	[0.452, 0]
定量预警指标	$C_{21} \sim C_{43}$	[1, 0.997)	[0.997, 0.986)	[0.986, 0.941)	[0.941, 0.756)	[0.756, 0]

4.6.3　客户服务过程质量风险警情评价模型

依据 4.2.3 节有关警情评价方法改进结果,结合表 4.39 警度等级的阈值,利用 4.2.3 节改进型物元可拓模型,构建客户服务过程质量风险警情评价模型。

1. 质量风险警度等级标准化经典域及节域确定

结合表 4.39 客户服务过程质量风险预警指标警度等级划分结果，确定该质量风险预警指标评价等级的标准化经典域及节域。

1）质量风险预警指标警度等级标准化经典域设置

借鉴 4.2.3 节有关质量风险警度等级标准化经典域设定方法，对表 4.39 所示客户服务过程质量风险预警指标警度等级经典域，利用式（4.10）进行标准化处理，形成与 4.2.3 节结构相同的 $C_1 \sim C_4$ 客户服务四个过程各自的质量风险警度等级标准化经典域 $R_{1i} \sim R_{5i}$。同时，对四个客户服务过程的 $R_{1i} \sim R_{5i}$ 进行合并，形成客户服务整体过程预警指标警度等级的标准化经典域 $R_1 \sim R_5$。

2）质量风险预警指标警度等级节域设置

以表 4.39 中各预警指标的取值范围作为经典域，将各预警指标对应的经典域之和作为 C_1、C_2、C_3、C_4 过程预警指标警度等级节域 R_{p1}、R_{p2}、R_{p3}、R_{p4}，同前述整体质量风险警度等级评价标准化经典域确定方法，可得出 R_p。

2. 过程统计值与警度等级的贴近度函数改进

依据 4.2.3 节有关质量风险统计值与警度等级的贴近度函数改进结果，可形成与式（4.11）相同的客户服务质量风险警度等级贴近度函数。式中，$D_{ijp}\left(v'_{ij}\right)$ 表示待评价的客户服务质量风险预警指标实测数据的标准化值 v'_{ij} 与警度等级标准化经典域修正后的距离；n_i 表示客户服务第 i 个过程预警指标数，$i = 1 \sim 4$，$n_1 = n_3 = n_4 = 3$，$n_2 = 6$；p 表示客户服务过程警度等级，$p = 1 \sim 5$；$w_{ij}(x)$ 表示第 i 个客户服务过程第 j 个预警指标的综合权重；a'_{ijp}、b'_{ijp} 分别表示第 i 个客户服务过程第 j 个预警指标在警度等级为 p 等级标准化经典域的左、右端点值；v'_{ij} 表示第 i 个客户服务过程第 j 个预警指标实测值经标准化处理后的值。

3. 过程与整体警度等级评价模型建立

依据 4.2.3 节有关警度等级评价模型建立结果，可形成与式（4.12）相同的客户服务过程及整体过程质量风险警度等级特征变量值 j_i^* 及具体警度等级 $N_i\left(p_0\right)$，将 $N_i\left(p_0\right)$、j_i^* 与表 4.8 结合运用，构建客户服务不同过程及整体过程质量风险警度等级评价模型。式中，j_i^* 反映了客户服务第 i 过程预警结果偏向另一级的程度。

4. 客户服务过程质量风险实际预警与处置

企业在按照警度等级评价模型进行客户服务过程质量风险预警时,首先进行客户服务四个过程预警指标警度判定,若前一过程预警指标警度出现中警及以上警度时,则按照图 4.7 所示预控流程制定与实施纠正措施,直至降至轻警以下;其次进行客户服务分过程及整体预警,当客户服务四个分过程及整体 $N_{ip}(p_0)$ 中的 $p \geqslant 3$ 时,应立刻进行报警,并按照图 4.7 所示预控流程进行质量改进,将客户服务质量风险降至轻警或无警状态[61, 63]。在此,以 X 电气公司 Xg 系列产品客户服务为例,在客户服务过程进行质量风险预警指标监控以及参数评估值信息收集,并依据表 4.39 警度等级及客户服务质量风险警情评价模型,进行客户服务过程质量风险警度等级评价与警情评价模型的应用。

1)客户服务过程质量风险预警指标实际警情评价与预警

结合 X 电气公司 Xg 系列产品客户服务实际,首先选择营销管理、客户服务、质量管理等熟悉客户服务质量控制的人员作为评价主体,请评价主体按照表 4.37 质量风险定性预警指标评价标准,进行 $C_{11} \sim C_{13}$ 定性预警指标评价及评价值统计计算[161];其次依据表 4.38 所示计算公式相关参数的内涵,进行 $C_{21} \sim C_{43}$ 定量预警指标原始数据收集、参数统计、评价值统计计算[61];再次计算 C_1、C_2、C_3、C_4 四个过程质量风险预警指标值,并依据表 4.39 所示警级划分标准进行预警指标警级划分;最后利用式(4.10)计算 C_1、C_2、C_3、C_4 四个过程质量风险预警指标标准化值,形成如表 4.40 所示预警指标值及其警级统计结果,并根据预警指标 C_{ij} 实测值,利用表 4.39 可直接判定 C_{ij} 所属警度等级并进行必要预警。由表 4.40 可见,X 电气公司 Xg 系列产品客户服务质量一般,服务过程策划与服务规范编制不够规范,服务策划完备程度不高;配送服务与技术服务质量不高,客户意见反馈不畅,响应补救以及自主补救也不够及时,服务提供质量满足程度不高;咨询服务、交付服务、交付后服务质量评估不够准确性,客户服务质量监视与测量流于形式;交付与交付后服务质量问题不能及时改进,服务质量改进过程执行力不足。该电气公司客户服务质量风险预警指标 C_{25}、C_{31}、C_{32}、C_{33}、C_{42}、C_{43} 均处于重警以上,应重点进行这 6 个预警指标的系统报警,提醒客户服务部门及产品实现过程相关职能部门强化质量改进意识与客户服务意识,及时按照顾客要求实施产品实现过程质量改进及客户服务质量改进。

表 4.40　X 电气公司 Xg 系列产品客户服务质量风险预警指标值及其警级统计结果表

阶段	C_1			C_2						C_3			C_4		
预警指标	C_{11}	C_{12}	C_{13}	C_{21}	C_{22}	C_{23}	C_{24}	C_{25}	C_{26}	C_{31}	C_{32}	C_{33}	C_{41}	C_{42}	C_{43}
预警指标值	0.867	0.808	0.746	0.988	0.979	0.958	0.967	0.833	0.972	0.561	0.865	0.902	1	0.933	0.833
标准化值	0.133	0.192	0.254	0.012	0.021	0.042	0.033	0.167	0.028	0.439	0.135	0.098	0	0.067	0.167
警度等级	轻警	中警	中警	轻警	中警	中警	中警	重警	中警	巨警	重警	重警	无警	重警	重警

2）客户服务分过程质量风险警度等级贴近度计算及警度评价

将表 4.36 中 $C_{11}\sim C_{43}$ 在各自公因子上的组合权重 w_{ij2} 及表 4.40 中 $C_{11}\sim C_{43}$ 的标准化值，代入式（4.11）计算得各过程在不同警度等级的贴近度，利用式（4.12）计算出 $N_i(p_0)$、j_i^*，可得各过程相关警度参数的计算结果如表 4.41 所示。

表 4.41　客户服务过程质量风险警度等级评价结果表

C_i	N_{i1}	N_{i2}	N_{i3}	N_{i4}	N_{i5}	N_i	所属等级	j_i^*
C_1	0.969 1	0.995 1	0.996 9	0.988 3	0.943 2	0.996 9	中警	2.725
C_2	0.959 9	0.994 8	0.997 5	0.995 4	0.963 7	0.997 5	中警	3.073
C_3	0.979 8	0.982 2	0.990 3	0.997 6	0.996 1	0.997 6	重警	4.021
C_4	0.924 2	0.961 1	0.992 3	0.995 9	0.979 3	0.995 9	重警	3.626
C	0.936 3	0.968 4	0.987 4	0.993 3	0.967 2	0.993 7	重警	3.508

（1）客户服务策划过程预警结果。依据表 4.8 评定标准和表 4.41 预警等级计算结果，可知 3> j_1^* =2.725>2.5，表明客户服务策划质量风险为中警，其风险点主要表现为服务内容策划与服务规范编制不规范，可能导致客户服务质量控制不到位。故应在迭代客户需求及法规要求基础上，规划相关部门的服务职责、资源配置、服务内容、服务流程；其次主动向行业标杆企业学习，依据服务内容迭代服务规范、服务提供规范及质量控制规范，形成明确的接口颗粒度管理规范，将客户服务策划质量风险降至轻警以下。

（2）客户服务提供过程预警结果。依据表 4.8 评定标准和表 4.41 警度等级计算结果，可知 3.5> j_2^* =3.073>3，表明客户服务提供质量风险为中警，其风险点主要表现为配送服务与技术服务质量不满足要求，响应补救也不够及时有效,没有完全兑现服务质量承诺,故应重点依据客户服务过程策划结果及服务承诺,准确客观提供产品信息及满足客户要求的程度,主动提供产品技术服务,消除客户提出的技术疑惑或产品适宜性不足,并确保配送服务满足客户要求,同时通过便捷的客户意见反馈渠道,及时响应客户反馈与投诉,强化产品质量改进与客户服务质量改进执行力,确保达到向客户承诺的服务质量,将客户服务过程质量控制风险降至轻警以下。

(3)客户服务评估过程预警结果。依据表 4.8 评定标准和表 4.41 警度等级计算结果,可知 4.5> j_3^* =4.021>4,表明客户服务评估质量风险为重警,其风险点主要表现为咨询服务、交付服务、交付后服务质量评估不到位,导致客户服务质量问题难于被发现,故应依据客户服务过程策划结果,主动调查与准确评估客户感知的服务质量信息,组织实施跨组织多方论证,做好客户服务质量监视与测量,提高咨询服务、交付服务、交付后服务质量评估的及时准确性,将客户服务评估质量风险降至轻警之下。

(4)客户服务改进过程预警结果。依据表 4.8 评定标准和表 4.41 警度等级计算结果,可知 4> j_4^* =3.626>3.5,表明客户服务质量改进风险为重警,其风险点主要表现为交付服务、交付后服务质量问题处置与改进不到位,故应严格实施不合格及纠正预防措施控制程序,通过完善奖惩机制,及时进行产品质量及客户服务质量的突破性改进,消除交付服务、交付后服务质量问题,将客户服务质量改进风险降至轻警之下。

3)客户服务过程质量风险整体实际警情评价

(1)客户服务过程质量风险警度等级贴近度计算及警度等级评价。将表 4.36 中 C_{11} ~ C_{43} 各预警指标的组合权重 w_{ij1} 及表 4.40 中 C_{11} ~ C_{43} 各预警指标的标准化值,代入式(4.11)计算得各预警指标在不同警度等级的贴近度,并利用式(4.12)计算出整体过程 $N(p_0)$ 、 j^* ,可得计算结果如表 4.41 所示。

(2)客户服务过程质量风险警度等级评价结果分析。依据表 4.8 评定标准和表 4.41 警度等级计算结果,可知 4> j^* =3.508>3.5,表明客户服务质量风险为重警,其风险点主要表现为客户服务策划质量、服务提供质量、服务评估质量、服务质量改进不到位,服务评估与服务改进质量问题尤为突出,故应在对客户服务策划、服务提供、服务评估质量进行监控基础上,通过客户服务质量持续改进绩效监控与奖惩,以及产品质量问题纠正措施实施效果信息反馈与监督控制,有效解决产品固有质量及客户服务质量问题，将客户服务质量风险降低到轻警以下。

4.7　本章小结

本章依据质量危机影响因子与作用机理研究成果，从应对产品质量危机外部驱动因子与提升质量危机内部使能因子视角，探讨了产品质量危机预控流程及其预警模型。建议企业根据自身所在行业特征，结合适合于本企业特征的产品质量危机成功预控的关键因素，策划自身产品要求识别、设计、采购、生产运作、客户服务所必需的过程，从中选择符合自身特点的产品实现过程质量风险预控流程、质量风险关键预警指标，按照质量风险警情评价模型进行产品实现过程质量风险警情评价与预警，提升自身产品实现过程质量风险预警系统的有效性，预防产品质量危机事件的发生。

1. 本章主要内容

以提高产品实现各过程质量风险预控能力为主线，设计了企业产品要求识别、设计、采购、生产运作、客户服务五个分过程质量风险预控流程，提取了五个分过程产品质量风险预警指标，构建了质量风险警情评价模型，探索了分过程与整体质量风险预警方法。

（1）产品要求识别过程质量危机预防与预警方面，首先提出了产品要求识别过程质量风险预控流程；其次发掘出了 12 个产品要求识别过程质量风险预警指标，并设置了 12 个预警指标的权重，探讨了其中 3 个定性预警指标评价语集与 9 个定量预警指标的统计算法；最后，将质量风险警度等级划分为无警、轻警、中警、重警、巨警 5 个等级，依据常见错误概率的 5% 与 3σ 准则设置初始阈值，并按等比数列确定出了各预警指标在 5 个警度等级的波动范围，建立了基于改进型物元可拓法的质量风险警情评价模型，提出了产品要求识别 4 个过程及其整体质量风险预警方法，以准确预警产品要求识别质量风险事件的发生。

（2）产品设计过程质量危机预防与预警方面，首先，提出了设计过程质量风险预控流程；其次，提取出了 15 个设计质量风险预警指标，并设置了 15 个预警指标的权重，探讨了其中 5 个定性预警指标评价语集与 10 个定量预警指标的统计算法；再次，将质量危机预警程度划分为 5 个等级，依据常见错误概率的 5% 与 3σ 准则设置初始阈值，并按等比数列设置了各预警指标在 5 个警度等级的波动范围；最后，依据前述质量风险警情评价模型，提出了设计过程质量风险预警方法。

（3）采购过程质量危机预防与预警方面，首先，提出了采购过程质量风险预控流程；其次，识别出了采购过程13个质量风险监控要素，并根据质量风险预警指标设置原则以及监控要素与预警指标关联关系，提出了14个采购质量风险预警指标，并确定出了预警指标的权重，探讨了14个质量风险预警指标的统计算法；再次，将质量风险预警程度划分为5个等级，依据3σ准则、过程能力6σ要求、常规控制图判异检验准则设置初始阈值，按等比数列确定出了各指标在5个警度等级上的波动范围；最后，依据前述质量风险警情评价模型，提出了采购过程质量风险预警方法。

（4）生产运作过程质量危机预防与预警方面，首先，提出了生产运作过程质量风险预控流程；其次，识别出了生产运作过程13个质量风险监控要素，并提取出了12个生产运作过程质量风险预警指标，确定出了预警指标的权重，探讨了12个质量风险预警指标的统计算法；再次，将质量危机预警程度划分为5个等级，依据3σ准则、过程能力6σ要求、常见错误概率5%、常规控制图判异检验准则设置初始阈值，并按等比数列确定出了各预警指标在5个警度等级的波动范围；最后，依据前述质量风险警情评价模型，提出了生产运作过程质量风险预警方法。

（5）客户服务过程质量危机预防与预警方面，首先，提出了客户服务过程质量风险预控流程；其次，提取出了15个客户服务质量风险预警指标，并设置了15个预警指标的权重，探讨了其中3个定性预警指标评价语集与12个定量预警指标的统计算法；再次，将质量危机预警程度划分为5个等级，确定出了各预警指标在5个警度等级的波动范围；最后，依据前述质量风险警情评价模型，提出了客户服务过程质量风险预警方法。

2. 本章主要贡献

1）设计产品实现5个过程质量风险预控流程

在按照PDCA循环4阶段、8过程划分产品要求识别、设计、采购、生产运作、客户服务过程各自质量风险预控过程基础上，设计了产品要求识别、设计、采购、生产运作、客户服务过程各自的质量风险预控流程。

2）构建产品实现5个过程质量风险预警指标体系

采用探索性因子分析方法，以及监控要素与预警指标关联关系，提取出了产品要求识别过程4个分过程共计12个质量风险预警指标、设计过程4个分过程共计15个质量风险预警指标、采购过程5个分过程共计14个质量风险预警指标、生产运作过程3个分过程共计12个质量风险预警指标、客户服务过程 4 个分过程共计 15 个质量风险预警指标，并采用主客观赋权法设置了预警指标权重，形成了各自定性预警指标评价语集与定量预警指标的统计算法，构建了产品实现 5 个分过程相对完整的质量风险预警指标体系。

3）构建产品实现过程五阶段质量风险警情评价模型

将质量风险预警程度划分为无警、轻警、中警、重警、巨警 5 个等级，结合预警指标特征，在设置预警指标不同初始阈值基础上，按等比数列确定出了各预警指标在 5 个警度等级的波动范围，建立了基于改进型物元可拓法的产品要求识别、设计、采购、生产运作、客户服务过程质量风险警情评价模型，提出了各自过程及其整体质量风险预警方法。

3. 本章创新之处

本章成果与国内外同类技术相比，主要学术创新体现如下：从应对产品质量危机驱动因子与提升使能因子视角，设计了产品实现各过程质量风险预控流程，提出了产品实现过程分阶段质量风险预警指标体系，构建了分过程相应的质量风险警情评价模型。

以往企业危机预防与预警研究较少细化至质量危机微观层面，质量危机及质量风险预控流程研究较少，鲜有学者分别研究产品实现各过程质量风险预警指标及警情评价模型。

本章从提高产品实现过程质量风险预控能力、企业资源保障能力、质量改进有效性视角，设计了产品质量风险预控流程，发掘出了产品实现各过程质量风险预警指标，构建了基于改进型物元可拓法的产品要求识别、设计、采购、生产运作、客户服务过程质量风险警情评价模型。克服了产品实现过程分阶段质量风险预警指标研究相对欠缺的不足，以及质量风险警情评价模型研究的不足。

第5章 产品质量危机应对过程控制流程及其过程决策模型

产品质量危机应对是指当组织面临突发性产品质量危机事件时，在调查分析质量危机事件发生根源并确认其可能造成的危害程度后，迅速实施先期处置与应对策略，并建立有效的信息传播系统，进行内外部沟通，阻止质量危机扩大及其连锁反应，控制质量危机事件影响，减少质量危机造成的损失。当产品质量危机事件发生时，企业应迅速调查质量危机事件产生根源，以快速减弱质量危机事件给相关方带来的伤害为目标，尽快进行质量危机事件应对策略选择与实施，迅速控制质量危机蔓延，消除顾客抱怨，减少相关方损失，赢得公众谅解与信任，同时应编制质量危机事件分析报告，不断提升质量危机事件的快速应对能力。本章以提高质量危机应对能力为主线，在重点阐述产品质量危机应对过程控制流程基础上，探讨质量危机引发源发掘、质量危机情境类型界定、质量危机事件应对策略及其选择方法，为企业有效应对产品质量危机事件，恢复相关方信任提供借鉴。

5.1 质量危机事件应对管理相关研究现状

产品质量危机事件应对过程管理相关研究主要体现在以下四个部分。

（1）有关产品质量危机原因挖掘研究方面，魏虹和陈传明认为应从宏观、微观等层面调查分析质量危机产生原因，揭示危机产生诱因，以减少产品质量危机的发生[4]；Johnson 和 Peppas、Qian 等采用案例分析方法，探讨了产品质量危机事件产生原因[182, 183]；Vassilikopoulou 等采用统计归纳法，提出了产品质量危机事件的部分诱因[184]。

（2）有关产品质量危机情境因素挖掘研究方面，崔保军认为质量危机情境因素包括顾客感知风险[185]；Coombs 认为产品质量危机情境因素包括客观层面的危机类型与危害程度、主观层面的相关方责任归因[186]，并从归因维度，将危机情境类型划分为意外型、蓄意型、谣言型、恐怖事件型[187]；

Bradford 和 Garrett 基于质量危机信息来源、事件起因、发生过程及造成后果等，将质量危机情境类型划分为组织情境、控制情境、评判标准情境、确凿情境[188]。

（3）有关产品质量危机应对策略探究方面，陈锟等发现主动召回是最优补救策略[189]；Magno 认为通过快速主动召回、主动承担责任等，能降低消费者感知风险和负面情绪[190]；Siomkos 和 Kurzbard、Laufer 和 Coombs 将应对策略分为否认、被动、主动及超级努力，得出主动召回或以特别努力方式响应危机，消费者未来购买意愿受危机影响较少[1, 191]；方正等认为产品伤害危机和解策略最优[192]；青平等、袁海霞认为仅实施功能性补救难于获得理想补救效果[193, 194]；冯蛟等提出企业应选择主动和负责任的态度应对危机[195]；吴思和唐生桂发现强势品牌采取区隔策略能更好削弱产品伤害带来的负面影响[196]。

（4）有关产品质量危机应对策略选择研究方面，陈锟等应用层次分析法、网络分析法和逼近理想解排序法等方法，对产品伤害危机的补救策略进行选择[189]；Kuo 和 Liang 提出取灰色关联系数矩阵部分信息作为多准则妥协解排序的输入的质量评价模型[197]。

已有研究较少提出产品质量危机应对过程控制流程，鲜有产品质量危机原因发掘、质量危机情境界定、质量危机应对策略选择等模型的研究。在质量管理实践中，虽然多数企业在发生产品质量危机时，能够尽快明确质量危机产生的基本原因并控制危机的蔓延，但难于选择更加有效的质量危机事件应对策略，亟须质量危机应对过程控制流程、应对策略决策方面的理论支撑。

5.2　质量危机应对过程控制流程

借鉴企业危机管理理论，结合前述质量危机频发行业相关企业调查，提出产品质量危机应对过程控制流程图，如图 5.1 所示。当企业发生产品质量危机征兆时，需要及时成立质量危机事件应急管理组织，采取如图 5.1 所示流程进行快速应对，及时化解产品质量危机。

1. 质量危机事件快速检测与评估

企业质量危机事件应急管理组织应及时对外发布产品质量危机事件信息、快速进行先期处置，并在缓解顾客抱怨及公众恐慌的同时，进行

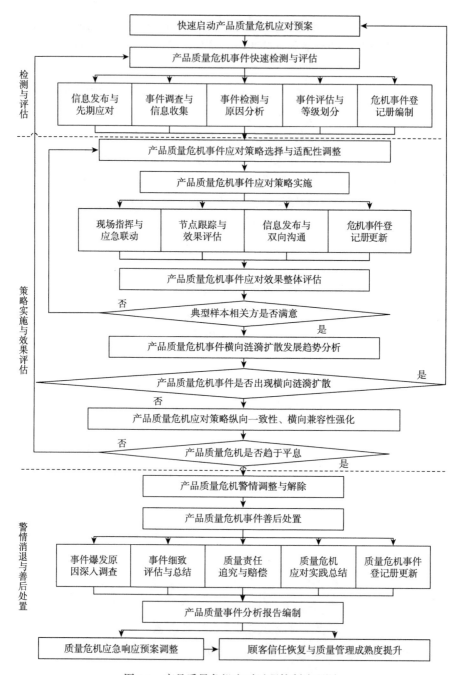

图 5.1　产品质量危机应对过程控制流程图

产品质量危机事件信息发布与先期应对、事件调查与信息收集、事件检测与原因分析、事件评估与等级划分、危机事件登记册编制。

1）信息发布与先期应对

当产品质量危机事件征兆发生时，应急管理组织应尽快选择便于与相关方有效沟通的渠道，及时主动配合相关调查组织及主流媒体发布产品质量事件信息，明确对产品质量危机事件的处理态度，做到态度真诚，并立即采取应对措施进行先期处置，保障顾客等相关方利益。同时，全面调查分析受影响群体或受损强度，立即报告产品质量危机事件发展状况，并快速处置不合格产品，向受损顾客进行先期补偿，实事求是承担责任。

2）事件调查与信息收集

企业质量危机事件应急管理组织应在先期处置质量危机事件的同时，全面搜集质量危机事件相关信息，尤其重点搜集产品质量危机事件情境因素信息、造成的损失程度等，为确定质量危机情境类型及选择应对策略提供可靠依据。

3）事件检测与原因分析

企业质量危机事件应急管理组织应根据质量危机事件调查与信息收集结果，同步进行顾客投诉产品质量参数检测，并采用故障树、失效模式与影响分析等方法，明晰产品质量危机事件产生根源，并将顾客投诉事件与产品质量承诺、产品内控标准等进行比较，明确产品内控标准存在问题。同时，进行产品质量危机事件检测与影响分析，及时将质量危机事件真实详细原因分析结果公之于众。必要时，应邀请市场监督管理部门、第三方质量检测机构、主流媒体等参与质量危机事件检测与原因分析，通过新闻发布会或主流媒体等来澄清事实，以此获得公众的理解与支持，提高顾客信任度，同时避免竞争对手恶意竞争、网络误传、同行业危机牵连等带来的过度伤害。

4）事件评估与等级划分

企业质量危机事件应急管理组织应依据事件检测与原因分析结果，进行质量危机事件评估，并根据质量危机事件的法律法规违背程度、顾客需求未满足程度、社会道德违背程度、质量危机伤害程度、质量危机影响范围、相关方反应程度等质量危机事件情境类型评价标准，进行产品质量危机情境因素综合评估，并结合质量危机不同情境类型的基本特征，确定质量危机事件情境类型。

5）危机事件登记册编制

企业质量危机事件应急管理组织应根据质量危机事件调查与信息收集、检测与原因分析、评估与情境类型界定结果，编制产品质量危机事件登记册，登记册中至少应包括：质量危机事件表现形式、不合格产品质量检测结果、不合格产生原因、法律法规及道德背离情况、顾客需求未满足程度、社会责任未承担程度、质量危机伤害程度、质量危机影响范围、相关方反应程度、顾客感知风险程度、危机事件造成的损失、质量危机事件情境类型界定结果等，并在质量危机事件应对过程中不断更新产品质量危机事件登记册，为评估产品质量危机事件应对效果、恢复相关方信任、提升质量管理成熟度提供依据。

2. 质量危机事件应对策略选择与效果评估

企业质量危机事件应急管理组织应在快速选择、实施及评估应对策略的基础上，持续进行应对策略调整与应对策略的纵向一致性或横向兼容性强化，确保危机事件彻底消除。

1）质量危机事件应对策略选择与适配性调整

企业质量危机事件应急管理组织应依据产品质量危机事件应对策略的适宜性、可行性、可接受性，结合质量危机事件应对策略需要投入的资源等约束条件，尽快进行质量危机事件应对策略评价与选择，同时做好应对策略实施目标任务分解及所需资源保障，最大限度地消除产品质量危机事件给顾客带来的损失和伤害。

2）质量危机事件应对策略实施

企业质量危机事件应急管理组织应加强产品质量危机事件应对策略实施过程现场指挥与应急联动、节点跟踪与效果评估，及时发布应对策略实施信息，并做好内外部沟通，进行产品质量危机事件登记册更新。

（1）现场指挥与应急联动：应急管理组织通过统一指挥、过程监督、快速反应、资源共享、多部门联动，对策略实施过程中产生的特殊、突发、应急事件做出有序、快速而高效的反应及人员、资金、设备、时间节点等局部调配，为确保应对策略顺利实施提供保障。必要时，可邀请主流媒体等第三方参与质量危机事件应对策略实施，并持续做好与相关部门的沟通交流，通过主流媒体对产品质量危机应对策略实施过程信息实时发布，增强顾客对质量危机事件处置的信赖感。

（2）节点跟踪与效果评估：应急管理组织应强化应对策略实施过程节点跟踪检查与监督控制，同步进行产品质量危机事件应对策略的实施效果评估，实时发布跟踪评估信息。同时，进行产品质量危机事件应对策略的适配性调整，提高顾客等相关方对质量危机事件应对策略实施结果的满意程度。

（3）危机事件登记册更新：应急管理组织应基于上述现场指挥与应

急联动、节点跟踪与效果评估结果，及时更新危机事件登记册，补充质量危机事件应对策略的选择结果及执行效果、资源布局及调配情况、损失分布及统计结果等内容，为后续编制质量危机事件分析报告，制订顾客信任恢复与市场恢复计划提供依据。

3）质量危机事件应对效果整体评估

质量危机事件应急管理组织应组织内部相关部门，并邀请典型顾客、市场监督管理部门、主流媒体等外部相关方，对产品质量危机事件应对效果进行整体评估，重点评估质量危机事件应对效果及改进后的典型产品试用与改进效果，尤其评估顾客、经销商、股东及高层管理者、员工、市场监督管理部门、消保委、行业专家等对产品质量事件处置结果的认可程度，明确典型顾客及相关方对质量改进效果的满意程度，统计分析主流媒体跟踪报道该产品质量危机事件的负面信息数量的减少情况、处置效果正面信息数量的增加情况等。同时，根据相关方对质量改进效果及应对策略执行效果的满意程度，对质量危机事件应对策略进行适配性调整或重新选择应对策略，进一步控制质量危机事件发展态势。

4）质量危机事件横向涟漪扩散发展趋势分析

在质量危机事件应对过程中，质量危机事件议题除了表现为前述新闻媒体纵向挖掘并跟踪报道与质量危机事件直接相关的信息外，还可能存在横向涟漪扩散的议题，即媒体可能横向挖掘和报道与该质量事件没有直接关系的企业相关负面信息。如果该质量危机事件出现横向涟漪扩散现象，需快速针对不同的横向涟漪质量危机事件，启动相应的应对预案，并按照前述流程应对质量危机事件，努力消除该产品质量危机的横向涟漪扩散。

5）应对策略纵向一致性与横向兼容性强化

在该产品质量危机事件出现消退时，质量危机事件应急管理组织应进行所选相对最优应对策略纵向一致性与相关应对策略横向兼容性强化，即继续实施前述适配性强的应对策略，进一步控制质量危机事件发展势态，巩固现有质量危机事件应对效果，尽快平息质量危机事件。同时，不断调整相关质量危机事件应对策略，杜绝横向涟漪扩散，防止与该产品质量危机事件没有直接关系的企业负面信息带来的伤害事件的发生。如果该产品质量危机事件还未平息，需针对该产品质量危机事件，强化产品质量危机事件检测与评估、应对策略适配性调整与实施、危机事件应对效果整体评估、危机事件横向涟漪扩散发展趋势分析，彻底消除产品质量危机事件的影响。

3. 质量危机事件警情消退与善后处置

在质量危机事件消退后，应急管理组织应调整或解除质量危机警情，进行质量危机事件善后处置，并编制质量危机事件分析报告，为制订产品质量提升、相关方信任恢复与质量管理成熟度提升计划，完善质量危机应急响应预案等提供借鉴。

1）质量危机警情调整与解除

企业质量危机事件应急管理组织应调整或解除质量危机警情，并对余留的产品质量危机情形，持续强化应对策略适配性调整与实施，增强质量危机事件应对效果，彻底平息质量危机事件。同时，委托市场监督管理部门通过主流媒体发布产品质量危机事件应对信息，逐步赢得顾客、经销商、供应商、员工等利益相关者以及主流媒体、政府相关部门、消保委的信任。

2）质量危机事件善后处置

在产品质量危机事件消退后，应急管理组织应后续调查与深入全面分析产品质量危机事件爆发根源、总结产品质量危机事件教训、追究相关质量责任人员的法律责任等。同时，及时更新产品质量危机事件的登记册。

（1）质量事件爆发原因深入调查分析：质量危机事件应急管理组织应在质量危机事件快速监测与评估基础上，采用故障树、失效模式与影响分析、因果分析图、关联图及贝叶斯网络等方法，从1.2节中发掘的产品质量危机影响因素的构成方面，进一步全面细致分析质量危机事件爆发的深层次原因，为企业提升产品质量和恢复相关方信任提供依据，也为政府部门强化质量监督提供借鉴，并为质量危机事件责任追究及保险赔偿提供证据。必要时，可邀请市场监督管理部门、消保委、主流媒体等参与质量危机事件深层次分析，并及时公布质量危机事件产生的根本原因与产品质量提升对策，提高相关方信任感。

（2）质量事件细致评估与总结：质量危机事件应急管理组织应依据事件爆发原因调查结果，从质量危机事件的影响范围、危害程度，尤其是质量危机事件造成的直接损失、潜在损失等方面，对质量危机事件进行细致评估，全面总结质量危机事件应对过程与结果，为后续编制质量危机事件分析报告、调整危机应急响应预案、制订质量危机恢复与质量管理成熟度提升计划提供依据。必要时，可邀请市场监督管理部门、消保委、主流媒体等参与质量危机事件评估与总结，并及时召开新闻发布会，恢复顾客等相关方的信任。

（3）质量责任追究与赔偿：应急管理组织应根据质量危机事件爆发原因及责任追究制度，对质量危机事件责任人员或合作伙伴进行责任追究，同时对已投保的相关产品与资产申请保险补偿，以减少质量危机事件给相关方带来的损失。

（4）质量危机应对实践总结：质量危机事件应急管理组织应及时总结质量危机事件快速检测与评估效果、应对策略实施与强化效果、伤害控制与削减效果等方面的经验教训，持续改进、迭代与固化质量危机应对过程控制流程、应对策略与应对预案。

（5）质量危机事件登记册更新：质量危机事件应急管理组织应基于质量危机事件爆发原因深入调查、细致评估与总结等结果，及时更新危机事件登记册，补充事件爆发原因调查结果、事件细致评估与总结结果等内容。

3）产品质量事件分析报告编制

企业质量危机事件应急管理组织应在产品质量危机事件检测与评估、应对策略选择与适配性调整、应对策略实施及效果评估、质量危机警情解除与善后处置基础上，从质量危机事件产生原因调查准确性、应对策略选择适宜性、应对过程信息发布及时性、应对效果满意程度、责任追究明确性、损失评估有效性等方面，撰写详尽的质量危机事件分析报告，为预防及应对类似质量危机事件提供借鉴。同时，应依据产品质量危机应急响应预案执行效果、应对策略选择与适配性调整结果、应对策略实施效果及质量危机应急响应预案完备性要求等，对产品质量危机应急响应预案进行调整和必要的演练，使应急响应预案更加完善。

5.3　质量危机事件原因挖掘模型

产品质量危机爆发后，应结合质量危机发展动态，重点从质量危机影响因素方面，采用故障树和贝叶斯网络相结合的方法，挖掘质量危机事件产生的根源。

5.3.1　质量危机事件原因关系模型

依据产品质量危机影响因素及其对质量危机预控成效的作用关系，采用故障树法建立质量危机事件与其潜在原因之间逻辑关系模型，并将其应用于特定产品质量危机事件，形成特定质量危机事件原因关系模型，定性分析得出底层原因。

1. 产品质量危机事件潜在原因关系模型

以产品质量危机事件作为顶事件，依据 1.2 节产品质量危机影响因素具体构成，将产品质量危机 2 大类、8 个外部影响因素及 4 大类、18 个内部影响因素作为产品质量危机事件发生的潜在原因，并结合第 2 章、第 3 章实证研究形成的质量危机影响因素对质量危机预控成效作用关系，采用演绎法，从顶事件开始，由上而下逐级进行分析，构建如图 5.2 所示产品质量危机事件潜在原因关系模型图。其中，图 5.2 中符号对应的潜在原因如表5.1 所示：图 5.2 中相同转移符号 M 表示 $A_2 \sim A_5$ 下层潜在原因与 A_1 的原因相同；L 表示 $B_2 \sim B_5$ 下层潜在原因与 B_1 的原因相同；N 表示 $C_2 \sim C_4$ 下层潜在原因与 C_1 的原因相同；O 表示 $D_2 \sim D_4$ 下层潜在原因与 D_1 的原因相同。由图 5.2 关系模型可以看出，产品质量危机事件潜在原因之间层层影响，$A_1 \sim A_5$ 产品实现过程质量控制能力 5 个潜在原因直接导致质量危机事件的发生；$B_1 \sim B_5$ 质量改进有效性、$C_1 \sim C_4$ 企业资源保障能力、$D_1 \sim D_4$ 企业质量文化主导性、$E_1 \sim E_3$ 产业高质量发展驱动力、$F_1 \sim F_5$ 质量治理力度共 21 个潜在原因都通过影响 A 产品实现过程质量，间接导致质量危机事件的发生；C 通过影响 B，对 A 产品实现过程质量产生影响；D 通过影响 C 及 B，对 A 产品实现过程质量产生影响；E、F 通过影响 D，进而影响 C 及 B，最终对 A 产品实现过程质量产生主导及使能作用，间接导致质量危机事件的发生。

表 5.1　产品质量危机事件潜在原因归类分析表

符号		含义	符号		含义
T		产品质量危机事件		C_1	人力资源能力不足
A	A_1	产品要求识别不全面	C 企业资源保障能力不足	C_2	设施资源保障不到位
	A_2	产品设计质量控制不到位		C_3	作业环境控制不到位
产品实现过程质量控制不到位	A_3	采购质量控制不到位		C_4	知识资源利用不足
	A_4	生产运作质量控制不到位	D 企业质量文化主导性不强	D_1	质量价值观念相对落后
	A_5	客户服务质量不满足要求		D_2	质量意识不强
B 质量改进有效性不足	B_1	监视与测量不够准确		D_3	质量战略地位不够优先
	B_2	不合格品控制效果不佳		D_4	产品质量承诺履行不完全
	B_3	质量信息分析评价不准确	E 产业高质量发展驱动力不强	E_1	质量竞争机制不健全
	B_4	纠正预防措施有效性不足		E_2	供应商配合改进不到位
	B_5	管理评审执行不到位		E_3	顾客优质优价认同度不高

续表

符号		含义	符号		含义
F	F_1	质量法律制度不够健全	F	F_4	先进产品标准采标率不高
质量治理力度不够	F_2	产品质量监管力度不足	质量治理力度不够	F_5	消费者维权保护政策不完善
	F_3	质量检验网络健全程度不足			

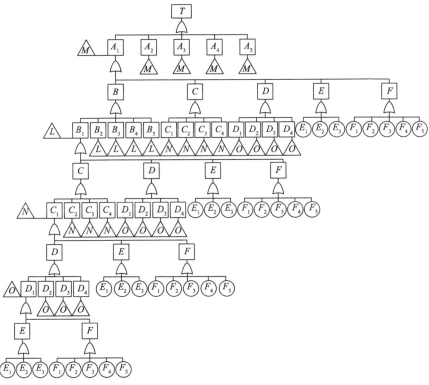

图 5.2　产品质量危机事件潜在原因关系模型图

2. 特定产品质量危机事件原因关系模型

在企业发生质量危机事件时，可基于图 5.2 所示关系模型，采用下行法，从顶事件 T 开始，顺次向下排查产品质量危机事件发生的可能原因，删减与特定产品质量危机事件关联度小的原因，形成特定产品质量危机事件原因关系模型。在此，以某食品质量隐患事件为分析对象，进行产品质量危机事件潜在原因关系模型应用与底层原因发掘。

1）基于专家调查的产品质量危机事件相关原因确定

将某食品质量隐患事件作为顶事件，首先，根据表 5.1 中的产品质量危机事件潜在原因，将食品质量隐患事件引发根源的认同度设置 5 级评分

制，即评价语集=（肯定存在、存在、可能存在、不清楚、不存在）=（1、
0.75、0.5、0.25、0），形成质量危机事件可能原因调查问卷。其次，采用
专家调查法，邀请该食品公司相关质量管理人员与外部质量监督人员共同
组成评估主体，对产生该食品质量隐患事件可能原因的认同程度进行评判，
共获取 71 人次的调查数据，采用相关性评价方法[198]，统计得到具体评判
结果如表 5.2 所示。最后，根据各原因相关性评价值，剔除与该食品质量
隐患事件相关度较低（≤0.5）的原因[198]，将相关度较高的原因作为该食
品质量隐患事件的相关原因，具体剔除结果如表 5.2 所示。

表 5.2 某食品质量隐患事件可能原因相关性评价表

	可能原因	评价值	相关原因确认		可能原因	评价值	相关原因确认
A_1	产品要求识别不全面	0.739	√	C_4	知识资源利用不足	0.454	—
A_2	产品设计质量控制不到位	0.387	—	D_1	质量价值观念相对落后	0.454	—
A_3	采购质量控制不到位	0.859	√	D_2	质量意识不强	0.764	√
A_4	生产运作质量控制不到位	0.725	√	D_3	质量战略地位不够优先	0.472	—
A_5	客户服务质量不满足要求	0.342	—	D_4	产品质量承诺履行不完全	0.785	√
B_1	监视与测量不够准确	0.884	√	E_1	质量竞争机制不健全	0.454	—
B_2	不合格品控制效果不佳	0.789	√	E_2	供应商配合改进不到位	0.877	√
B_3	质量信息分析评价不准确	0.440	—	E_3	顾客优质优价认同度不高	0.472	—
B_4	纠正预防措施有效性不足	0.782	√	F_1	质量法律制度不够健全	0.870	√
B_5	管理评审执行不到位	0.472	—	F_2	产品质量监管力度不足	0.768	√
C_1	人力资源能力不足	0.771	√	F_3	质量检验网络健全程度不足	0.292	—
C_2	设施资源保障不到位	0.377	—	F_4	先进产品标准采标率不高	0.437	—
C_3	作业环境控制不到位	0.363	—	F_5	消费者维权保护政策不完善	0.440	—

2）特定产品质量危机事件原因分析模型构建

依据表 5.2 某食品质量隐患事件可能原因相关性评价结果，将引发该
食品质量隐患事件的第一层原因确定为 A_1 产品要求识别不全面、A_3 采购
质量控制不到位、A_4 生产运作质量控制不到位。同时与该食品公司相关质
量管理人员讨论，对第一层原因的下级原因层层展开。根据图 5.2 所示的

各潜在原因之间逻辑关系，构建某食品质量危机事件原因关系模型
（图5.3），图5.3中相关符号所代表的底事件如表5.3所示。

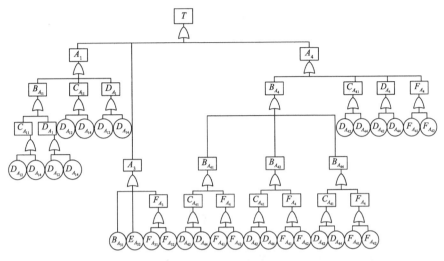

图 5.3　某食品质量危机事件原因关系模型图

表 5.3　某食品质量危机事件底层原因发生可能性专家评估表

可能中间原因与底层原因		底层原因发生可能性评估结果					隶属度函数表达式
		高	较高	中等	较低	低	
A_1 产品要求识别不全面	$D_{A_{12}}$ 质量意识不强	19	35	17	0	0	式（5-3）～式（5-5）
	$D_{A_{14}}$ 产品质量承诺履行不完全	0	32	35	4	0	式（5-2）～式（5-4）
A_3 采购质量控制不到位	$B_{A_{31}}$ 监视与测量不够准确	45	26	0	0	0	式（5-4）～式（5-5）
	$E_{A_{32}}$ 供应商配合改进不到位	35	36	0	0	0	式（5-4）～式（5-5）
	$F_{A_{31}}$ 质量法律制度不够健全	40	31	0	0	0	式（5-4）～式（5-5）
	$F_{A_{32}}$ 产品质量监管力度不足	16	35	20	0	0	式（5-3）～式（5-5）
A_4 生产运作质量控制不到位	$D_{A_{42}}$ 质量意识不强	8	33	30	0	0	式（5-3）～式（5-5）
	$D_{A_{44}}$ 产品质量承诺履行不完全	10	39	22	0	0	式（5-3）～式（5-5）
	$F_{A_{41}}$ 质量法律制度不够健全	36	35	0	0	0	式（5-4）～式（5-5）
	$F_{A_{42}}$ 产品质量监管力度不足	12	35	24	0	0	式（5-3）～式（5-5）

3）特定产品质量危机事件最小割集求解

采用下行法并结合布尔代数规则，确定图 5.3 关系模型中的最小割集，具体过程如下。

$$T = A_1 + A_3 + A_4$$

$$A_1 = B_{A_{11}} + C_{A_{11}} + D_{A_1}$$
$$= (C_{A_{11}} + D_{A_1}) + (D_{A_{12}} + D_{A_{14}}) + (D_{A_{12}} + D_{A_{14}})$$
$$= (D_{A_{12}} + D_{A_{14}}) + (D_{A_{12}} + D_{A_{14}}) + (D_{A_{12}} + D_{A_{14}}) + (D_{A_{12}} + D_{A_{14}})$$
$$= D_{A_{12}} + D_{A_{14}}$$

$$A_3 = B_{A_{31}} + E_{A_{32}} + F_{A_3}$$
$$= B_{A_{31}} + E_{A_{32}} + F_{A_{31}} + F_{A_{32}}$$

$$A_4 = B_{A_4} + C_{A_{41}} + D_{A_4} + F_{A_4}$$
$$= (B_{A_{41}} + B_{A_{42}} + B_{A_{44}}) + (D_{A_{42}} + D_{A_{44}}) + (D_{A_{42}} + D_{A_{44}}) + (F_{A_{41}} + F_{A_{42}})$$
$$= (C_{A_{41}} + F_{A_4}) + (D_{A_{42}} + D_{A_{44}}) + (D_{A_{42}} + D_{A_{44}}) + (F_{A_{41}} + F_{A_{42}})$$
$$= (D_{A_{42}} + D_{A_{44}}) + (F_{A_{41}} + F_{A_{42}}) + (D_{A_{42}} + D_{A_{44}}) + (D_{A_{42}} + D_{A_{44}}) + (F_{A_{41}} + F_{A_{42}})$$
$$= D_{A_{42}} + D_{A_{44}} + F_{A_{41}} + F_{A_{42}}$$

所以 $T = D_{A_{12}} + D_{A_{14}} + B_{A_{31}} + E_{A_{32}} + F_{A_{31}} + F_{A_{32}} + D_{A_{42}} + D_{A_{44}} + F_{A_{41}} + F_{A_{42}}$

由此可得，该食品质量隐患事件所有最小割集如下：$\{D_{A_{12}}\}$、$\{D_{A_{14}}\}$、$\{B_{A_{31}}\}$、$\{E_{A_{32}}\}$、$\{F_{A_{31}}\}$、$\{F_{A_{32}}\}$、$\{D_{A_{42}}\}$、$\{D_{A_{44}}\}$、$\{F_{A_{41}}\}$、$\{F_{A_{42}}\}$ 共 10 个，这些最小割集即该食品质量隐患事件的底层原因（底事件）。

5.3.2　质量危机事件关键原因辨识模型

依据产品质量危机事件潜在原因关系模型构建结果，探讨质量危机事件潜在底层原因先验概率估算方法，并根据潜在底层原因先验概率及条件依赖关系，推理底层原因后验概率及关键重要度，构建产品质量危机事件关键原因辨识模型。

1. 基于专家调查和模糊集的产品质量危机事件发生根源先验概率算法

由于产品质量危机事件发生根源存在不确定性，不能获得底层原因的精确概率，需要对底层原因进行专家综合判断，故依据模糊集理论，采用专家调查法进行模糊失效率分析[199]，依此估算底层原因发生概率，作为各底层原因的先验概率，先验概率算法如下。

1）基于专家判断自然语言的隶属函数确定

（1）专家判断自然语言收集。企业发生产品质量危机事件后，可采用跨组织多方论证法或现场访谈、德尔菲法等，邀请内部质量管理、危机管理人员及外部质量管理专家组成评估组，对图 5.2 所示产品质量危机事件潜在底层原因发生的可能性，按照低、较低、中等、较高、高进行评估，并对专家评估结果进行统计，形成专家判断自然语言集。在此选取前述食品质量隐患事件为研究对象，邀请该食品公司前述人员作为评估主体，对导致 A_1、A_3、A_4 的原因发生的可能性进行评判，获得表 5.3 所示专家评估结果统计表。

（2）自然语言隶属函数转化。由于产品质量危机事件底层原因专家判断自然语言具有模糊性，需要利用自然语言梯形模糊数图[200]，将专家判断的自然语言转化为隶属函数。按此可得产品质量危机事件底层原因隶属度函数表达式如式（5.1）~式（5.5）所示：

$$f_L(x) = \begin{cases} 1, & 0 \leqslant x \leqslant 0.1 \\ \dfrac{0.2-x}{0.2-0.1}, & 0.1 < x \leqslant 0.2 \\ 0, & 其他 \end{cases} \qquad (5.1)$$

$$f_{FL}(x) = \begin{cases} \dfrac{x-0.1}{0.2-0.1}, & 0.1 < x \leqslant 0.2 \\ 1, & 0.2 < x \leqslant 0.4 \\ \dfrac{0.5-x}{0.5-0.4}, & 0.4 < x \leqslant 0.5 \\ 0, & 其他 \end{cases} \qquad (5.2)$$

$$f_M(x) = \begin{cases} \dfrac{x-0.4}{0.5-0.4}, & 0.4 < x \leqslant 0.5 \\ \dfrac{0.6-x}{0.6-0.5}, & 0.5 < x \leqslant 0.6 \\ 0, & 其他 \end{cases} \qquad (5.3)$$

$$f_{FH}(x) = \begin{cases} \dfrac{x-0.5}{0.6-0.4}, & 0.5 < x \leqslant 0.6 \\ 1, & 0.6 < x \leqslant 0.8 \\ \dfrac{0.9-x}{0.9-0.8}, & 0.8 < x \leqslant 0.9 \\ 0, & 其他 \end{cases} \qquad (5.4)$$

$$f_H(x) = \begin{cases} \dfrac{x-0.8}{0.9-0.8}, & 0.8 < x \leqslant 0.9 \\[2mm] 1, & 0.9 < x \leqslant 1.0 \\[2mm] 0, & \text{其他} \end{cases} \quad （5.5）$$

式中，L、FL、M、FH、H 表示产品质量危机事件底层原因发生的可能程度分别为低、较低、中等、较高、高。

在前述食品质量隐患事件中，以评估主体对"A_1 产品要求识别不全面"所对应的下级原因"$D_{A_{12}}$ 质量意识不强"为例，由表 5.3 可知，这一底层原因的发生概率的评判结果为 19 位专家认为其发生可能性高、35 位专家认为其发生可能性较高、17 位专家认为其发生可能性中等，则隶属度函数表达式为式（5.3）~式（5.5）。同理可知，其他 9 个底层原因发生可能性对应的隶属度函数表达式如表5.3所示。

2）基于隶属函数的模糊集 α 截集推算

采用模糊集的 α 截集和平均算法，综合处理专家组对产品质量危机事件底层原因可能程度的判断结果。

设隶属度函数表达式（5.1）~式（5.5）的 α 截集分别如下：$L_\alpha=[l_1, l_2]$，$FL_\alpha=[fl_1, fl_2]$，$M_\alpha=[m_1, m_2]$，$FH_\alpha=[fh_1, fh_2]$，$H_\alpha=[h_1, h_2]$。其中，l_1、l_2；fl_1、fl_2；m_1、m_2；fh_1、fh_2；h_1、h_2 分别为式（5.1）~式（5.5）α 截集的上、下边限。

则 $l_1=0$、$l_2=0.2-0.1\alpha$；$fl_1=0.1\alpha+0.1$、$fl_2=0.5-0.1\alpha$；$m_1=0.1\alpha+0.4$、$m_2=0.6-0.1\alpha$；$fh_1=0.1\alpha+0.5$、$fh_2=0.9-0.1\alpha$；$h_1=0.1\alpha+0.8$、$h_2=1$。

3）基于模糊集 α 截集的模糊数计算

在 α 截集下，可得 N 位专家对质量危机事件底层原因 X 发生可能性评估结果的平均模糊数 W 表达式为

$$W = \frac{1}{N} \otimes f_{FL \oplus M \oplus \cdots \oplus FH}(z) \quad （5.6）$$

式中，$f_{FL \oplus M \oplus \cdots \oplus FH}(z) = \max\left[f_{fl(x)} \wedge f_{m(x)} \wedge \cdots \wedge f_{fh(x)} \right]$。

以前述食品质量隐患事件为例，依据专家组对"$D_{A_{12}}$ 质量意识不强"这一底层原因的评估意见，可得在 α 截集下，71 位专家意见的总的模糊数为

$$f_{M \oplus FH \oplus \cdots \oplus H}\left(z_{D_{A_{12}}}\right) = \max\left[f_{m(x)} \wedge f_{fh(x)} \wedge \cdots \wedge f_{h(x)}\right]$$
$$= \left[17(0.1\alpha + 0.4) + 35(0.1\alpha + 0.5) + 19(0.1\alpha + 0.8),\right.$$
$$\left.17(0.6 - 0.1\alpha) + 35(0.9 - 0.1\alpha) + 19\right]$$
$$= \left[(7.1\alpha + 39.5), (60.7 - 5.2\alpha)\right]$$

故"$D_{A_{12}}$ 质量意识不强"的平均模糊数 W 为

$$W_{D_{A_{12}}} = \frac{1}{N} \otimes f_{M \oplus FH \oplus \cdots \oplus H}(z) = \frac{1}{71}\left[(7.1\alpha + 39.5), (60.7 - 5.2\alpha)\right]$$
$$= \left[(0.1\alpha + 0.5563), (0.8549 - 0.0732\alpha)\right]$$

令 $[z_1, z_2] = W_{D_{A_{12}}} = \left[(0.1\alpha + 0.5563), (0.8549 - 0.0732\alpha)\right]$

则 $\alpha = \dfrac{z_1 - 0.5563}{0.1} = \dfrac{0.8549 - z_2}{0.0732}$。

可得，"$D_{A_{12}}$ 质量意识不强"的平均模糊数 W 关于 z 的关系函数为

$$fW_{D_{A_{12}}}(z) = \begin{cases} \dfrac{z - 0.5563}{0.1}, & 0.5563 < z \leqslant 0.6563 \\ 1, & 0.6563 < z \leqslant 0.8916 \\ \dfrac{0.8549 - z}{0.0732}, & 0.7817 < z \leqslant 0.8549 \\ 0, & \text{其他} \end{cases}$$

同理可推算出质量危机所有底层原因的平均模糊数 W 关于 z 的关系函数。

4）质量危机事件底层原因模糊可能性值确定

采用左右模糊排序法，利用最大、最小模糊集定义式，将质量危机事件底层原因模糊数转化为模糊可能性值[201]。

依据上述得到的"$D_{A_{12}}$ 质量意识不强"的平均模糊数 W 关于 z 的关系函数 $fW_{D_{A_{12}}}(z)$，可得该底层原因模糊数 W 的左、右模糊可能性值为

$$FPS_R\left(W_{D_{A_{12}}}\right) = \sup_x\left[f_W(x) \wedge f_{\max}(x)\right] = 0.7966$$
$$FPS_L\left(W_{D_{A_{12}}}\right) = \sup_x\left[f_W(x) \wedge f_{\min}(x)\right] = 0.4034$$

由左、右模糊可能性值可得模糊可能性值为

$$FPS_T\left(W_{D_{A_{12}}}\right) = \left[FPS_R\left(W_{D_{A_{12}}}\right) + 1 - FPS_L\left(W_{D_{A_{12}}}\right)\right]/2 = 0.6966$$

5）质量危机事件底层原因先验概率确定

将质量危机事件底层原因模糊可能性值转化为模糊失效率[200]，作为各

质量危机事件底层原因先验概率 $P(X)$ 的评估值，其表达式为

$$P(X) = \text{FFR} = \begin{cases} \dfrac{1}{10^K} & \text{FPS} \neq 0 \\ 0 & \text{FPS} = 0 \end{cases} \tag{5.7}$$

式中，$K = \left[(1-\text{FPS}) / \text{FPS} \right]^{\frac{1}{3}} \times 2.301$。

以"$D_{A_{12}}$ 质量意识不强"为例，得

$$P(X_{D_{A_{12}}}) = \text{FFR}_{D_{A_{12}}} = \frac{1}{10^K} = \frac{1}{10^{\left[(1-\text{FPS}_T(W_{D_{A_{12}}})) / \text{FPS}_T(W_{D_{A_{12}}}) \right]^{\frac{1}{3}} \times 2.301}} = 0.018$$

即 $D_{A_{12}}$ 这一底层原因发生的先验概率评估值为 0.018。同理，可得其他底层原因发生的先验概率，如表 5.4 所示。

表 5.4　某食品质量隐患事件底层原因先验概率估算结果表

X	FPS	$P(X)$	X	FPS	$P(X)$	X	FPS	$P(X)$	X	FPS	$P(X)$	X	FPS	$P(X)$
$D_{A_{12}}$	0.696 6	0.018 0	$B_{A_{31}}$	0.823 9	0.042 1	$F_{A_{32}}$	0.679 5	0.016 2	$D_{A_{42}}$	0.558 9	0.007 5	$F_{A_{41}}$	0.794 9	0.034 3
$D_{A_{14}}$	0.571 8	0.008 1	$F_{A_{31}}$	0.807 7	0.037 5	$E_{A_{32}}$	0.792 5	0.033 7	$D_{A_{44}}$	0.655 9	0.013 9	$F_{A_{42}}$	0.656 9	0.014 0

2. 基于贝叶斯网络的质量危机事件底层原因后验概率算法设计

针对传统故障树法处理不确定问题的局限性及不能进行反向推理的不足[201]，考虑到故障树和贝叶斯网络的先天相似性[202]，以及贝叶斯网络具有对不确定性知识表达与双向推理的优势，将故障树法与贝叶斯网络法相结合。依据两者之间的转化关系，将故障树法转化成贝叶斯网络法，并利用贝叶斯网络法的双向推理能力，基于底层原因的先验概率评估值，运用 GeNIe2.3 软件向前计算产品质量危机事件中间潜在原因的概率，同时向后诊断底层潜在原因后验概率，以发掘出导致产品质量危机事件发生的关键原因。

1）产品质量危机事件原因贝叶斯网络模型构建

依据故障树向贝叶斯网络转化方法[203]，以及质量危机各个潜在原因与贝叶斯网络节点、故障树逻辑门与贝叶斯网络连接强度之间存在的映射关系，将所构建的产品质量危机事件原因关系模型转化为贝叶斯网络模型，可得质量危机事件潜在原因与危机事件之间关系的贝叶斯网络模型。以上述食品质量隐患事件为例，依据图 5.3 某食品质量危机事件原因关系模型图，采用 GeNIe2.3 软件，可得某食品公司产品质量危机事件原因贝叶斯网络图，如图 5.4 所示。

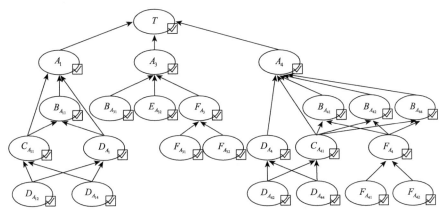

图 5.4　某食品公司产品质量危机事件原因贝叶斯网格图

在图 5.4 中，根节点信息中包含其对应的底层原因先验概率分布，非根节点信息中包含其对应的条件概率分布[199]。

2）基于贝叶斯网络的质量危机事件底层原因后验概率确定

利用贝叶斯网络的推理原理，依据质量危机事件底层原因先验概率和条件依赖关系，计算中间事件及顶事件的概率，同时根据已知证据计算出当产品质量危机事件发生时，即当事件发生概率取 1 时，产品质量危机事件底层潜在原因发生的后验概率 $P'(X)$。后验概率大的底层原因作为系统的薄弱环节[204]，更多体现出产品质量危机事件发生的关键原因。在此，以上述食品质量危机事件为例，探索底层原因后验概率确定方法。

（1）质量危机事件及其中间潜在原因事件发生概率计算。在得出产品质量危机事件各底层潜在原因先验概率的基础上，利用贝叶斯网络正向推理原理，采用 GeNIe2.3 软件，将底层原因先验概率输入贝叶斯网络模型中，同时定义各中间原因事件的条件概率，计算出各中间原因事件和产品质量危机事件的发生概率。以上述食品质量危机事件为例，采用 GeNIe2.3 软件，计算出各中间原因事件和产品质量危机事件的发生概率，如表 5.5 所示。

表 5.5　某食品质量危机事件及其中间潜在原因事件发生概率表

事件	发生概率	事件	发生概率	事件	发生概率	事件	发生概率	事件	发生概率	事件	发生概率	事件	发生概率
T	0.204	B_{A_1}	0.026	D_{A_1}	0.026	F_{A_3}	0.053	$B_{A_{41}}$	0.068	$B_{A_{44}}$	0.068	D_{A_4}	0.021
A_1	0.026	C_{A_1}	0.026	A_3	0.124	A_4	0.068	$B_{A_{42}}$	0.068	$C_{A_{41}}$	0.021	F_{A_4}	0.048

　　从表 5.5 计算结果可以看出，该食品质量危机事件发生的概率为 20.4%，比每一底层原因事件的发生概率都大，这是由食品质量危机事件故障树的"或门"逻辑结构所决定的。

　　（2）质量危机事件底层潜在原因后验概率推理。利用贝叶斯网络模型的反向推理原理，采用 GeNIe2.3 软件计算出当某质量危机事件发生时，即顶事件的发生概率为 1 时，通过迭代贝叶斯网络模型，得到各底层原因发生的后验概率 $P'(X)$。以上述食品质量危机事件为例，采用 GeNIe2.3 软件推算出各底层原因发生的后验概率 $P'(X)$，如表 5.6 所示。

表 5.6　某食品质量危机事件各底层原因后验概率估算表

X	$P'(X)$	X	$P'(X)$	X	$P'(X)$	X	$P'(X)$	X	$P'(X)$
$D_{A_{12}}$	0.088	$B_{A_{31}}$	0.206	$F_{A_{32}}$	0.079	$D_{A_{42}}$	0.037	$F_{A_{41}}$	0.168
D_{A_4}	0.040	$F_{A_{31}}$	0.183	$E_{A_{32}}$	0.165	$D_{A_{44}}$	0.068	$F_{A_{42}}$	0.069

　　由表 5.6 可知，当该食品质量危机事件发生时，各底层原因发生的概率大小依次为 $P'(B_{A_{31}}) > P'(F_{A_{31}}) > P'(F_{A_{41}}) > P'(E_{A_{32}}) > P'(D_{A_{12}}) > P'(F_{A_{32}}) > P'(F_{A_{42}}) > P'(D_{A_{44}}) > P'(D_{A_{14}}) > P'(D_{A_{42}})$。因后验概率大的底层原因对顶事件影响大，可以看出造成该食品质量危机事件发生的关键原因在于采购过程"监视与测量不够准确"、饲料加工及动物喂养过程"质量法律制度不够健全"和动物活体"供应商配合改进不到位"。

　　3. 基于质量危机事件底层原因关键重要度的关键原因辨识

　　为准确识别质量危机事件产生的关键原因，仅依靠各底层原因的后验概率进行产生原因确定不完全可靠[205]，可通过寻找重要度高的底层原因来提升产品质量危机原因诊断效率及改善的靶向性[206]。重要度包括结构重要度、概率重要度、关键重要度，结构重要度不考虑底层原因自身的发生概率或假设底层原因发生概率均相等，仅从故障树结构上分析各底层原因对产品质量危机事件的影响程度；概率重要度主要分析每个底层原因发生概率的变化对产品质量危机事件发生概率变化的影响程度，仅反映底层原因的灵敏度，没有考虑每个底层原因自身的概率值对质量危机事件的影响；关键重要度从底层原因的发生概率和灵敏度双重角度综合反映底层原因的重要度，能更全面揭示底层原因对产品质量危机事件的影响程度，关键重要度更能反映出底层原因对产品质量危机事件的

影响程度[207]。运用贝叶斯准则[208]，计算底层原因关键重要度，其表达式为

$$I_i = \frac{P(X_i=1)\Big(P\big[(T=1|X_i=1)\big] - P\big[(T=1|X_i=0)\big]\Big)}{P(T=1)} \quad (5.8)$$

式中，X_i 表示质量危机事件底层原因；$P(T=1|\bullet)$ 表示质量危机事件发生的条件概率；$X_i=1$ 或 0 表示质量危机事件底层原因 i 是否发生；$P(X_i)$ 表示底层原因 i 的先验概率。

以上述食品质量隐患事件为例，基于前述各底层原因先验概率及后验概率计算结果，依据式（5.8），并结合贝叶斯公式，得到各底层原因的关键重要度，如表 5.7 所示。

表 5.7　食品质量危机事件各底层原因的关键重要度表

X	I_i	X	I_i	X	I_i	X	I_i	X	I_i
$D_{A_{12}}$	0.411	$B_{A_{31}}$	0.836	$F_{A_{32}}$	0.368	$D_{A_{42}}$	0.168	$F_{A_{41}}$	0.794
$D_{A_{44}}$	0.183	$F_{A_{31}}$	0.871	$E_{A_{32}}$	0.781	$D_{A_{44}}$	0.316	$F_{A_{42}}$	0.318

由表 5.7 可知，底层原因关键重要度排序为 $I(F_{A_{31}}) > I(B_{A_{31}}) > I(F_{A_{41}}) > I(E_{A_{32}}) > I(D_{A_{12}}) > I(F_{A_{32}}) > I(F_{A_{42}}) > I(D_{A_{44}}) > I(D_{A_{14}}) > I(D_{A_{42}})$，这与底层原因后验概率分析结果基本契合，它反映出饲料加工及动物喂养过程质量法律制度不够健全、采购过程监视与测量不够准确、动物活体供应商配合改进不到位是该食品质量危机事件发生的关键原因。

将以上原因分析结果与公司相关人员进行讨论，认为该食品质量危机事件的发生根源主要表现如下：供应商食品质量安全意识薄弱，在饲料加工及动物喂养过程加入了食品质量安全风险大的添加剂；该食品质量危机事件发生前，饲料加工及动物喂养相关质量法律制度不够健全，尤其是违法违规处罚力度不大，难于抑制饲料供应商与动物养殖过程违法使用添加剂，使质量安全风险大的动物活体流入下游食品生产商；该食品公司在动物活体采购环节，按照相关检验规范实施抽样检验，致使被怀疑含食品质量安全风险大的添加剂的动物活体流入生产输入端，最终引发该食品质量隐患事件。这反映出上述关键原因发掘结果符合该食品质量危机事件实际，说明该质量危机事件原因挖掘模型有效可行。

5.4　质量危机情境类型界定模型

产品质量危机爆发后,应依据质量危机情境因素发掘结果,快速界定产品质量危机情境类型,为企业选择适宜的质量危机应对策略提供借鉴。

5.4.1　质量危机情境因素构成体系

依据 4.2.2 节有关质量风险/隐患预警指标提取方法比较与选择结果,采用探索性因子分析法,进行产品质量危机情境因素发掘,并在确定情境因素权重、设定情境因素等级与评价标准基础上,形成产品质量危机情境因素构成体系。

1. 产品质量危机情境因素发掘

1)产品质量危机情境因素初步辨识

(1)产品质量危机情境因素文献分析。重点考虑不可辩解型产品质量危机事件,选取 1.2.1 节所述相关知名数据库,以产品伤害情境、质量危机情境与因素、类型、指标等组合形成的中英文为关键词和主题词进行检索,并对筛选出的情境因素进行精炼提纯与规范命名,归纳出如表 5.8 所示 12 个质量危机情境因素。

表 5.8　质量危机情境因素文献分析表

序号	情境因素	质量危机情境因素内涵	主要出处
1	法律法规违反程度	不合格产品违反法律法规、强制性标准的严重程度及广泛程度	[209]
2	社会道德违背程度	不合格产品违背社会公共道德的严重程度及广泛程度	[210]
3	顾客需求未满足程度	不合格产品未满足顾客明示要求、潜在需求严重程度及广泛程度	[211]
4	质量危机危害程度	不合格产品造成的人员伤亡、财产损失、环境危害等严重程度	[186]
5	质量危机影响范围	不合格产品涉及的客户群范围、危机影响区域及同类不合格产品提供企业群体数量	[212]
6	质量危机危害可控程度	相关方动用风险应急储备等措施,控制不合格产品停止流通、使用或全部召回的难度	[213]
7	政府部门反应程度	政府部门对风险产品组织技术鉴定及监督检查力度、信息发布频繁程度、处置力度	[214]
8	主流媒体反应程度	主流媒体对质量危机发生企业及风险产品关注程度、传播报道强度及持续时间	[11]

序号	情境因素	质量危机情境因素内涵	主要出处
9	行业专家反应程度	行业专家对风险产品违背法规与社会道德程度、危害程度进行的技术鉴定、专业评价结果严重程度及发表权威观点的强烈程度	[215]
10	顾客反应程度	顾客对产品不合格风险及伤害程度的主观感知，负面情绪等抱怨行为的强烈程度，以及购买决策时的品牌考虑及变动程度	[216, 217]
11	经销商反应程度	经销商对不合格产品的风险及伤害程度的主观感知，经销决策时对不合格产品停售或对品牌考虑集的变动程度	[218]
12	公司所有者反应程度	公司股东与员工对质量危机产生原因归属、不合格产品风险及市场恢复难度的主观感知，以及对公司信任下降程度或离职、减持股份等行为的强烈程度	[11, 213]

（2）产品质量危机情境因素预调查与补充。同 4.2.2 节一样，邀请产品质量危机频发行业内企业质量管理、危机公关、营销管理等方面人员作为调查对象，采用现场访谈方式，进行产品质量危机情境因素的精炼提纯。依据调查对象建议，增添消保委反应程度、供应商反应程度，最终初选出14 个产品质量危机情境因素。

2）产品质量危机情境因素问卷设计与数据采集

根据初选的 14 个产品质量危机情境因素，采用同 1.2.2 节一样，问卷设计方法，形成该产品质量危机情境因素关联度调查问卷；选择质量危机频发行业，采用现场发放问卷、问卷链接等方式，邀请企业质量管理、危机公关、营销管理等方面人员，对产品质量危机情境因素的认可度进行评判，回收有效问卷 432 份，符合本实证研究问卷的数量要求[20]。

3）数据处理与产品质量危机情境因素提取

（1）项目分析与情境因素筛选。同 1.2.3 节一样，进行项目分析与情境因素筛选，项目分析结果表明，本问卷题项均达到 $\alpha<0.05$ 显著性水平，无须剔除该产品质量危机情境因素[20]。

（2）信效度分析与因子提取。同 1.2.3 节一样，进行信效度分析，以及因子提取与命名。

第一，效度分析。检验结果表明 KMO 值为 0.773>0.7，Bartlett's 球形检验的 Sig. 值为 0.000<0.01，达到应有的显著性水平，故可进行因素分析[20]。

第二，因子提取。利用 SPSS24.0 提取 14 个产品质量危机情境因素的共同因子，得到其总方差解释表，如表 5.9 所示，表明问卷结构效度较好[20]；旋转后的因子载荷矩阵如表 5.10 所示，可知各题项共同度良好[20]，故可提取出 4 个质量危机情境因素公因子。

表 5.9　产品质量危机情境因素总方差解释表

公因子	初始特征值			提取载荷平方和			旋转载荷平方和		
	特征值	方差贡献	累积方差贡献	特征值	方差贡献	累积方差贡献	特征值	方差贡献	累积方差贡献
1	4.340	31.003%	31.003%	4.340	31.003%	31.003%	3.134	22.384%	22.384%
2	2.756	19.688%	50.691%	2.756	19.688%	50.691%	2.936	20.973%	43.357%
3	2.220	15.855%	66.546%	2.220	15.855%	66.546%	2.547	18.192%	61.549%
4	1.791	12.795%	79.341%	1.791	12.795%	79.341%	2.491	17.792%	79.341%

注：表中数据是 SPSS24.0 运行结果小数点后面取三位数字之后四舍五入的结果

表 5.10　产品质量危机情境因素旋转成分矩阵表

质量危机情境因素	主成分 1	主成分 2	主成分 3	主成分 4
经销商反应程度	0.914	0.054	0.015	0.054
顾客反应程度	0.875	0.085	0.130	0.054
公司所有者反应程度	0.865	0.036	0.103	0.044
供应商反应程度	0.850	0.058	0.059	0.053
消保委反应程度	0.015	0.864	0.063	0.118
主流媒体反应程度	0.044	0.852	0.047	0.168
政府部门反应程度	0.128	0.850	0.066	0.113
行业专家反应程度	0.045	0.801	0.004	0.099
质量危机危害程度	0.069	0.091	0.934	0.052
质量危机危害可控程度	0.070	0.071	0.925	0.042
质量危机影响范围	0.138	0.004	0.870	0.146
社会道德违背程度	0.053	0.145	0.072	0.918
法律法规违反程度	0.099	0.138	0.049	0.900
顾客需求未满足程度	0.034	0.182	0.121	0.858

　　第三，情境因子命名。根据表 5.9 产品质量危机情境因素总方差解释表中 4 个公因子初始特征值大小顺序对其进行命名。公因子 1 包括经销商反应程度、顾客反应程度、公司所有者反应程度、供应商反应程度，体现了与质量危机事件发生企业存在交易关系的群体对质量危机的反应程度，命名为利益相关方反应程度；公因子 2 包括消保委反应程度、主流媒体反应程度、政府部门反应程度、行业专家反应程度，体现了与质量危机事件发生企业不存在交易关系但有社会责任关注事件的群体对质量危机的反应程度，命名为公众相关方反应程度；公因子 3 包括质量危机危害程度、质

量危机危害可控程度、质量危机影响范围，体现了质量危机的具体表征，命名为质量危机严重程度。公因子 4 包括社会道德违背程度、法律法规违反程度、顾客需求未满足程度，体现了质量危机的产生根源，命名为产品违背要求程度。

第四，信度分析。同 1.2.3 节一样，对情境因素及其 4 个公因子进行信度检验，检验结果如表 5.11 所示，结果表明问卷数据与情境因素可信[20]。

表 5.11　产品质量危机情境因素信度检验表

情境因素	克朗巴哈系数	分量表克朗巴哈系数
a_1 法律法规违反程度	0.818	
a_2 社会道德违背程度	0.820	0.908
a_3 顾客需求未满足程度	0.817	
a_4 质量危机危害程度	0.814	
a_5 质量危机影响范围	0.815	0.897
a_6 质量危机危害可控程度	0.814	
a_7 政府部门反应程度	0.815	
a_8 主流媒体反应程度	0.817	0.876
a_9 消保委反应程度	0.813	
a_{10} 行业专家反应程度	0.820	
a_{11} 顾客反应程度	0.812	
a_{12} 经销商反应程度	0.816	0.905
a_{13} 供应商反应程度	0.815	
a_{14} 公司所有者反应程度	0.816	
问卷总体信度	0.827	

2. 产品质量危机情境因素关系探索

产品质量危机情境因素之间影响关系探索方法主要包括决策试验与评价实验法[219]、解释结构模型法等，决策试验与评价实验法通过调查统计不同人员对情境因素之间直接影响关系的判定数据，构建直接影响矩阵与综合影响矩阵[219]，但不能直观反映因素的层级关系。解释结构模型法可通过构建邻接矩阵与可达矩阵，得出能够直观反映各因素影响关系及层级关系的多级递阶解释结构模型，但邻接矩阵的构建缺乏基于相对客观的统计数据支撑。因此，将决策试验与评价实验法与解释结构模型法相结合，将决策试验与评价实验法形成的规范化直接影响矩阵作为解释结构模型法的输入，通过阈值 λ 分割形成邻接矩阵，利用 MATLAB 软件运算得到可达矩阵[220]，进而划分产品质量危机情境因素的层级关系。

1）产品质量危机情境因素直接影响关系矩阵构建

采用问卷调查法，对产品质量危机情境因素之间的直接影响关系进行调查与数据统计，并基于改进型决策试验与评价实验法，得到情境因素之间直接影响关系矩阵 x^d。

（1）问卷设计与数据采集。以表 5.11 所示 14 个情境因素作为问卷的主要题项，设计调查问卷，并选择产品质量危机频发行业内典型企业作为调查样本，采用现场访谈、问卷调查等形式对企业危机公关、质量管理及营销、研发、采购、生产、客服等核心部门管理人员进行调查，请被调查人员判定情境因素 a_i 对因素 a_j 有无直接影响，获取产品质量危机情境因素 a_i 对因素 a_j 影响关系数据。

（2）直接影响矩阵 x^d 构建。在利用决策试验与评价实验法分析因素之间影响关系数据时，将人为因素 a_i 对因素 a_j 有直接影响的专家比例划分为三等份，采用 0~3 标度法将定量数据转换为定性数据，直接以人为因素 a_i 对因素 a_j 有直接影响的专家人数的比例 x_{ij} 进行定量统计。利用获取的产品质量危机情境因素 a_i 对因素 a_j 影响关系数据，可得直接影响关系矩阵 x^d：

$$x^d = \begin{bmatrix}
0 & 0.360 & 0.494 & 0.753 & 0.748 & 0.729 & 0.831 & 0.775 & 0.787 & 0.731 & 0.876 & 0.854 & 0.832 & 0.886 \\
0.393 & 0 & 0.315 & 0.733 & 0.753 & 0.744 & 0.775 & 0.798 & 0.843 & 0.775 & 0.921 & 0.844 & 0.806 & 0.814 \\
0.416 & 0.449 & 0 & 0.735 & 0.730 & 0.734 & 0.820 & 0.888 & 0.753 & 0.734 & 0.899 & 0.886 & 0.794 & 0.812 \\
0.292 & 0.281 & 0.315 & 0 & 0.427 & 0.384 & 0.753 & 0.809 & 0.787 & 0.766 & 0.888 & 0.881 & 0.826 & 0.844 \\
0.270 & 0.225 & 0.281 & 0.225 & 0 & 0.269 & 0.831 & 0.820 & 0.798 & 0.754 & 0.910 & 0.901 & 0.842 & 0.865 \\
0.266 & 0.243 & 0.276 & 0.264 & 0.296 & 0 & 0.821 & 0.801 & 0.799 & 0.743 & 0.916 & 0.893 & 0.871 & 0.888 \\
0.157 & 0.169 & 0.124 & 0.360 & 0.404 & 0.359 & 0 & 0.775 & 0.787 & 0.712 & 0.921 & 0.926 & 0.931 & 0.911 \\
0.124 & 0.202 & 0.213 & 0.393 & 0.438 & 0.433 & 0.787 & 0 & 0.730 & 0.742 & 0.933 & 0.917 & 0.898 & 0.891 \\
0.146 & 0.157 & 0.180 & 0.326 & 0.292 & 0.311 & 0.736 & 0.764 & 0 & 0.717 & 0.888 & 0.816 & 0.788 & 0.813 \\
0.157 & 0.191 & 0.125 & 0.337 & 0.315 & 0.345 & 0.753 & 0.775 & 0.787 & 0 & 0.921 & 0.855 & 0.807 & 0.803 \\
0.112 & 0.146 & 0.191 & 0.169 & 0.202 & 0.219 & 0.454 & 0.426 & 0.433 & 0.127 & 0 & 0.938 & 0.911 & 0.922 \\
0.136 & 0.178 & 0.111 & 0.201 & 0.215 & 0.222 & 0.276 & 0.423 & 0.219 & 0.214 & 0.751 & 0 & 0.894 & 0.919 \\
0.128 & 0.133 & 0.174 & 0.226 & 0.217 & 0.232 & 0.297 & 0.369 & 0.254 & 0.228 & 0.782 & 0.891 & 0 & 0.914 \\
0.121 & 0.117 & 0.165 & 0.198 & 0.235 & 0.241 & 0.322 & 0.345 & 0.278 & 0.189 & 0.814 & 0.856 & 0.817 & 0
\end{bmatrix}$$

2）产品质量危机情境因素多级递阶解释结构模型构建

在此，对关系矩阵 x^d 进行规范化处置，得到情境因素规范化直接影响矩阵，同时依据阈值 λ 构建情境因素之间影响关系的邻接矩阵，并利用 MATLAB 软件编程运算得到可达矩阵，进而构建产品质量危机情境因素多级递阶解释结构模型。

（1）产品质量危机情境因素规范化直接影响矩阵 x 构建。根据决策试验与评价实验法，利用式（5.9）规范化处置关系矩阵 x^d，可得规范化产品质量危机情境因素直接影响矩阵 x：

$$x = x^d \Big/ \max_{1 \leqslant i \leqslant 14} \sum_{j=1}^{14} x_{ij} \qquad (5.9)$$

$$x = \begin{bmatrix}
0 & 0.045 & 0.061 & 0.093 & 0.093 & 0.090 & 0.103 & 0.096 & 0.097 & 0.091 & 0.108 & 0.106 & 0.103 & 0.110 \\
0.049 & 0 & 0.039 & 0.091 & 0.093 & 0.092 & 0.096 & 0.099 & 0.104 & 0.096 & 0.114 & 0.104 & 0.100 & 0.101 \\
0.052 & 0.056 & 0 & 0.091 & 0.090 & 0.091 & 0.102 & 0.110 & 0.093 & 0.091 & 0.111 & 0.110 & 0.098 & 0.101 \\
0.036 & 0.035 & 0.039 & 0 & 0.053 & 0.048 & 0.093 & 0.100 & 0.097 & 0.095 & 0.110 & 0.109 & 0.102 & 0.104 \\
0.033 & 0.028 & 0.035 & 0.028 & 0 & 0.033 & 0.103 & 0.102 & 0.099 & 0.093 & 0.113 & 0.112 & 0.104 & 0.107 \\
0.033 & 0.030 & 0.034 & 0.033 & 0.037 & 0 & 0.102 & 0.099 & 0.099 & 0.092 & 0.113 & 0.111 & 0.108 & 0.110 \\
0.019 & 0.021 & 0.015 & 0.045 & 0.050 & 0.044 & 0 & 0.096 & 0.097 & 0.088 & 0.114 & 0.115 & 0.115 & 0.113 \\
0.015 & 0.025 & 0.026 & 0.049 & 0.054 & 0.054 & 0.097 & 0 & 0.090 & 0.092 & 0.116 & 0.114 & 0.111 & 0.110 \\
0.018 & 0.019 & 0.022 & 0.040 & 0.036 & 0.039 & 0.091 & 0.095 & 0 & 0.089 & 0.110 & 0.101 & 0.098 & 0.101 \\
0.019 & 0.024 & 0.015 & 0.042 & 0.039 & 0.043 & 0.093 & 0.096 & 0.097 & 0 & 0.114 & 0.106 & 0.100 & 0.099 \\
0.014 & 0.018 & 0.024 & 0.021 & 0.025 & 0.027 & 0.056 & 0.053 & 0.054 & 0.016 & 0 & 0.116 & 0.113 & 0.114 \\
0.017 & 0.022 & 0.014 & 0.025 & 0.027 & 0.027 & 0.034 & 0.052 & 0.027 & 0.026 & 0.093 & 0 & 0.111 & 0.114 \\
0.016 & 0.016 & 0.022 & 0.028 & 0.027 & 0.029 & 0.037 & 0.046 & 0.031 & 0.028 & 0.097 & 0.110 & 0 & 0.113 \\
0.015 & 0.014 & 0.020 & 0.025 & 0.029 & 0.030 & 0.040 & 0.043 & 0.034 & 0.023 & 0.101 & 0.106 & 0.101 & 0
\end{bmatrix}$$

（2）产品质量危机情境因素邻接矩阵 A 与可达矩阵 M 构建。通过文献分析及专家讨论，选择阈值 $\lambda = 0.09$[221]，比较规范化直接影响矩阵中 x_{ij} 与 0.09 的大小，根据式（5.10）可求出产品质量危机情境因素邻接矩阵 A。同时，按照可达矩阵 M 的构建原理，采用 MATLAB 软件编程，对邻接矩阵 A 进行矩阵运算，可得产品质量危机情境因素可达矩阵 M：

$$A = [a_{ij}]; a_{ij} = \begin{cases} 1, & x_{ij} \geqslant \lambda \\ 0, & x_{ij} < \lambda \end{cases} \qquad (5.10)$$

$$A = \begin{bmatrix}
0 & 0 & 0 & 1 & 1 & 1 & 1 & 1 & 1 & 1 & 1 & 1 & 1 & 1 \\
0 & 0 & 0 & 1 & 1 & 1 & 1 & 1 & 1 & 1 & 1 & 1 & 1 & 1 \\
0 & 0 & 0 & 1 & 1 & 1 & 1 & 1 & 1 & 1 & 1 & 1 & 1 & 1 \\
0 & 0 & 0 & 0 & 0 & 0 & 1 & 1 & 1 & 1 & 1 & 1 & 1 & 1 \\
0 & 0 & 0 & 0 & 0 & 0 & 1 & 1 & 1 & 1 & 1 & 1 & 1 & 1 \\
0 & 0 & 0 & 0 & 0 & 0 & 1 & 1 & 1 & 1 & 1 & 1 & 1 & 1 \\
0 & 0 & 0 & 0 & 0 & 0 & 0 & 1 & 1 & 0 & 1 & 1 & 1 & 1 \\
0 & 0 & 0 & 0 & 0 & 0 & 1 & 0 & 1 & 1 & 1 & 1 & 1 & 1 \\
0 & 0 & 0 & 0 & 0 & 0 & 1 & 1 & 0 & 0 & 1 & 1 & 1 & 1 \\
0 & 0 & 0 & 0 & 0 & 0 & 1 & 1 & 1 & 0 & 1 & 1 & 1 & 1 \\
0 & 0 & 0 & 0 & 0 & 0 & 0 & 0 & 0 & 0 & 0 & 1 & 1 & 1 \\
0 & 0 & 0 & 0 & 0 & 0 & 0 & 0 & 0 & 0 & 1 & 0 & 1 & 1 \\
0 & 0 & 0 & 0 & 0 & 0 & 0 & 0 & 0 & 0 & 1 & 1 & 0 & 1 \\
0 & 0 & 0 & 0 & 0 & 0 & 0 & 0 & 0 & 0 & 1 & 1 & 1 & 0
\end{bmatrix}$$

$$M = \begin{bmatrix}
1 & 0 & 0 & 1 & 1 & 1 & 1 & 1 & 1 & 1 & 1 & 1 & 1 & 1 \\
0 & 1 & 0 & 1 & 1 & 1 & 1 & 1 & 1 & 1 & 1 & 1 & 1 & 1 \\
0 & 0 & 1 & 1 & 1 & 1 & 1 & 1 & 1 & 1 & 1 & 1 & 1 & 1 \\
0 & 0 & 0 & 1 & 0 & 0 & 1 & 1 & 1 & 1 & 1 & 1 & 1 & 1 \\
0 & 0 & 0 & 0 & 1 & 0 & 1 & 1 & 1 & 1 & 1 & 1 & 1 & 1 \\
0 & 0 & 0 & 0 & 0 & 1 & 1 & 1 & 1 & 1 & 1 & 1 & 1 & 1 \\
0 & 0 & 0 & 0 & 0 & 0 & 1 & 1 & 1 & 1 & 1 & 1 & 1 & 1 \\
0 & 0 & 0 & 0 & 0 & 0 & 1 & 1 & 1 & 1 & 1 & 1 & 1 & 1 \\
0 & 0 & 0 & 0 & 0 & 0 & 1 & 1 & 1 & 1 & 1 & 1 & 1 & 1 \\
0 & 0 & 0 & 0 & 0 & 0 & 0 & 0 & 0 & 0 & 1 & 1 & 1 & 1 \\
0 & 0 & 0 & 0 & 0 & 0 & 0 & 0 & 0 & 0 & 1 & 1 & 1 & 1 \\
0 & 0 & 0 & 0 & 0 & 0 & 0 & 0 & 0 & 0 & 1 & 1 & 1 & 1 \\
0 & 0 & 0 & 0 & 0 & 0 & 0 & 0 & 0 & 0 & 1 & 1 & 1 & 1
\end{bmatrix}$$

（3）产品质量危机情境因素层级关系划分。依据解释结构模型法中可达集、前因集、共同集的内涵[222]及可达矩阵M构建结果，整理得出各情境因素a_i的可达集$R(a_i)$、前因集$A(a_i)$、共同集$C(a_i)$，如表5.12所示。依据解释结构模型法有关层次划分原理[222]，由表5.12数据可得，产品质量危机情境因素最高一级节点$L_1=[11,12,13,14]$，即第一级节点为a_{11}、a_{12}、a_{13}、a_{14}；第二级节点$L_2=[7,8,9,10]$，即第二级节点为a_7、a_8、a_9、a_{10}；第三级节点$L_3=[4,5,6]$，即第三级节点为a_4、a_5、a_6；第四级节点$L_4=[1,2,3]$，即第四级节点为a_1、a_2、a_3。由于L_4中$R(a_1)\bigcap R(a_2)\bigcap R(a_3)\neq\varnothing$，故$a_1$、$a_2$、$a_3$不可分割。由此将产品质量危机情境因素划分为$L_1$、$L_2$、$L_3$、$L_4$四个层次。

表5.12　产品质量危机情境因素关系可达集R（a_i）、前因集A（a_i）与共同集C（a_i）

因素	可达集$R(a_i)$	前因集$A(a_i)$	共同集$C(a_i)$	因素	可达集$R(a_i)$	前因集$A(a_i)$	共同集$C(a_i)$
a_1	1, 4, 5, 6, 7, 8, 9, 10, 11, 12, 13, 14	1	1	a_5	5, 7, 8, 9, 10, 11, 12, 13, 14	1, 2, 3, 5	5
a_2	1, 4, 5, 6, 7, 8, 9, 10, 11, 12, 13, 14	2	2	a_6	6, 7, 8, 9, 10, 11, 12, 13, 14	1, 2, 3, 6	6
a_3	1, 4, 5, 6, 7, 8, 9, 10, 11, 12, 13, 14	3	3	a_7	7, 8, 9, 10, 11, 12, 13, 14	1, 2, 3, 4, 5, 6, 7, 8, 9, 10	7, 8, 9, 10
a_4	4, 7, 8, 9, 10, 11, 12, 13, 14	1, 2, 3, 4	4	a_8	7, 8, 9, 10, 11, 12, 13, 14	1, 2, 3, 4, 5, 6, 7, 8, 9, 10	7, 8, 9, 10

续表

因素	可达集 $R(a_i)$	前因集 $A(a_i)$	共同集 $C(a_i)$	因素	可达集 $R(a_i)$	前因集 $A(a_i)$	共同集 $C(a_i)$
a_9	7, 8, 9, 10, 11, 12, 13, 14	1, 2, 3, 4, 5, 6, 7, 8, 9, 10	7, 8, 9, 10	a_{12}	11, 12, 13, 14	1, 2, 3, 4, 5, 6, 7, 8, 9, 10, 11, 12, 13, 14	11, 12, 13, 14
a_{10}	7, 8, 9, 10, 11, 12, 13, 14	1, 2, 3, 4, 5, 6, 7, 8, 9, 10	7, 8, 9, 10	a_{13}	11, 12, 13, 14	1, 2, 3, 4, 5, 6, 7, 8, 9, 10, 11, 12, 13, 14	11, 12, 13, 14
a_{11}	11, 12, 13, 14	1, 2, 3, 4, 5, 6, 7, 8, 9, 10, 11, 12, 13, 14	11, 12, 13, 14	a_{14}	11, 12, 13, 14	1, 2, 3, 4, 5, 6, 7, 8, 9, 10, 11, 12, 13, 14	11, 12, 13, 14

（4）产品质量危机情境因素多级递阶解释结构模型建立。依据产品质量危机情境因素层级关系划分结果，位于多级递阶解释结构第四层级的法律法规违反程度、社会道德违背程度、顾客需求未满足程度属于质量危机发生根源，独立影响着其余情境因素，体现了产品违背要求程度；第三层级的质量危机危害程度、质量危机影响范围、质量危机危害可控程度属于质量危机的表征，体现了产品质量危机严重程度；位于第二层级的政府部门反应程度、主流媒体反应程度、消保委反应程度、行业专家反应程度属于公众相关方反应程度；位于第一层级的顾客反应程度、经销商反应程度、供应商反应程度、公司所有者反应程度属于利益相关方反应程度。因此，将多级递阶解释结构模型中的产品质量危机情境因素划分为四个综合层级，由下至上分别命名为产品违背要求程度、质量危机严重程度、公众相关方反应程度、利益相关方反应程度，具体递阶解释结构模型图如图 5.5 所示。

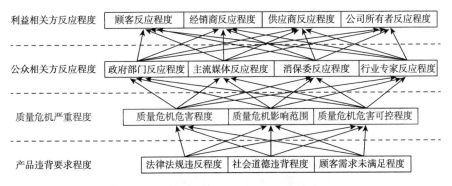

图 5.5　产品质量危机情境因素递阶解释结构模型图

3. 产品质量危机情境因素权重确定

依据 1.2.4 节有关权重确定方法比较与选择结果，采用主客观"组合赋权法"[34]，确定产品质量危机情境因素权重。

1）情境因素主观权重确定

依据 1.2.4 节主观权重确定方法选择结果，采用集值统计法进行产品质量危机情境因素主观权重赋值。其中包括：情境因素主观权重估计值评价集五个区间数的确定、依据前述 432 份调查问卷进行的数据专家评判区间确定、利用式（1.1）进行 14 个情境因素主观权重 v_j 估计值确定、利用式（1.2）进行的 14 个情境因素主观权重可信性分析等，由此计算得如表 5.13 所示情境因素主观权重及其可信性。由表 5.13 可知，每个情境因素认可度评判结果的可信度 c_j 值均大于 0.9，说明专家对这些情境因素主观权重确定结果较为一致可信[27]。

表 5.13　产品质量危机情境因素及其在不同层级上的组合权重表

情境因素公因子	情境因素	v_j	c_j	u_j	w_{ij1}	w_{ij2}
产品违背要求程度	法律法规违反程度	0.067	0.955	0.066	0.067	0.336
	社会道德违背程度	0.067	0.956	0.065	0.066	0.332
	顾客需求未满足程度	0.066	0.966	0.066	0.066	0.332
质量危机严重程度	质量危机危害程度	0.076	0.931	0.068	0.072	0.337
	质量危机影响范围	0.074	0.942	0.069	0.072	0.333
	质量危机危害可控程度	0.076	0.932	0.066	0.071	0.330
公众相关方反应程度	政府部门反应程度	0.069	0.963	0.075	0.072	0.262
	主流媒体反应程度	0.071	0.955	0.070	0.070	0.255
	消保委反应程度	0.069	0.963	0.067	0.068	0.247
	行业专家反应程度	0.069	0.962	0.061	0.065	0.236
利益相关方反应程度	顾客反应程度	0.076	0.933	0.086	0.081	0.261
	经销商反应程度	0.074	0.938	0.081	0.078	0.249
	供应商反应程度	0.074	0.940	0.079	0.076	0.245
	公司所有者反应程度	0.072	0.952	0.081	0.076	0.245

注：按照图 5.5 中解释结构模型底层至表层的逻辑顺序排列

2）情境因素客观权重确定

依据 1.2.4 节客观权重确定方法选择结果，选取主成分分析法，利用前述探索性因子分析得出的表 5.9 与表 5.10 数据，由此计算得如表 5.13 所示产品质量危机情境因素客观权重 u_j。

3）情境因素综合权重 w_{ij} 确定

采用主客观"组合赋权法"[34]，利用式（1.3）计算得 14 个产品质量危机情境因素的组合权重 w_{ij1}，并对 4 个公因子上情境因素的组合权重 w_{ij1} 分别进行归一化处理，计算得情境因素在公因子上的组合权重 w_{ij2}，如表5.13 所示。

4. 产品质量危机情境因素评价标准

采用利克特五级量表法，将产品质量危机情境因素等级划分为五个等级，形成情境识别框架 $K = \{K_1,\ K_2,\ K_3,\ K_4,\ K_5\}$ ＝{极大、大、一般、小、极小}，具体等级评价标准如表 5.14 所示情境因素评价标准语集。

表 5.14　产品质量危机情境因素评价标准表

情境因素	极大（K_1）	大（K_2）	一般（K_3）	小（K_4）	极小（K_5）
法律法规违反程度/C_{11}	产品严重违反法律法规及强制性标准，严重危及使用者生命安全	产品轻度违反法律法规及强制性标准，危及使用者身心健康安全	产品虽未违反法律法规及强制性标准，但危及使用者身心健康	产品虽未违反法律法规及强制性标准，但部分危及使用者身心健康	产品未违反法律法规及强制性标准，基本不危及使用者身心健康
社会道德违背程度/C_{12}	产品不合格严重违背社会行为准则和规范，损害顾客利益	产品不合格违背社会行为准则和规范，损害顾客利益	产品不合格轻度违背社会行为准则和规范，损害顾客利益	产品不合格虽未违背社会行为准则和规范，但局部损害顾客利益	产品不合格基本不违背社会行为准则和规范，基本不损害顾客利益
顾客需求未满足程度/C_{13}	产品未满足顾客明示与隐含要求，严重影响产品使用安全与功能保障	产品虽满足顾客明示要求，但不满足潜在需求，严重影响客户感知	产品满足顾客明示要求与30%左右的潜在需求，影响客户感知	产品满足顾客明示要求与60%左右的潜在需求，轻度影响客户感知	产品满足顾客明示要求与90%以上潜在需求，几乎不影响客户感知
质量危机危害程度/C_{21}	产品造成人员伤亡或企业80%左右销售收入损失，社会影响十分恶劣	产品造成人员中度伤害或企业60%左右销售收入损失，社会影响恶劣	产品造成人员轻度伤害或企业40%左右销售收入损失，社会影响较小	产品造成人员精神伤害或企业20%左右销售收入损失，社会影响小	产品基本未造成人员伤害，持续时间极短，社会影响极小
质量危机影响范围/C_{22}	产品不合格危及企业整个目标市场大部分顾客群，影响十分广泛	产品不合格危及企业目标市场区域性顾客群，影响广泛	产品不合格危及企业目标市场特定顾客群，影响比较广泛	产品不合格危及企业目标市场特殊顾客群，影响较小	产品不合格危及企业目标市场非常特殊顾客群，影响很小
质量危机危害可控程度/C_{23}	相关方控制不合格产品流通、停止使用以及全部召回难度极大，消除危害难度极大	相关方控制不合格产品流通、停止使用以及全部召回难度大，消除危害难度大	相关方控制不合格产品流通、停止使用以及全部召回难度适中，消除危害难度适中	相关方控制不合格产品流通、停止使用以及全部召回难度小，消除危害难度小	相关方控制不合格产品流通、停止使用以及全部召回难度极小，消除危害难度极小

续表

情境因素	极大（K_1）	大（K_2）	一般（K_3）	小（K_4）	极小（K_5）
政府部门反应程度/C_{31}	政府部门感知质量问题严重，监督检查力度极大，信息发布极为频繁	政府部门感知质量问题较严重，监督检查力度大，信息发布频繁	政府部门感知质量问题一般，监督检查力度较大，信息发布较少	政府部门感知质量问题较小，监督检查力度一般，信息发布少	政府部门感知质量问题小，监督检查力度小，负面信息发布很少
主流媒体反应程度/C_{32}	主流媒体对质量事件负面报道持续时间很长，1周连续报道5次以上	主流媒体对质量事件负面报道持续时间长，1周连续报道4次以上	主流媒体对质量事件负面报道持续时间较长，1周连续报道3次以上	主流媒体对质量事件负面报道持续时间较短，1周连续报道2次以上	主流媒体对质量事件负面报道持续时间短，1周报道1次或无
消保委反应程度/C_{33}	消保委感知质量问题严重，组织鉴定与调查力度极大，强烈支持诉讼	消保委感知质量问题较严重，组织鉴定与调查力度大，支持诉讼	消保委感知质量问题一般，组织鉴定与调查力度较大，比较支持诉讼	消保委感知质量问题较小，组织鉴定与调查力度一般，不支持诉讼	消保委感知质量问题小，组织顾客投诉鉴定与调查力度小
行业专家反应程度/C_{34}	行业专家鉴定发现产品伤害或隐患严重，强烈支持诉讼	行业专家鉴定发现产品伤害或隐患较严重，支持诉讼	行业专家鉴定发现产品伤害或隐患一般，比较支持诉讼	行业专家鉴定发现产品伤害或质量隐患小，不支持诉讼	行业专家鉴定发现产品伤害或质量隐患极小
顾客反应程度/C_{41}	顾客感知不合格产品的风险与伤害极大，产生的抱怨强烈，购买时完全不选择其品牌，负面口碑传播也明显影响他人购买意愿	顾客感知不合格产品的风险与伤害大，产生的抱怨较强烈，购买时不选择其品牌，负面口碑传播也较明显影响他人选择其品牌	顾客感知不合格产品的风险与伤害较大，产生的抱怨一般，购买时基本不选择其品牌，负面口碑传播也影响他人选择其品牌	顾客感知不合格产品的风险与伤害一般，产生的抱怨较小，购买时犹豫谨慎选择其品牌，负面口碑传播影响他人购买意愿较小	顾客对不合格产品提供企业不满情绪极小，购买时谨慎选择其品牌，负面口碑传播影响他人购买意愿极小
经销商反应程度/C_{42}	经销商感知产品风险与伤害程度极大，停售该品牌全部产品	经销商感知产品风险与伤害程度大，停售该品牌大部分产品	经销商感知产品风险与伤害程度一般，停售该品牌部分产品	经销商感知不合格产品风险与伤害程度小，停售该产品	经销商感知不合格产品风险与伤害程度极小，谨慎经销该产品
供应商反应程度/C_{43}	供应商感知质量危机发生企业市场恢复难度及继续合作风险极大，终止后续订单另寻合作伙伴意愿极为强烈	供应商感知质量危机发生企业市场恢复难度及继续合作风险大，终止后续订单另寻合作伙伴意愿强烈	供应商感知质量危机发生企业市场恢复难度及继续合作风险一般，终止后续订单另寻合作伙伴意愿较为强烈	供应商感知质量危机发生企业市场恢复难度及继续合作风险小，终止后续订单另寻合作伙伴意愿不够强烈	供应商感知质量危机发生企业市场恢复难度及继续合作风险极小，无意终止后续订单另寻合作伙伴
公司所有者反应程度/C_{44}	股东、员工等感知不合格产品风险极大、市场恢复难度极大，对公司完全失去信任，离职、减持股份等倾向极为明显	股东、员工等感知不合格产品风险大、市场恢复难度大，对公司失去信任，离职、减持股份等倾向明显	股东、员工等感知不合格产品风险较大、市场恢复难度适中，对公司保留部分信任，离职、减持股份等倾向一般	股东、员工等感知不合格产品风险较小、市场恢复难度较小，对公司保留信任，离职、减持股份等倾向较低	股东、员工等感知不合格产品风险小、市场恢复难度极小，对公司完全保留信任，未曾有离职、减持股份等倾向

5.4.2　质量危机情境类型界定模型构建

产品质量危机情境类型界定是指依据产品质量危机事件情境因素的严重程度判定结果,确定质量危机所属的情境类型。依据 4.2.3 节有关过程警度等级评价方法比较与选择结果,同时考虑到企业实际进行产品质量危机情境类型界定的便捷性,利用前述改进型物元可拓模型,建立产品质量危机情境类型界定模型。

1. 产品质量危机情境类型设置

借鉴国家突发公共危机事件判定等级,将产品质量危机情境类型划分为大、中、小三个等级,对应命名为红色情境、橙色情境、黄色情境三种类型,由此形成产品质量危机情境类型识别框架 $\Theta = \{P_1, P_2, P_3\} =$ {红色情境、橙色情境、黄色情境},同 4.2.2 节一样的阈值设置方法,将表 5.14 中极小(K_5)对应五级量表的 20%作为黄色情境的阈值,同时结合规避情境严重类型的愿望,采用等比数列确定三个情境类型的阈值,形成表 5.15 所示情境因素等级划分表。根据情境因素 C_{ij} 实测值,利用表5.15 可直接判定 C_{ij} 所属情境类型等级。

表 5.15　产品质量危机情境因素等级划分表

情境因素	黄色情境	橙色情境	红色情境
$C_{11} \sim C_{44}$	[0, 20.0%)	[20.0%, 51.2%)	[51.2%, 100%]

2. 产品质量危机情境类型标准化经典域及节域确定

结合表 5.15 情境因素等级划分结果,确定情境因素评价等级标准化经典域及节域。

1)产品质量危机情境类型标准化经典域确定

依据 4.2.3 节有关预警指标评价等级标准化经典域设定方法,对表 5.15 所示情境类型经典域,利用式(4.10)进行标准化处理,可形成四个层级产品质量危机情境类型标准化经典域 $R_{1i} \sim R_{3i}$ 。同时,对四个层级产品质量危机情境的 $R_{1i} \sim R_{3i}$ 进行合并,形成产品质量危机情境类型标准化经典域 $R_1 \sim R_3$ 。

2)产品质量危机情境类型节域确定

以表 5.15 中各情境因素的取值范围作为经典域,将各情境因素对应经典域之和作为四个层级情境类型节域 R_{p1}、R_{p2}、R_{p3}、R_{p4} ,同前情境类型标准化经典域确定方法，可得出 R_p。

3. 产品质量危机情境类型贴近度函数改进

依据4.2.3节有关质量风险统计值与警度等级的贴近度函数改进结果，形成与式（4.11）相同的产品质量危机情境类型贴近度函数。式中，$D_{ijp}\left(v'_{ij}\right)$ 表示待评价的产品质量危机情境因素调查统计数据的标准化值 v'_{ij} 与情境类型标准化经典域修正后的距离；n_i 表示产品质量危机第 i 个层级的情境因素数，$i=1\sim4$，$n_1=n_2=3$，$n_3=n_4=4$；p 表示产品质量危机情境类型，$p=1\sim3$；$w_{ij}(x)$ 表示产品质量危机第 i 个层级第 j 个情境因素的综合权重；a'_{ijp}、b'_{ijp} 分别表示第 i 个层级第 j 个情境因素在情境类型为 p 时的标准化经典域的左、右端点值；v'_{ij} 表示第 i 个层级第 j 个情境因素调查统计数据经标准化处理后的值。

4. 产品质量危机情境类型评定模型建立

依据 4.2.3 节有关产品要求识别过程与整体警度等级评价模型建立结果，形成与式（4.12）相同的产品质量危机情境类型特征变量值 j_i^* 以及具体情境类型 $N_i(p_0)$，将 $N_i(p_0)$、j_i^* 与表 5.16 结合运用，构建产品质量危机情境类型评定模型。式中，j_i^* 反映了第 i 个层级情境类型评价结果偏向另一级的程度。

表 5.16　产品质量危机情境类型判定表

j_i^*	$j_i^*<1$	$1\leqslant j_i^*<1.5$	$1.5\leqslant j_i^*<2$	$2\leqslant j_i^*<2.5$	$2.5\leqslant j_i^*<3$
情境类型	黄色	黄色到橙色偏向黄色	黄色到橙色偏向橙色	橙色到红色偏向橙色	橙色到红色偏向红色

5. 产品质量危机情境类型界定模型应用

在此，结合某食品质量隐患事件实际，进行情境因素评估值信息收集，并依据表 5.15 产品质量危机情境因素等级，进行产品质量危机情境类型界定模型应用。

1）产品质量危机情境因素评判值统计

依据表 5.14 产品质量危机情境因素构成及情境类型评价标准，首先，选择主流媒体、关键顾客、经销商、供应商、市场监督管理部门、消保委、行业专家及该公司管理者八个相关方作为评价主体，邀请评价主体按照表 5.14 评价标准，进行 $C_{11}\sim C_{44}$ 情境因素评价，并根据评价人员业务熟悉程度进行评价主体赋权,统计计算八个相关方各自的评价值[161]。其次,根据评价主体的影响程度进行评价主体赋权,统计计算 $C_{11} \sim C_{44}$ 情境因素评价值[161],形成如表 5.17 所示产品质量危机情境因素评价统计结果,并依据表5.15 等级划分标准进行情境因素的情境界定。最后,利用式(4.10)计算四个层级产品质量危机情境因素标准化值,形成如表 5.17 所示产品质量危机情境因素评价统计及其情境类型判定结果,可见该产品质量危机事件情境因素的类型均为红色情境。

表 5.17　产品质量危机情境因素评价统计结果表

层级	C_1			C_2			C_3				C_4			
情境因素	C_{11}	C_{12}	C_{13}	C_{21}	C_{22}	C_{23}	C_{31}	C_{32}	C_{33}	C_{34}	C_{41}	C_{42}	C_{43}	C_{44}
因素评估值	0.844	0.823	0.918	0.913	0.884	0.646	0.881	0.800	0.727	0.898	0.943	0.912	0.902	0.875
标准化值	0.844	0.823	0.918	0.913	0.884	0.646	0.881	0.800	0.727	0.898	0.943	0.912	0.902	0.875
情境类型	红色	红色	红色	红色	红色	红色	红色	红色	红色	红色	红色	红色	红色	红色

2）产品质量危机层级情境类型评判

将表 5.13 中 $C_{11} \sim C_{44}$ 的组合权重 w_{ij2} 及表 5.17 产品质量危机情境因素的标准化值,代入式(4.11)计算得各层级情境在不同情境类型的贴近度,利用式(4.12)计算出 $N_i(p_0)$、j_i^*,可得各层级相关情境类型参数的计算结果如表 5.18 所示。依据表 5.15 与表 5.16 情境类型评判标准和表 5.18 情境类型评判结果可知,该质量危机事件的产品违背要求程度、质量危机严重程度、公众相关方反应程度与利益相关方反应程度四个层级的情境类型均为红色情境。

表 5.18　产品质量危机情境类型评判结果表

C_i	N_{i1}	N_{i2}	N_{i3}	N_i	所属等级	j_i^*
C_1	0.956 8	0.966 7	0.969 1	0.969 1	红色	2.553
C_2	0.951 8	0.966 8	0.975 9	0.975 9	红色	2.616
C_3	0.969 4	0.975 4	0.977 6	0.977 6	红色	2.576
C_4	0.969 0	0.975 2	0.984 6	0.984 6	红色	2.715
C	0.988 4	0.990 1	0.990 8	0.990 8	红色	2.591

3）产品质量危机整体情境类型评判

将表 5.13 中 $C_{11} \sim C_{44}$ 的组合权重 w_{ij1} 及表 5.17 情境因素的标准化值，代入式（4.11）计算得整体情境在不同情境类型的贴近度，并利用式（4.12）计算出整体过程 $N(p_0)$、j^*，可得计算结果如表 5.18 所示。依据表 5.15与表 5.16 情境类型评判标准和表 5.18 情境类型评判结果可知，该产品质量危机事件的整体情境类型为红色情境。

5.5　质量危机事件应对策略

借鉴危机管理、质量管理及营销管理相关理论，从产品质量危机情境类型和企业处置产品质量危机行为态度维度，构建质量危机应对策略组合矩阵，提出质量危机事件应对策略[223]。

5.5.1　质量危机应对策略组合维度

根据产品质量危机情境类型和企业自身认知、态度、行为的不同，将质量危机应对策略组合维度划分为两个维度，具体如表 5.19 所示[223]。

表 5.19　产品质量危机应对策略组合矩阵表

企业态度行为	黄色情境	橙色情境	红色情境
坚决否认概不补偿	坚决否认绝不补偿策略		
响应召回同意补偿	响应召回部分补偿策略	响应召回按价补偿策略	
主动召回积极补偿	主动召回部分补偿策略	主动召回按价补偿策略	主动召回溢价补偿策略

1. 产品质量危机情境维度划分

产品质量危机情境是指从产品质量危机产生负面影响开始到负面影响消失期间，任意时刻的综合危害状态及相关方反应激烈程度，且不同时刻的综合危害状态会因为相关方反应的变化而动态变化。依据 5.4 节质量危机情境类型界定结果，将情境维度划分为黄色、橙色和红色三个情境类型。

2. 产品质量危机处置态度行为维度划分

产品质量危机处置态度行为是指企业在产品质量危机事件发生后，处置相关方认为产品存在不合格的具体态度以及选用弥补受害顾客损失的态度与行为。面临产品质量危机事件，不同企业由于自身认知及企业文化的不同，可能会采取不同的处理态度与行为。以往研究中将质量危机处理态度分为和解、缄默、辩解或反击、缄默、道歉等[192]，将质量危机应对处理行为分为责令召回、主动召回、产品维修、产品更换、经济补偿等[193, 224]，故依据企业自身认知以及召回意愿、补偿意愿强弱，将产品质量危机根源企业的态度行为维度划分为坚决否认概不补偿、响应召回同意补偿、主动召回积极补偿三个等级[223]。

5.5.2　基于组合维度的质量危机应对策略

基于产品质量危机情境类型和企业处置危机事件的行为态度两个组合维度，可形成 3×3 产品质量危机应对策略组合矩阵。但由于企业针对产品质量危机事件的处理态度决定处理行为，当企业的态度为坚决否认时，一般不会提供任何补偿。同时，考虑到产品质量危机情境为橙色情境或红色情境时，企业否认或消极态度与行为极难维系。由此，减去 3 个不可能策略，最终形成如表 5.19 所示 6 个产品质量危机事件应对策略[223]。

1. 坚决否认绝不补偿策略

（1）策略内涵与特征：该策略是指在产品质量危机事件发生后，企业通过召开新闻发布会或在企业门户网站、相关媒体发布信息，坚决否认自身产品存在不合格，并提供产品无缺陷、无伤害证据，或者提供产品质量危机事件产生的原因来自网络误传、同行恶性竞争、顾客使用不当及其他外部引发证据，坚持认为企业在该产品质量危机事件中不应承担任何责任，绝不向顾客提供任何无偿维修、退货、更换与补偿。

（2）策略适用条件：在质量危机严重程度方面，该策略适用于企业有充分依据证明产品满足法律法规和社会道德要求及顾客明示要求，且质量事件影响范围小、伤害程度低；在相关方反应程度方面，该策略适用于顾客负面情绪不强烈，市场监督管理部门、消保委等关注度低，主流媒体对产品伤害事件报道极少，行业协会或市场监督管理部门等第三方愿意协助企业澄清事实；在企业质量文化方面，选择该策略的企业质量文化主导性弱，明知产品不满足顾客潜在要求或部分承诺，但仍坚决否认、拒绝补偿；在企业资源条件方面，该策略适用于企业满足顾客要求所需资源与质量改进能力严重不足的情形。

（3）主要优缺点：实施该策略无须投入过多资源，并且产品质量危机事件应对周期较短。但会很大程度伤害顾客利益，尤其可能会使顾客感知到企业社会道德责任缺失，从而失去顾客等相关方信任，影响企业的品牌形象与声誉[223]。

2. 响应召回部分补偿策略

（1）策略内涵与特征：该策略是指在产品质量危机事件发生后，企业既不承认产品存在伤害，也不提供产品无害的证据[225, 226]，只有在市场监督管理部门根据顾客的强烈要求和产品质量监督检验结果责令召回产品时，才进行潜在隐患产品的被动召回，并采取退货、更换、无偿维修或补偿顾客部分损失等应对措施来安抚顾客的不满情绪。

（2）策略适用条件：在产品质量危机严重程度方面，该策略适用于企业有证据表明产品满足法律法规和社会道德要求以及顾客明示要求，且质量事件影响范围较小、伤害程度较低；在相关方反应程度方面，该策略适用于顾客负面情绪不强烈，市场监督管理部门反应不强烈，消保委等关注度较低，主流媒体对产品伤害事件报道少，相关方建议涉事企业召回相关产品；在企业质量文化方面，选择该策略的企业质量文化主导性较弱，虽知晓产品可能不满足顾客潜在要求或部分承诺，但仍不主动承认，补偿顾客一般意愿；在企业资源条件方面，该策略适用于企业满足顾客要求所需资源与质量改进能力不足的情形[223]。

（3）主要优缺点：实施该策略不会过于强化产品有害的负面影响[225, 226]。但难以尽快消除产品有害的负面影响[1, 227]，增加了顾客感知风险、降低了顾客信任及其对品牌的忠诚度，影响企业其他产品销售与整体品牌声誉等，一旦相关方发现产品质量事件产生原因来源于企业内部，可能会扩大危机的杀伤力[225, 226]。

3. 响应召回按价补偿策略

（1）策略内涵与特征：该策略是指在产品质量危机事件发生后，企业既不承认产品存在伤害，也不提供产品无害的证据[225, 226]，只有在市场监督管理部门根据顾客的强烈要求和产品质量监督检验结果责令召回产品时，才进行潜在隐患产品的被动召回，并采取退货、更换、无偿维修及按价补偿顾客损失等措施来安抚顾客的不满情绪。

（2）策略适用条件：在产品质量危机严重程度方面，该策略适用于企业知晓产品未满足法律法规和社会道德部分要求或顾客部分明示要求，且质量事件影响范围较大、伤害程度较高，企业知晓需对该质量事件承担的部分责任；在相关方反应方面，该策略适用于顾客负面情绪较高，市场监督管理部门反应较强烈，消保委、行业专家等关注度较高，主流媒体对产品伤害事件报道较多，相关方建议涉事企业召回相关产品；在企业质量文化方面，选择该策略的企业质量文化主导性一般，不主动承担责任；在企业资源条件与能力方面，该策略适用于企业满足顾客要求所需资源与质量改进能力不足[223]。

（3）主要优缺点：实施该策略不会过于强化产品有害的负面影响[225, 226]，危机事件应对周期较短。但没有提供危机产生的直接原因，难以完全消除产品有害的负面影响，甚至使顾客感知到企业忽视顾客的利益[1, 227]，降低顾客对企业的信任以及对品牌的忠诚度。

4. 主动召回部分补偿策略

（1）策略内涵与特征：该策略是指在产品质量危机事件发生后，企业在市场监督管理部门责令召回前，及时主动发布产品质量危机信息，表明企业处理产品质量危机的态度，同时对不合格产品进行主动召回及无偿退货、更换、无偿维修等，并对顾客进行部分补偿，以减少顾客损失，努力维护企业品牌形象[223]。

（2）策略适用条件：在产品质量危机严重程度方面，该策略适用于企业有依据证明产品基本满足法律法规和社会道德要求以及顾客明示要求，且质量事件影响范围小、伤害程度低；在相关方反应程度方面，该策略适用于顾客负面情绪不强烈，市场监督管理部门、消保委、行业专家等关注度较低，主流媒体对产品伤害事件报道少，但涉事企业主动召回相关产品，以避免对顾客可能产生的情感伤害；在企业质量文化方面，选择该策略的企业的质量文化主导性较强，企业发现产品不满足顾客潜在要求或部分承诺后主动召回；在企业资源条件与能力方面，该策略适用于企业满足顾客要求的资源保障能力与质量改进能力一般[223]。

（3）主要优缺点：实施该策略能主动表明企业的质量危机处理态度，使顾客感知到企业对其利益的关注，更易获得各相关方的谅解，但并未完全使顾客感知到企业处理危机的诚意，对企业品牌维护作用不够强。

5. 主动召回按价补偿策略

（1）策略内涵与特征：该策略是指在产品质量危机事件发生后，企业在市场监督管理部门责令召回前，及时主动发布质量危机信息，表明企业主动处理质量危机事件的态度，主动召回不合格产品，主动无偿退货、更换、维修等，并在质量危机处理过程畅通信息交流平台，为顾客参与质量危机事件处理提供条件[224]。同时，充分估算不合格产品可能给顾客带来的直接损失，按价补偿顾客损失，以此获得顾客及相关方对企业的谅解[223]。

（2）策略适用条件：在产品质量危机严重程度方面，该策略适用于企业知晓产品未满足法律法规和社会道德部分要求或顾客部分明示要求，且质量事件影响范围较大、伤害程度较高，企业知晓需对该质量事件承担的责任；在相关方反应方面，该策略适用于顾客负面情绪较强烈，市场监督管理部门、消保委等关注度较高，主流媒体对产品伤害事件报道较多；在企业质量文化方面，选择该策略的企业质量文化主导性强，企业发现产品不满足要求或部分承诺后补偿意愿较高，承诺补偿全部直接损失；在企业资源条件与能力方面，该策略适用于企业满足顾客要求的资源保障能力相对不足。

（3）主要优缺点：实施该策略能主动表明企业的质量危机处理态度，使顾客感知到企业对其利益的高度关注以及处理危机的诚意，更易获得顾客的谅解，但需要投入较多的资源且长期效果不佳[223]。

6. 主动召回溢价补偿策略

（1）策略内涵与特征：该策略是指在产品质量危机事件发生后，企业在市场监督管理部门责令召回前，以顾客价值最大化为目标，迅速表明企业积极应对质量危机的态度，立即召回产品，进行无偿退货、更换、无偿维修等[193]，并向顾客提供真实的质量危机信息来表达对顾客利益的高度关注[224]。同时，向顾客提供超越企业自身责任、超越顾客直接损失的溢价补偿，使顾客感知企业特别关注问题的解决，不掩盖事实或逃避责任[194]。

（2）策略适用条件：在产品质量危机严重程度方面，该策略适用于企业知晓产品未满足法律法规和社会道德部分要求或顾客部分明示要求，且质量事件影响范围大、伤害程度高，企业知晓需对该质量事件承担的责任；在相关方反应程度方面，该策略适用于顾客负面情绪强烈，市场监督管理部门、消保委等关注度高，主流媒体对产品伤害事件报道多；在企业质量文化方面，选择该策略的企业质量文化主导性强，企业发现产品不满足顾客潜在要求或部分承诺后主动召回，且补偿意愿高，高度关注企业品牌形象；在企业资源条件与能力方面，该策略适用于企业满足顾客要求的资源保障能力较强[223]。

（3）主要优缺点：实施该策略更易获得顾客谅解及相关方信任，同时可吸引更多潜在顾客。若质量危机影响范围不大或事件后果较轻时，选用该策略反而会带来降低顾客信任等风险[228]，且实施该策略需要投入大量资源，对企业资源保障能力有很高的要求[223]。

5.6　质量危机事件应对策略选择模型

在构建产品质量危机事件应对策略评价指标体系基础上，探索质量危机事件应对策略排序与选择模型，为企业选择质量危机事件应对策略提供依据。

5.6.1　质量危机事件应对策略评价指标体系

产品质量危机事件应对策略评价指标提取方法主要有文献分析法、关联度法、探索性因子分析法等。探索性因子分析法相对其他方法更为客观，故采用探索性因子分析法进行产品质量危机事件应对策略评价指标发掘，并在进行评价指标赋权与评价标准设计基础上，构建应对策略评价指标体系。

1. 应对策略评价指标挖掘

1）应对策略评价指标初步辨识

（1）应对策略评价指标文献分析。选取 1.2.1 节所述知名数据库，以质量危机、产品伤害事件与应对、处置等组合形成的中英文为关键词进行产品质量危机事件应对策略评价相关文献检索。基于产品质量危机情境及企业资源条件，对不同学者从不同视角提出的质量危机事件应对策略评价指标进行系统整理与精炼提纯，归纳出如表 5.20 所示 10 个质量危机事件应对策略评价指标。

表 5.20　质量危机事件应对策略评价指标初选表

序号	评价指标	主要出处	序号	评价指标	主要出处
1	法律法规违反消除程度	[209]	6	主流媒体接受程度	[11]
2	顾客需求未满足消除程度	[211]	7	政府部门认可程度	[214]
3	质量危机影响范围缩减程度	[191]	8	行业专家认可程度	[215]
4	质量危机危害控制程度	[213]	9	经销商认可程度	[218]
5	顾客反应削减程度	[229，230]	10	公司所有者认可程度	[11，213]

（2）质量危机事件应对策略评价指标预调查与补充。同 4.2.2 节一样，

邀请前述产品质量危机频发行业内企业质量管理、营销管理、危机公关等人员作为调查对象，采用现场访谈方式，与调查对象共同斟酌应对策略评价指标设置的必要性和完备性，进行产品质量危机事件应对策略评价指标的精炼提纯。依据调查对象建议，增添社会道德违背消除程度、质量危机伤害消除程度、消保委认可程度、供应商认可程度、产品要求准确迭代满足能力、设计质量改进满足能力、采购外包质量改进满足能力、生产运作质量改进满足能力、客户服务质量改进满足能力 9 个评价指标。由此形成 19 个产品质量危机事件应对策略评价指标。

2）应对策略评价指标问卷设计和数据采集

（1）问卷设计。基于上述初选的 19 个应对策略评价指标，采用利克特五级量表法，形成该评价指标关联度调查问卷。

（2）问卷调查与数据收集。同 1.2.2 节一样，选择质量危机频发行业，采用现场发放问卷、问卷链接等方式，邀请企业高层管理者、质量管理、营销管理、危机管理人员，对应对策略评价指标的认可度进行评判，回收有效问卷 438 份，符合本节问卷数量要求[20]。

（3）评价指标剔除。同 1.2.2 节一样，统计 438 份有效问卷中专家对评价指标的认可程度评判结果的平均值，剔除掉其认可程度均值<3 的供应商认可程度及公司所有者认可程度 2 个评价指标[33]，确定出 17 个认同程度较高的应对策略评价指标。

3）数据处理和应对策略评价指标提取

（1）项目分析和应对策略评价指标筛选。同 1.2.3 节一样，进行项目分析与评价指标筛选，项目分析结果表明，问卷题项均达到 $\alpha < 0.05$ 显著性水平，无须剔除剩余评价指标题项[20]。

（2）信效度分析与因子提取。同 1.2.3 节一样，进行信效度分析、公因子提取与命名。

第一，效度分析。分析结果表明 KMO 值为 0.887>0.7，Bartlett's 球形检验的 Sig. 值为 0.000<0.01，达到非常显著性水平，表明 17 个应对策略评价指标的相关矩阵存在共同因子，故可进行因素分析[20]。

第二，因子提取。利用 SPSS24.0 对 17 个评价指标提取共同因子，得到总方差解释表（表 5.21），表明问卷结构效度较好[20]；旋转后的因子载荷矩阵如表 5.22 所示，由此可知各题项共同度良好[20]，故可提取出 3 个应对策略评价指标的公因子。

表 5.21　产品质量危机事件应对策略评价指标总方差解释表

公因子	初始特征值			提取载荷平方和			旋转载荷平方和		
	特征值	方差贡献	累积方差贡献	特征值	方差贡献	累积方差贡献	特征值	方差贡献	累积方差贡献
1	5.904	34.731%	34.731%	5.904	34.731%	34.731%	4.727	27.807%	27.807%
2	4.466	26.272%	61.003%	4.466	26.272%	61.003%	4.540	26.703%	54.510%
3	2.894	17.026%	78.029%	2.894	17.026%	78.029%	3.998	23.519%	78.029%

注：表中数据是 SPSS24.0 运行结果小数点后面取三位数字之后四舍五入的结果

表 5.22　产品质量危机事件应对策略评价指标旋转成分矩阵表

应对策略评价指标	主成分 1	主成分 2	主成分 3
顾客反应削减程度	0.921	−0.048	0.128
经销商认可程度	0.921	−0.067	0.142
政府部门认可程度	0.874	0.061	0.170
消保委认可程度	0.866	−0.025	0.112
行业专家认可程度	0.857	0.091	0.095
主流媒体接受程度	0.818	0.060	0.180
质量危机影响范围缩减程度	−0.014	0.927	0.041
顾客需求未满足消除程度	−0.009	0.946	0.045
法律法规违反消除程度	0.048	0.867	0.044
社会道德违背消除程度	0.029	0.834	0.064
质量危机危害控制程度	0.001	0.811	0.031
质量危机伤害消除程度	0.018	0.802	0.043
生产运作质量改进满足能力	0.126	0.064	0.933
设计质量改进满足能力	0.145	0.067	0.927
客户服务质量改进满足能力	0.137	0.030	0.860
产品要求准确迭代满足能力	0.145	0.025	0.841
采购外包质量改进满足能力	0.183	0.072	0.832

　　第三，应对策略评价指标公因子命名。为明确 3 个公因子含义，根据表 5.21 产品质量危机事件应对策略评价指标总方差解释表中 3 个公因子初始特征值大小以及战略评估指标及质量管理体系评价标准对其进行命名。其中公因子 1 包括顾客反应削减程度、经销商认可程度、政府部门认可程度、消保委认可程度、行业专家认可程度、主流媒体接受程度 6 个指标，

体现了相关方对产品伤害事件应对策略的接受程度，将其命名为相关方可接受性；公因子 2 包括质量危机影响范围缩减程度、顾客需求未满足消除程度、法律法规违反消除程度、社会道德违背消除程度、质量危机危害控制程度、质量危机伤害消除程度 6 个指标，反映了企业实施的应对策略适应产品要求及对产品危害的降低程度，将其命名为应对策略适用性；公因子 3 包括生产运作质量改进满足能力、设计质量改进满足能力、客户服务质量改进满足能力、产品要求准确迭代满足能力、采购外包质量改进满足能力，体现了产品实现过程质量改进能力满足应对策略所需实施条件的程度，将其命名为质量改进可行性。

第四，信度分析。同 1.2.3 节一样，对应对策略评价指标及 3 个公因子进行信度检验，检验结果如表 5.23 所示，结果表明问卷数据与评价指标可信[20]。

表 5.23　产品质量危机事件应对策略评价指标问卷信度检验表

评价指标	克朗巴哈系数	分量表克朗巴哈系数
法律法规违反消除程度	0.871	
社会道德违背消除程度	0.871	
顾客需求未满足消除程度	0.871	0.932
质量危机伤害消除程度	0.873	
质量危机影响范围缩减程度	0.871	
质量危机危害控制程度	0.874	
产品要求准确迭代满足能力	0.869	
设计质量改进满足能力	0.866	
采购外包质量改进满足能力	0.867	0.936
生产运作质量改进满足能力	0.866	
客户服务质量改进满足能力	0.869	
顾客反应削减程度	0.868	
主流媒体接受程度	0.869	
政府部门认可程度	0.866	
行业专家认可程度	0.867	0.942
消保委认可程度	0.869	
经销商认可程度	0.868	
问卷总体信度	0.876	

2. 应对策略评价指标权重确定

依据 1.2.4 节有关权重确定方法选择结果,确定应对策略评价指标权重。

1）应对策略评价指标主观权重确定

依据 1.2.4 节有关主观赋权法选择结果,采用集值统计法进行应对策略评价指标主观权重赋值。其中包括:应对策略评价指标主观权重估计值 5 个区间数的确定,依据前述 438 份应对策略评价指标调查问卷进行的数据专家评判区间确定,利用式（1.1）进行 17 个应对策略评价指标主观权重 v_j 估计值确定,利用式（1.2）进行的 17 个应对策略评价指标主观权重可信性分析等。由此计算得如表 5.24 所示评价指标主观权重及其可信性。由表5.24 可知,每个评价指标主观权重的可信度 c_j 值均大于 0.9,说明专家对这些评价指标主观权重确定结果较为一致可信[27]。

表 5.24　质量危机应对策略评价指标及其在不同层级上的组合权重值表

公因子权重/ w_c	应对策略评价指标	v_j	c_j	u_j	w_{j2}	w_{j1}
应对策略 适用性/0.341	法律法规违反消除程度	0.059	0.944	0.057	0.058	0.172
	社会道德违背消除程度	0.062	0.966	0.054	0.058	0.170
	顾客需求未满足消除程度	0.059	0.948	0.057	0.058	0.170
	质量危机伤害消除程度	0.059	0.946	0.051	0.055	0.161
	质量危机影响范围缩减程度	0.060	0.943	0.056	0.058	0.169
	质量危机危害控制程度	0.058	0.943	0.050	0.054	0.158
质量改进 可行性/0.348	产品要求准确迭代满足能力	0.063	0.944	0.051	0.057	0.198
	设计质量改进满足能力	0.060	0.945	0.058	0.058	0.204
	采购外包质量改进满足能力	0.059	0.953	0.056	0.058	0.200
	生产运作质量改进满足能力	0.059	0.945	0.057	0.058	0.202
	客户服务质量改进满足能力	0.061	0.939	0.052	0.056	0.196
相关方 可接受性/0.311	顾客反应削减程度	0.054	0.955	0.066	0.060	0.161
	主流媒体接受程度	0.060	0.928	0.068	0.064	0.172
	政府部门认可程度	0.058	0.946	0.071	0.064	0.173
	行业专家认可程度	0.060	0.949	0.068	0.064	0.173
	消保委认可程度	0.057	0.960	0.063	0.060	0.161
	经销商认可程度	0.053	0.956	0.065	0.059	0.159

注:按照战略评价框架中的适用性、可行性、可接受性的逻辑顺序排列

2）应对策略评价指标客观权重赋值

依据 1.2.4 节有关客观赋权法选择结果，利用前述探索性因子分析得出的表 5.21 与表 5.22 数据，计算得如表 5.24 所示应对策略评价指标客观权重 u_j。

3）应对策略评价指标综合权重 w_{ji} 赋值

采用主客观"组合赋权法"[34]，利用式（1.3）计算得 17 个应对策略评价指标的组合权重 w_{j2}，并对 3 个公因子上的评价指标的组合权重 w_{j2} 分别进行归一化处理，计算得应对策略评价指标在各自公因子上的组合权重 w_{j1}，结果如表 5.24 所示。

5.6.2　质量危机事件应对策略排序与优选模型

依据战略评价与选择框架，结合产品质量危机事件应对策略评价指标发掘结果，应对策略选择过程应包括应对策略适用性排序与初选、可行性排序与筛选、可接受性排序与优选，以选择出可接受性、可行性、适用性强的应对策略。应对策略排序方法主要包括模糊层次分析法、模糊综合评价法、灰色模糊综合评价法、反向传播神经网络模型、灰色关联分析法、逼近理想解排序法、多准则妥协解排序法等，依据这些排序方法比较结果[231, 232]，结合质量危机事件应对策略选择目标，采用灰色关联分析法或多准则妥协解排序法构建产品质量危机事件应对策略排序模型较为适宜。灰色关联分析法是以备选方案与正负理想解之间形状贴近程度衡量备选方案的相对优劣，未能准确反映备选方案与理想方案的距离[233]。多准则妥协解排序法是以备选方案与理想方案之间的距离贴近程度衡量备选方案的相对优劣[234]，减少了决策者主观偏好对方案选择的影响，但仍可能导致备选方案非相对最优选择。基于此，拟采用灰色关联分析法-多准则妥协解排序法相结合的方法，以灰色关联度大小形成质量危机事件应对策略灰色关联系数矩阵，以此作为多准则妥协解排序法的输入，并以多准则妥协解排序法的输出作为质量危机应对策略排序的依据，减少经验判断结果对相对最优应对策略选择的影响[235, 236]。

1. 应对策略的灰色关联系数矩阵构建

1）应对策略评价数据获取及预处理

质量危机事件应对策略适用性、可行性、可接受性评价指标各自涉及不同的评价主体，需要选择不同评价指标的评估主体，依据评估主体专业特长与评价指标的关联程度及其对评价指标的熟悉程度，为不同评估主体的权重 w_j'' 赋值，并收集不同评估主体对第 i 个应对策略的第 j 个评价指标的评判结果，计算得第 i 个应对策略的第 j 个评价指标的加权平均综合评价值 x_{ij}，由此可形成 i 个应对策略关于 j 个评价指标的评价结果的加权平均综合评价值矩阵 $X(x_{ij})$。

2）应对策略标准化综合评价矩阵 $X'(x'_{ij})$ 构建

采用标准 0~1 变换数据预处理方法对加权平均综合评价值矩阵 $X(x_{ij})$ 进行标准化处理，可形成 j 个评价指标对 i 个应对策略评价结果的标准化综合评价值矩阵 $X'(x'_{ij})$。

3）应对策略加权标准化综合评价矩阵 $U(u_{ij})$ 构建

将表 5.24 中评价指标的组合权重 w_{j1} 与 x'_{ij} 相乘，即 $u_{ij} = w_{j1} \times x'_{ij}$，可形成 j 个评价指标对 i 个应对策略评价结果的标准化加权综合评价值矩阵 $U(u_{ij})$。

4）理想应对策略评价值向量 u_j^+ 与 u_j^- 确定

由于质量危机事件应对策略评价指标均为效益型指标，故可采用式（5.11）计算基于加权标准化综合评价值矩阵的正、负理想应对策略对应的 u_j^+、u_j^-：

$$u_j^+ = \max u_{ij}; u_j^- = \min u_{ij} \tag{5.11}$$

5）理想应对策略灰色关联系数矩阵 ξ^+ 与 ξ^- 赋值

分别以 u_j^+、u_j^- 作为式（5.12）中的 u_j^*，利用式（5.12）求得应对策略 i 对应评价指标 j 的评价值 u_{ij} 与 u_j^+、u_j^- 的灰色正、负关联系数矩阵 ξ^+ 和 ξ^-：

$$\xi_{ij} = \frac{\min\min\left(\left|u_j^* - u_{ij}\right|\right) + \rho\max\max\left(\left|u_j^* - u_{ij}\right|\right)}{\left|u_j^* - u_{ij}\right| + \rho\max\max\left(\left|u_j^* - u_{ij}\right|\right)} \tag{5.12}$$

式中，$\rho \in [0,1]$ 为分辨系数，且通常 $\rho=0.5$[237]。

$$\xi^+ = \begin{bmatrix} \xi_{11}^+ & \xi_{12}^+ & \cdots & \xi_{1j}^+ \\ \xi_{21}^+ & \xi_{22}^+ & \cdots & \xi_{2j}^+ \\ \vdots & \vdots & \cdots & \vdots \\ \xi_{i1}^+ & \xi_{i2}^+ & \cdots & \xi_{ij}^+ \end{bmatrix}, \xi^- = \begin{bmatrix} \xi_{11}^- & \xi_{12}^- & \cdots & \xi_{1j}^- \\ \xi_{21}^- & \xi_{22}^- & \cdots & \xi_{2j}^- \\ \vdots & \vdots & \cdots & \vdots \\ \xi_{i1}^- & \xi_{i2}^- & \cdots & \xi_{ij}^- \end{bmatrix}$$

2. 质量危机事件应对策略排序

将 ξ^+ 和 ξ^- 作为多准则妥协解排序的输入，通过多准则妥协解排序模型计算正、负理想解的评价值向量，从而获得应对策略 i 的利益比率 Q_{ih}，以 Q_{ih} 的均值 Q_i^* 作为应对策略排序依据。

1）正负理想解评价向量 η^+、η^- 赋值

（1）确定正理想解和负理想解评价向量 η_1^+、η_1^-。利用前述 ξ^+，依据式（5.13），可确定向量 η_1^+、η_1^-：

$$\eta_1^+ = \left\{\max \xi_{ij}^+\right\} = \left\{\eta_{11}^+, \eta_{12}^+, \cdots, \eta_{1j}^+\right\}; \eta_1^- = \left\{\min \xi_{ij}^+\right\} = \left\{\eta_{11}^-, \eta_{12}^-, \cdots, \eta_{1j}^-\right\} \quad (5.13)$$

（2）确定正理想解和负理想解的评价向量 η_2^+、η_2^-。利用前述 ξ^-，依据式（5.14），可确定向量 η_2^+、η_2^-：

$$\eta_2^+ = \left\{\min \xi_{ij}^-\right\} = \left\{\eta_{21}^+, \eta_{22}^+, \cdots, \eta_{2j}^+\right\}; \eta_2^- = \left\{\max \xi_{ij}^-|\right\} = \left\{\eta_{21}^-, \eta_{22}^-, \cdots, \eta_{2j}^-\right\} \quad (5.14)$$

2）应对策略的群体效益值和个体遗憾值赋值

利用式（5.15），统计计算得应对策略 i 的群体效益值 S_{ih} 和个体遗憾值 R_{ih}。

$$S_{ih} = \sum_{j=1}^{5} W_{j1} \cdot \frac{\left|\eta_{hj}^+ - \xi_{ij}\right|}{\left|\eta_{hj}^+ - \eta_{hj}^-\right|}; R_{ih} = \max_{1<j<5}\left\{W_{j1} \cdot \frac{\left|\eta_{hj}^+ - \xi_{ij}\right|}{\left|\eta_{hj}^+ - \eta_{hj}^-\right|}\right\}, \quad h=1\sim2 \quad (5.15)$$

式中，w_{j1} 表示表 5.24 中应对策略评价指标的组合权重 w_{j1}，$j=1\sim5$。

3）应对策略利益比率 Q_{ih} 计算

利用式（5.16）计算得基于群体效益 S_{ih} 和个体遗憾 R_{ih} 的应对策略 i 的利益比率 Q_{ih}：

$$Q_{ih} = \upsilon \frac{S_{ih} - S_h^*}{S_h^- - S_h^*} + (1-\upsilon)\frac{R_{ih} - R_h^*}{R_h^- - R_h^*} \quad (5.16)$$

$$S_h^* = \min\{S_{ih}\}; S_h^- = \max\{S_{ih}\}; R_h^* = \min\{R_{ih}\}; R_h^- = \max\{R_{ih}\}; \quad h=1\sim2$$

式中，h 表示利用正、负灰色关联系数矩阵作为多准则妥协解排序的两个输入；$\upsilon \in [0, 1]$ 表示应对策略选择决策系数，当 $\upsilon > 0.5$ 时，表示决策者偏向通过乐观的最大化效用方法进行应对策略选择，当 $\upsilon < 0.5$ 时，表示决策者偏向通过悲观的最小化遗憾方法进行应对策略选择，当 $\upsilon = 0.5$ 表示决策者偏向通过折中方法进行应对策略选择[232]，本章选用 $\upsilon = 0.5$。

4）应对策略利益比率 Q_{ih} 平均值 Q_i^* 计算

为使 Q_{ih} 能够准确反映应对策略贴近正理想策略且远离负理想策略，取 Q_{ih} 的均值 Q_i^* 作为决策变量，其中 Q_{ih} 表示应对策略 i 分别基于 ξ^+、ξ^- 计算的利益比率。

5）应对策略优劣排序

依据 Q_i^* 大小，进行产品质量危机事件应对策略排序[238]。其中 Q_i^* 值越小，产品质量危机事件应对策略越优。

3. 质量危机事件应对策略排序与优选模型应用

以前述食品质量隐患事件为应用对象，进行产品质量危机事件应对策略排序与优选模型应用。现依据 5.5 节质量危机事件应对策略，分别以 L_1、L_2、L_3、L_4、L_5、L_6 代表坚决否认绝不补偿、响应召回部分补偿、响应召回按价补偿、主动召回部分补偿、主动召回按价补偿、主动召回溢价补偿 6 个应对策略，通过食品质量隐患事件应对策略适用性初选、质量改进可行性筛选、相关方可接受性优选，综合选择出可接受性、可行性、适用性强的应对策略，并验证所建模型的有效性。

1）质量危机事件应对策略适用性排序与初选

（1）应对策略适用性评价数据获取与预处理。邀请市场监督管理部门、行业专家、关键顾客、消保委、主流媒体等相关方作为评估主体，对 $L_1 \sim L_6$ 的 6 个适用性评价指标，按照评估框架 $E=\{高、较高、一般、较低、低\}=\{1、0.75、0.5、0.25、0\}$，进行不同应对策略的适用性相对优劣排序与评判，获取第 n 个评估主体对第 i 个应对策略关于第 j 个评价指标的评价值 x_{ij}^n，并引入相关方权重及其评估主体权重，计算得第 i 个应对策略关于第 j 个适用性评价指标的加权平均评价值 x_{ij}，其统计结果如表 5.25 所示。

表 5.25　某食品质量隐患事件应对策略适用性综合评价值表

	适用性评价指标	L_1	L_2	L_3	L_4	L_5	L_6
a_1	法律法规违反消除程度	0.120 0	0.425 0	0.527 5	0.690 0	0.810 0	0.950 0
a_2	社会道德违背消除程度	0.112 5	0.630 0	0.727 5	0.832 5	0.785 0	0.945 0
a_3	顾客需求未满足消除程度	0.127 5	0.400 0	0.502 5	0.752 5	0.745 0	0.802 5
a_4	质量危机伤害消除程度	0.137 5	0.612 5	0.710 0	0.795 0	0.832 5	0.825 0
a_5	质量危机影响范围缩减程度	0.115 0	0.420 0	0.402 5	0.600 0	0.725 0	0.942 5
a_6	质量危机危害控制程度	0.162 5	0.415 0	0.587 5	0.700 0	0.750 0	0.902 5

（2）应对策略适用性标准化与加权标准化综合评价矩阵构建。利用前

述应对策略标准化评价矩阵与加权标准化综合评价值矩阵构建方法，计算得应对策略适用性标准化综合评价矩阵 $X'\left(x'_{ij}\right)$ 与加权标准化综合评价矩阵 $U\left(u_{ij}\right)$：

$$X'\left(x'_{ij}\right)=\begin{bmatrix} 0 & 0 & 0 & 0 & 0 & 0 \\ 0.622 & 0.683 & 0.369 & 0.404 & 0.367 & 0.341 \\ 0.739 & 0.824 & 0.347 & 0.556 & 0.491 & 0.574 \\ 0.865 & 0.946 & 0.586 & 0.926 & 0.687 & 0.726 \\ 0.808 & 1.000 & 0.737 & 0.915 & 0.831 & 0.794 \\ 1.000 & 0.989 & 1.000 & 1.000 & 1.000 & 1.000 \end{bmatrix}$$

式中，$i=1\sim6$；$j=1\sim6$。

$$U\left(u_{ij}\right)=\begin{bmatrix} 0 & 0 & 0 & 0 & 0 & 0 \\ 0.107 & 0.116 & 0.063 & 0.065 & 0.062 & 0.054 \\ 0.127 & 0.140 & 0.059 & 0.089 & 0.083 & 0.091 \\ 0.149 & 0.161 & 0.100 & 0.149 & 0.116 & 0.115 \\ 0.139 & 0.170 & 0.125 & 0.147 & 0.140 & 0.125 \\ 0.172 & 0.168 & 0.170 & 0.161 & 0.169 & 0.158 \end{bmatrix}$$

（3）理想应对策略适用性评价值向量 u_j^+、u_j^- 确定。利用式（5.11）计算出该食品质量隐患事件的适用性评价向量 u^+ 与 u^-：

$$u^+=\left\{0.172,0.168,0.170,0.161,0.169,0.158\right\},\quad u^-=\left\{0,0,0,0,0,0\right\}$$

（4）理想应对策略的适用性灰色关联系数矩阵 ξ 赋值。利用式（5.12）可得适用性理想应对策略的正、负灰色关联系数矩阵 ξ^+ 和 ξ^- 赋值结果：

$$\xi^+=\begin{bmatrix} 0.333 & 0.333 & 0.333 & 0.333 & 0.333 & 0.333 \\ 0.569 & 0.612 & 0.442 & 0.456 & 0.441 & 0.431 \\ 0.657 & 0.739 & 0.434 & 0.529 & 0.496 & 0.540 \\ 0.787 & 0.903 & 0.547 & 0.871 & 0.615 & 0.646 \\ 0.722 & 1.000 & 0.655 & 0.854 & 0.748 & 0.708 \\ 1.000 & 0.979 & 1.000 & 1.000 & 1.000 & 1.000 \end{bmatrix}$$

$$\xi^-=\begin{bmatrix} 1.000 & 1.000 & 1.000 & 1.000 & 1.000 & 1.000 \\ 0.446 & 0.422 & 0.576 & 0.553 & 0.576 & 0.594 \\ 0.404 & 0.378 & 0.590 & 0.474 & 0.505 & 0.465 \\ 0.366 & 0.346 & 0.460 & 0.351 & 0.421 & 0.408 \\ 0.382 & 0.333 & 0.404 & 0.353 & 0.376 & 0.386 \\ 0.333 & 0.336 & 0.333 & 0.333 & 0.333 & 0.333 \end{bmatrix}$$

（5）应对策略适用性评价值向量 η_h^+ 与 η_h^- 赋值。利用式（5.13）、式（5.14），通过 ξ^+ 确定适用性正负理想解评价值向量 η_1^+ 和 η_1^-，通过 ξ^- 确定适用性正负理想解评价值向量 η_2^+ 和 η_2^-。

$$\eta_1^+ = \{1.000, 1.000, 1.000, 1.000, 1.000, 1.000\}$$
$$\eta_2^+ = \{0.333, 0.333, 0.333, 0.333, 0.333, 0.333\}$$
$$\eta_1^- = \{0.333, 0.333, 0.333, 0.333, 0.333, 0.333\}$$
$$\eta_2^- = \{1.000, 1.000, 1.000, 1.000, 1.000, 1.000\}$$

（6）应对策略适用性群体效益 S_{ih} 和个体遗憾 R_{ih} 赋值。利用式（5.15）计算出不同应对策略的适用性群体效益值 S_{i1}、S_{i2} 及个体遗憾值 R_{i1}、R_{i2}，其统计计算结果如表 5.26 所示。

表 5.26　应对策略适用性评价指标多准则妥协解计算结果及排序表

应对策略	S_{i1}	R_{i1}	Q_{i1}	S_{i2}	R_{i2}	Q_{i2}	Q_i^*	排序
L_1	1.000	0.172	1.000	1.000	0.172	1.000	1.000	6
L_2	0.760	0.142	0.790	0.290	0.062	0.323	0.556	5
L_3	0.650	0.144	0.740	0.204	0.065	0.288	0.514	4
L_4	0.408	0.115	0.532	0.088	0.032	0.134	0.333	3
L_5	0.328	0.088	0.411	0.059	0.018	0.079	0.245	2
L_6	0.005	0.005	0	0.001	0.001	0	0	1

（7）应对策略适用性利益比率 Q_i 计算。利用式（5.16）计算各应对策略的适用性利益比率 Q_{i1}、Q_{i2}，其统计计算结果如表 5.26 所示。

（8）应对策略适用性利益比率均值 Q_i^* 计算及应对策略适用性初选。计算各应对策略 Q_{i1}、Q_{i2} 的平均值 Q_i^*，计算结果如表 5.26 所示。由表 5.26 可知，该食品质量隐患事件应对策略的适用性优先顺序为 $L_6 > L_5 > L_4 > L_3 > L_2 > L_1$，$Q_6^*$ 最小，L_6 的适用性相对最优。考虑到当 $Q^* > 0.5$ 时，该应对策略与理想应对策略的贴合度较差[236]，可予以剔除，即剔除 L_3、L_2、L_1 这三个应对策略，初选出 L_6、L_5、L_4 三个应对策略进行后续质量改进可行性筛选。

2）质量危机事件应对策略可行性排序与筛选

按照前述质量危机事件应对策略适用性排序流程，采用现场访谈与问卷评判法，邀请公司董事会与监事会成员、中高层管理者、员工代表及相关供应商作为评估主体,对 L_4、L_5、L_6 三个应对策略的五个可行性评价指标,按照前述评估框架 E,进行不同应对策略的可行性相对优劣排序与评判,获取第 n 个评估主体对第 i 个应对策略关于第 j 个可行性评价指标的评价值 x_{ij}^n,并引入评估主体权重,计算得第 i 个应对策略的第 j 个可行性评价指标的加权平均评价值 x_{ij};通过应对策略可行性评价数据标准化与加权标准化矩阵构建,理想应对策略可行性评价向量 u_j^+ 与 u_j^- 确定,可行性灰色关联系数矩阵 ξ 计算,可行性评价向量 η_h^+ 与 η_h^- 确定,不同应对策略可行性群体效益 S_{ih} 与个体遗憾 R_{ih} 以及利益比率 Q_i 计算,不同应对策略可行性利益比率平均值 Q_i^* 计算及应对策略可行性排序,可得如表 5.27 所示质量改进可行性参数与排序结果。

表 5.27　应对策略可行性评价指标多准则妥协解计算结果及排序表

应对策略	S_{i1}	R_{i1}	Q_{i1}	S_{i2}	R_{i2}	Q_{i2}	Q_i^*	排序
L_4	0.509	0.204	0.500	0.426	0.204	0.026	0.263	1
L_5	0.525	0.202	0.035	0.432	0.202	0.498	0.267	2
L_6	0.732	0.202	0.499	0.538	0.202	0.348	0.423	3

由表 5.27 可得,该食品质量隐患事件应对策略可行性优先序为 $L_4 > L_5 > L_6$,L_4 可行性相对最优。因 Q^* 均小于 0.5,该应对策略与理想应对策略的贴合度较好[236],不需进行剔除,即对 L_4、L_5、L_6 三个应对策略进行后续相关方可接受性优选。

3)质量危机事件应对策略可接受性排序与优选

按照前述质量危机事件应对策略适用性排序流程,邀请关键顾客、市场监督管理部门、主流媒体、消保委等相关方作为评估主体,对 L_4、L_5、L_6 三个应对策略的六个可接受性评价指标,按照前述评估框架 E,进行不同应对策略的可接受性相对优劣排序与评判,获取第 n 个评估主体对第 i 个应对策略关于第 j 个可接受性评价指标的评价值 x_{ij}^n,并引入相关方权重及其评估主体权重,计算得第 i 个应对策略的第 j 个可接受性评价指标的加权平均评价值 x_{ij};通过应对策略可接受性评价数据标准化与加权标准化矩阵构建,理想应对策略可接受性评价向量 u_j^+ 与 u_j^- 确定,灰色关联系数矩阵 ξ 计算,不同应对策略可接受性评价向量 η_h^+ 与 η_h^- 确定,不同应对策略可接受性群体效益 S_{ih} 与个体遗憾 R_{ih} 以及利益比率 Q_i 计算,不同应对策略可接受性利益比率平均值Q_i^*计算及应对策略可接受性排序，可得如表 5.28 所示相关方可接受性参数与排序结果。

表 5.28　应对策略可接受性评价指标多准则妥协解计算结果及排序表

应对策略	S_{i1}	R_{i1}	Q_{i1}	S_{i2}	R_{i2}	Q_{i2}	Q_i^*	排序
L_4	1.000	0.173	1.000	1.000	0.173	1.000	1.000	3
L_5	0.463	0.144	0.647	0.137	0.063	0.250	0.449	2
L_6	0	0	0	0	0	0	0	1

由表 5.28 可知，该食品质量事件应对策略可接受性优先次序为 $L_6 > L_5 > L_4$，L_6 可接受性相对最优。考虑到当 $Q^* > 0.5$ 时，该应对策略与理想应对策略的贴合度较差[236]，予以剔除，即剔除 L_4，选出 L_6、L_5 两个应对策略进行后续应对策略综合排序。

4）质量危机事件应对策略综合排序

基于前述食品质量隐患事件应对策略适用性、可行性、可接受性 Q_i^* 计算结果，利用表 5.24 计算的 w_c 进行加权平均，可得 $Q_5^* = 0.316$，$Q_6^* = 0.147$，可见该食品质量隐患事件应对策略优先序为 $L_6 > L_5$，Q_6^* 最小，即 L_6 为相对最优的应对策略。可见，该食品公司应优先采用主动召回溢价补偿的应对策略进行该食品质量事件积极应对与处置。同时，将以上应对策略选择建议与公司相关人员进行讨论，发现该食品质量隐患事件应对过程，主要按照 L_4、L_5、L_6 的顺序，逐步调整质量危机事件应对策略，更加认同 L_6 的效果，由此也验证了产品质量危机应对策略排序模型及其选择结果的认同度。

5）应对策略排序结果敏感性与灵敏度比较

（1）敏感性比较。为了有效利用应对策略排序与优选模型实施定量决策，需要进行各评价指标权重对质量危机事件应对策略排序影响的敏感性分析[239]，故采用摄动法，首先分别取参数 $\zeta = 3$、2、1/2、1/3[240]，依次对每一评价指标 j 的初始权重 w_j 进行扰动，扰动后的权重 $w_j' = \zeta w_j$，其中 $j=1\sim17$，并进行权重归一化[240]，形成评价指标 j 新的权重组合。其次将新的权重组合代入 6 种可选模型分别进行 $4 \times 17 = 68$ 次试验，观察相对最优应对策略及其出现次数变化，其统计结果如表 5.29 所示。由表 5.29 比较结果可知，构建的灰色关联分析-多准则妥协解排序模型得出的产品质量危机事件应对策略排序结果具有明显的稳定性优势。

表 5.29　应对策略排序可选模型敏感性比较表

序号	排序模型	扰动次数	L_6最优次数	L_5最优次数	最优策略	最优策略占比
1	灰色关联分析-多准则妥协解排序模型	68	66	2	L_6	97.06%
2	传统灰色关联分析模型	68	54	14	L_6	79.41%
3	传统多准则妥协解排序模型	68	54	14	L_6	79.41%
4	传统逼近理想解排序模型	68	16	52	L_5	76.47%
5	灰色关联分析-逼近理想解排序模型	68	60	8	L_6	88.23%
6	灰色模糊综合评价模型	68	53	15	L_6	77.94%

（2）灵敏度分析。为反映决策者的不同决策态度对应对策略选择结果的影响，将决策系数 $v_i \in [0，1]$以步长 0.1 进行 11 次取值，得到 3×11 组不同的 Q_i^* 计算结果，通过对 3×11 组数据的灵敏度分析，考察灰色关联分析-多准则妥协解排序模型的稳定性。由计算结果可知，不同 v_i 取值得到的应对策略适用性排序没有变化，当 $v_i \in [0，0.58]$时，L_6、L_5、L_4 通过适用性初选，当 $v_i \in [0.58，1]$时，L_6、L_5、L_4、L_3 通过适用性初选；当 $v_i \in [0，0.82]$时，L_6、L_5、L_4 通过可行性筛选，当 $v_i \in [0.82，1]$时，L_6、L_5、L_3 通过可行性筛选，应对策略可接受性优选结果均为 L_6、L_5，而且 L_6 均为相对最优的方案。由此可以认定，该模型对 v_i 的扰动不敏感，构建的灰色关联分析-多准则妥协解排序模型得出的产品质量危机事件应对策略选择结果具有明显的稳定性。

5.7　本章小结

本章依据质量危机影响因素与作用机理研究成果，从削减产品质量危机危害及承担社会责任视角，探讨了产品质量危机事件应对过程控制流程及其应对管理模型。建议企业根据自身所在行业特征，从中选择符合自身特点的产品质量危机事件应对过程控制流程、质量危机事件可能原因、情境因素、应对策略等，一旦发生产品质量危机事件，则按照产品质量危机事件应对过程控制流程、原因挖掘模型、情境类型界定模型、应对策略选择模型，进行产品质量危机事件原因挖掘、情境类型界定、应对策略选择，提升自身产品质量危机事件应对过程与应对结果的有效性。

1. 本章主要内容

以快速减弱质量危机事件给各相关方带来的伤害为着眼点，探讨了产品质量危机事件应对过程控制流程，构建了产品质量危机事件原因挖掘、情境类型界定模型，提出了 6 种产品质量危机事件应对策略，设计了其应对策略选择模型。

（1）改进了产品质量危机应对过程控制流程。运用 BPR（business process reengineering，业务流程重组）、PDCA 等方法，改进了产品质量危机应对过程控制流程，探讨了产品质量危机事件快速检测与评估、应对策略选择与实施、应对效果整体评估与强化、危机警情解除与善后处置流程。

（2）构建了质量危机事件原因挖掘模型。根据产品质量危机影响因素发掘结果，提取出了产品质量危机事件可能原因，采用故障树法构建了质量危机事件潜在原因关系模型；将故障树法和贝叶斯网络相结合，基于专家调查与模糊集理论，推理出底层原因先验概率算法，并将其先验概率输入贝叶斯网络模型，获得底层原因后验概率及关键重要度，将后验概率及关键重要度共同作为质量危机事件关键原因诊断依据，构建了质量危机事件原因挖掘模型；通过实际案例验证了关键原因挖掘结果的准确性，为企业挖掘质量危机事件发生原因提供了理论依据。

（3）构建了产品质量危机情境类型界定模型。采用探索性因子分析法进行了产品质量危机情境因素发掘，并将决策试验与评价实验法、解释结构模型法相结合，通过建立产品质量危机情境因素多级递阶解释结构模型，探索了产品质量危机情境因素之间的关系，同时在确定情境因素权重、设定情境因素评价标准基础上，形成产品质量危机情境因素构成体系；将产品质量危机情境类型划分为红色情境、橙色情境、黄色情境 3 种类型，采用等比数列确定 3 个情境类型的阈值，建立了基于改进型物元可拓法的产品质量危机情境类型界定模型，并进行了质量危机情境类型界定模型应用，为企业快速识别产品质量危机情境类型提供了理论借鉴。

（4）提出了 6 种产品质量危机事件应对策略。从质量危机情境类型和企业处置质量问题行为态度两个路径的维度，构建了质量危机应对策略组合矩阵，提出了 6 种产品质量危机事件应对策略，并界定了 6 种应对策略的具体特征，探讨了 6 种应对策略的具体适用条件，为企业选择产品质量危机具体应对策略提供了理论借鉴。

（5）构建了产品质量危机事件应对策略排序与选择模型。在发掘应对策略评价指标的基础上，采用集值统计法和主成分分析法确定出了评价指标的综合权重；比较选取灰色关联分析法与多准则妥协解排序法组合评价法，将灰色关联分析法输出作为多准则妥协解排序法的输入，构建了应对策略排序与选择模型，并结合某质量危机事件情境，提出了应对策略适用性排序与初选、可行性排序与筛选、可接受性排序与优选方法，应用结果表明该应对策略选择模型提高了策略排序的稳定性。

2. 本章主要贡献

1）构建产品质量危机事件原因挖掘模型与质量危机情境类型界定模型

根据产品质量危机影响因素发掘结果，提取出了产品质量危机事件可能原因，采用故障树法构建了质量危机事件潜在原因关系模型，并将故障树法和贝叶斯网络相结合，构建了质量危机事件原因挖掘模型；采用探索性因子分析法、决策试验与评价实验法、解释结构模型法，进行了产品质量危机情境因素发掘，探索了质量危机情境因素之间的关系，形成质量危机情境因素构成体系；将质量危机情境类型划分为红色情境、橙色情境、黄色情境3种类型，建立了基于改进型物元可拓法的质量危机情境类型界定模型，提出了产品质量危机情境类型评定及其结果处置方法。

2）设计产品质量危机应对策略及其选择模型

从产品质量危机情境类型和应对产品伤害事件的行为态度两个路径的维度，设计了企业产品质量危机应对策略组合矩阵及其6种具体应对策略；在形成应对策略评价指标体系基础上，构建了应对策略排序与选择模型，提高了应对策略排序的稳定性与选择的可信性。

3. 本章创新之处

本章成果与国内外同类技术相比，主要学术创新体现在以下方面。

（1）从产品质量危机影响因素构成视角，设计了产品质量危机事件原因挖掘模型。

以往的产品质量危机产生根源挖掘大多从企业危机层面，采用案例或统计、归纳等方法，提出产品质量问题诱因，鲜有产品质量危机事件原因发掘模型设计，难以指导企业全面准确发掘产品质量危机事件产生根源。

本章从产品质量危机内外部影响因素视角，采用故障树和贝叶斯网络组合方法，设计了产品质量危机事件原因挖掘模型和具体挖掘方法，提高了质量危机事件原因挖掘的系统性与原因诊断的可靠性，为企业准确挖掘质量危机事件发生的原因、制定纠正与预防措施提供了理论依据。

（2）从质量危机严重程度与相关方联动反应程度视角，构建了产品质量危机情境类型界定模型。

以往质量危机情境类型研究大多数从企业、顾客或危机性质等单一视角，依靠经验判断质量危机事件的严重性，少有研究同时考虑质量危机严重程度、顾客和其他相关方反应程度等情境因素，导致企业不能客观界定质量危机情境类型。

本章采用探索性因子分析法、决策试验与评价实验法、解释结构模型法，进行了产品质量危机情境因素发掘，形成了质量危机情境因素构成体系，提高了产品质量危机事件情境因素构成的系统性与完整性；将产品质量危机情境类型划分为红色情境、橙色情境、黄色情境 3 种类型，建立了基于改进型物元可拓法的产品质量危机情境类型界定模型，克服了产品质量危机情境类型界定模型研究不足的困难。

（3）从产品质量危机情境和企业应对产品伤害事件的行为态度视角，提出了质量危机应对策略组合矩阵和具体应对策略。

以往研究仅从企业应对产品质量危机的态度或者处理质量危机的行为单方面提出应对策略，鲜有学者从质量危机情境类型等方面研究应对策略。

本章将质量危机情境类型与企业应对产品伤害事件的行为态度各划分为 3 个层次，形成应对策略组合矩阵，提出了 6 种质量危机事件的应对策略，探讨了每一应对策略的特征及适用条件，克服了产品质量危机事件应对策略研究不足的困难。

（4）从产品质量危机事件应对策略的适用性、可行性和可接受性视角，构建了产品质量危机事件应对策略的排序与选择模型。

以往研究较多探讨影响质量危机应对效果的因素，较少构建产品质量危机事件应对策略排序与选择模型，基于多准则妥协解排序、逼近理想解排序得出的决策结果稳定性也不高。

本章在设计产品质量危机事件应对策略评价指标体系基础上，以灰色关联分析的输出作为多准则妥协解排序的输入，将多准则妥协解排序的利益比率作为应对策略排序的依据，由此将形状贴近度与距离贴近度共同作为决策的依据，构建了基于灰色关联分析–多准则妥协解排序的产品质量危机事件应对策略适用性、可行性和可接受性排序模型，提高了其应对策略排序稳定性与选择可信性。

第6章 产品质量危机恢复过程控制流程及其过程决策模型

产品质量危机恢复是指企业在产品质量危机事件处置与平息过程中，持续实施质量改进，在降低产品质量危机带来的负面影响的同时，恢复顾客等相关方信任以及增强核心竞争力。在产品质量危机情境下的顾客等相关方信任恢复过程中，企业应以快速恢复相关方信任为目标，结合企业内部资源条件，选择与实施产品质量提升和顾客信任恢复策略，迅速改进与提升产品质量，恢复顾客、经销商等利益相关方的信任，以及市场监督管理部门、消保委、主流媒体等公众相关方的认可程度，恢复与提升企业的市场形象。故本章以消除产品质量危机影响及恢复企业品牌形象为主线，在重点阐述基于 PDCA 循环原理的质量危机恢复过程管控流程的基础上，探讨在产品质量危机情境下特别关注的顾客信任恢复策略选择方法，为企业恢复与增强顾客等相关方信任提供借鉴。

6.1 质量危机恢复过程管理相关研究现状

有关产品质量危机恢复过程管理相关研究主要体现在以下三个方面：一是探讨了在产品质量危机情境下顾客信任恢复措施，如加大市场推广与产品促销[241, 242]、积极承担社会责任[243]、质量危机公关[244, 245]等，讨论了市场恢复策略对顾客购买意愿的影响[194]，以及危机期间消费者对市场监督管理部门、行业协会的信任与企业能力等因素对消费者购买意愿的影响[243, 246]。二是顾客信任修复模型探索，如信任修复动态双边模型[247]、信任修复归因模型[248]。三是通过系统整理提纯，将顾客信任恢复策略分为情感性修复策略[249]、信息性修复策略[250]及功能性修复策略[251]。

现有研究较少涉及在产品质量危机情境下的顾客信任恢复策略设计、顾客信任恢复策略评估指标挖掘及恢复策略评价模型构建，难以指导企业根据自身资源条件及产品质量危机情境类型的不同，选择并实施适宜的顾客信任恢复策略。因此，需要设计产品质量危机事件恢复过程控制流程，

在产品质量危机情境下的顾客信任恢复策略及选择方法，为企业恢复顾客等相关方信任提供理论借鉴。

6.2　质量危机恢复过程管理流程

借鉴企业危机管理理论，结合前述质量危机频发行业专家调查，提出产品质量危机恢复过程管理流程图（图 6.1）。企业应成立产品质量危机事件应急管理组织，全面负责质量危机恢复过程决策、协调工作。

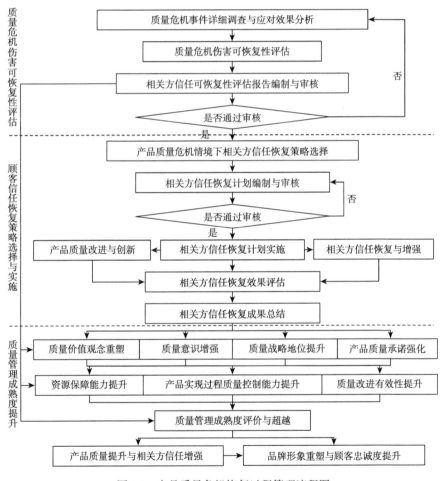

图 6.1　产品质量危机恢复过程管理流程图

1. 质量危机伤害可恢复性评估

企业质量危机事件应急管理组织应依据质量危机事件详细调查与应

对效果评估结果，评估危机伤害可恢复性，并形成顾客等相关方信任可恢复性评估报告。

1）质量危机事件详细调查与应对效果分析

企业质量危机事件应急管理组织应依据 5.3 节质量危机事件原因挖掘模型，从产品质量危机 2 个外部驱动因子及其对应的 8 个影响因素、4 个内部使能因子及其对应的 18 个影响因素方面，详细调查分析产品质量危机事件爆发的根源，据此分析产品质量危机外部驱动因子应对及内部使能因子监控方面存在的主要问题，以及企业在进行质量危机管理过程中存在的不足，形成产品质量危机事件详细调查报告。同时，根据产品质量危机应对效果，评估顾客、供应商、股东、员工、市场监督管理部门、主流媒体、消保委、行业专家等相关方对质量危机应对结果的认可程度，明确可能存留的质量危机隐患及消除措施。

2）质量危机伤害可恢复性评估

企业质量危机事件应急管理组织应首先明确顾客等相关方信任恢复的制约因素，尤其应从产品实现过程质量控制、企业资源保障、质量改进有效性及企业质量文化等方面，提炼出与改进产品质量、增强相关方信任程度、提升企业质量管理成熟度关联性强的因素，明确产品质量提升所需资源的可获得性。其次应根据产品质量危机情境类型，从顾客、经销商、市场监督管理部门、消保委、主流媒体等方面，评价相关方信任恢复的难易程度，为顾客等相关方信任恢复计划的制订与实施提供依据。

3）相关方信任可恢复性评估报告编制与审核

企业质量危机事件应急管理组织应依据顾客等相关方信任可恢复性评估结果，分析产品质量提升和顾客、经销商、市场监督管理部门、消保委、主流媒体等相关方信任恢复方面存在的不足及改进对策，形成可恢复性评估报告。

2. 顾客信任恢复策略选择与实施

企业质量危机事件应急管理组织应进行顾客信任恢复策略评价与选择，编制与实施相关方信任恢复计划，对恢复效果进行评估，对恢复策略进行调整。

1）相关方信任恢复策略选择

企业质量危机事件应急管理组织应依据相关方信任可恢复性评估结果及产品质量危机应对过程的情境类型界定结果，从产品质量改进、产品质量危机情境类型两个维度，分析可以采取的顾客信任恢复策略，并从顾客信任恢复策略对具体产品质量危机事件的适宜性、实施该策略的可行性、相关方对该策略的可接受性等方面构建评价指标体系，采用适宜的选择方法，评价与选择出相对最优的顾客等相关方信任恢复策略，为尽快恢复相关方信任提供依据。

2）相关方信任恢复计划编制

企业质量危机事件应急管理组织应依据顾客信任恢复策略选择结果，确定利益相关方与公众相关方信任恢复、公司形象与品牌价值恢复的对象，并针对不同的恢复对象之间的关联性，对恢复对象进行排序，明晰恢复重点及恢复方式，形成产品相关方信任恢复计划，明确信任恢复目标、恢复措施与方法、责任部门与责任人及资源保障等内容。

3）相关方信任恢复计划实施

企业质量危机事件应急管理组织应组织实施、定期检查与监督控制相关方信任恢复计划，及时发现产品实现过程存在的不合格，并按照纠正预防措施控制程序，消除产品实现过程的潜在不合格。在实施过程中，应注重与相关方的沟通，以主动、诚恳的态度接受市场监督管理部门、消保委、主流媒体等公众相关方的监督，及时收集与分析顾客等利益相关方反馈的质量改进效果信息，持续进行产品质量改进与创新，全力满足顾客、经销商等利益相关方的要求，努力提高产品质量与顾客等相关方信任的恢复效果。

4）相关方信任恢复效果评估

企业质量危机事件应急管理组织应及时实施产品质量改进与创新绩效、相关方信任恢复效果评估，重点评估顾客、经销商等利益相关方及市场监督管理部门、消保委等公众相关方对产品质量改进效果的认可程度，分析主流媒体跟踪报道正面信息变化趋势。同时，评估员工和供应商等信任恢复程度、产品销售恢复程度等，努力发现相关方信任恢复过程存在的不足，形成相关方信任恢复效果评估报告，不断积累质量危机管理经验教训。

3. 质量管理成熟度提升

企业质量危机事件应急管理组织应依据产品质量危机事件详细调查结果以及质量危机应对策略、恢复策略实施经验教训，持续健全质量管理体系，不断提升质量管理的成熟度，以重塑品牌形象、增强公众信任程度。

1）企业质量文化重塑

企业质量危机事件应急管理组织应调查、分析、把握顾客等相关方的质量价值观念，不断向顾客等相关方先进的质量价值观念靠拢，提高质量价值观念的前瞻性，以此指导全体员工追求顾客价值最大化的质量行为；增强质量忧患意识与社会责任意识，追求产品质量的完美性，保障产品满足相关方要求；提升质量在公司战略中的地位，凸显质量竞争与以战略为导向的产品质量持续改进在企业发展中的重要性；强化产品质量承诺履约程度，确保产品质量承诺超越顾客等相关方要求，提高产品实现过程兑现承诺的能力。

2）质量管理体系健全与完善

企业质量危机事件应急管理组织应针对质量危机详细调查报告中存在的不足，依据2.4节中质量管理体系三维空间结构模型的构成关系，以及质量管理体系标准、六西格玛管理评价准则、卓越绩效评价标准，按照4.2节至4.6节相关产品实现过程质量风险预警流程与警情评价模型，持续提升产品实现过程质量控制能力，并邀请顾客、供应商等利益相关方参与产品质量改进与质量创新，提高本组织与供应商倾听顾客声音、响应顾客需求、顺应市场变化的速度，使顾客感知到企业产品质量能够完全满足要求，提高顾客满意度与供应商对企业的依赖度；优化人力资源、知识资源、设施设备资源、作业环境管理流程与监督控制方法，以及质量绩效考核及其奖惩制度的规范性，确保人力资源质量意识与能力、知识资源获取及知识成熟度、设施设备适宜性与可信性、作业环境适宜性与舒适度等资源条件满足产品实现过程质量控制及质量改进要求；持续完善监视与测量、不合格控制、质量信息及数据分析、纠正预防措施控制、管理评审控制流程与监督控制方法，强化产品实现过程质量、产品质量特性及顾客满意程度等的监视与测量，准确分析与评价顾客满意程度、质量管理体系有效性及改进需求等，通过不合格和纠正预防措施控制效果以及行之有效的管理评审，不断寻求产品质量改进空间与机会，持续保障产品质量满足与超越需求。

3）质量管理成熟度评价与超越

企业质量危机事件应急管理组织应按照卓越绩效评价准则、质量管理自我评价工具及实施指南，重点从企业质量文化、社会责任意识的主导性及产品实现过程质量控制、企业资源保障、质量改进的有效性提升过程及结果方面进行自我评价，并根据评价结果，分析质量管理成熟度提升空间，通过内部审核与管理评审,发现质量管理体系改进机会及成熟度提升机会，不断提升质量管理成熟度与产品质量超越要求的能力。

4）产品质量提升与相关方信任增强

企业质量危机事件应急管理组织应依据质量危机详细调查报告中存

在的不足，在持续提高质量管理成熟度的基础上，消除产品实现过程的质量隐患。同时，依托产品质量改进与质量创新的卓越成效，实现共赢价值最大化，增强利益相关方信心与公众相关方的信任。

5）品牌形象重塑与顾客忠诚度提升

企业质量危机事件应急管理组织应在产品质量提升与相关方信任增强、质量管理成熟度提高基础上，重塑品牌形象、提升品牌价值。同时，不断强化社会责任感，增进顾客等相关方的信赖程度，提升顾客等相关方的忠诚度。

6.3　质量危机情境下顾客信任恢复策略

借鉴质量管理、危机公关及营销管理理论，从产品质量危机情境类型和危机发生企业质量改进两个维度，构建顾客信任恢复策略组合矩阵，为企业在产品质量危机情境下快速选择适宜的顾客信任恢复策略提供借鉴。

6.3.1　顾客信任恢复策略组合维度

借鉴 Kim 等设置的信任修复矩阵维度[247]，从产品质量危机发生企业为修复顾客等相关方信任进行的质量改进努力，基于产品质量危机情境类型的顾客接受修复行为的意愿两个维度出发，将顾客信任恢复路径分为如图 6.2 所示的两个维度。

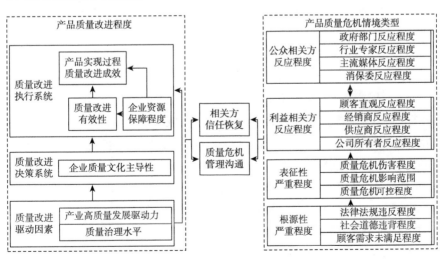

图 6.2　产品质量危机情境下顾客信任恢复路径图

　　1）产品质量危机情境类型维度划分

　　产品质量危机情境是指从产品质量危机产生负面影响开始到负面影响消失期间，任意时刻的综合危害状态及相关方反应激烈程度。依据5.4节质量危机情境类型界定结果，将情境维度划分为三个情境类型。其中黄色情境的顾客信任下降程度小，顾客较容易认可企业为修复信任而采取的改进与推广行动[247]，继续信任意愿及再次购买意愿较强；橙色情境的顾客信任下降程度一般，顾客较易抵触企业为修复信任而采取的改进与推广行动[247]，继续信任意愿及再次购买意愿一般；红色情境的顾客信任下降程度大，不认可企业为修复信任而采取的改进与推广行动[247]，继续信任意愿及再次购买意愿弱。

　　2）产品质量改进程度维度划分

　　产品质量改进是指企业致力于增强满足产品质量要求的能力，通过质量改进决策系统与执行系统采取的不合格品纠正预防措施及其效果。依据增强满足质量要求的程度，借鉴 Kano 模型中有关顾客需求分类，将产品质量改进程度由低到高划分为质量满足明示要求、质量满足隐含需求、质量超越产品要求三个等级。其中质量满足明示要求是指企业仅对顾客投诉的明显质量问题等直接导致质量危机事件的不合格进行改进，使产品满足法律法规要求及顾客必备型需求，质量改进程度低；质量满足隐含需求是指在质量满足法律法规及明示要求基础上，不断挖掘并满足顾客期望型需求，质量改进程度中等；质量超越产品要求是指企业在质量满足隐含需求基础上，对质量管理体系及质量管理实践进行持续改进与创新，超越产品要求和满足顾客兴奋型需求，质量改进程度高。

6.3.2　基于组合维度的质量危机情境下顾客信任恢复策略

　　基于上述产品质量危机情境和产品质量改进两个组合维度，借鉴信任修复的动态双边模型[247]，形成 3×3 顾客信任恢复组合策略。产品质量危机情境决定顾客对企业产品质量改进行动的认可程度[247]，当质量危机处于红色情境而企业质量改进程度中等甚至较低，或者质量危机处于橙色情境而企业质量改进程度较低时，难于恢复顾客信任。据此，剔除掉红色情境下的必备型与期望型需求满足策略、橙色情境下的必备型需求满足策略，形成如表 6.1 所示六个顾客信任恢复策略。

表 6.1 产品质量危机情境下顾客信任恢复策略维度表

质量改进程度	黄色情境	橙色情境	红色情境
质量满足明示要求	必备型需求满足与信任恢复策略		
质量满足隐含要求	期望型需求满足与信任恢复策略	期望型需求满足与信任增强策略	
质量超越产品要求	兴奋型需求达成与信任恢复策略	兴奋型需求达成与信任增强策略	兴奋型需求达成与信任卓越策略

1）必备型需求满足与信任恢复策略

（1）策略内涵与特征：该策略是指企业根据相关产品质量危机事件发生原因挖掘结果，全面掌握顾客明示要求及与产品直接相关的法律法规和社会道德要求，强化产品实现过程质量改进，凸显底线思维，消除质量危机爆发的直接原因，使产品质量满足法律法规和社会道德要求以及顾客明示要求，保证产品具备必备的质量特性。同时，通过实施改进后的产品营销策略和承担社会责任，邀请顾客体验产品改进成效，使产品质量改进结果满足其要求，使顾客信任度恢复到产品质量危机事件发生之前的水平。

（2）策略适用条件：仅针对产品质量危机事件的直接诱因消减不合格，质量改进成效一般、相关方信任恢复程度低。因此，在质量危机情境类型方面，该策略仅适用于黄色情境；在企业质量文化方面，该策略适用于质量文化主导性相对一般的企业；在企业资源条件方面，该策略适用于产品实现过程质量控制能力、企业资源保障能力较弱及质量改进有效性相对一般的企业。

（3）策略主要优缺点：该策略主要针对质量危机诱发因素进行改进，产品仅能满足顾客明示要求及与产品直接相关的法律法规要求，质量改进针对性较强、质量改进范围较窄，便于体验产品质量改进效果，如某体育用品品牌对顾客反映的广告描述与实物不符问题，强化运动鞋生产过程质量控制与不合格品消除，并按照广告描述更换气垫类型，使得该运动鞋气垫质量危机事件得以快速解决，成功恢复了顾客信任。该策略只针对非自身诱因或无意过错，仅仅消减了产品质量危机直接诱因与顾客抱怨，不能增强顾客信任，不能恢复其他相关方的信任。

2）期望型需求满足与信任恢复策略

（1）策略内涵与特征：该策略是指企业根据产品质量危机事件发生原因挖掘结果，在产品质量满足顾客明示要求及与产品直接相关的法律法规和社会道德要求的基础上，不断洞察与发掘顾客隐含需求，并通过产品要求迭代、产品实现过程质量改进，消除质量危机爆发的可能原因，使产品质量满足顾客要求。同时，通过实施改进后的产品营销策略和承担社会责任，邀请顾客参与产品开发与产品改进成效体验，使顾客信任度恢复到产品质量危机事件发生之前的水平。

（2）策略适用条件：主要针对产品质量危机事件的诱因消减不合格，注重发掘顾客隐含需求，产品质量改进成效与相关方信任恢复程度较高。因此，在质量危机情境类型方面，该策略适用条件与必备型需求满足与信任恢复策略相同；在企业质量文化方面，该策略适用于质量文化主导性较强的企业；在企业资源条件方面，该策略适用于产品实现质量控制能力、企业资源保障能力较强及质量改进有效性较高的企业。

（3）策略主要优缺点：该策略具备必备型需求满足与信任恢复策略的优点，还能够针对顾客期望型需求或顾客隐含需求进行改进，产品质量改进针对性较强、改进范围较宽，如某房地产企业针对业主反映的门窗漏水、阳台栏杆及铝合金门窗破损等房屋质量问题，重新监督检查室内装修质量，对于存在质量安全隐患或可能会影响房屋美观度的质量问题进行提前补救，同时调查业主对房屋质量的其他要求。该策略可恢复顾客信任，但不能增强顾客与其他相关方的信任。

3）兴奋型需求达成与信任恢复策略

（1）策略内涵与特征：该策略是指企业根据产品质量危机事件发生原因挖掘结果，在产品质量满足顾客需求与相关方要求的基础上，持续发掘与及时迭代会使顾客产生兴奋感的需求，并通过产品设计过程创新，强化采购外包、生产与服务过程质量创新，增强产品质量特色，使产品质量超越顾客要求。同时，通过实施改进后的产品营销策略和承担社会责任，邀请顾客参与产品质量改进及创新成效体验，使顾客信任度恢复到产品质量危机事件发生之前的水平。

（2）策略适用条件：针对产品质量危机事件的诱因消减潜在不合格，同时注重发掘可能引发顾客兴奋的隐含需求，产品质量改进程度高，可提高相关方信任程度。因此，在质量危机情境类型方面，该策略适用条件与期望型需求满足与信任恢复策略相同；在企业质量文化方面，该策略适用于质量文化主导性强的企业；在企业资源条件方面，该策略适用于产品实现过程质量控制能力、企业资源保障能力强及质量改进有效性高的企业。

（3）策略主要优缺点：该策略具备期望型需求满足与信任恢复策略的优点，且能够超越顾客隐含需求进行质量改进与创新，产品质量改进针对性强、改进范围宽，如某经济型酒店针对被曝光的客房不消毒、用洗脸毛巾擦拭马桶之后再擦拭水杯、用浴巾擦地板等服务质量问题进行彻查，同时加大卫生检查力度，进行员工培训，不断探索顾客兴奋型需求，重新制定服务规范与考核方法，依据顾客要求进行个性化超值服务。该策略可成功恢复顾客与其他相关方信任。

4）期望型需求满足与信任增强策略

（1）策略内涵与特征：该策略是指企业依据产品质量危机事件发生原因挖掘结果，在产品质量满足顾客明示要求及法律法规和社会道德要求基础上，不断洞察与发掘顾客隐含需求，并通过产品要求迭代及设计、采购外包、生产与服务过程质量改进，强化潜在不合格控制，消除质量危机爆发的可能原因，凸显界限思维并兑现质量承诺，使产品满足顾客要求。同时，通过强化产品营销、顾客营销策略和积极承担社会责任，邀请顾客参与产品开发与质量改进成效体验，提高顾客可感知的使用价值，使顾客信任度超越产品质量危机事件发生前的水平。

（2）策略适用条件：针对产品质量危机事件发生的根本原因消减不合格，注重发掘顾客隐含需求，产品质量改进程度与相关方信任增强程度较高。因此，在质量危机情境类型方面，该策略适用于产品质量危机的橙色情境以及黄色情境；在企业质量文化方面，该策略适用于质量文化主导性强的企业；在企业资源条件方面，该策略适用于产品实现过程质量控制能力、企业资源保障能力较强及质量改进有效性较高的企业。

（3）策略主要优缺点：该策略具备期望型需求满足与信任恢复策略的优点，同时从根源上解决质量问题，质量改进针对性较强、改进范围较宽，如某餐饮企业针对其"速成鸡"事件，立即改进供应商评价与选择方法，提高供应商质量控制要求，并在经济上支持供应商引进先进管理模式。同时，完善食品质量管理体系，营造良好质量文化氛围，提高服务质量，并推出新款食品，满足顾客对餐饮的期望型需求，恢复了顾客信任。该策略可增强顾客信任，但质量改进投入见效较慢。

5）兴奋型需求达成与信任增强策略

（1）策略内涵与特征：该策略是指企业依据产品质量危机事件发生原因挖掘结果，在产品质量满足顾客需求的基础上，持续发掘与及时迭代会使顾客产生兴奋感的需求，并通过产品设计过程创新，强化采购外包、生产与服务质量创新，增强产品质量特色，使产品质量超越顾客要求，同时通过强化产品营销、顾客营销策略和积极承担社会责任，邀请顾客参与产品创新成效体验，提高顾客可感知的价值增值，使顾客信任度超越产品质量危机事件发生前的水平。

（2）策略适用条件：针对产品质量危机事件的诱因消减潜在不合格，同时注重发掘可能引发顾客兴奋的隐含需求，质量改进程度高，可增强顾客信任和提高其他相关方信任程度。因此，在质量危机情境类型方面，该策略适用于产品质量危机的橙色情境及黄色情境；在企业质量文化方面，该策略适用于质量文化主导性很强的企业；在企业资源条件方面，该策略适用于产品实现过程质量控制能力、企业资源保障能力强及质量改进有效性高的企业。

（3）策略主要优缺点：该策略具备兴奋型需求达成与信任恢复策略、期望型需求满足与信任增强策略的优点，产品质量改进针对性强、改进范围宽广，如某医药制造商针对其胶囊使用者出现的氰中毒死亡事件，开发了更安全的胶囊锡箔包装。同时，强化质量危机意识，凸显优秀的企业质量文化，从根源上消除顾客对该药品安全性的质疑与人为投毒防范，恢复与增强了顾客信任，重新赢得和提高了市场占有率。该策略可增强顾客信任，并能恢复其他相关方的信任，但质量改进投入见效较慢，并对企业技术创新能力要求较高。

6）兴奋型需求达成与信任卓越策略

（1）策略内涵与特征：该策略是指企业依据产品质量危机事件发生原因挖掘结果，在产品质量满足顾客需求与相关方要求基础上，持续发掘与及时迭代会使顾客产生兴奋感的需求，并通过全面推进质量管理体系创新及产品质量创新，凸显顶格思维及产品质量特色，追求行业领先质量水平，使产品质量明显超越顾客要求，同时通过展示卓越产品质量创新绩效，强化产品营销、顾客营销、关系营销策略和积极主动承担社会责任，邀请顾客参与产品质量创新成效体验，引领顾客质量价值理念创新，提高顾客可感知的价值增值，努力使顾客信任度达到行业领先水平、其他相关方信任度超越产品质量危机事件发生前的水平。

（2）策略适用条件：该策略针对产品质量危机事件发生的根本原因消减潜在不合格，同时高度关注并发掘可能引发顾客兴奋的隐含需求，质量改进程度高，可明显增强顾客信任和其他相关方信任程度。因此，在质量危机情境类型方面，该策略适用于产品质量危机的红色情境、橙色情境及黄色情境；在企业质量文化方面，该策略适用于质量文化主导性极强的企业；在企业资源条件方面，该策略适用于产品实现过程质量控制能力、企业资源保障能力很强及质量改进有效性很高的企业。

（3）策略主要优缺点：该策略具备兴奋型需求达成与信任增强策略的优点，产品质量改进与创新针对性强、改进范围宽广。该策略可使顾客信任超越行业内企业，并能增强其他相关方的信任，但质量改进投入见效慢，并对企业技术创新与管理创新能力要求高。

6.4　质量危机情境下顾客信任恢复策略选择模型

在发掘产品质量危机情境下顾客信任恢复策略评价指标基础上，构建顾客信任恢复策略排序与优选模型，为企业选择顾客信任恢复策略提供理论依据。

6.4.1　顾客信任恢复策略评价指标体系

顾客信任恢复策略评价指标提取方法主要有文献分析法、关联度法、探索性因子分析法等。探索性因子分析法相对于其他方法更为客观，故采用探索性因子分析法进行顾客信任恢复策略评价指标发掘，并利用样本数据进行评价指标赋权。

1. 恢复策略评价指标挖掘

1）恢复策略评价指标初步辨识

（1）恢复策略评价指标文献分析。选取 1.2.1 节所述相关知名数据库，以产品伤害事件、质量危机事件、顾客信任恢复、质量危机恢复等组合形成的中英文为关键词进行顾客信任恢复策略评价相关文献检索，基于产品质量危机情境及内部资源条件，对不同学者从不同视角提出的顾客信任恢复策略评价指标进行系统整理与精炼提纯，归纳出如表 6.2 所示 10 个顾客信任恢复策略评价指标。

表 6.2　产品质量危机情境下顾客信任恢复策略评价指标初选表

序号	评价指标	主要出处	序号	评价指标	主要出处
1	法律法规要求满足程度	[209]	6	主流媒体正面报道可能性	[11]
2	顾客需求超越程度	[211]	7	政府部门认可程度	[214]
3	质量危机影响范围消除程度	[191]	8	行业专家认可程度	[215]
4	质量危机危害控制程度	[213]	9	经销商销售意愿恢复程度	[218]
5	顾客购买意愿恢复程度	[229, 230]	10	公司所有者认可程度	[11, 213]

（2）恢复策略评价指标预调查与补充。同 4.2.2 节一样，邀请产品质量危机频发行业内企业质量管理、营销管理、危机公关、销售服务人员作为调查对象，采用现场访谈方式，与调查对象共同斟酌恢复策略评价指标设置的必要性和完备性，进行顾客信任恢复策略指标的精炼提纯。依据调查对象建议，增添社会道德要求满足程度、质量危机伤害消除程度、供应商质量改进配合程度、消保委认可程度、产品要求准确迭代支撑能力、设计质量改进支撑能力、采购外包质量改进支撑能力、生产运作质量改进支撑能力、客户服务质量改进支撑能力 9 个评价指标。由此形成 19 个顾客信任恢复策略评价指标。

2）顾客信任恢复策略评价指标问卷设计和数据采集

（1）问卷设计。根据上述初选的 19 个顾客信任恢复策略评价指标，采用利克特五级量表法，形成该评价指标关联度调查问卷。

（2）问卷调查与数据收集。同 1.2.2 节一样，选择质量危机频发行业，邀请企业高层管理者、质量管理、营销管理、危机管理人员，对顾客信任恢复策略评价指标的认可程度进行评判，回收有效问卷 438 份，符合本节问卷数量要求[20]。

（3）评价指标剔除。同 1.2.2 节一样，统计 438 份有效问卷中专家对评价指标的认可程度平均值，剔除掉认可程度平均值<3 的行业专家认可程度与消保委认可程度 2 个评价指标[33]，确定出 17 个认同程度较高的恢复策略评价指标。

3）数据处理和恢复策略评价指标提取

（1）项目分析和应对策略评价指标筛选。同 1.2.3 节一样，进行项目分析与评价指标筛选，项目分析结果表明，问卷题项均达到 $\alpha < 0.05$ 显著性水平，无须剔除剩余评价指标题项[20]。

（2）信效度分析与因子提取。同 1.2.3 节一样，进行信效度分析、公因子提取与命名。

第一，效度分析。效度分析结果可知 KMO 值为 0.863>0.7，Bartlett's 球形检验的 Sig. 值为 0.000<0.01，达到非常显著性水平，表明 17 个恢复策略评价指标的相关矩阵存在共同因子，故可进行因素分析[20]。

第二，因子提取。利用 SPSS24.0 对 17 个评价指标提取共同因子，得到总方差解释表如表 6.3 所示，表明问卷结构效度较好[20]；旋转后的因子载荷矩阵如表 6.4 所示，由此可知各题项共同度良好[20]，故可提取出 3 个恢复策略评价指标的公因子。

表 6.3 产品质量危机情境下顾客信任恢复策略评价指标总方差解释表

公因子	初始特征值			提取载荷平方和			旋转载荷平方和		
	特征值	方差贡献	累积方差贡献	特征值	方差贡献	累积方差贡献	特征值	方差贡献	累积方差贡献
1	6.213	36.548%	36.548%	6.213	36.548%	36.548%	4.907	28.863%	28.863%
2	4.505	26.500%	63.049%	4.505	26.500%	63.049%	4.545	26.734%	55.597%
3	2.838	16.692%	79.740%	2.838	16.692%	79.740%	4.104	24.144%	79.740%

注：表中数据是 SPSS24.0 运行结果小数点后面取三位数字之后四舍五入的结果

表 6.4 产品质量危机情境下顾客信任恢复策略评价指标旋转成分矩阵表

恢复策略评价指标	主成分 1	主成分 2	主成分 3
供应商质量改进配合程度	0.919	−0.012	0.187
公司所有者认可程度	0.919	0.001	0.163
主流媒体正面报道可能性	0.892	0.072	0.149
经销商销售意愿恢复程度	0.882	0.024	0.123
顾客购买意愿恢复程度	0.867	0.124	0.143
政府部门认可程度	0.848	0.110	0.166
社会道德要求满足程度	0.011	0.931	0.007
质量危机危害控制程度	0.003	0.918	0.008
顾客需求超越程度	0.028	0.916	−0.035
法律法规要求满足程度	0.027	0.851	−0.060
质量危机影响范围消除程度	0.047	0.833	−0.003
质量危机伤害消除程度	0.173	0.736	0.058
采购外包质量改进支撑能力	0.140	0.014	0.940
客户服务质量改进支撑能力	0.151	0.022	0.935
设计质量改进支撑能力	0.146	−0.026	0.869
产品要求准确迭代支撑能力	0.161	−0.016	0.856
生产运作质量改进支撑能力	0.224	−0.017	0.840

第三，恢复策略评价指标公因子命名。为明确 3 个公因子含义，根据表 6.3 中产品质量危机情境下顾客信任恢复策略评价指标总方差解释表中 3 个公因子初始特征值大小以及战略方案评估指标及质量管理体系评价标准对其进行命名。其中公因子 1 包括供应商质量改进配合程度、公司所有者认可程度、主流媒体正面报道可能性、经销商销售意愿恢复程度、顾客购

买意愿恢复程度、政府部门认可程度 6 个指标，体现了 4 个利益相关方与 2 个公众相关方对产品伤害事件发生企业实施的产品质量改进及顾客信任恢复策略的接受程度，将其命名为相关方可接受性；公因子 2 包括社会道德要求满足程度、质量危机危害控制程度、顾客需求超越程度、法律法规要求满足程度、质量危机影响范围消除程度、质量危机伤害消除程度 6 个指标，反映了企业实施的恢复策略适应产品要求及对产品危害降低程度，将其命名为恢复策略适用性；公因子 3 包括采购外包质量改进支撑能力、客户服务质量改进支撑能力、设计质量改进支撑能力、产品要求准确迭代支撑能力、生产运作质量改进支撑能力，体现了企业产品实现过程质量改进能力满足相应恢复策略所需实施条件的程度，将其命名为质量改进可行性。

第四，信度分析。同 1.2.3 节一样，对恢复策略评价指标及 3 个公因子进行信度检验，检验结果如表 6.5 所示，结果表明问卷数据与评价指标可信[20]。

表 6.5　产品质量危机情境下顾客信任恢复策略评价指标问卷信度检验表

评价指标名称	克朗巴哈系数	分量表克朗巴哈系数
法律法规要求满足程度	0.880	
社会道德要求满足程度	0.880	
顾客需求超越程度	0.882	0.931
质量危机影响范围消除程度	0.878	
质量危机伤害消除程度	0.880	
质量危机危害控制程度	0.880	
产品要求准确迭代支撑能力	0.877	
设计质量改进支撑能力	0.874	
采购外包质量改进支撑能力	0.875	0.943
生产运作质量改进支撑能力	0.875	
客户服务质量改进支撑能力	0.877	
顾客购买意愿恢复程度	0.871	
主流媒体正面报道可能性	0.870	
政府部门认可程度	0.871	
经销商销售意愿恢复程度	0.873	0.951
供应商质量改进配合程度	0.871	
公司所有者认可程度	0.872	
问卷总体信度	0.882	

2. 顾客信任恢复策略评价指标权重确定

依据 1.2.4 节有关权重确定方法选择结果,确定恢复策略评价指标权重。

1)顾客信任恢复策略评价指标主观权重确定

依据 1.2.4 节有关主观赋权法选择结果,进行顾客信任恢复策略评价指标主观权重赋值。其中包括:恢复策略评价指标主观权重估计值 5 个区间数的确定,依据前述 438 份恢复策略评价指标调查问卷进行的专家评判区间确定,利用式(1.1)进行 17 个恢复策略评价指标主观权重 v_j 估计值确定,利用式(1.2)进行的 17 个恢复策略评价指标主观权重可信性分析等。由此计算得如表 6.6 所示恢复策略评价指标主观权重及其可信性。由表 6.6 可知,每个评价指标主观权重的可信度 c_j 值均大于 0.9,说明评价指标主观权重确定结果较为一致可信[27]。

表 6.6　顾客信任恢复策略评价指标及其在不同层级上的组合权重值

公因子权重/ w_c	恢复策略评价指标	v_j	c_j	u_j	w_{j2}	w_{j1}
恢复策略 适用性/0.332	法律法规要求满足程度	0.059	0.946	0.054	0.057	0.172
	社会道德要求满足程度	0.060	0.943	0.053	0.056	0.170
	顾客需求超越程度	0.062	0.966	0.049	0.055	0.167
	质量危机影响范围消除程度	0.059	0.944	0.048	0.054	0.162
	质量危机伤害消除程度	0.059	0.948	0.048	0.054	0.161
	质量危机危害控制程度	0.058	0.943	0.053	0.056	0.168
质量改进 可行性/0.286	产品要求准确迭代支撑能力	0.059	0.945	0.054	0.057	0.198
	设计质量改进支撑能力	0.061	0.939	0.057	0.059	0.206
	采购外包质量改进支撑能力	0.059	0.953	0.055	0.057	0.199
	生产运作质量改进支撑能力	0.063	0.944	0.053	0.058	0.203
	客户服务质量改进支撑能力	0.060	0.945	0.051	0.056	0.194
相关方 可接受性/0.382	顾客购买意愿恢复程度	0.060	0.949	0.072	0.066	0.173
	主流媒体正面报道可能性	0.060	0.928	0.070	0.065	0.170
	政府部门认可程度	0.054	0.955	0.072	0.063	0.164
	经销商销售意愿恢复程度	0.058	0.946	0.073	0.065	0.170
	供应商质量改进配合程度	0.057	0.960	0.067	0.062	0.162
	公司所有者认可程度	0.053	0.956	0.070	0.062	0.161

注:按照战略评价框架中的适用性、可行性、可接受性的逻辑顺序排列

2）恢复策略评价指标客观权重赋值

依据 1.2.4 节有关客观赋权法选择结果，利用前述探索性因子分析得出的表 6.3 与表 6.4 数据，计算得如表 6.6 所示顾客信任恢复策略评价指标客观权重 u_j。

3）恢复策略评价指标综合权重 w_{ji} 赋值

采用主客观"组合赋权法"[34]，利用式（1.3）计算得 17 个恢复策略评价指标的组合权重 w_{j2}，并对 3 个公因子上的评价指标的组合权重 w_{j2} 分别进行归一化处理，计算得评价指标在各自公因子上的组合权重 w_{j1}，结果如表 6.6 所示。

6.4.2　顾客信任恢复策略排序与优选模型

依据战略评价框架，结合顾客信任恢复策略评价指标发掘结果，顾客信任恢复策略选择过程应包括恢复策略适用性排序与初选、质量改进可行性排序与筛选、相关方可接受性排序与优选，以选择出可接受性、可行性、适用性强的恢复策略。依据 5.6.2 节应对策略排序与优选方法比较与选择结果，结合顾客信任恢复策略选择目标，采用灰色关联分析−多准则妥协解排序相结合的方法，构建产品质量危机情境下的顾客信任恢复策略排序与优选模型，减少专家经验判断结果对相对最优恢复策略选择的影响[235, 236]。

1. 恢复策略的灰色关联系数矩阵构建

1）恢复策略评价数据获取与预处理

在产品质量危机情境下的顾客信任恢复策略适用性、可行性、可接受性评价指标各自涉及不同的评价主体，需要选择不同相关方作为不同评价指标的评估主体，根据评估主体专业特长与恢复策略评价指标的关联程度及对评价指标的熟悉程度，为不同的评估主体的权重 w_i^r 赋值，并收集不同评估主体对第 i 个恢复策略的第 j 个评价指标的评判结果，计算得第 i 个恢复策略的第 j 个评价指标的加权平均综合评价值 x_{ij}，由此可得与 5.6.2 节产品质量危机事件应对策略排序与优选模型中相同形式的 $X\left(x_{ij}\right)$。

2）顾客信任恢复策略标准化综合评价矩阵 $X'\left(x'_{ij}\right)$ 构建

采用标准 0~1 变换，对综合评价值矩阵 $X\left(x_{ij}\right)$ 进行标准化处理，可求得与 5.6.2 节应对策略排序与优选模型中相同形式的标准化综合评价值矩阵 $X'\left(x'_{ij}\right)$。

3）顾客信任恢复策略加权标准化综合评价矩阵 $U\left(u_{ij}\right)$ 构建

将表 6.6 中评价指标的组合权重 w_{j1} 与 x'_{ij} 相乘，可求得与 5.6.2 节应对策略排序与优选模型中相同形式的标准化加权综合评价矩阵 $U\left(u_{ij}\right)$。

4）理想恢复策略评价向量 u_j^+ 与 u_j^- 确定

由于恢复策略评价指标均为效益型指标，故可采用式（5.11）计算出基于加权标准化综合评价矩阵的正、负理想恢复策略各自对应的 u_j^+、u_j^-。

5）理想恢复策略的灰色关联系数矩阵 ξ^+ 与 ξ^- 赋值

分别以 u_j^+、u_j^- 作为式（5.12）中的 u_j^*，利用式（5.12）求得与 5.6.2 节应对策略排序与优选模型中相同形式的正、负灰色关联系数矩阵 ξ^+ 和 ξ^-。

2. 顾客信任恢复策略排序

将 ξ^+ 和 ξ^- 作为多准则妥协解的输入，通过多准则妥协解排序模型计算正、负理想解的评价值向量，从而获得恢复策略 i 的利益比率 Q_{ih}，以 Q_{ih} 的均值 Q_i^* 作为恢复策略排序依据。

1）基于 ξ 的正负理想解评价值向量 η^+、η^- 确定

（1）确定正理想解和负理想解评价向量 η_1^+、η_1^-。利用前述 ξ^+，依据式（5.13），确定向量 η_1^+、η_1^-。

（2）确定正理想解和负理想解的评价值向量 η_2^+、η_2^-。利用负灰色关联系数矩阵 ξ^-，依据式（5.14），确定向量 η_2^+、η_2^-。

2）恢复策略群体效益和个体遗憾值计算

利用式（5.15），计算得基于正、负理想解评价值向量的恢复策略 i 的群体效益值 S_{ih} 以及个体遗憾值 R_{ih}。其中 w_{j1} 为表 6.5 中评价指标的组合权重 w_{j1}，j=1~5。

3）恢复策略利益比率 Q_{ih} 计算

利用式（5.16），计算得基于群体效益 S_{ih} 和个体遗憾 R_{ih} 的恢复策略 i 的利益比率 Q_{ih}。其中 $v\in[0,1]$ 为恢复策略选择决策系数，在此同 5.6.2 节一样应对策略排序与优选模型，选用 $v=0.5$。

4）恢复策略利益比率 Q_{ih} 平均值 Q_i^* 计算

为使 Q_{ih} 能够准确反映恢复策略贴近正理想解并且远离负理想解，取 Q_{ih} 的均值 Q_i^* 作为决策变量，其中 Q_{ih} 为恢复策略 i 分别基于 ξ^+、ξ^- 计算的利益比率。

5）恢复策略优劣排序

依据 Q_i^* 大小，进行恢复策略排序[238]。其中 Q_i^* 值越小，恢复策略越优。

3. 顾客信任恢复策略排序与优选模型应用

以前述食品质量隐患事件为分析对象，进行顾客信任恢复策略选择模型应用。依据 6.3 节顾客信任恢复策略研究成果，分别以 L_1、L_2、L_3、L_4、L_5、L_6 代表必备型需求满足与信任恢复、期望型需求满足与信任恢复、期望型需求满足与信任增强、兴奋型需求达成与信任恢复、兴奋型需求达成与信任增强、兴奋型需求达成与信任卓越策略 6 个恢复策略，通过食品质量危机情境下顾客信任恢复策略适用性排序与初选、可行性排序与筛选、可接受性排序与优选，综合选择出可接受性、可行性、适用性强的恢复策略，验证所建模型的有效性。

1）顾客信任恢复策略适用性排序与初选

（1）基于专家评判法的恢复策略适用性评价数据获取与预处理。采用现场访谈与问卷评判法，邀请关键顾客、重要经销商等相关方作为评估主体，对 $L_1 \sim L_6$ 的 6 个适用性评价指标，按照评估框架 E={高、较高、一般、较低、低}={1、0.75、0.5、0.25、0}，进行不同恢复策略适用性相对优劣排序与评判，获取第 n 个评估主体对第 i 个恢复策略关于第 j 个评价指标的评价值 x_{ij}^n，并引入相关方及其评估主体的权重，计算出第 i 个恢复策略关于第 j 个适用性评价指标的加权平均评价值 x_{ij}，其统计结果如表 6.7 所示。

表 6.7　某食品质量危机情境下的顾客信任恢复策略适用性评价值表

	适用性评价指标	L_1	L_2	L_3	L_4	L_5	L_6
a_1	法律法规要求满足程度	0.815	0.825	0.950	0.885	0.960	0.975
a_2	社会道德要求满足程度	0.825	0.845	0.975	0.865	0.965	0.975
a_3	顾客需求超越程度	0.735	0.845	0.945	0.850	0.975	0.975
a_4	质量危机影响范围消除程度	0.610	0.805	0.955	0.805	0.950	0.950
a_5	质量危机伤害消除程度	0.625	0.815	0.915	0.835	0.935	0.975
a_6	质量危机危害控制程度	0.685	0.805	0.885	0.845	0.915	0.935

（2）恢复策略适用性标准化与加权标准化综合评价矩阵构建。利用前述标准化评价矩阵构建与加权标准化综合评价值矩阵构建方法，计算得恢复策略适用性标准化综合评价矩阵 $X'\left(x'_{ij}\right)$ 与加权标准化综合评价矩阵

$U\left(u_{ij}\right)$。其中 i=1~6；j=1~6。

$$X'\left(x'_{ij}\right)=\begin{bmatrix} 0 & 0 & 0 & 0 & 0 & 0 \\ 0.063 & 0.133 & 0.458 & 0.543 & 0.565 & 0.480 \\ 0.844 & 1.000 & 0.875 & 0.829 & 1.000 & 0.800 \\ 0.438 & 0.267 & 0.479 & 0.600 & 0.565 & 0.640 \\ 0.906 & 0.933 & 1.000 & 0.886 & 0.986 & 0.920 \\ 1.000 & 1.000 & 1.000 & 1.000 & 0.986 & 1.000 \end{bmatrix}$$

$$U\left(u_{ij}\right)=\begin{bmatrix} 0 & 0 & 0 & 0 & 0 & 0 \\ 0.011 & 0.023 & 0.077 & 0.087 & 0.092 & 0.081 \\ 0.145 & 0.170 & 0.146 & 0.133 & 0.162 & 0.134 \\ 0.075 & 0.045 & 0.080 & 0.097 & 0.092 & 0.108 \\ 0.156 & 0.159 & 0.167 & 0.143 & 0.160 & 0.155 \\ 0.172 & 0.170 & 0.167 & 0.161 & 0.160 & 0.168 \end{bmatrix}$$

（3）理想恢复策略适用性评价值向量 u_j^+、u_j^- 计算。利用式（5.11）计算出该食品质量事件的正、负理想顾客信任恢复策略的适用性评价值向量 u^+ 及 u^-：

$u^+=\{0.172,0.170,0.167,0.161,0.160,0.168\}$，$u^-=\{0,0,0,0,0,0\}$

（4）适用性理想恢复策略的灰色关联系数矩阵 ξ 计算。利用式（5.12）计算得理想恢复策略适用性的正、负灰色关联系数矩阵 ξ^+ 和 ξ^-：

$$\xi^+=\begin{bmatrix} 0.333 & 0.333 & 0.333 & 0.333 & 0.333 & 0.333 \\ 0.348 & 0.366 & 0.480 & 0.522 & 0.535 & 0.490 \\ 0.762 & 1.000 & 0.800 & 0.745 & 1.000 & 0.714 \\ 0.471 & 0.405 & 0.490 & 0.556 & 0.535 & 0.581 \\ 0.842 & 0.882 & 1.000 & 0.814 & 0.972 & 0.862 \\ 1.000 & 1.000 & 1.000 & 1.000 & 0.972 & 1.000 \end{bmatrix}$$

$$\xi^-=\begin{bmatrix} 1.000 & 1.000 & 1.000 & 1.000 & 1.000 & 1.000 \\ 0.889 & 0.789 & 0.522 & 0.479 & 0.469 & 0.510 \\ 0.372 & 0.333 & 0.364 & 0.376 & 0.333 & 0.385 \\ 0.533 & 0.652 & 0.511 & 0.455 & 0.469 & 0.439 \\ 0.356 & 0.349 & 0.333 & 0.361 & 0.337 & 0.352 \\ 0.333 & 0.333 & 0.333 & 0.333 & 0.337 & 0.333 \end{bmatrix}$$

（5）恢复策略适用性评价值向量 η_h^+ 与 η_h^- 确定。利用式（5.13）、式（5.14），通过 ξ^+ 确定适用性正、负理想解评价值向量 η_1^+ 和 η_1^-，通过 ξ^-

确定适用性正、负理想解评价值向量 η_2^+ 和 η_2^- 。

$$\eta_1^+ = \{1.000, 1.000, 1.000, 1.000, 1.000, 1.000\}$$
$$\eta_2^+ = \{0.333, 0.333, 0.333, 0.333, 0.333, 0.333\}$$
$$\eta_1^- = \{0.333, 0.333, 0.333, 0.333, 0.333, 0.333\}$$
$$\eta_2^- = \{1.000, 1.000, 1.000, 1.000, 1.000, 1.000\}$$

（6）恢复策略的适用性群体效益值 S_{ih} 及个体遗憾值 R_{ih} 赋值。利用式（5.15）计算得不同恢复策略的适用性群体效益值 S_{i1}、S_{i2} 及个体遗憾值 R_{i1}、R_{i2}，其统计计算结果如表 6.8 所示。

表 6.8　顾客信任恢复策略适用性评价指标多准则妥协解计算结果及排序表

恢复策略	S_{i1}	R_{i1}	Q_{i1}	S_{i2}	R_{i2}	Q_{i2}	Q_i^*	排序
L_1	1.000	0.172	1.000	1.000	0.172	1.000	1.000	6
L_2	0.817	0.168	0.896	0.420	0.143	0.625	0.760	5
L_3	0.245	0.072	0.317	0.041	0.013	0.055	0.186	3
L_4	0.742	0.152	0.809	0.266	0.081	0.367	0.588	4
L_5	0.157	0.045	0.191	0.022	0.007	0.028	0.109	2
L_6	0.007	0.007	0.000	0.001	0.001	0.000	0.000	1

（7）恢复策略适用性利益比率 Q_i 计算。利用式（5.16）计算得顾客信任恢复策略适用性利益比率 Q_{i1}、Q_{i2}，如表 6.8 所示。

（8）恢复策略适用性利益比率平均值 Q_i^* 计算及恢复策略适用性初选。计算各顾客信任恢复策略 Q_{i1}、Q_{i2} 的平均值 Q_i^* 如表 6.8 所示。由表 6.8 可知，该食品质量危机情境下的顾客信任恢复策略适用性优先顺序为 $L_6 > L_5 > L_3 > L_4 > L_2 > L_1$，$L_6$ 的适用性相对最优。考虑到当 $Q^* > 0.5$ 时，该顾客信任恢复策略与理想恢复策略的贴合度较差[236]，予以剔除，即剔除 L_1、L_2、L_4，初选出 L_6、L_5、L_3 3 个顾客信任恢复策略进行后续质量改进可行性筛选、相关方可接受性优选。

2）顾客信任恢复策略可行性排序与筛选

按照前述顾客信任恢复策略适用性排序流程，采用现场访谈与问卷评判法，邀请公司董事会与监事会成员、中高层管理者、员工代表及相关供应商作为评估专家，对 L_3、L_5、L_6 3 个顾客信任恢复策略的 5 个可行性评价指标，按照前述评估框架 E，进行不同顾客信任恢复策略的可行性相对优劣排序与评判，获取第 n 个评估主体对第 i 个恢复策略关于第 j 个评价指

标的评价值 x_{ij}^n，并引入相关方及其评估主体的权重，计算出第 i 个恢复策略关于第 j 个评价指标的加权平均评价值 x_{ij}；通过恢复策略可行性评价数据标准化与加权标准化矩阵构建，理想恢复策略可行性评价向量 u_j^+ 与 u_j^- 确定，可行性灰色关联系数矩阵 ξ 计算，可行性评价向量 η_h^+ 与 η_h^- 确定，不同恢复策略可行性群体效益 S_{ih} 与个体遗憾 R_{ih} 以及利益比率 Q_i 计算，不同恢复策略可行性利益比率平均值 Q_i^* 计算及恢复策略可行性排序，得如表6.9所示质量改进可行性排序结果。

表 6.9　顾客信任恢复策略可行性评价指标多准则妥协解计算结果及排序表

恢复策略	S_{i1}	R_{i1}	Q_{i1}	S_{i2}	R_{i2}	Q_{i2}	Q_i^*	排序
L_3	0.403	0.123	0.083	0.124	0.066	0	0.041	1
L_5	0.285	0.192	0.416	0.142	0.182	0.424	0.420	2
L_6	1.000	0.206	1.000	1.000	0.206	1.000	1.000	3

由表 6.9 可以看出，该食品质量危机情境下的顾客信任恢复策略的可行性优先顺序为 $L_3 > L_5 > L_6$，L_3 可行性相对最优，但与适用性相对最优的顾客信任恢复策略一致性较低，故暂不删减策略，直接对 L_3、L_5、L_6 3 个顾客信任恢复策略进行后续可接受性排序与优选。

3）顾客信任恢复策略可接受性排序与优选

按照前述顾客信任恢复策略适用性排序流程，邀请关键顾客、相关经销商以及市场监督管理部门、消保委等相关方作为评估主体，对 L_3、L_5、L_6 3 个恢复策略的 6 个可接受性评价指标，按照前述评估框架 E，进行不同恢复策略的可接受性相对优劣排序与评判，获取第 n 个评估主体对第 i 个恢复策略关于第 j 个评价指标的评价值 x_{ij}^n，并引入相关方及评估主体权重，计算得第 i 个恢复策略关于第 j 个可接受性评价指标的评价值 x_{ij}；通过恢复策略可接受性评价数据标准化与加权标准化矩阵构建，理想恢复策略可接受性评价向量 u_j^+ 与 u_j^- 确定，灰色关联系数矩阵 ξ 计算，不同恢复策略可接受性评价向量 η_h^+ 与 η_h^- 确定，不同恢复策略可接受性群体效益值 S_{ih} 与个体遗憾 R_{ih} 以及利益比率 Q_i 计算，不同恢复策略可接受性利益比率平均值 Q_i^* 计算及恢复策略可接受性排序，可得如表 6.10 所示相关方可接受性参数与排序结果。由表 6.10 可以看出，该食品质量危机情境下顾客信任恢复策略的可接受性优先顺序为 $L_6 > L_5 > L_3$，L_6 可接受性相对最优，与适用性相对最优的顾客信任恢复策略一致，且 $Q_3^* > 0.5$，故剔除 L_3，对 L_5、L_6 进行后续综合排序。

表 6.10 顾客信任恢复策略可接受性指标多准则妥协解计算结果及排序表

恢复策略	S_{i1}	R_{i1}	Q_{i1}	S_{i2}	R_{i2}	Q_{i2}	Q_i^*	排序
L_3	1.000	0.173	1.000	1.000	0.173	1.000	1.000	3
L_5	0.486	0.141	0.651	0.147	0.073	0.285	0.468	2
L_6	0	0	0	0	0	0	0	1

4）顾客信任恢复策略综合排序

基于前述该食品质量危机情境下顾客信任恢复策略适用性、可行性、可接受性 Q_i^* 计算结果，利用表 6.6 计算的 w_c 进行加权平均，可得 $Q_5^* = 0.335$，$Q_6^* = 0.286$，可见该食品质量危机情境下顾客信任恢复策略的综合优先顺序为 $L_6 > L_5$，即 L_6 为相对最优的顾客信任恢复策略。可见，该食品公司应优先采用兴奋型需求达成与信任增强策略进行该食品质量危机恢复过程决策与控制。

5）顾客信任恢复策略排序结果敏感性比较

（1）敏感性比较。为运用顾客信任恢复策略排序模型实施科学决策，同 5.6.3 节一样进行顾客信任恢复策略排序结果敏感性比较，观察相对最优恢复策略及其出现次数变化，其统计结果如表 6.11 所示。由表 6.11 比较结果可知，构建的灰色关联分析-多准则妥协解排序模型得出的质量危机情境下顾客信任恢复策略选择结果具有明显的稳定性优势。

表 6.11 顾客信任恢复策略排序可选模型敏感性比较表

序号	排序模型	扰动次数	L_6最优次数	L_5最优次数	L_4最优次数	最优策略	最优占比
1	灰色关联分析-多准则妥协解排序模型	68	66	2	0	L_6	97.06%
2	传统灰色关联分析模型	68	52	16	0	L_6	76.47%
3	传统多准则妥协解排序模型	68	55	13	0	L_6	80.88%
4	传统逼近理想解排序模型	68	7	13	48	L_4	70.59%
5	灰色关联分析-逼近理想解排序模型	68	57	11	0	L_6	83.82%
6	灰色模糊综合评价模型	68	53	15	0	L_6	77.94%

（2）灵敏度分析。为反映决策者的不同决策态度对恢复策略选择结果的影响，同 5.6.3 节一样进行顾客信任恢复策略排序结果灵敏度比较。由计算结果可知，不同 v_i 取值得到的适用性排序结果没有变化，当 $v_i \in [0, 0.67]$ 时，L_6、L_5、L_3 通过适用性初选，当 $v_i \in [0.67, 1]$ 时，L_6、L_5、L_4、L_3 通过适用性初选；不同 v_i 取值得到的可行性筛选结果与可接受性优选结果均相同，L_6 均为相对最优方案。由此可见，该模型对 v_i 的扰动不敏感，构建的灰色关联分析–多准则妥协解排序模型得出的顾客信任恢复策略选择结果具有明显的稳定性。

6.5　本　章　小　结

本章依据质量危机影响因素与作用机理研究成果，从消除产品质量危机影响及恢复企业品牌形象视角，探讨了产品质量危机恢复过程管理流程及顾客信任恢复策略选择模型。建议企业根据自身所在行业特征，从中选择符合自身特点的产品质量危机恢复过程管理流程相关过程、恢复策略评价指标，一旦发生产品质量危机事件，则按照产品质量危机恢复过程管理流程及恢复策略选择等决策模型，进行质量危机恢复过程控制及恢复策略选择，提升顾客信任恢复过程与恢复结果的有效性。

1. 本章主要内容

以快速恢复顾客信任为着眼点，探讨了产品质量危机恢复过程管理流程，提出了 6 种顾客信任恢复策略，设计了恢复策略选择模型。

（1）改进了产品质量危机恢复过程管理流程。运用 BPR、PDCA 等方法，改进了产品质量危机恢复过程管理流程，探讨了产品质量危机伤害可恢复性评估、顾客信任恢复策略选择与实施、质量管理体系持续改进、质量管理成熟度提升流程，并通过主流媒介传播企业质量文化变革、产品质量改进成果信息，增强顾客与公众信任度。

（2）提出了 6 种质量危机情境下顾客信任恢复策略。从产品质量危机情境类型与企业产品质量改进程度方面，设计了产品质量危机情境下顾客信任恢复路径，构建了顾客信任恢复策略组合矩阵，提出了必备型需求满足与信任恢复策略、期望型需求满足与信任恢复策略、期望型需求满足与信任增强策略、兴奋型需求达成与信任恢复策略、兴奋型需求达成与信任增强策略、兴奋型需求达成与信任卓越策略 6 种质量危机情境下顾客信任恢复策略，并界定了 6 种顾客信任恢复策略的内涵、特征及选择条件，为企业正确选择顾客信任恢复与增强策略提供了借鉴。

（3）构建了产品质量危机情境下顾客信任恢复策略选择模型。采用探索性因子分析法，挖掘出顾客信任恢复策略评价指标，并利用实证研究数据，采用集值统计法及主成分分析相结合方法进行指标赋权；构建了顾客信任恢复策略排序与优选模型；结合某产品质量危机事件实际，对顾客信任恢复策略进行了适用性初选、可行性筛选、可接受性优选研究及敏感性分析，应用结果表明该选择模型提高了恢复策略排序的稳定性与公认性。

2. 本章主要贡献

1）完善产品质量危机恢复过程管理流程

运用 BPR、PDCA 等方法，改进了质量危机恢复过程管理流程，探讨了质量危机伤害可恢复性评估、顾客信任恢复策略选择与实施、质量管理成熟度提升流程。

2）设计产品质量危机情境下的顾客信任恢复策略

提出了产品质量危机情境下顾客信任恢复路径，设计了其恢复策略组合矩阵，提出了 6 种顾客信任恢复及其增强策略。

3）构建产品质量危机情境下顾客信任恢复策略选择模型

在构建产品质量危机情境下顾客信任恢复策略评价指标体系的基础上，将灰色关联分析法与多准则妥协解排序法进行组合，设计了其顾客信任恢复策略的排序与优选模型，提高了顾客信任恢复策略排序的稳定性。

3. 本章创新之处

本章成果与国内外同类技术相比，主要学术创新体现如下。

（1）从产品质量危机情境类型与企业产品质量改进程度 2 个维度，提出了顾客信任恢复与增强路径，提出了 6 种顾客信任恢复策略。

以往研究仅针对具体质量危机事件直接提出恢复对策，而较少探索顾客信任恢复与增强策略维度，鲜有学者从产品质量危机情境类型与企业产品质量改进程度等方面，研究产品质量危机情境下的顾客信任恢复策略。

本章在改进产品质量危机恢复过程管理流程基础上，设计了顾客信任恢复策略的组合矩阵，提出了 6 种顾客信任恢复与增强策略，并探讨了每一种恢复策略的适用条件。在以往研究中仅从顾客信任恢复对象、流程、任务等方面提出对策，顾客信任恢复对策适用条件不够明确，弥补了不能有效指导质量危机发生企业快速、准确选择适合本企业的顾客信任恢复策略的不足。

（2）从顾客信任恢复策略适用性、可行性和可接受性三方面，设计了相对完备的顾客信任恢复策略评价指标体系，组合运用灰色关联分析-多准则妥协解排序法，构建了顾客信任恢复策略排序与优选模型。

以往研究偏重质量危机恢复效果影响因素的实证研究，较少提出顾客信任恢复策略评价指标，鲜有学者研究顾客信任恢复策略选择模型，基于传统多准则妥协解排序法、逼近理想解排序法、灰色关联分析-逼近理想解排序法的决策模型得出的恢复策略排序优劣的稳定性也不高。

本章通过探索性因子分析，发掘出更加认可的顾客信任恢复策略评价指标；以灰色关联系数矩阵作为多准则妥协解排序模型的输入，并将多准则妥协解排序的利益比率作为其顾客信任恢复策略排序与选择的依据，全面考察形状贴近度与距离贴近度，构建了基于灰色关联分析-多准则妥协解排序的顾客信任恢复策略排序与优选模型，解决了传统灰色关联分析、多准则妥协解排序、逼近理想解排序、灰色关联分析-逼近理想解排序等决策模型用于顾客信任恢复策略排序的稳定性不高的问题，应用结果表明所建的顾客信任恢复策略排序模型具有较高的稳定性。

综上第 4 章至第 6 章成果可知，质量危机管理的关键是质量危机的预防与预警，应以产品实现五个分过程各自的质量风险预控流程为主线，以产品实现五个分过程质量风险预警指标为关键点，将企业质量文化主导性、企业资源保障能力、质量改进有效性对应的影响因素作为使能要素，使产品实现过程质量风险预警指标处于无警或轻警状态，消除产品质量危机事件的发生。一旦发生产品质量危机事件，立即按照产品质量危机应对过程控制流程与应对过程相关决策模型，有效应对产品质量危机事件。同时，按照产品质量危机恢复过程控制流程与恢复策略选择模型，努力恢复顾客与相关方信任，并通过闭路循环的持续改进，提高质量危机管理有效性与效率，杜绝质量危机事件的发生。

第3篇　产品质量危机管理有效性及其提升对策篇

产品质量危机管理有效性是指企业按照策划要求，完成产品质量危机预防、应对、恢复过程管理活动，并得到策划结果的程度。评估产品质量危机管理过程及结果满足策划要求的程度，据此形成产品质量危机管理有效性提升对策，是企业质量危机管理关注的焦点之一。本部分将结合产品质量危机内部影响因子发掘结果，以及产品质量危机预防、应对、恢复过程管理流程，构建产品质量危机管理有效性模型，并形成产品质量危机管理对策。

第7章 产品质量危机管理有效性评价模型

本章以提升产品质量危机使能因子及有效实施质量危机管理过程流程为主线，重点探讨产品质量危机管理有效性评价指标体系，构建产品质量危机管理有效性评价模型，为企业评估与提高质量危机管理过程及其结果的有效性提供借鉴。

7.1 质量危机管理有效性评价研究现状

有关质量管理有效性评价研究主要包括：从产品质量稳定性、顾客满意度、质量改进与创新等方面提出评价指标，建立质量管理体系运行有效性模型[252]；从顾客、员工、投资者、供应商及政府满意度 5 个方面提出评价指标，构建质量管理体系整体有效性评价模型[253]；从卓越绩效评估标准的 6 个过程及其结果选择评价指标，利用重要性排序法和集对分析法，评价了企业质量管理成熟度[254]。已有研究较多提出质量管理体系运行有效性或危机管理有效性评价指标，鲜有学者从质量危机管理过程及其结果视角提出相对全面的评价指标，企业缺乏产品质量危机管理有效性评价的理论指导，需要在发掘产品质量危机管理有效性评价指标的基础上，探讨产品质量危机管理有效性评价模型。

7.2 质量危机管理有效性评价指标体系

依据 1.2 节有关影响因素发掘、4.2.2 节有关指标体系建立方法比较结果，采用探索性因子分析法，发掘产品质量危机管理有效性评价指标，并在确定评价指标权重、设定质量危机管理有效性等级与评价标准基础上，构建质量危机管理有效性评价指标体系。

7.2.1 质量危机管理有效性评价指标发掘

1. 质量危机管理有效性评价指标初步辨识

（1）质量危机管理有效性评价相关文献分析。首先选取 1.2.1 节所述相关知名数据库，以产品危机管理、产品伤害危机管理、质量危机管理与效果评价、有效性评价、效率评价、绩效评价等组合形成的中英文为关键词或主题词进行检索，共获得 55 篇相关度较高的文献。然后对不同学者从不同视角提出的质量危机管理有效性相关评价指标进行系统整理与精炼提纯，归纳出如表 7.1 所示 11 个质量危机管理有效性评价指标。

表 7.1　质量危机管理有效性评价指标文献分析表

序号	评价指标	评价指标要点说明	主要出处
1	质量危机管理组织结构完备程度	产品质量危机管理组织结构层级高，人员配置满足要求，质量危机管理职责与权限明晰，管理者顾客意识、产品伤害防范意识与责任意识、监督意识强，对产品质量有优先控制权限	[1]
2	质量风险预控流程执行程度	产品实现过程质量风险预控流程与作业指导书完善，质量控制技术、方法、工具应用策划规范，质量控制相关资源保障到位，并根据质量安全监督政策法规、社会责任规范及时调整质量风险管理规范，质量风险预控流程、作业指导书、技术、方法、工具、记录等执行到位	[255]
3	质量风险预防控制到位率	根据质量管理体系风险辨识、评价与应对措施制定结果，持续迭代与严格实施质量风险预控流程，注重不合格风险预防控制，不合格征兆动态监测与评估，及时发现并采取纠正预防措施消除不合格的程度	[63, 255]
4	质量风险预警及时准确性	产品实现过程质量风险预警指标相关信息搜集、分析与评价、风险预测与预报、风险预处理与有效纠正的及时准确程度	[61, 63]
5	产品质量满足顾客要求程度	在产品质量满足法律法规和社会道德要求基础上，不断发掘和迭代质量、安全、环保风险与预控措施，通过产品实现过程质量控制与创新，质量检测数据表明产品质量满足顾客要求的程度	[44]
6	质量危机事件检测评估准确性	及时调查、收集产品质量危机事件信息，全面分析、准确判定产品质量危机事件产生原因，准确预测产品质量危机情境类型、发展趋势的程度	[182]
7	质量危机应对策略实施有效性	科学选择与有效实施质量危机应对策略，快速响应相关方要求，主动承担社会责任，及时沟通质量危机应对信息，并根据质量危机情境类型及双向危机沟通协调与反馈结果，实时调整与强化应对策略的有效程度	[192, 256]
8	质量危机事件快速响应满意度	及时获取相关方对产品质量危机事件响应要求，快速报告和发布质量危机事件信息，并超越顾客期望的速度进行先期处置和快速启动应急预案，主动安抚顾客、疏导情绪，快速主动承担责任等的满意程度	[182, 257]
9	质量危机负面影响扩散消除程度	采用多渠道、多方式，及时与相关方进行双向危机沟通协调，发布质量危机事件信息与快速实施先期处置，及时反馈应对策略与应对措施实施进展，消除负面新闻报道、控制与消除质量危机负面影响扩散的程度	[258]

序号	评价指标	评价指标要点说明	主要出处
10	顾客信任恢复策略实施程度	选择与实施适宜的顾客信任恢复策略，并根据沟通反馈及顾客信任恢复效果评估结果，实时调整与强化恢复策略，消除质量危机带来的威胁，并发掘和利用质量改进与创新机会，提升顾客合作意愿的程度	[259]
11	品牌价值恢复与提升程度	通过实施适宜的顾客信任恢复策略和市场恢复策略，削减产品伤害事件的影响范围和影响深度，赢得公众认可及顾客品牌忠诚度的提高，进而提高产品质量对企业品牌资产价值的提升带来增值贡献的程度	[260]

（2）质量危机管理有效性评价指标预调查与补充。同 4.2.2 节一样，邀请前述质量危机频发行业内企业危机管理、质量管理人员及外部质量管理专家等作为调查对象，采用现场访谈方式，与调查对象共同斟酌评价指标设置的必要性和完整性。依据调查对象建议，增添质量危机应对过程改进规范性、质量危机预警系统健全程度、质量危机事件应对结果满意度、产品质量改进过程实施程度、产品质量改进结果满意度、质量管理体系文件迭代及时性、市场恢复与提升程度，初选出产品质量危机管理有效性 18 个评价指标。

2. 问卷设计与数据采集

结合上述质量危机管理有效性评价指标初步辨识结果，采用与 1.2 节相同的问卷设计与数据采集方法，通过问卷设计、调查对象选择和调查数据采集，获取满足产品质量危机管理有效性评价指标实证研究要求的 449 份有效问卷数据[20]。

3. 数据处理与评价指标提取

（1）项目分析与评价指标筛选。同 1.2.3 节一样，进行项目分析与评价指标筛选，结果表明问卷题项均达到 $\alpha < 0.05$ 显著性水平，无须剔除表7.1有效性评价指标[20]。

（2）信效度分析与公因子提取。同 1.2.3 节一样，进行信效度分析、公因子提取。

第一，效度分析。效度分析结果可知 KMO 值为 0.728>0.7，Bartlett's 球形检验的 Sig. 值为 0.000<0.01，达到非常显著性水平，表明 18 个评价指标的相关矩阵存在共同因子，故可进行因素分析[20]。

第二，公因子提取。采用主成分分析法，利用 SPSS24.0 对 18 个评价指标提取共同因子，得到总方差解释表如表 7.2 所示，表明问卷结构效度较好[20]；旋转后的因子载荷矩阵如表 7.3 所示，由此可知各题项共同度良好[20]，故可提取 6 个质量危机管理有效性评价指标公因子。

表 7.2　质量危机管理有效性评价指标总方差解释表

公因子	初始特征值			提取载荷平方和			旋转载荷平方和		
	特征值	方差贡献	累积方差贡献	特征值	方差贡献	累积方差贡献	特征值	方差贡献	累积方差贡献
1	4.420	24.556%	24.556%	4.420	24.556%	24.556%	2.581	14.342%	14.342%
2	2.679	14.881%	39.437%	2.679	14.881%	39.437%	2.579	14.330%	28.671%
3	2.376	13.202%	52.639%	2.376	13.202%	52.639%	2.565	14.250%	42.921%
4	2.060	11.446%	64.084%	2.060	11.446%	64.084%	2.497	13.871%	56.792%
5	2.007	11.150%	75.234%	2.007	11.150%	75.234%	2.488	13.825%	70.617%
6	1.555	8.637%	83.872%	1.555	8.637%	83.872%	2.386	13.255%	83.872%

注：表中数据是 SPSS24.0 运行结果小数点后面取三位数字之后四舍五入的结果

表 7.3　质量危机管理有效性评价指标旋转成分矩阵表

质量危机管理有效性评价指标	主成分 1	主成分 2	主成分 3	主成分 4	主成分 5	主成分 6
质量风险预警及时准确性	0.954	−0.005	−0.008	0.009	−0.025	−0.009
产品质量满足顾客要求程度	0.947	−0.049	−0.040	0.030	0.039	0.034
质量风险预防控制到位率	0.865	0.017	0.064	0.110	0.106	−0.033
质量危机管理组织结构完备程度	−0.028	0.941	0.077	0.083	0.062	−0.014
质量危机预警系统健全程度	−0.012	0.914	0.088	0.094	0.148	0.077
质量风险预控流程执行程度	0.003	0.869	0.119	0.028	0.146	0.101
质量危机事件应对结果满意度	0.003	0.148	0.928	0.049	0.042	0.081
质量危机负面影响扩散消除程度	−0.001	0.066	0.925	0.055	0.040	0.066
质量危机事件快速响应满意度	0.016	0.069	0.874	0.127	0.139	0.006
质量危机应对策略实施有效性	0.069	0.084	0.007	0.941	0.041	0.045
质量危机应对过程改进规范性	0.067	0.103	0.079	0.901	0.025	0.025
质量危机事件检测评估准确性	0.016	0.012	0.137	0.851	0.070	0.077
市场恢复与提升程度	0.016	0.094	0.070	0.034	0.915	0.140
产品质量改进结果满意度	0.015	0.125	0.048	0.097	0.890	0.123
品牌价值恢复与提升程度	0.097	0.138	0.108	0.012	0.844	0.168
顾客信任恢复策略实施程度	−0.015	0.082	0.043	0.004	0.112	0.883
质量管理体系文件迭代及时性	−0.046	0.041	0.040	0.037	0.169	0.882
产品质量改进过程实施程度	0.051	0.032	0.063	0.107	0.127	0.852

　　第三，公因子命名。为明确 6 个公因子的含义，根据表 7.2 质量危机管理有效性评价指标总方差解释表中 6 个公因子初始特征值大小对其进行命名。其中，公因子 1 包括质量风险预警及时准确性、产品质量满足顾客要求程度、质量风险预防控制到位率 3 个指标，反映了质量危机预防控制、潜在质量危机预警结果及产品质量预控结果满足顾客要求的程度，因此将公因子 1 命名为质量危机预控结果有效性；公因子 2 包括质量危机管理组织结构完备程度、质量危机预警系统健全程度、质量风险预控流程执行程度 3 个指标，反映了企业质量危机管理职责与权限设置、管理者对产品质量的优先控制权限及产品实现过程质量风险预控流程、作业指导书、质量控制技术、方法、工具应用方法等策划执行到位程度，体现了企业产品质量危机预控流程与预警模型实施程度，因此将公因子 2 命名为质量危机预控过程执行力；公因子 3 包括质量危机事件应对结果满意度、质量危机负面影响扩散消除程度、质量危机事件快速响应满意度 3 个指标，反映了企业质量危机事件快速响应、应对结果满意度及负面影响控制与削减程度，因此将公因子 3 命名为质量危机应对结果有效性；公因子 4 包括质量危机应对策略实施有效性、质量危机应对过程改进规范性、质量危机事件检测评估准确性 3 个指标，反映了企业按照产品质量危机应对过程控制流程及应对过程管理方法，准确判断质量危机事件发生原因、情境类型和发展趋势，准确选择与实施、调整与强化质量危机事件应对策略，及时总结产品质量危机事件应对实践的经验教训，持续改进与固化质量危机应对策略与应对预案的程度，因此将公因子 4 命名为质量危机应对过程执行力；公因子 5 包括市场恢复与提升程度、产品质量改进结果满意度、品牌价值恢复与提升程度 3 个指标，反映了顾客对质量危机事件后的企业产品质量改进结果的满意程度，以及企业恢复市场份额与增强顾客信任的程度，体现了顾客信任恢复策略和市场恢复策略的实施对品牌资产价值的提升带来增值贡献的程度，因此将公因子 5 命名为质量危机恢复结果有效性；公因子 6 包括顾客信任恢复策略实施程度、质量管理体系文件迭代及时性、产品质量改进过程实施程度 3 个指标，反映了企业按照产品质量危机恢复过程控制流程与恢复过程管理方法，选择与实施、调整与强化顾客信任恢复策略，消除质量危机带来的威胁，发掘和利用质量改进与创新机会，并将有效性验证成功的改进与创新成果及时迭代到质量管理体系文件中，提升质量管理成熟度与竞争优势，预防质量危机再次发生的程度，因此将公因子 6 命名为质量危机恢复过程执行力。同时，公因子 1 与公因子 2 两个公因子共同反映了质量危机预控过程及其结果的有效性，因此公因子 1、2 共同构成了质量危机预控阶段有效性；公因子 3 与公因子 4 两个公因子共同反映了质量危机应对过程及其结果的有效性，因此公因子 3、4 共同构成了质量危机应对阶段有效性；公因子 5 与公因子 6 两个公因子共同反映了质量危机恢复过程及其结果的有效性，因此公因子 5、6 共同构成了质量危机恢复阶段有效性。

第四，信度分析。同 1.2.3 节一样，对评价指标及其 6 个公因子进行信度检验，检验结果如表 7.4 所示，结果表明问卷数据与评价指标可信[20]。

表 7.4 质量危机管理有效性评价指标信度检验表

评价指标	克朗巴哈系数	分量表克朗巴哈系数
质量危机管理组织结构完备程度	0.800	
质量风险预控流程执行程度	0.800	0.865
质量危机预警系统健全程度	0.797	
质量风险预防控制到位率	0.798	
质量风险预警及时准确性	0.798	0.892
产品质量满足顾客要求程度	0.797	
质量危机事件检测评估准确性	0.795	
质量危机应对策略实施有效性	0.798	0.912
质量危机应对过程改进规范性	0.795	
质量危机事件快速响应满意度	0.791	
质量危机负面影响扩散消除程度	0.792	0.893
质量危机事件应对结果满意度	0.790	
产品质量改进过程实施程度	0.802	
顾客信任恢复策略实施程度	0.809	0.915
质量管理体系文件迭代及时性	0.806	
产品质量改进结果满意度	0.799	
市场恢复与提升程度	0.795	0.915
品牌价值恢复与提升程度	0.794	
问卷总体信度	0.807	

7.2.2　质量危机管理有效性评价指标权重

依据 1.2.4 节有关权重确定方法选择结果，采用主客观"组合赋权法"[34]，设定产品质量危机管理有效性评价指标的权重。

1. 评价指标主观权重确定

依据 1.2.4 节有关主观赋权法选择结果，进行产品质量危机管理有效性评价指标的主观权重赋值，计算得如表 7.5 所示质量危机管理有效性评价指标主观权重及其可信性。由表 7.5 可知，每个评价指标的可信度 c_k 值都大于 0.9,说明评估主体对这些质量危机管理有效性评价指标主观权重赋权结果较为一致信度[27]。

表 7.5 质量危机管理有效性评价指标组合权重赋值表

阶段指标及其权重	公因子及其权重	评价指标	v_{igk}	c_k	u_{igk}	w_{igk}^2	w_{igk}^1	w_{igk}^0
质量危机预控阶段有效性/0.380	质量危机预控过程执行力/0.400	质量危机管理组织结构完备性	0.053	0.976	0.044	0.049	0.321	0.128
		质量风险预控流程执行程度	0.054	0.980	0.053	0.054	0.352	0.141
		质量危机预警系统健全程度	0.054	0.976	0.045	0.049	0.327	0.131
	质量危机预控结果有效性/0.600	质量风险预防控制到位率	0.059	0.980	0.092	0.075	0.331	0.198
		质量风险预警及时准确性	0.061	0.982	0.088	0.074	0.324	0.195
		产品质量满足顾客要求程度	0.062	0.982	0.097	0.079	0.345	0.207
质量危机应对阶段有效性/0.355	质量危机应对过程执行力/0.293	质量危机事件检测评估准确性	0.054	0.980	0.023	0.039	0.371	0.109
		质量危机应对策略实施有效性	0.053	0.974	0.019	0.036	0.347	0.101
		质量危机应对过程改进规范性	0.053	0.974	0.005	0.029	0.282	0.082
	质量危机应对结果有效性/0.707	质量危机事件快速响应满意度	0.058	0.979	0.111	0.085	0.338	0.239
		质量危机负面影响扩散消除程度	0.057	0.986	0.107	0.082	0.328	0.232
		质量危机事件应对结果满意度	0.055	0.975	0.112	0.084	0.334	0.236
质量危机恢复阶段有效性/0.265	质量危机恢复过程执行力/0.374	产品质量改进过程实施程度	0.051	0.982	0.034	0.347	0.130
		顾客信任恢复策略实施程度	0.050	0.990	0.014	0.032	0.322	0.121
		质量管理体系文件迭代及时性	0.051	0.981	0.015	0.033	0.331	0.124
	质量危机恢复结果有效性/0.626	产品质量改进结果满意度	0.059	0.978	0.051	0.055	0.332	0.208
		市场恢复与提升程度	0.057	0.988	0.050	0.054	0.323	0.202
		品牌价值恢复与提升程度	0.059	0.979	0.057	0.057	0.345	0.216

注：按照产品质量危机预控、应对、恢复过程及其结果的逻辑顺序排列

2. 评价指标客观权重确定

依据 1.2.4 节有关客观赋权法选择结果，选取主成分分析法，利用前述探索性因子分析得出的表 7.2 与表 7.3 数据，计算得如表 7.5 所示质量危机

管理有效性第 i 个阶段第 g 个公因子第 k 个评价指标的客观权重 u_{igk}。

3. 评价指标综合权重 w_{igk} 确定

采用主客观综合赋权法[34]，首先利用式（1.3）计算得第 i 个阶段第 g 个公因子第 k 个评价指标的组合权重 w_{igk}^2；其次对 6 个公因子上的评价指标的组合权重 w_{igk}^2 分别进行归一化处理，计算得第 k 个评价指标在对应第 g 个公因子上的组合权重 w_{igk}^1；最后对质量危机管理 3 阶段有效性评价指标组合权重 w_{igk}^2 分别归一化，计算得第 g 个公因子第 k 个评价指标在对应第 i 个阶段的组合权重 w_{igk}^0。同理，对第 i 个阶段、第 g 个公因子上的评价指标的组合权重 w_{igk}^2 分别进行累加，可得第 i 个阶段、第 g 个公因子各自的组合权重。具体计算结果如表 7.5 所示。据此，可形成图 7.1 所示产品质量危机管理有效性评价指标体系图。

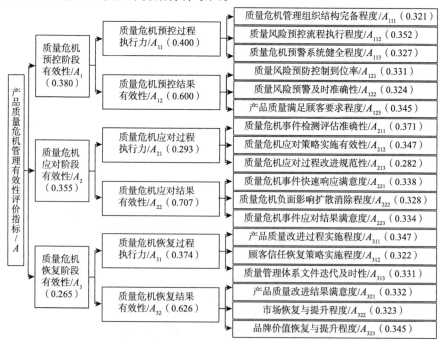

图 7.1　产品质量危机管理有效性评价指标体系图

7.2.3　质量危机管理有效性评价指标评价标准

质量危机管理有效性评价指标包括 8 个定性指标和 10 个定量指标。其中质量危机管理组织结构完备程度、质量风险预控流程执行程度、质量危

机预警系统健全程度、质量危机事件检测评估准确性、质量危机应对策略
实施有效性、质量危机应对过程改进规范性、产品质量改进过程实施程度、
顾客信任恢复策略实施程度为定性指标，其余评价指标为定量指标，据此
进行评价指标评价标准设计。

1. 质量危机管理有效性定性评价指标评价语集

针对定性指标 A_{111}、A_{112}、A_{113}、A_{211}、A_{212}、A_{213}、A_{311}、A_{312}，采用利克特
五级量表法，将其划分为实施完全到位、实施到位、实施基本到位、实施
部分到位、实施完全不到位五个等级，邀请专家进行打分，1 分表示实施
完全到位，0 分表示实施完全不到位，即评价语集 $e = (e_1, e_2, e_3, e_4, e_5) =$
$(1, 0.75, 0.5, 0.25, 0)$，形成如表 7.6 所示质量危机管理有效性定性评价指标
评价语集表。

表 7.6　质量危机管理有效性定性评价指标评价语集表

定性指标	实施完全到位	实施到位	实施基本到位	实施部分到位	实施完全不到位
质量危机管理组织结构完备程度/A_{111}	质量管理组织层级高，人员配置满足需求，职责权限极细颗粒度划分，管理者对产品质量有绝对优先控制权限	质量管理组织层级合理，人员配置满足需求，职责权限细颗粒度划分，管理者对产品质量有优先控制权限	质量管理组织层级合理，人员配置基本满足需求，职责权限较细颗粒度划分，管理者对产品质量优先控制权限一般	质量管理组织层级较低，人员配置基本满足需求，职责权限划分基本明确，管理者产品质量控制权限较低	质量管理组织层级较低，人员配置不满足要求，职责权限划分不清晰，管理者产品质量控制权限低
质量风险预控流程执行程度/A_{112}	质量风险预控流程、文件等极细颗粒度编制，质量控制流程、技术、方法、工具、记录等应用策划与实施达到行业标杆水平	质量风险预控流程、文件等细颗粒度编制，质量控制流程、技术、方法、工具、记录等应用策划与实施到位	质量风险预控流程与文件等较细颗粒度编制，质量控制流程、技术、方法、工具、记录等应用策划与实施基本到位	质量风险预控流程与文件等较粗颗粒度编制，质量控制流程、技术、方法、工具、记录等应用策划与实施部分到位	质量风险预控流程、文件等粗颗粒度编制，质量控制流程、技术、方法、工具、记录等应用策划与实施不到位
质量危机预警系统健全程度/A_{113}	质量风险预警指标全面具体，警情评价执行完全到位，预警系统构建与运行达到行业标杆水平，质量风险监测与评估及时准确	质量风险预警指标全面，警情评价执行到位，预警系统构建与运行到位，质量风险监测与评估及时准确	质量风险预警指标不够全面，警情评价执行基本到位，预警系统构建与运行基本到位，质量风险监测与评估较准确位	质量风险预警指标不够全面，警情评价执行一般，预警系统构建与运行不够到位，质量风险监测与评估一般	质量风险预警指标不全面，警情评价执行较差，预警系统构建与运行不到位，质量风险监测与评估不到位
质量危机事件检测评估准确性/A_{211}	能够十分准确判定质量危机产生原因、情境类型、发展趋势等	能够准确判定质量危机产生原因、情境类型、发展趋势等	能够较准确判定质量危机产生原因、情境类型、发展趋势等	能够基本准确判定质量危机产生原因、情境类型	不能准确判定质量危机产生原因、情境类型

续表

定性指标	实施完全到位	实施到位	实施基本到位	实施部分到位	实施完全不到位
质量危机应对策略实施有效性/A_{212}	能够准确选择与实施可接受性、适用性、可行性强的应对策略,快速响应相关方要求,并根据质量危机情境类型及双向危机沟通反馈结果,及时有效调整与强化应对策略	能够较准确选择与实施可接受性、适用性、可行性强的应对策略,比较快速响应相关方要求,并根据质量危机情境类型及双向危机沟通反馈结果,有效调整与强化应对策略	能够选择与实施可接受性、适用性、可行性较强的应对策略,响应相关方要求,并根据质量危机情境类型及双向危机沟通反馈结果,调整与强化应对策略	能够选择与实施可接受性、适用性、可行性较强的应对策略,较慢响应相关方要求,并根据质量危机情境类型及双向危机沟通反馈结果,调整应对策略	不能准确选择与实施适宜的应对策略及针对性强的措施,极慢响应相关方要求,较少根据质量危机情境类型及双向危机沟通反馈结果,调整与强化应对策略
质量危机应对过程改进规范性/A_{213}	能够及时全面总结质量危机事件应对实践经验教训,及时有效改进与固化质量危机应对过程控制流程、应对策略与应对预案	能够全面总结质量危机事件应对实践经验教训,有效改进与固化质量危机应对过程控制流程、应对策略与应对预案	能够总结质量危机事件应对实践经验教训,改进与固化质量危机应对过程控制流程、应对策略与应对预案	能够局部总结质量危机事件应对实践经验教训,局部改进与固化质量危机应对过程控制流程、应对策略与应对预案	没有总结质量危机事件应对实践经验教训,没有改进与固化质量危机应对过程控制流程、应对策略与应对预案
产品质量改进过程实施程度/A_{311}	完全掌握顾客要求,质量改进计划极细颗粒度编制与实施,质量改进与创新成果完全满足相关方要求	掌握顾客要求,质量改进计划细颗粒度编制与实施,质量改进与创新成果满足相关方要求	基本掌握顾客要求,质量改进计划较细颗粒度编制与实施,质量改进成果基本满足顾客要求	基本掌握顾客要求,质量改进计划较粗颗粒度编制与实施,质量改进成果满足顾客部分要求	不能根据顾客要求确定质量改进重点,质量改进成果仍然不能满足顾客要求
顾客信任恢复策略实施程度/A_{312}	能够准确选择、实施与有效调整、强化顾客信任及市场恢复策略,彻底消除危机带来的威胁,并充分发掘和利用改进机会,明显提升顾客合作意愿	能够较准确选择、实施与有效调整、强化顾客信任及市场恢复策略,消除危机带来的威胁,并发掘和利用改进机会,提升顾客合作意愿	能够选择、实施与有效调整、强化顾客信任及市场恢复策略,基本消除危机带来的威胁,并利用改进机会,一定程度上提升顾客合作意愿	能够选择、实施与强化顾客信任及市场恢复策略,局部消除危机带来的威胁,基本维持顾客合作关系	不能准确选择、实施与强化顾客信任及市场恢复策略,未消除危机带来的威胁,没有维持住顾客合作关系

2. 质量危机管理有效性定量评价指标计算公式设定

针对定量指标 A_{121}、A_{122}、A_{123}、A_{221}、A_{222}、A_{223}、A_{313}、A_{321}、A_{322}、A_{323},结合指标内涵,形成如下定量指标计算公式。

(1)质量风险预防控制到位率 A_{121}。根据质量管理体系风险辨识、评价与应对效果,持续迭代与严格实施产品质量风险预控流程、预警指标体系、警情评价方法及质量危机事件潜在原因挖掘模型,以产品不合格征兆准确评估程度、及时发现并采取纠正预防措施有效性、消除不合格的程度来反映质量风险预防控制到位率 A_{121}。 A_{121} 计算公式见式（7.1）：

$$A_{121} = \left(1 - \frac{r_1}{r_0}\right) \times 100\% \qquad (7.1)$$

式中， r_0 表示 4.2 节至 4.5 节所列产品实现过程质量风险预警指标总数； r_1 表示 4.2 节至 4.5 节产品实现过程质量风险预警指标警度处于中警以上未纠正到位的数量。企业也可根据对图 5.2 产品质量危机事件潜在原因关系模型中的潜在原因挖掘及预控结果，将质量危机事件潜在原因及未能彻底消除的数量并入 r_0 与 r_1 之中，进行归类分析，汇总整理得出 r_0 与 r_1。

（2）质量风险预警及时准确性 A_{122}。依据质量危机预警指标体系与警情评价方法，进行产品实现过程质量风险预警指标相关信息搜集、分析与评估、风险预测与预报、风险预处理与处置，以发现处于中警以上时及时准确报警，并有效纠正的程度来反映质量危机预警及时准确性 A_{122}。 A_{122} 计算公式如下：

$$A_{122} = \frac{v_1}{v_0} \times 100\% \qquad (7.2)$$

式中， v_1 表示 4.2 节至 4.5 节所列产品实现过程质量风险预警指标评价发现处于中警以上时及时准确报警并有效纠正的数量； v_0 表示 4.2 节至 4.5 节所列产品实现过程质量风险预警指标实际处于中警以上的数量。企业也可根据对图 5.2 产品质量危机事件潜在原因关系模型中的潜在原因挖掘结果，将潜在原因发生时及时准确报警及有效纠正的数量，并入 v_1 与 v_0 之中，进行归类分析，汇总整理得出 v_1 与 v_0。

（3）产品质量满足顾客要求程度 A_{123}。在产品质量满足顾客需求及法律法规、社会道德要求基础上，不断发掘和迭代潜在质量风险与预控措施，并通过产品实现过程质量改进与创新，消除顾客投诉及相关方反馈的质量问题，以产品质量满足顾客使用要求、公众相关方要求及本组织承诺的程度来反映产品质量满足顾客要求程度 A_{123}。 A_{123} 计算公式如下：

$$A_{123} = \frac{d_1 + d_2 + d_3}{D_1 + D_2 + D_3} \times 100\% \qquad (7.3)$$

式中， d_1 表示质量检测数据表明产品质量满足顾客使用要求的功能数量； d_2 表示质量检测数据表明产品质量满足本组织承诺的产品质量其他功能数量； d_3 表示质量检测数据表明市场监督管理部门、主流媒体报道及其他公众相关方反馈的质量问题纠正到位个数； D_1 表示顾客使用要求的功能数量； D_2 表示本组织承诺的产品其他功能数量； D_3 表示市场监督管理部门、主流媒体报道及其他公众相关方反馈的质量问题总数。企业可依据产品功能及质量特性重要程度，确定D_1、D_2、D_3中的产品功能及质量特性相对权重，对分子分母分别进行加权求和。

（4）质量危机事件快速响应满意度A_{221}。及时获取相关方对产品质量危机事件响应要求，快速发布信息与安抚顾客，并超越顾客期望进行先期处置和启动应急预案，消除产品质量问题对顾客造成的伤害及心理障碍，以在利益相关方与公众相关方期望的时限内，响应和应对产品质量事件来反映质量危机事件快速响应满意度A_{221}。A_{221}计算公式如下：

$$A_{221} = \frac{\sum_{i=1}^{5} g_i \omega_i}{\sum_{i=1}^{5} G_i \omega_i} \times 100\% , \quad i = 1,2,3,4,5 ; \quad g_i = 0,1,2,\cdots,G_i \qquad （7.4）$$

式中，G_i表示相关方各自希望响应、兑现产品质量事件处置要求的事项数；g_i表示相关方各自希望响应、兑现产品质量事件处置要求的事项中，在各自要求时限内得以响应的事项数；ω_i表示相关方各自的权重；$i = 1 \sim 5$，分别为关键顾客、关键经销商、主流媒体、市场监督管理部门、消保委，企业可根据各相关方对产品质量危机事件的关注程度，追加或减少相关方。

（5）质量危机负面影响扩散消除程度A_{222}。采用多渠道、多方式与顾客、关键经销商、市场监督管理部门、主流媒体、消保委、行业专家等利益相关方与公众相关方及时进行多向沟通协调，及时反馈应对策略实施进展，诚恳解决质量问题与主动承担责任，获取媒体谅解，消除负面新闻报道、控制与消除质量危机负面影响，以在行业统计可容忍的时限内消除负面新闻报道和增加正面新闻报道来反映质量危机负面影响扩散消除程度A_{222}。A_{222}计算公式如下：

$$A_{222} = \left(1 - \frac{x_1}{x_0}\right) \times 100\% \qquad （7.5）$$

式中，x_0表示负面新闻报道高峰期一周内各主流媒体负面报道合计量；x_1表示负面报道高峰期过后可容忍的几周时限内，一周内各主流媒体负面报道合计量。

（6）质量危机事件应对结果满意度A_{223}。利益相关方与公众相关方对质量危机发生企业实施的先期处置措施、应对策略及应对结果的满意程度，以在利益相关方与公众相关方期望的时限内达到要求的应对结果来反映质量危机事件应对结果满意度A_{223}。A_{223}计算公式见式（7.6）：

$$A_{223} = \frac{\sum\limits_{i=1}^{5} t_i \omega_i}{\sum\limits_{i=1}^{5} G_i \omega_i} \times 100\% \text{，} i = 1, 2, 3, 4; \ t_i = 0, 1, 2, \cdots, G_i \qquad （7.6）$$

式中，G_i 表示相关方各自希望响应、兑现产品质量事件处置要求的事项数；t_i 表示相关方各自希望响应、兑现产品质量事件处置要求的事项中，在各自要求的时限内得以满意兑现的事项数；ω_i 表示相关方各自的相对重要性，$i = 1 \sim 5$，分别为关键顾客、关键经销商、主流媒体、市场监督管理部门、消保委，企业可根据各相关方对产品质量危机事件处置要求的关注程度，追加或减少相关方。

（7）质量管理体系文件迭代及时性 A_{313}。及时总结产品质量改进与创新、顾客信任恢复策略实施效果，将有效性验证成功的改进与创新成果及时纳入与固化到质量管理体系文件中，以不合格原因彻底消除程度与有效性验证通过的改进、创新成果当即固化到质量管理体系文件中的比率的乘积，反映质量管理体系文件迭代及时性 A_{313}。A_{313} 计算公式如下：

$$A_{313} = \left(1 - \frac{\lambda}{\eta}\right) \times \frac{s_1}{s_0} \times 100\% \qquad （7.7）$$

式中，η 表示以往产品质量危机事件发生的具体原因数；λ 表示后续产品不合格产生原因中，与以往产品质量危机事件发生原因相同的具体原因数；s_0 表示质量危机事件应对与恢复过程中，有效性验证通过的质量改进与创新措施总数；s_1 表示有效性验证通过的质量改进与创新措施中，纳入与固化到质量管理体系文件中的措施数。

（8）产品质量改进结果满意度 A_{321}。在产品满足顾客明示要求及法律法规、社会道德要求基础上，不断迭代和满足顾客期望型与兴奋型需求，以顾客对质量伤害事件后企业产品质量改进与创新结果的满意程度反映产品质量改进结果满意度 A_{321}。A_{321} 计算公式见式（7.8）：

$$A_{321} = \sum_{j=1}^{n} d_j \omega_j \times 100\% \text{，} j = 1 \sim n \qquad （7.8）$$

式中，d_j 表示顾客对第 j 项产品要求的质量特性与本组织附加的其他期望型、兴奋型质量特性的满意程度，完全满意取 1、否则取 0；n 表示顾客明示要求、法定要求、社会道德要求的产品质量特性与本组织附加的其他期望型、兴奋型质量特性总和；ω_j 表示第 j 项产品要求的质量特性与本组织附加的其他期望型、兴奋型质量特性的权重。企业可依据不同顾客的影响程度，确定不同顾客的相对权重，据此加权计算 d_j。

（9）市场恢复与提升程度 A_{322}。通过实施适宜的顾客信任恢复和市场恢复策略，提高顾客可感知的价值增值，使顾客与其他相关方信任程度超越产品质量危机事件发生之前的水平，并通过提高顾客忠诚度获得重复业务，进而恢复市场份额、提升销售额，以相对于产品质量伤害危机事件发生前的相对市场占有率的变动程度反映市场恢复与提升程度 A_{322}。 A_{322} 计算公式如下：

$$A_{322} = \frac{z_1}{z_0} \times 100\% \qquad (7.9)$$

式中， z_1 表示产品质量危机事件应对及恢复策略实施后，该产品的相对市场占有率； z_0 表示产品质量危机事件发生前一统计期，该产品的相对市场占有率。

（10）品牌价值恢复与提升程度 A_{323}。通过实施适宜的顾客信任恢复策略和市场恢复策略，削减产品伤害事件的影响范围和影响深度，重新赢得公众认可及顾客品牌忠诚度的提高，进而提高产品质量对企业品牌资产价值带来的增值贡献程度，以相对于产品质量伤害事件发生前的品牌资产价值的变化程度反映品牌价值恢复与提升程度 A_{323}。 A_{323} 计算公式如下：

$$A_{323} = \frac{h_1}{h_0} \times 100\% \qquad (7.10)$$

式中， h_1 表示产品质量危机事件应对及恢复策略实施后的品牌资产价值； h_0 表示产品质量危机发生前的品牌资产价值； $h = f \times (1 + k^i) \times 1.3$ ， k 表示产品销售增长率， f 表示产品实际营业额， i 表示年份，由此可计算得 h_0 、 h_1 。

7.2.4　质量危机管理有效性评价等级

依据评价指标常见等级划分标准，将有效性指标等级划分为五级，同 4.2.2 节一样的阈值设置方法，按等间距比例、常见错误概率、 3σ 经济幅度的控制要求，设定 20%、10%、5%、0.27% 四个初始阈值，面向产品质量危机频发行业质量管理人员和质量审核专家进行调查访谈，按最大隶属度原则，将 10% 作为定性指标的初始阈值，将 5% 作为定量评价指标初始阈值，同时结合各有效性评价区间设计准则及规避质量危机愿望，采用等比数列方法确定出各评价指标阈值，形成如表 7.7 所示质量危机管理有效性评价等级划分表。根据评价指标 A_{ij} 实测值，利用表 7.7 可直接

判定 A_{ij} 所属有效性等级。

表 7.7　质量危机管理有效性评价等级划分表

评价指标性质	很有效/Ⅴ级	有效/Ⅳ级	较有效/Ⅲ级	一般/Ⅱ级	无效/Ⅰ级
定性评价指标	[1, 0.90)	[0.90, 0.765)	[0.765, 0.582)	[0.582, 0.335)	[0.335, 0]
定量评价指标	[1, 0.95)	[0.95, 0.863)	[0.863, 0.713)	[0.713, 0.452)	[0.452, 0]

7.3　质量危机管理有效性等级评价模型

依据 4.2.3 节有关评价方法比较与选择结果，结合表 7.7 产品质量危机管理有效性评价等级阈值，利用 4.2.3 节改进型物元可拓模型，建立产品质量危机管理有效性评价模型。

1. 质量危机管理有效性评价等级标准化经典域及节域确定

结合表 7.7 质量危机管理有效性评价等级划分结果，确定评价指标评价等级标准化经典域及节域。

1）质量危机管理有效性评价等级标准化经典域确定

依据 4.2.3 节有关过程评价指标评价等级标准化经典域设定方法，对表 7.7 所示评价指标等级经典域，利用式（4.10）进行标准化处理，形成与 4.2.3 节结构相同的 A_1、A_2、A_3 三个阶段的质量危机管理有效性等级标准化经典域 $R_{1i} \sim R_{5i}$，并合并形成质量危机管理有效性等级标准化经典域 $R_1 \sim R_5$。

2）质量危机管理有效性评价等级节域确定

以表 7.7 中各指标的取值范围作为经典域，将各指标对应的经典域之和作为 A_1、A_2、A_3 三个阶段对应六个公因子的质量危机管理有效性等级节域 R_{p11}、R_{p12}、R_{p21}、R_{p22}、R_{p31}、R_{p32}，同前述质量危机管理有效性等级评价标准化经典域确定方法，可得出 R_{p1}、R_{p2}、R_{p3} 及 R_p。

2. 过程统计值与有效性等级的贴近度函数改进

依据 4.2.3 节有关产品要求识别过程质量风险统计值与警度等级的贴近度函数改进结果，可同样形成与式（4.11）相同的质量危机管理有效性等级贴近度函数。式中，$D_{igkp}\left(v'_{igk}\right)$ 表示待评价的质量危机管理有效性评价指标实测数据的标准化值 v'_{igk} 与有效性等级标准化经典域修正后的距离；n_{ig} 表示质量危机管理第 g 个公因子的评价指标数，$i = 1 \sim 3$，$g = 1 \sim 2$，

$n_{11} = n_{12} = \cdots = n_{31} = n_{32} = 3$；$p$ 表示有效性等级，$p = 1 \sim 5$；$w_{igk}(x)$ 表示质量危机管理第 i 个阶段第 g 个公因子第 k 个评价指标的综合权重；a'_{igkp}、b'_{igkp} 分别表示质量危机管理第 i 个阶段第 g 个公因子第 k 个评价指标在有效性等级为 p 时的评价等级标准化经典域的左、右端点值；v'_{igk} 表示第 i 个阶段第 g 个公因子第 k 个评价指标实测值经过标准化处理后的值。

3. 有效性等级评价模型建立

依据 4.2.3 节有关产品要求识别过程与整体警度等级评价模型建立结果，可同样形成与式（4.12）相同的质量危机管理过程及整体有效性特征变量值 j_i^* 以及具体质量危机管理有效性评价等级 $N_i(p_0)$，将 $N_i(p_0)$、j_i^* 与表7.8 结合运用，构建产品质量危机管理不同阶段及整体过程有效性等级评价模型。式中，j_i^* 反映了第 i 阶段有效性评价结果偏向另一级的程度。

表7.8 产品质量危机管理有效性评价等级判定表

j_i	$j_i^* < 1$	$1 \leqslant j_i^* < 1.5$	$1.5 \leqslant j_i^* < 2$	$2 \leqslant j_i^* < 2.5$	$2.5 \leqslant j_i^* < 3$	$3 \leqslant j_i^* < 3.5$	$3.5 \leqslant j_i^* < 4$	$4 \leqslant j_i^* < 4.5$	$4.5 \leqslant j_i^* \leqslant 5$
等级	I 级	I 级到 II 级偏向 I 级	I 级到 II 级偏向 II 级	II 级到 III 级偏向 II 级	II 级到 III 级偏向 III 级	III 级到 IV 级偏向 III 级	III 级到 IV 级偏向 IV 级	IV 级到 V 级偏向 IV 级	IV 级到 V 级偏向 V 级

4. 质量危机管理过程与整体有效性实际评价

企业在按照该模型进行质量危机管理有效性评价时，首先进行 6 个公因子对应指标的有效性评价，若指标有效性评价结果中出现"有效/IV级"以下时，则按照前述产品质量危机预控、应对、恢复过程管理流程与监督控制模型进行过程改进，直至达到"有效/IV级"以上状态。其次进行三个阶段及整体有效性评价，当三个阶段及整体 $N_{ip}(p_0)$ 中的 $p \geqslant 3$，即出现"有效/IV级"以下时，应对出现"有效/IV级"以下的过程采取纠正预防措施，按照产品质量危机预控、应对、恢复过程管理流程实施质量改进与质量监督，提高质量危机管理三个阶段及整体有效性及其绩效。在此，以 X 公司为例，对质量危机管理有效性评价指标进行监控与参数评估值信息收集，并依据表 7.7 质量危机管理有效性评价等级划分及上述质量危机管理有效性评价模型，进行质量危机管理有效性评价模型应用。

1）质量危机管理有效性评价指标值评估与统计

结合 X 公司产品质量危机管理实际，首先选择 X 公司总质量师、核心质量管理人员、质量检验人员、营销管理人员及前述利益相关方、公众相关方等熟悉产品质量的人员作为评价主体，并根据评价人员业务熟悉程度、相关知识掌握程度进行评价主体赋权，请评价主体按照表 7.6 质量危机管理有效性定性评价指标的评价标准，进行定性指标评价、评价值统计计算[161]。其次依据式（7.1）～式（7.10）相关参数的内涵，进行定量评价指标原始数据收集、参数统计、评价值统计计算[61]。再次计算 A_{11}、A_{12}、A_{21}、A_{22}、A_{31}、A_{32} 6 个公因子及 A_1、A_2、A_3 三个阶段质量危机管理有效性评价指标值，并依据表 7.7 所示有效性划分标准进行评价指标有效性等级界定。最后利用式（4.10）计算 A_{11}、A_{12}、A_{21}、A_{22}、A_{31}、A_{32} 6 个公因子及 A_1、A_2、A_3 三个阶段质量危机管理有效性评价指标标准化值，形成如表 7.9 所示质量危机管理有效性评价指标值及其有效性等级统计分析结果。由此可见，X 公司产品质量危机管理有效性评价指标中，质量危机预警系统健全程度、质量风险预警及时准确性处于"较有效/Ⅲ级"，其余均处于"有效/Ⅳ级"及"很有效/Ⅴ级"。

表 7.9　质量危机管理有效性评价指标值及其有效性等级统计分析结果表

阶段	预控阶段						应对阶段						恢复阶段					
公因子	A_{11}			A_{12}			A_{21}			A_{22}			A_{31}			A_{32}		
评价指标	A_{111}	A_{112}	A_{113}	A_{121}	A_{122}	A_{123}	A_{211}	A_{212}	A_{213}	A_{221}	A_{222}	A_{223}	A_{311}	A_{312}	A_{313}	A_{321}	A_{322}	A_{323}
评价指标值	0.815	0.905	0.750	0.955	0.840	0.900	0.875	0.815	0.925	0.925	0.940	0.975	0.925	0.915	0.980	0.960	0.965	0.980
标准化值	0.185	0.095	0.250	0.045	0.160	0.100	0.125	0.185	0.075	0.075	0.060	0.025	0.075	0.085	0.020	0.040	0.035	0.020
有效性等级	Ⅳ级	Ⅴ级	Ⅲ级	Ⅴ级	Ⅲ级	Ⅳ级	Ⅳ级	Ⅴ级	Ⅴ级	Ⅳ级	Ⅳ级	Ⅴ级	Ⅴ级	Ⅴ级	Ⅴ级	Ⅴ级	Ⅴ级	Ⅴ级

2）质量危机管理过程与结果有效性等级评价

将表 7.5 中的组合权重 w_{igk}^l 及表 7.9 中评价指标的标准化值，代入式（4.11）中，计算得各公因子在不同有效性等级的贴近度，并利用式（4.12）计算出 $N_{ig}(p_0)$、$j_{ig}^{\ *}$，可得各公因子相关参数的计算结果如表 7.10 所示。

表 7.10　产品质量危机管理各公因子有效性等级评价结果表

A_i	N_{ig1}	N_{ig2}	N_{ig3}	N_{ig4}	N_{ig5}	N_{ig}	所属等级	$j_{ig}^{\ *}$
A_{11}	0.972 2	0.944 0	0.983 2	0.994 3	0.981 9	0.994 3	有效	3.448
A_{12}	0.924 2	0.934 5	0.962 7	0.983 6	0.992 7	0.992 7	很有效	4.053

续表

A_i	N_{ig1}	N_{ig2}	N_{ig3}	N_{ig4}	N_{ig5}	N_{ig}	所属等级	j_{ig}^*
A_{21}	0.946 6	0.953 0	0.975 1	0.989 3	0.990 7	0.990 7	很有效	4.023
A_{22}	0.956 6	0.924 8	0.991 7	0.993 3	0.975 8	0.993 3	有效	3.490
A_{31}	0.934 9	0.943 7	0.972 5	0.991 5	0.993 1	0.993 1	很有效	4.019
A_{32}	0.924 2	0.934 8	0.962 3	0.995 2	0.996 3	0.996 3	很有效	4.067

（1）质量危机预控过程执行力 A_{11} 评价结果。依据表 7.8 评定标准和表7.10 有效性等级计算结果，可知质量危机预控机制有效性属于"有效/Ⅳ级"，但 3.5> j_{11}^* =3.448>3，表明公因子 A_{11} 有向"较有效/Ⅲ级"发展的可能。

（2）质量危机预控结果有效性 A_{12} 评价结果。依据表 7.8 评定标准和表7.10 有效性等级计算结果，可知质量危机预控结果有效性属于"很有效/Ⅴ级"，但 4.5> j_{12}^* =4.053>4，表明公因子 A_{12} 有向"有效/Ⅳ级"发展的可能。

（3）质量危机应对过程执行力 A_{21} 评价结果。依据表 7.8 评定标准和表7.10 有效性等级计算结果，可知质量危机应对过程有效性属于"很有效/Ⅴ级"，但 4.5> j_{21}^* =4.023>4，表明公因子 A_{21} 有向"有效/Ⅳ级"发展的可能。

（4）质量危机应对结果有效性 A_{22} 评价结果。依据表 7.8 评定标准和表7.10 有效性等级计算结果，可知质量危机应对结果有效性属于"有效/Ⅳ级"，但 3.5> j_{22}^* =3.490>3，表明公因子 A_{22} 有向"较有效/Ⅲ级"发展的可能。

（5）质量危机恢复过程执行力 A_{31} 评价结果。依据表 7.8 评定标准和表7.10 有效性等级计算结果，可知质量危机恢复过程有效性属于"很有效/Ⅴ级"，但 4.5> j_{31}^* =4.019>4，表明公因子 A_{31} 有向"有效/Ⅳ级"发展的可能。

（6）质量危机恢复结果有效性 A_{32} 评价结果。依据表 7.8 评定标准和表7.10 有效性等级计算结果，可知质量危机恢复结果有效性属于"很有效/Ⅴ级"，但 4.5> j_{32}^* =4.067>4，表明公因子 A_{32} 有向"有效/Ⅳ级"发展的可能。

3）质量危机管理各阶段有效性等级评价

将表7.5中各评价指标在各阶段的组合权重 w_{igk}^0 及表7.9中各评价指标的标准化值，代入式（4.11）计算得质量危机管理各阶段在不同有效性等级的贴近度，并利用式（4.12）计算出各阶段 $N_i(p_0)$ 、 j_i^* ，可得计算结果如表7.11 所示。

表 7.11　产品质量危机管理各阶段及整体有效性等级评价结果表

A_i	N_{i1}	N_{i2}	N_{i3}	N_{i4}	N_{i5}	N_i	所属等级	j_i^*
A_1	0.977 9	0.961 2	0.994 8	0.996 1	0.988 5	0.996 1	有效	3.499
A_2	0.939 8	0.947 3	0.964 4	0.981 3	0.981 9	0.981 9	很有效	4.022
A_3	0.959 3	0.966 3	0.984 2	0.998 2	0.998 7	0.998 7	很有效	4.004
A	0.986 2	0.994 2	0.997 2	0.997 3	0.991 0	0.997 3	有效	3.362

（1）质量危机预控阶段有效性 A_1 评价结果。依据表 7.8 评定标准和表7.11 有效性等级计算结果，可知质量危机管理预控阶段有效性属于"有效/Ⅳ级"，但 3.5> j_1^* =3.499>3，表明质量危机预控阶段有向"较有效/Ⅲ级"发展的可能。

（2）质量危机应对阶段有效性 A_2 评价结果。依据表 7.8 评定标准和表7.11 有效性等级计算结果，可知质量危机管理应对阶段有效性属于"很有效/Ⅴ级"，但 4.5> j_2^* =4.022>4，表明质量危机应对阶段有向"有效/Ⅳ级"发展的可能。

（3）质量危机恢复阶段有效性 A_3 评价结果。依据表 7.8 评定标准和表7.11 有效性等级计算结果，可知质量危机管理恢复阶段有效性属于"很有效/Ⅴ级"，但 4.5> j_3^* =4.004>4，表明质量危机恢复阶段有向"有效/Ⅳ级"发展的可能。

4）质量危机管理整体有效性等级评价

（1）整体有效性等级贴近度计算。将表 7.5 中的组合权重 w_{igk}^2 及表7.9 中各评价指标的标准化值，代入式（4.11）计算得整体过程在不同有效性等级的贴近度，并利用式（4.12）计算出整体过程 $N(p_0)$ 、 j^* ，得计算结果如表 7.11 所示。

（2）整体有效性等级评价。依据表 7.8 评定标准和表 7.11 有效性等级计算结果，可知质量危机管理整体有效性属于"有效/Ⅳ级"，但 3.5> j^* =3.362>3，表明质量危机管理整体有向"较有效/Ⅲ级"发展的可能。建议 X 公司按照前述产品质量危机预控流程与预警模型，实施产品实现过程质量风险预控预防与控制，尤其应重点改进与健全质量风险预警系统，提高质量风险预警及时准确性，预防与消除产品质量危机事件的发生。一旦发生产品质量危机事件，立即按照产品质量危机应对过程控制流程与应对策略选择、实施方法，提升产品质量危机应对有效性。同时，按照产品质量危机恢复过程控制流程与恢复策略选择、实施方法，努力恢复顾客与相关方信任，提升产品质量危机恢复有效性。

7.4　本章小结

　　本章从评估质量危机管理过程与结果满足要求程度视角，探讨了产品质量危机管理有效性评价模型。建议企业根据自身所在行业特征，结合适合本企业特征的产品质量危机成功预控的关键因素，从中选择符合自身特点的产品质量危机管理有效性评价指标，进行产品质量危机管理有效性评价，提升自身产品质量危机管理过程与结果的有效性。

　　1. 本章主要内容

　　首先，利用探索性因子分析法，发掘出了 18 个产品质量危机管理有效性评价指标，并采用主客观"组合赋权法"，设定出产品质量危机管理有效性评价指标的权重，形成了质量危机管理有效性 8 个定性评价指标和 10 个定量评价指标的评价标准。其次，将产品质量危机管理有效性划分为很有效、有效、较有效、一般、无效 5 个等级，将常见错误概率 10%作为定性指标的初始阈值、5%作为定量评价指标初始阈值，按等比数列确定出了各评价指标在 5 个等级的波动范围，建立了基于改进型物元可拓法的产品质量危机管理有效性评价模型，提出了产品质量危机管理有效性 6 个过程与结果、3 个阶段及其整体有效性评价方法。最后，以 X 公司为例，进行了质量危机管理有效性评价模型应用，X 公司相关评价模型应用人员认为质量危机管理有效性评价结果可信度高。

　　2. 本章主要贡献

　　1）提取出产品质量危机管理有效性评价指标

　　采用探索性因子分析法，提取出产品质量危机 6 个预控过程与结果有效性评价指标、6 个应对过程与结果有效性评价指标、6 个恢复过程与结果有效性评价指标，并通过设定评价指标权重与评价等级、评价标准，构建了产品质量危机管理有效性评价指标体系。

　　2）构建产品质量危机管理有效性评价模型

　　在设定评价指标初始阈值及按等比数列确定各评价指标在 5 个等级的波动范围基础上，构建了基于改进型物元可拓法的产品质量危机管理有效性评价模型，并进行了有效性评价模型应用，形成了质量危机管理有效性系统评价方法。

3. 本章创新之处

本章成果与国内外同类技术相比，主要学术创新体现在从产品质量危机管理三阶段视角，发掘出了产品质量危机管理有效性评价指标，构建了质量危机管理有效性评价模型。

以往研究较多从宏观视角提出了危机管理有效性评价指标与提升对策，鲜有学者从质量危机管理全过程视角，对其有效性评价指标进行研究，且质量危机管理有效性评价指标提取依据不够充分。

本章充分考虑了质量危机管理三阶段各自的危机预防与削减作用，采用探索性因子分析法，识别出了质量危机管理有效性评价指标，克服质量危机管理有效性评价指标提取不够全面、偏重主观经验不足的困难。

第8章 产品质量危机管理对策

本章以提升产品质量危机使能因子及有效实施质量危机管理流程为主线,重点探讨质量危机过程管理对策,为企业提升质量危机管理有效性提供借鉴。

8.1 质量危机管理对策研究现状

相关研究从以下三方面提出产品质量危机过程管理对策[261]。

(1)产品质量危机预控过程相关管理对策。相关成果提出以下对策:树立全员质量危机意识,使产品质量危机预防常态化;建立质量危机预警系统[261],准确监测产品质量风险事件源、产品质量危机征兆,并及时发出警报与排除质量隐患;与顾客及质量监督检验部门、消保委、行业协会、媒体等建立良好关系,并寻求主动采访、召开新闻发布会等,使媒体成为企业与公众之间沟通的纽带。

(2)产品质量危机应对过程相关管理对策。相关成果提出以下对策:完善与快速启动质量危机应急预案[257],尽快查明产品质量危机波及范围、损害程度,明确事态发展动向,判明产品质量危机情境;制定产品质量危机处理对策[191],迅速实施质量危机应对策略;主动承担责任,制定与实施产品召回计划[190];诚恳赔偿与抚慰产品受害者[260],减轻产品质量危机事件对顾客造成的各种伤害。

(3)产品质量危机恢复过程相关管理对策。相关成果提出以下对策:做好声誉重建,重塑企业形象[260],引导顾客转变对企业产品质量的认知,恢复顾客信任,提升企业品牌资产价值;详细评估产品质量危机应对过程与结果的有效性,同时对产品伤害事件责任人进行处置;建立产品质量危机档案,将产品伤害事件产生原因、处理过程等记录在案,为预防和应对类似产品质量危机事件提供借鉴。

已有研究更多从不同视角定性提出与描述产品质量危机过程管理对策,实证研究支撑不够。综合产品质量危机影响因素及其作用机理研究结

论，采用探索性因子分析等方法，发掘质量危机管理对策，提取相关质量
危机管理对策建议。

8.2　质量危机管理整体对策

采用 1.2 节产品质量危机影响因素发掘方法，进行产品质量危机管理
对策研究文献系统分析与整理，得到关注度较高的产品质量危机管理对策，
并通过探索性因子分析，提取出产品质量危机预控、应对、恢复过程管理
对策[261]。

1. 质量危机管理对策初步辨识

（1）质量危机管理对策相关文献分析。首先选取 1.2.1 节所述相关知
名数据库，以企业产品伤害、产品质量危机、产品伤害危机与管理建议、
管理对策等组合形成的关键词或主题词进行相关文献检索，共获得 70 篇相
关度较高文献。其次对整理的质量危机管理对策、管理建议进行精炼提
纯[22]，归纳出如表 8.1 所示 21 个产品质量危机管理对策。

表 8.1　产品质量危机管理对策文献分析表

序号	管理对策	质量危机管理对策涉及内容	主要出处
1	提升质量价值观念前瞻性	强化质量法治观念，提高全员崇尚卓越质量的价值观与顾客价值最大化的行为准则，增强全员责任感与执行力，强化全员的社会责任意识	[262]
2	增强质量危机意识	增强管理者与员工质量意识，提高高层管理者对产品质量危机管理的支持力度，将质量危机预防作为日常工作组成部分	[261]
3	提高质量战略优先地位	在公司战略规划中凸显质量的优先地位，提高质量竞争意识、顾客中心意识，以及对产品质量的绝对优先控制权限	[261]
4	确保人力资源满足要求	强化员工素质、质量危机管理知识及技能培训，注重质量绩效考评，提供质量危机管理所需的人力资源	[48, 262]
5	持续提高设施设备先进性	注重产品研发、试制、生产、服务等过程的基础设施、过程设备、系统软硬件、监视和测量设备配备与过程管理，提高设施设备先进性	[48, 261]
6	强化作业环境监控	做好产品实现过程作业环境控制，确保质量控制和质量改进所需的作业环境条件满足要求，为员工提升工作效率及工作质量创造良好条件	[48]
7	提高监视与测量准确性	提高顾客满意度、质量管理体系和产品实现过程监视与测量的准确性，及时发现产品质量隐患	[261]
8	提升不合格控制严格程度	提高产品及质量管理体系中的不合格识别、控制、处置、跟踪等过程控制严格程度，及时发现及消除产品不合格隐患	[63, 70]

续表

序号	管理对策	质量危机管理对策涉及内容	主要出处
9	强化纠正预防控制程序执行力	及时准确进行不合格及潜在不合格原因调查分析、纠正预防措施制定与实施效果评价，固化有效性高的纠正预防措施，有效纠正和预防不合格	[70, 261]
10	扎实推进管理评审与管理变革	搞好管理评审过程控制，持续谋求技术、管理方面的创新与变革，强化质量优先战略，提高质量管理体系有效性和适宜性，消除质量隐患	[70]
11	杜绝产品设计质量隐患	提高先进技术利用与产品创新能力，实施突破性质量改进能力，及时准确将产品要求转化成设计成果，杜绝产品设计质量不满足要求的隐患	[261]
12	做好采购与供应商关系管理	规范供应链构建及供应商的评价与选择、合同管理、采购质量检验，强化供应商技术支持与战略合作关系建立，提升质量改进主动性	[44, 61]
13	强化生产运作过程质量控制	规范生产技术准备、生产运作质量控制及产品检验流程，准确实施产品标识及追溯，确保制造质量满足设计要求，消除产品质量危机根源	[63]
14	高度重视客户服务质量	做好客户信息管理，搞好服务质量监督与质量改进，提高售前、售中、售后服务质量控制能力，消除质量隐患	[44]
15	完善质量危机管理组织结构	健全质量危机管理组织机构，明确管理职责和权限，强化质量责任，提高企业质量危机管理能力及企业整体质量危机应对能力	[1, 262]
16	提高质量风险预控流程执行力	完善产品实现过程质量风险预控流程，规范过程质量控制技术、方法、工具应用，严格执行质量风险预控作业指导书、技术、方法、工具等	[63]
17	健全质量危机预警系统	健全质量风险预警指标、警情评价方法，做好警情信息监测、分析与评估、预测与预报，提高质量风险征兆监测、评估的及时准确性	[257, 261]
18	快速启动质量危机应急预案	制定内容完整规范的质量危机应急预案，并模拟质量危机情景进行预案演练与持续改进，发生产品质量问题时，迅速选择与启动应急预案、快速召回不合格品，采取措施干预产品质量危机事件蔓延	[257, 263]
19	及时沟通发布质量危机信息	规范质量信息沟通、传播途径，重视与利益相关方、公众相关方的沟通，及时发布产品质量危机事件信息	[182]
20	有效实施质量危机应对策略	准确选择与实施质量危机事件应对策略，积极主动承担社会责任，及时稳定并安抚公众情感，消除顾客心理障碍，并与多方及时沟通质量危机应对信息，实时调整与强化应对策略，采取措施降低质量危机损害	[191, 217, 256]
21	准确实施顾客信任恢复策略	准确选择与实施顾客信任恢复策略，并根据顾客信任恢复效果评估结果，实时调整与强化顾客信任恢复以及市场恢复策略，发掘质量改进与创新机会，重塑企业形象与提升品牌价值	[259]

（2）质量危机管理对策预调查与补充。同 4.2.2 节一样，邀请质量危机频发行业内企业危机管理、质量管理人员及外部质量管理专家等作为调查对象，结合产品质量危机影响因素作用机理、产品质量危机管理流程相关研究成果，采用现场访谈方式，与调查对象共同斟酌产品质量危机管理对策的完整性。依据调查对象建议，增添严格履行产品质量承诺、充分发掘与利用知识资源、及时准确挖掘产品质量信息、准确全面辨识产品要求信息、快速准确评估产品伤害事件、做好质量危机后评估与整顿、及时迭代质量管理体系文件 7 个管理对策。由此形成 28 个产品质量危机管理对策。

2. 调查问卷设计与数据收集

依据质量危机管理对策初步辨识结果，采用同 1.2 节一样的问卷设计与数据采集方法，获取满足质量危机管理对策实证研究要求数量的有效问卷数据[261]。

3. 数据处理与对策公因子提取

采用同 1.2 节一样的数据处理与分析方法，对问卷及获取的有效数据进行项目分析、信效度分析与公因子提取[261]，采用主成分分析法提取出涵盖 28 个产品质量危机管理对策的 7 个公因子，将其命名为强化产品实现过程质量控制、提升产品质量改进有效性、增强企业资源保障能力、提高企业质量文化主导性、做好产品质量风险预警、及时有效应对产品质量危机、努力恢复与提升企业质量形象。其中强化产品实现过程质量控制、提升产品质量改进有效性、增强企业资源保障能力、提高企业质量文化主导性、做好产品质量风险预警属于产品质量危机预控范畴，可将其合并命名为持续强化产品质量危机预控。

8.3　质量危机管理对策建议

通过上述产品质量危机管理对策探索性因子分析[261]，发掘出如图 8.1 所示 7 个方面 28 个产品质量危机管理对策。同时，结合"产品质量危机影响因素及其作用机理篇"以及"产品质量危机管理流程及其过程决策模型篇"利益相关方与公众相关方不同主体对产品质量危机的共同管控建议，可形成如图 8.2 所示产品质量危机监督管理组织网络框架。现依据 28 个产品质量危机管理对策及公因子命名结果以及如图 8.2 所示产品质量危机监督管理组织网络框架，提出产品质量危机预控、应对、恢复三个阶段的管理对策建议。

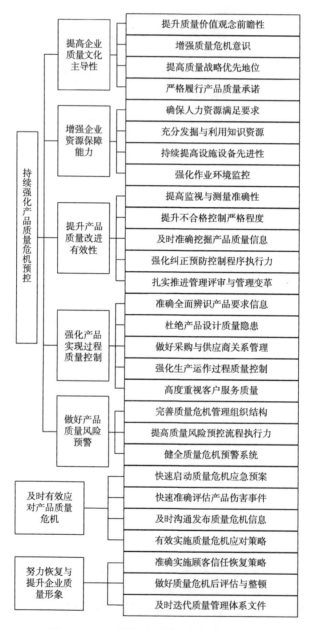

图 8.1　产品质量危机管理对策发掘结果图

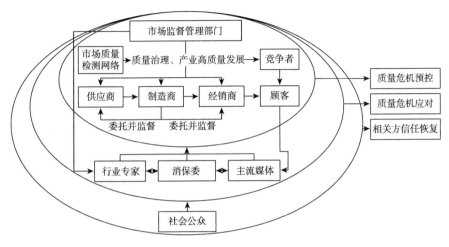

图 8.2　产品质量危机监督管理组织网络框架图

8.3.1　持续强化产品质量危机预控

　　建议企业采用前述产品质量危机预控流程、预警模型与质量控制方法,特别注重质量成本中预防成本的投入,持续增强产品质量危机预控的有效性。同时,应与顾客、经销商、供应商等利益相关方及政府部门、市场质量检测网络等公众相关方建立密切合作关系,竭力发挥相关方参与产品质量改进及产品质量危机预控与预警成效评价的积极作用,努力消除产品质量隐患的发生。

　　1. 提高产品质量风险预防能力

　　1)强化产品实现过程质量控制

　　(1)准确全面辨识产品要求信息。企业应规范与实施产品要求识别过程质量控制流程、质量风险预控流程及警情评价,尤其重点完善顾客沟通管理流程,拓宽顾客沟通渠道,准确捕获和辨识、评审、确定市场信息与顾客、法律法规、社会道德要求等方面的信息,时刻关注产品要求信息的动态变化,以敏锐洞察力引领市场需求。同时,应监视与测量产品要求识别结果的准确性、产品要求评审规范性及需求可实现性、相关沟通及时完备性及不符合项,按照不合格与纠正预防措施控制程序,持续提高产品要求识别过程的有效性,确保顾客需求、法律法规要求、社会道德要求等产品要求信息辨识与评审结果更加准确、全面,并与相关方建立良好关系,鼓励顾客参与产品质量改进与创新,与顾客共同挖掘产品要求,及时迭代产品要求。另外,应将产品要求识别与更新结果,及时反馈给产品实现后续四个过程，力推对应职能部门及时根据产品要求变化信息，实施产品设计质量改进与创新、采购与外包策略调整和控制方案改进、生产运作过程参数调整及控制方案改进、客户服务规范及服务提供规范改进，以便消除设计缺陷、提高采购与生产质量，并为顾客提供优质服务，从源头上预防产品质量危机事件的发生。某品牌手机服务质量危机事件的根源在于前期顾客沟通不到位、对服务要求识别不准确，由此佐证了准确全面辨识产品要求信息对提高产品质量风险预防效果、削减产品质量事件发生的有效性与切实可行性。

（2）杜绝产品设计质量隐患。企业应规范与实施产品设计过程质量控制流程、质量风险预控流程及警情评价，依据产品要求信息进行产品设计过程质量改进，提高先进技术利用能力与产品创新能力，强化设计输入、输出与审核、验证、确认过程质量控制，提高产品质量创新的成熟度。同时，监视与测量产品设计与改进流程完备性及设计输入完备性、设计过程控制规范性、设计输出准确性等关键点，及时发现设计过程存在的不符合项，并按照不合格与纠正预防措施控制程序，持续改进产品设计质量，使设计输出超越产品要求。另外，应对产品设计结果进行顾客体验式监视与测量，激励研发人员主动与顾客进行交流与合作，通过增强研发人员追求更高质量改进目标的愿望，实现产品差异化与突破性改进，提高产品原创性与差异性，降低设计质量缺陷的容忍度，提升顾客需求、法律法规要求、社会道德要求的满足程度，杜绝产品设计质量隐患，并邀请顾客、供应商参与产品质量改进与质量创新，提高本企业与供应商倾听顾客需求、响应顾客需求的速度。企业还应组织产品实现四个过程对应职能部门参与产品改进，将产品要求信息完全融入产品设计质量改进与创新过程，及时根据产品设计输出改进结果，规划采购与生产运作质量要求，进行采购与生产运作质量监督控制方案改进、客户服务规范及服务提供规范改进，并在客户服务过程中持续收集产品质量改进需求，以便满足与超越顾客个性化需求，进而预控产品质量危机事件的发生。某品牌汽车车内危害车主健康的挥发性有机物浓度超标事件的根源在于设计输入中的法定要求及顾客潜在要求信息不全面，某品牌汽车制动失灵事件的根源在于设计输出验证及确认不到位，70%以上的轿车质量危机事件源于设计缺陷。某品牌儿童食品梗死事件和某品牌儿童玩具窒息事件的根源在于设计与开发过程没有充分考虑形状、大小和透气性可能导致儿童窒息，由于产品存在设计质量隐患引发产品质量危机事件，给顾客与企业均带来了巨大的损失。某相机品牌质量危机事件源于设计不合格，企业通过产品设计质量改进与创新，并实验验证了设计质量改进的有效性，消除了设计质量隐患。由此佐证了杜绝产品设计质量隐患对提高产品质量风险预控绩效、避免产品质量危机事件发生的有效性与切实可行性。

（3）做好采购与供应商关系管理。企业应规范与实施采购过程质量控制流程、质量风险预控流程及警情评价，尤其应重点规范供应链构建以及供应商的评价与选择、合同管理与驻场监造、采购质量检验，通过对采购需求信息的充分适宜性、合作伙伴评价与选择的规范性、采购过程控制的规范性、交付验收过程控制严谨度等关键点监视与测量，严密跟踪、监督采购与外包质量，及时发现采购与外包过程出现的不合格以及不符合项，采取适宜的纠正预防措施，持续改进采购与外包质量，并强化供应商技术支持与战略合作关系建立，使供应商能够主动配合企业进行产品质量改进与创新，确保采购与外包质量满足设计与生产运作要求，防范采购不合格风险事件的发生。某快餐品牌调料中发现苏丹红成分源于原料采购质量控制不到位；某品牌玩具、乳制品、肉制品质量危机事件的根源在于合作伙伴评价选择与采购质量控制不到位。由此佐证了做好采购与供应商关系管理对提高产品质量风险预控绩效、避免产品质量危机事件发生的有效性与切实可行性。

（4）强化生产运作过程质量控制。企业应规范与实施生产运作过程质量控制流程与过程监督检验流程、质量风险预控流程及警情评价，做好生产运作质量控制，强化产品标识与追溯，并通过对生产过程准备与确认满足度、生产过程参数监控准确性、过程质量属性监测准确性、生产过程及结果质量符合度等关键点监视与测量，及时发现存在的不合格与潜在不合格，采取有效的纠正预防措施控制流程进行质量改进，及时堵塞产品质量漏洞，确保过程质量与产品质量符合要求，杜绝不合格产品的交付。同时，鼓励全体员工不断寻求改进机会，主动参与生产运作过程改进活动，确保生产运作活动满足设计要求及顾客需求，消除产品质量危机根源。某品牌方便面涉嫌铅超标质量危机事件的根源在于生产过程及结果质量符合度处于临界值，而工艺改进与生产过程改进、生产过程准备与确认不到位；某品牌电烤箱使用过程发生火灾事件源于生产工艺无法保障放电电压低于标准规定电压；某品牌轮胎质量危机事件也是源于生产过程物料控制不到位；某药品不良反应事件源于其生产运作过程的衔接质量控制漏洞，从而在药品交叉生产过程产生污染，造成重大的医疗事故；某品牌软体家具质量安全事件源于生产过程监视与测量记录失误，将一批不合格半成品标识为合格品制造并销售，发生严重的家具质量危机事件。由此佐证了强化生产运作过程质量控制对提高产品质量风险预控绩效、避免产品质量危机事件发生的有效性与切实可行性。

（5）高度重视客户服务质量。企业应规范与实施客户服务过程质量控制流程、质量风险预控流程及警情评价，尤其重点完善售前咨询服务、交付过程服务与售后服务质量监督控制流程，构建完善的客户服务系统及顾客满意度评估系统，持续改进与迭代产品营销策略、关系营销策略、顾客营销策略，强化销售服务过程质量控制与经销商服务质量监督，向顾客提供完备的产品信息、选购帮助、支持技术、反馈处理等服务，引导顾客选择满足其个性化需求的产品，减少顾客选择与使用过程出现的不合格，并与渠道成员进行有效沟通，及时响应顾客要求，提高客户服务质量控制能力与顾客满意度，消除客户服务过程质量隐患与顾客投诉事件的发生。同时，应对顾客需求变化及产品改进结果的顾客体验进行实时监测，并通过售前咨询服务结果满足度、交付过程服务结果满足度、交付后续服务结果满足度及顾客投诉满意反馈率等关键指标的监视与测量，及时获取并传递顾客投诉及顾客要求的变化，同时辅之以数据挖掘等信息管理技术，发掘客户服务质量控制能力中的不符合项，及时与顾客进行沟通及服务交互，采取有效改进措施满足不同顾客的个性化需求，提升顾客满意度和顾客忠诚度，以实现顾客价值与企业营利能力的持续提升。牛奶变成了豆腐花、牛奶喝出了胃炎等事件源于企业销售物流控制过程中合格牛奶变异，同时缺乏及时有效的处置机制，导致交付顾客的牛奶不合格；某品牌电脑使用过程出现无法开机、黑屏、花屏等质量问题，而其保修服务未按照三包规定执行；某品牌相机拍照出现黑斑事件、某品牌家电特约售后服务商进行过度维修事件的根源在于交付后服务过程及结果明显背离顾客需求。由此佐证了强化销售过程质量控制及高度重视客户服务质量对避免产品质量危机事件发生的有效性与切实可行性。

2）提升产品质量改进有效性

（1）提高监视与测量准确性。企业应规范与实施监视与测量过程控制流程，密切监视顾客需求变化以及质量管理体系四维空间结构中各过程的质量变化，尤其对产品质量特性、顾客满意程度等进行的准确监视与测量，强化顾客满意程度及时监视率、内部审核完备性、过程监视完备性、产品监视完备性等指标的监控。同时，应做好监视与测量设备流转过程管理与准确度保障，确保所使用的监视与测量系统的不确定度能够满足过程质量和产品质量的计量要求，确保过程质量和产品质量监视与测量的准确性，及时发现产品不合格与质量隐患，以便采取改进措施提高产品质量。

某肉制品公司在动物活体采购抽样检验过程，样本抽样随机性不够，致使被怀疑含食品质量安全风险大的添加剂的动物活体流入生产输入端，最终引发该食品质量隐患事件；某品牌隐形眼镜护理液致顾客感染真菌性角膜炎事件的发酵源于该护理液公司未能及时监测到护理液中的真菌变种以及对使用者的伤害，最终付出了惨痛的代价。由此佐证了提高监视与测量准确性对及时发现产品质量隐患、避免产品质量危机事件发生的有效性与切实可行性。

（2）提升不合格控制严格程度。企业应规范与实施不合格控制流程，强化产品实现过程不合格鉴别、控制、处置、跟踪的严格程度及有效性，及时预测产品实现过程存在的质量隐患及产品不合格的底层原因，消除产品不合格隐患，杜绝不合格产品交付。某肉制品生产商因未能及时处置生产运输过程出现的不合格肉制品，使之流入市场，从而导致部分顾客出现腹泻、呕吐等症状，最终该生产商破产倒闭。由此佐证了提升不合格控制严格程度对及时发现产品质量问题并消除不合格隐患、避免产品质量危机事件发生的有效性与切实可行性。

（3）及时准确挖掘产品质量信息。企业应规范与实施质量信息管理流程，完善质量信息管理系统，规范准确收集、统计、分析、传递与反馈产品实现全过程以及企业质量管理体系监视与测量数据，尤其是产品要求符合性、产品特性及变化趋势、顾客满意程度、供应商及其他相关质量信息，优化数据分析技术与评价方法，提高质量信息分析评价结果的准确性，准确预测产品实现过程中可能存在的质量隐患及产品不合格的底层原因，努力发挥质量信息的价值，评价质量管理体系的有效性及改进需求等，提高循证决策的正确性。某品牌电子产品质量危机事件源于企业没有准确分析及预测产品质量信息，生产过程质量隐患未能及时发现，由此佐证了及时准确挖掘产品质量信息对发现可能存在的质量隐患、消除和避免产品质量危机事件发生的有效性与切实可行性。

（4）强化纠正预防控制程序执行力。企业应规范与实施纠正预防控制流程，结合不合格品控制结果，及时准确分析不合格及潜在不合格的产生原因，制定纠正与预防措施，并对纠正预防措施的实施成效进行跟踪、记录及评价，提高纠正预防措施的适宜性及不符合项关闭度。同时，在质量管理体系文件中固化有效的纠正预防措施，实施产品实现过程符合性与创新性改进，有效预防质量隐患的发生。某品牌汽车变速箱质量安全事件源于该公司在首次出现变速箱故障问题后，未及时制定有效的纠正与预防措施，未能有效防患质量隐患的再次发生，从而导致次年再次发生变速箱质量问题，迫使该企业退出中国市场。由此佐证了强化纠正预防控制程序执行力对及时消除不合格品隐患、关闭不符合项、避免产品质量危机事件发生的有效性与切实可行性。

（5）扎实推进管理评审与管理变革。企业应规范与实施管理评审流程，强化管理评审过程控制，提高管理评审输入完备性、评审过程规范性、改进机会把握准确性，定期和系统地评价质量管理体系的持续适宜性、充分性和有效性，不断寻求质量改进机会，谋求技术创新与管理变革，寻求质量危机管理流程改进空间，及时迭代与更新质量管理体系文件，持续改进质量管理体系有效性和效率，努力响应相关方需求和期望的变化，消除质量隐患。某家电制造企业不断规范管理评审流程，及时寻找与实施质量改进，预防产品实现过程可能出现的质量隐患；某食品不合格事件源于高层管理者未能及时评审质量管理体系的充分性，尤其是产品实现过程及供应链质量控制的适宜性与充分性，致使未发现不同国家法律法规中有关原材料质量特性参数的差异，引起舆论风波及食品销量下跌；某品牌汽车油箱质量危机事件源于该制造商最高管理层通过管理评审，做出有悖于社会伦理价值观的不召回缺陷汽车的决定，最终为之付出了惨痛代价。由此佐证了扎实推进管理评审与管理变革对避免产品质量危机事件发生的有效性与切实可行性。

3）增强企业资源保障能力

（1）确保人力资源满足要求。企业应规范与实施人力资源管理流程，完善人力资源开发与配备规划，强化具备产品实现过程相关知识、能力与意识的创新人才积累，配备掌握产品质量控制及质量危机管理知识、技能的人员，强化员工素质、质量危机管理知识及技能的培训教育，注重员工心理素质、忧患意识、质量管理知识技能等训练，注重质量绩效监督与奖惩，提升质量危机管理意识与能力，并加大创新激励，使员工有能力主动采取措施预防质量危机事件的发生。某药品质量安全事件源于生产相关人员的质量责任意识淡薄，篡改产品质量检验记录，超权限变更工艺控制参数，最终为之付出惨重代价；某轮胎品牌质量事件，是员工能力不足、管理者质量意识与能力欠佳，更多采用加大质量检验力度降低交付不合格品率，导致产品质量危机事件产生的原因没能消除。由此佐证了确保人力资源满足要求对避免产品质量危机事件发生的有效性及可行性。

（2）充分发掘与利用知识资源。企业应构建完整的质量危机预控知识地图，注重员工之间、员工与外部组织的交互学习，提高知识资源获取及时性，不断发掘与利用知识资源，提高知识资源利用能力、技术创新能力及产品原创性与技术成熟度。同时，应提供质量危机管理所需的技术、知识、信息等资源，使员工能够顺利进行质量危机预控知识资源的获取、整合和利用，保障产品实现过程质量改进与创新的顺利实施，促使企业能够基于知识驱动不断追求持续质量改进。某品牌汽车变速箱故障及某品牌手机电池爆炸事件，其原因之一是由于公司知识资源集成创新方面存在不足，产品存在设计缺陷但设计评审、验证实施不到位。由此佐证了充分发掘与利用知识资源对避免产品质量危机事件发生的有效性及可行性。

（3）持续提高设施设备先进性。企业应规范与实施设施设备管理流程，通过加大先期投资，注重产品实现过程所需研发、生产、服务基础设施及过程设备、系统软硬件、监视和测量设备配备与过程管理，提高设施设备先进性与可信性，提高产品实现过程设备、系统软硬件、监视与测量设备的适宜性与先进性，并实施规范的设施设备维护、保养与点检定修，确保设施设备满足产品实现过程质量改进与创新要求，有效预防与消除产品质量危机。某肉制品品牌瘦肉精事件发生后，投巨资配置监视与测量资源，完善监视与测量系统，改善生猪采购源头检验并视频监控采购、生产、交付等过程，同时对外展示纠正预防措施实施效果，消除了消费者等相关方的不信任，由此佐证了持续提高设施设备先进性对提高产品质量风险预控绩效、避免产品质量危机事件发生的有效性及可行性。

（4）强化作业环境监控。企业应规范与实施作业环境控制流程，确保质量控制和质量改进所需的作业环境条件满足要求，并对产品实现过程作业环境的温度、湿度、尘埃等作业环境因素以及生产装置、转运装置达标状况进行严格控制，维持良好的研发试制与生产等作业环境，提高作业环境的安全性、适宜性与舒适度，为员工提升工作效率及工作质量创造良好条件，有效预防与消除产品质量危机。某品牌糖果生产商生产的巧克力，因生产过程可能沾染了沙门氏菌而未及时实施纠正预防措施，导致儿童食用者出现沙门氏菌感染症状，因作业环境控制不到位而引发质量危机，由此佐证了强化作业环境监控对提高产品质量风险预控绩效、避免产品质量危机事件发生的有效性及可行性。

4）提高企业质量文化主导性

（1）提升质量价值观念前瞻性。企业应强化质量法治观念，遵从社会价值观与时代价值观的特征，形成符合社会预期的企业质量价值体系，并作为质量文化建设制度层的依托，对企业文化精神层的质量价值观念进行塑造，塑造崇尚质量的价值取向，提高管理者与员工崇尚质量的价值观与创造顾客价值的行为规范，增强员工主人翁责任感及对企业质量价值观的认同感与社会责任意识，培养对质量意外预警信号敏感的质量文化，促使员工自主进行质量改善活动，绝不容忍产品不合格。同时，应向先进质量价值观念不断靠拢，以此指导员工追求顾客价值最大化的质量行为。某品牌汽车油箱设计质量安全事件发酵于该制造商最高管理层在管理评审过程中，对质量安全隐患消除措施成本与可能发生的顾客伤亡的补偿性赔偿额进行比较分析，进而做出有悖于社会伦理价值观的不召回缺陷汽车的决定，最终为之付出了惨痛代价，由此佐证了提升质量价值观念前瞻性对提高产品质量风险预控绩效、避免产品质量危机事件发生的有效性及可行性。

（2）增强质量危机意识。企业应在人力资源开发中凸显对质量意识的重视程度，强化员工质量忧患意识、社会责任意识、质量行为习惯与质量风险防控技能培训，提高管理层对产品质量危机管理的支持力度，形成对质量意外预警信号敏感的质量文化烙印，持续保持对产品实现过程中的不合格项采取"零容忍"的态度，追求产品质量的完美性，为预防与应对产品质量危机打下坚实的基础。张瑞敏砸毁海尔质量问题冰箱，提升了员工强烈的质量危机意识，而某品牌乳品多次发生质量危机事件，其原因之一就是由于公司"零容忍"的质量文化推广不力，为消费者健康负责的质量安全意识培训不到位，进而未能约束员工的质量行为，最终放任不合格品流通，由此佐证了增强质量危机意识对提高产品质量风险预控绩效、避免产品质量危机事件发生的有效性及可行性。

（3）提高质量战略优先地位。企业应规范与实施战略分析、战略选择、战略实施过程控制流程，提高质量竞争意识、顾客中心意识，在战略目标中凸显质量提升目标，在战略方案中凸显质量的优先地位，在战略实施过程凸显质量的优先控制权限，在战略决策与日常决策过程中遵循质量优先的战略原则，加强管理者质量竞争意识及对产品质量的优先控制权限，为追求卓越质量配备充足的战略资源，加大预防成本与鉴定成本投入，努力消除内外部故障成本。某胶囊质量危机事件发生后，公司以质量优先战略为指导，快速主动召回与检测全部药品，不仅通过信息分析找出了造成恶意投毒的漏洞，还以战略眼光对产品包装进行了设计更改，自己承担了新包装导致的 2.4% 的增加成本，并为已购买该胶囊的消费者及时免费更换新药品，在成功应对产品质量危机事件的同时，体现出了企业强大的社会责任感，由此佐证了提高质量战略优先地位对提高产品质量风险预控绩效、避免产品质量危机事件发生的有效性及可行性。

（4）严格履行产品质量承诺。企业应提高管理者及全体员工的诚信意识，在自身资源条件、质量保障能力与顾客质量需求之间寻求平衡点，并以该平衡点为基础设置顾客可以接受且自身能够实现的产品质量承诺，做出清晰且可行的质量管理承诺，并通过履行管理者的领导作用与垂范作用，确保在产品实现过程中能够给予质量管理工作足够的资源辅助，赋予质量管理人员更多的管理权限，强化产品实现过程质量控制，严格兑现质量管理承诺和对顾客做出的产品质量承诺，并以质量承诺的实现程度作为员工绩效考核的主要评价指标，形成质量守信的文化氛围。某品牌手机爆炸事件导致其市场快速萎缩，原因之一就是企业过分追求市场份额，没有优先重视产品质量承诺的履约风险，放松了监视、测量与风险评估，最终为其带来了巨大的损失，由此佐证了严格履行产品质量承诺对提高产品质量风险预控绩效、避免产品质量危机事件发生的有效性及可行性。

2. 做好产品质量风险预警

1）完善质量危机管理组织结构

企业应完善产品质量危机管理机构，明确产品质量危机管理职责和权限，极细颗粒度划分产品质量危机预控、应对、恢复过程管理责任，赋予管理者产品质量隐患的优先控制权限，建立全方位、全过程覆盖的产品质量危机管理规范与奖惩机制，确保产品质量风险预警有章可循、衔接有序、规范高效，促使全体员工高度重视和扎实推进质量风险预警工作，提高产品质量预控能力及质量风险削减能力。某品牌茶叶企业为强化茶叶种植质量安全风险管控，完善了质量安全风险管理组织结构，构建了质量安全风险管理组织保障体系，制定了绿色食品原料生产技术标准和统一的作业指导书，以及茶叶质量追溯和质量风险预警制度，有效预防了茶叶质量安全风险事件的发生，由此佐证了完善质量危机管理组织结构对及时预警质量风险、避免产品质量危机事件发生的有效性及可行性。

2）提高质量风险预控流程执行力

企业应完善与持续改进产品实现过程质量风险预控流程，极细颗粒度规范质量风险预控作业指导书、技术、方法、工具及质量记录等内容，必要时邀请质量风险管理专家与标杆企业质量管理专家对产品实现过程质量风险预控流程进行评审与改进，确保质量风险预控流程的领先性。同时，应通过产品实现过程质量风险预控流程培训，使相关员工掌握质量风险预控流程及相关作业指导书、技术、方法、工具应用与质量记录控制要求，并通过完善与实施质量监督约束与奖惩机制，提高质量风险预控流程及相关作业指导书、技术、方法、工具及质量记录等执行力，努力使质量风险预控成效达到行业标杆水平。某多晶硅企业为有效预防质量风险，对员工进行质量安全隐患预控流程培训，并组织召开质量例会，对质量隐患关键点进行分析并制定响应对策，同时按月进行质量绩效考核，提升了企业质量风险预控能力，由此佐证了提高质量风险预控流程执行力对及时预警质量风险、避免产品质量危机事件发生的有效性及可行性。

3）健全质量危机预警系统

企业应从质量管理体系范围及产品质量危机影响因素范畴，全面辨识与评价潜在质量风险、质量危机隐患，完善质量风险预警指标及其警情评价方法、质量风险及质量危机应对预案，并及时迭代预警系统中的预警指标及预警阈值，规范预警信息监测、搜集、分析与评估、危机预测与预报流程，提高质量风险预警指标、警情评价方法及质量危机预警系统的先进性与可操作性。同时，通过扩大警情监视的覆盖面及测量范围，强化质量警情信息监测、分析与评估、风险预测与预报，及时准确监测、评估、应对质量隐患，使质量危机预警成效达到行业标杆水平。某品牌饮用水质量安全事件源于相关部门在该品牌饮用水中检测到了痕量的苯，但之前的潜在质量风险辨识与评价并未过多重视该风险，也没有形成相应的应对方案，导致这一潜在质量安全风险预警与应对不及时，质量安全隐患信息披露也不完整，引发顾客强烈不满，市值大跌；某农产品生产基地健全蔬菜质量安全危机预警系统，规范蔬菜质量安全信息收集，运用无线网络远程环境监控技术，对蔬菜种植、加工、存储、运输和销售等环节的质量安全数据进行采集、分析与评估，及时准确检测、评估蔬菜质量安全风险，强化蔬菜质量安全责任追溯管理，有效预防了蔬菜质量安全风险事件的发生，由此佐证了健全质量危机预警系统对及时预警质量风险、避免产品质量危机事件发生的有效性及可行性。

8.3.2　及时有效应对产品质量危机

建议企业采用前述产品质量危机应对过程控制流程与应对过程管理方法，在产品质量危机预控失效时，快速甄别质量危机引发源、界定质量危机情境类型、尽快选择与实施相关方可接受性强的产品质量危机事件应对策略，有效干预与遏制产品质量危机事件的蔓延。同时，应与顾客、经销商、供应商等利益相关方及政府部门、主流媒体、行业专家、消保委、市场质量检测网络等公众相关方建立密切合作关系，及时响应相关方要求，竭力发挥相关方参与产品质量危机应对与应对成效评价的积极作用，有效应对产品质量危机。

1）快速启动质量危机应急预案

企业应完善质量危机应对机制，根据可能发生的产品质量危机事件，制定内容完整规范的质量危机应急预案及缺陷预防方案，采取模拟仿真等方法，对质量危机情景进行预案演练，提高员工质量危机心理素质、质量危机处理技能等，针对每次的演练结果进行持续改进，并定期评审质量危机应急预案，确保其内容的完整规范及措施可行性。企业若无法阻止质量危机发生或阻止失效时，应迅速选择与启动质量危机应急预案，迅速召回不合格产品，采取措施延迟质量危机爆发，干预、防止质量危机事件蔓延，为企业削减质量危机损失争取时间。同时，应提高质量危机沟通能力，减少顾客对质量危机事件的沉浸程度，更多引导顾客将注意力转移到企业所采取的行动与措施上，必要时邀请公众第三方参与质量危机应急预案的实施，消除产品质量危机的危害。某品牌婴幼儿奶粉质量危机发生后，采取回避观望态度是其品牌退出市场的主要原因；某品牌中老年奶粉召回事件源于奶粉部分营养元素与标识不符，企业迅速启动应急预案，召回疑似不合格产品，并召开新闻发布会，表明其问题根源，挽救了企业声誉，由此佐证了快速启动质量危机应急预案对遏制质量危机事件蔓延的明显作用。

2）快速准确评估产品伤害事件

企业应在快速启动应急预案的同时，及时准确调查、搜集产品伤害事件信息，主动进行顾客投诉产品质量参数检测，全面分析、准确判定质量危机事件产生根源及事件发生过程，并积极主动配合多方调查，分析产品伤害事件的受损群体以及个人受损强度、利益相关方及公众相关方的反应程度等，准确分析、评估、预测产品质量危机情境类型、发展趋势，为确定质量危机类型、等级及应对策略的制定提供可靠依据。某品牌轿车后轴纵臂断裂质量事件源于该制造商在顾客投诉产品质量问题后，未准确评估与分析质量事件发生根源及公众相关方的反应程度，进而做出主动召回不补偿的应对策略，引起顾客强烈不满，导致该品牌轿车销量大幅下降，由此佐证了快速准确评估产品伤害事件对及时有效应对产品质量危机、遏制质量危机事件蔓延的明显作用。

3）及时沟通发布质量危机信息

企业应规范质量信息沟通、传播途径，重视与利益相关方、公众相关方的沟通，选定独家代言人，及时召开质量信息发布会，将产品质量危机事件产生根源调查进展、客观分析结果及公司处理危机事件的态度、措施等实时公之于众，态度真诚地传播质量危机相关真实信息，争取顾客、新闻媒体、政府部门、员工等的理解与支持。另外，当媒体不断横向挖掘并跟踪报道与该产品质量危机事件没有直接相关关系的企业其他相关负面信息，使事态可能进一步扩大时，应采取措施引导媒体转移关注重点，严格控制质量危机发展势态，努力消除质量危机的横向涟漪扩散。某品牌相机出现质量问题后反应速度过慢，拒不承认存在的质量问题，导致企业声誉快速下降；某品牌奶粉被发现碘超标后，对外宣称碘超标不会危及食用者身体健康，导致顾客对其信任度大幅下降；某品牌药品含有大量剧毒氰化物事件发生后，公司立即搜集资料，核查事实，并在最短时间内，利用所有可能的信息发布渠道发出事件危害严重的警报，通知停止销售和服用该药品，迅速真实准确地向公众及时发布事件的最新进展与药品质量危机事件调查结果，并通过后续应对策略，有效减轻了对患者带来的危害，挽救了企业声誉，由此佐证了及时沟通发布质量危机信息对遏制质量危机事件蔓延的明显作用。

4）有效实施质量危机应对策略

企业应在快速准确评估产品伤害事件的同时，迅速准确选择与实施可接受性、适用性、可行性强的质量危机事件应对策略，及时沟通质量危机应对信息，快速响应利益相关方与公众相关方的要求，积极主动承担社会责任，对给相关方造成的损失给予应有的赔偿，及时安抚公众受伤害情绪，设法消除顾客的心理障碍，修补与受害者的关系。同时，要确保通过现场指挥、应急联动、跟踪评估等举措，有效控制质量危机事件应对策略的实施效果，并根据质量危机情境类型变化趋势及双向危机沟通反馈结果，实时调整与强化应对策略。另外，企业应邀请第三方权威机构参与质量危机应对，利用第三方检测机构的专业性和权威性发布实时报道，并获取质量危机权威信息，调整与优化应对策略，采取措施降低质量危机损害。某品牌肉制品质量安全事件发生后公开透明接受媒体监督，某品牌饮料中毒事件发生后，公司实时发布事件真实信息，主动承担责任，并实施主动召回溢价补偿策略，逐步挽回了顾客信任，由此佐证了有效实施质量危机应对策略对及时有效应对产品质量危机、遏制质量危机事件蔓延的明显作用。

8.3.3　努力恢复与提升企业质量形象

建议企业采用前述产品质量危机恢复过程管理流程与顾客信任恢复方法，选择与实施适宜的顾客信任恢复策略，有效恢复与增强相关方信任。同时，应与顾客、经销商、供应商等利益相关方及政府部门、主流媒体、行业专家、消保委、市场质量检测网络等公众相关方建立密切合作关系，及时响应相关方要求，竭力发挥相关方参与产品质量改进与顾客信任恢复成效评价的积极作用，有效恢复与提升顾客信任及社会公众等相关方认同程度，恢复与提升企业品牌形象。

1）准确实施顾客信任恢复策略

企业应完善与实施质量危机恢复过程管理流程，依据相关方信任可恢复性评估结果及质量危机应对过程的产品质量危机情境界定结果，从产品质量改进与创新、产品质量危机情境两个维度，准确选择与实施顾客信任恢复策略，并在提供组织保障、人员保障、经费保障、措施保障的基础上，极细颗粒度编制与实施产品质量改进与创新计划以及顾客信任恢复与市场恢复计划。同时，严格监督控制质量危机恢复计划的实施过程及结果，注重与相关方及内部员工的沟通，诚恳接受员工、顾客及其他相关方的建议，实时调整与强化顾客信任恢复策略及市场恢复策略，确保质量改进与创新成果完全满足相关方要求，彻底消除产品质量危机带来的危害与影响，并发掘和利用质量改进与创新机会，重塑企业形象与提升品牌价值，提升产品竞争优势与顾客合作意愿。某快餐食品质量隐患事件发生后，企业以顾客信任恢复为目标，与顾客、媒体、政府等相关方沟通恢复策略与方式，并承诺质量超越顾客需求，使顾客感受到企业责任心，其品牌形象得以快速恢复，由此佐证了准确实施顾客信任恢复策略对恢复与提升企业质量形象、削减质量危机事件影响的积极作用。

2）做好质量危机后评估与整顿

企业应详细调查、分析、总结质量危机发生原因、严重程度及质量危机应急预案、应对策略、恢复策略的实施效果，全面总结质量危机管理经验和教训，明确质量危机管理过程决策及预控、应对、恢复策略与措施存在的不足，做好质量危机管理整顿，并落实整改措施与改进方案，消除质量危机管理漏洞。同时，应界定产品质量危机责任，实施必要的惩戒措施，追究相关部门及人员的责任，提高产品质量责任意识。另外，应建立产品质量危机事件管理档案，将产品质量危机产生根源、应对策略及实施效果等记录在案，以此作为产品质量危机培训教育的案例，并为企业后续预防和处理产品质量危机事件提供借鉴。某品牌食品质量隐患事件发生后，充分总结应对措施实施效果及经验教训，并严格处理质量危机事件中的相关责任人；某品牌乳制品质量危机事件发生后，全面细化质量危机事件发生原因，以此为案例警醒员工提升质量责任意识，提高了质量危机预防及应对能力，由此佐证了做好质量危机后评估与整顿对恢复与提升企业质量形象、削减质量危机事件影响的积极作用。

3）及时迭代质量管理体系文件

企业应及时总结产品质量改进与创新、顾客信任恢复及市场恢复策略实施效果、管理变革执行效果，分析质量管理成熟度提升空间与质量管理体系改进机会，按照卓越绩效评价准则、质量管理自我评价工具，重点从企业质量管理体系四维空间结构组成要素与质量管理体系有效性提升过程及结果方面进行自我评价，将有效性显著的改进与创新成果及时迭代到质量管理体系文件中，健全质量管理体系与质量危机管理流程，提升质量管理成熟度，进而预防产品质量事件的发生与蔓延。某品牌儿童滑板车安全质量事件发生后，企业及时进行产品质量改进，并以此为契机及时完善质量管理体系文件，重新制定了儿童滑板车标准与产品检测技术规范，以提升企业质量管理成熟度，由此佐证了及时迭代质量管理体系文件对恢复与提升企业质量形象、预防质量危机事件再次发生的积极作用。

8.4　本章小结

本章从提升产品质量危机使能因子及有效实施质量危机管理流程视角，采用探索性因子分析法，发掘出了产品质量危机管理整体对策，提出了产品质量危机管理对策建议。建议企业根据自身所在行业特征，结合适合本企业特征的产品质量危机成功预控的关键因素，选择与实施符合自身特点的产品质量危机管理对策，提升自身质量危机管理绩效。

1. 本章主要内容

在进行产品质量危机管理对策研究文献分析基础上，提取出 7 个质量危机管理对策公因子，并将其命名为强化产品实现过程质量控制、提升产品质量改进有效性、增强企业资源保障能力、提高企业质量文化主导性、做好产品质量风险预警、及时有效应对产品质量危机、努力恢复与提升企业质量形象，形成了产品质量危机预控、应对、恢复全过程 28 个管理对策，并阐释了 28 个产品质量危机管理对策建议，以期为提高企业产品质量危机管理水平提供借鉴。

2. 本章主要贡献

本章提出了 5 个方面、21 个产品质量危机预控对策；4 个及时有效应对产品质量危机的对策；3 个努力恢复与提升企业质量形象的对策。

产品质量危机管理对策贯穿于质量危机预控、应对、恢复全过程，其预控对策尤为重要，它更多与产品实现过程质量控制能力及企业资源保障能力、质量改进有效性、企业质量文化主导性对应，企业应始于产品质量危机 4 个内部影响因子尤其是产品实现过程质量风险的预防与预警、终于质量危机管理对策实施，通过闭路良性循环，杜绝产品质量危机事件的发生。一旦质量危机事件发生，应立即启动应急预案，并及时有效应对产品质量危机，同时按照质量危机恢复过程管理流程，消除质量危机事件对相关方的影响，努力恢复与提升企业质量形象。

3. 本章创新之处

本章成果与国内外同类技术相比，主要学术创新体现如下：

针对产品质量危机管理对策的发掘不足，从提升产品质量危机使能因子及有效实施质量危机管理流程视角，系统发掘出了 28 个产品质量危机预控、应对、恢复过程管理对策。

以往研究更多从不同视角定性提出与描述产品质量危机过程管理对策，也有研究采用案例分析来进行一定的实证尝试，但较少通过实证研究全面发掘产品质量危机管理对策。

本章采用探索性因子分析法，发掘出了产品质量危机管理整体对策，综合产品质量危机影响因素及其作用机理研究结论，阐释了产品质量危机管理对策建议，克服了以往研究中偏重根据经验进行定性描述、缺乏实证研究支撑不足的困难。

参 考 文 献

[1] Siomkos G J, Kurzbard G. The hidden crisis in product harm crisis management[J]. European Journal of Marketing, 1994, 28（2）: 30-41.

[2] 王风雷. 出版产品质量危机公关与不合格产品召回制度[J]. 中国编辑, 2011,（3）: 80-82.

[3] 李淑惠. 对质量危机管理的研究[J]. 西安财经学院学报, 2009, 22（2）: 87-90.

[4] 魏虹, 陈传明. 质量危机下中国企业的问题分析及应对思路[J]. 现代管理科学, 2011,（7）: 3-5.

[5] 崔保军. 食品行业产品伤害危机的社会危害与政府治理机制更新[J]. 华东理工大学学报（社会科学版）, 2015, 30（1）: 37-47.

[6] 鲁晓明. 论惩罚性赔偿在我国侵权责任法上的适用[J]. 法学杂志, 2009, 30（9）: 74-77.

[7] Kumar V, Ekwall D. Macro-Scale indicators based analysis of textile product recalls in the EU[R]. Nofoma 2016-Proceedings of the 28th Annual Nordic Logistics Research Network Conference, 2016.

[8] Zhang L, Chao P. Social media as a platform for understanding consumer concerns in product harm crises and designing crisis management strategies in China[R]. 4th International Conference on Contemporary Marketing Issues, 2016.

[9] Beatty R, Lu H, Luo W. The market for "lemons": a study of quality uncertainty and the market mechanism for Chinese firms listed in the US[C]//Social Sciences and Humanities Research Council of Canada and National Natural Science Foundation of China. Working Paper, 2014: 1-56.

[10] Dawar N, Pillutla M M. Impact of product-harm crises on brand equity: the moderating role of consumer expectations[J]. Journal of Marketing Research, 2000, 37（2）: 215-226.

[11] Hsu L, Lawrence B. The role of social media and brand equity during a product recall crisis: a shareholder value perspective[J]. International Journal of Research in Marketing, 2016, 33（1）: 59-77.

[12] Reardon T, Farina E. The rise of private food quality and safety standards: illustration from Brazil[J]. International Food and Agribusinesss Management Review, 2002, 4（4）:

413-421.

[13] Cleeren K, Dekimpe M G, van Heerde H J. Marketing research on product-harm crises: a review, managerial implications, and an agenda for future research[J]. Journal of the Academy of Marketing Science, 2017, 45（5）: 593-615.

[14] Fynes B, Voss C, de Búrca S. The impact of supply chain relationship quality on quality performance[J]. International Journal of Production Economics, 2005, 96（3）: 339-354.

[15] Su Q, Song Y T, Li Z, et al. The impact of supply chain relationship quality on cooperative strategy[J]. Journal of Purchasing and Supply Management, 2008, 14（4）: 263-272.

[16] 温德成. 产品质量竞争力及其构成要素研究[J]. 世界标准化与质量管理, 2005,（6）: 4-8.

[17] 何非, 齐善鸿. 利益相关者共同参与多视角解决产品质量问题[J]. 科学学与科学技术管理, 2009, 30（5）: 158-162, 193.

[18] Nair A. Meta-analysis of the relationship between quality management practices and firm performance — implications for quality management theory development[J]. Journal of Operations Management, 2006, 24（6）: 948-975.

[19] da Cunha C, Agard B, Kusiak A. Data mining for improvement of product quality[J]. International Journal of Production Research, 2006, 44（18/19）: 4027-4041.

[20] 吴明隆. 问卷统计分析实务——SPSS 操作与应用[M]. 重庆: 重庆大学出版社, 2010.

[21] 刘书庆, 吴维娜, 苏秦. 科技成果产业化协同设计绩效影响因子实证研究[J]. 研究与发展管理, 2013, 25（1）: 115-125.

[22] Chen J Y, Damanpour F, Reilly R R. Understanding antecedents of new product development speed: a meta-analysis[J]. Journal of Operations Management, 2010, 28（1）: 17-33.

[23] 刘长全, 刘玉满, 李静, 等. 新西兰奶业质量管理体系考察及对中国的启示[J]. 经济研究参考, 2014,（51）: 27-38.

[24] Awan G R. A strategic approach to overcome issues of product quality in developing countries[Z]. Proceedings E-book Ⅱ, 2016.

[25] Liu Y, Wu S. Quality culture management model of Chinese manufacturing enterprises: a grounded theory study[R]. UKSim-AMSS 20th International Conference on Computer Modelling and Simulation, 2018.

[26] Schniederjans D, Khalajhedayati M. Product recall strategy in the supply chain: utility and culture[J]. International Journal of Quality & Reliability Management, 2020, 38（1）: 195-212.

[27] 刘书庆, 营巍, 曹钧. 产品质量危机影响因素实证研究[J]. 工业工程, 2015,

18（1）：110-118，127.

[28] Colledani M, Tolio T, Fischer A, et al. Design and management of manufacturing systems for production quality[J]. CIRP Annals-Manufacturing Technology, 2014, 63（2）：773-796.

[29] Ofek E, Sarvary M. Leveraging the customer base：creating competitive advantage through knowledge management[J]. Management Science, 2001, 47（11）：1441-1456.

[30] Savino M M, Apolloni S, Ouzrout Y. Product quality pointers for small lots production：a new driver for quality management systems[J]. International Journal of Product Development, 2008, 5（1/2）：199-211.

[31] Jiang R, Murthy D N P. Impact of quality variations on product reliability[J]. Reliability Engineering & System Safety, 2009, 94（2）：490-496.

[32] Goffin K, Lemke F, Szwejczewski M. An exploratory study of "close" supplier-manufacturer relationships[J]. Journal of Operations Management, 2006, 24（2）：189-209.

[33] Aboelmaged M G. Reconstructing six Sigma barriers in manufacturing and service organizations[J]. International Journal of Quality & Reliability Management, 2011, 28（5）：519-541.

[34] 胡振华，黎春秋，熊勇清. 基于"AHP-IE-PCA"组合赋权法的战略性新兴产业选择模型研究[J]. 科学学与科学技术管理，2011, 32（7）：104-110.

[35] 柯孔林，黄继鸿. 集值统计在高技术项目投资风险评价中的应用[J]. 科技进步与对策，2005, 22（10）：83-85.

[36] 周洋，侯淑婧，宗科. 基于主成分分析方法的生态经济效益评价[J]. 统计与决策，2018, 34（1）：66-69.

[37] 杜诗雨，齐佳音. 基于主成分分析的微博话题影响指数评价研究[J]. 情报杂志，2014, 33（5）：129-135.

[38] Samra Y M, Zhang H S, Lynn G S, et al. Crisis management in new product development：a tale of two stories[J]. Technovation, 2019, 88：102038.

[39] Zhou Z Z, Johnson M E. Quality risk ratings in global supply chains[J]. Production and Operations Management, 2014, 23（12）：2152-2162.

[40] Duffie N, Chehade A, Athavale A. Control theoretical modeling of transient behavior of production planning and control：a review[J]. Procedia CIRP, 2014, 17：20-25.

[41] Sivakumar K, Li M, Dong B B. Service quality：the impact of frequency, timing, proximity, and sequence of failures and delights[J]. Journal of Marketing, 2014, 78（1）：41-58.

[42] Gijsenberg M J, van Heerde H J, Verhoef P C . Losses loom longer than gains：modeling the impact of service crises on perceived service quality over time[J]. Journal of Marketing

Research, 2015, 52（5）: 642-656.

[43] Agus A, Hassan Z. Enhancing production performance and customer performance through total quality management（TQM）: strategies for competitive advantage[J]. Procedia Social and Behavioral Sciences, 2011, 24（9）: 1650-1662.

[44] 刘书庆, 连斌, 董丽娜. 产品质量危机影响因素相互作用关系实证研究[J]. 系统管理学报, 2015, 24（2）: 243-253.

[45] Rodríguez-Pinto J, Rodríguez-Escudero A I, Gutiérrez-Cillán J. How market entry order mediates the influence of firm resources on new product performance[J]. Journal of Engineering and Technology Management, 2012, 29（2）: 241-264.

[46] Jozsef B, Blaga P. A more efficient production using quality tools and human resources management [J]. Procedia Economics & Finance, 2012, 3: 681-689.

[47] Ahmad S, Schroeder R G, Sinha K K . The role of infrastructure practices in the effectiveness of JIT practices: implications for plant competitiveness[J]. Journal of Engineering and Technology Management, 2003, 20（3）: 161-191.

[48] 刘书庆, 高媛. 资源保障性对产品实现过程质量影响实证研究[J]. 系统管理学报, 2018, 27（5）: 895-903.

[49] Wu W Y, Tsai C C, Fu C S . The relationships among internal marketing, job satisfaction , relationship marketing , customer orientation , and organizational performance: an empirical study of TFT-LCD companies in Taiwan[J]. Human Factors and Ergonomics in Manufacturing & Service Industries, 2013, 23（5）: 436-449.

[50] Manzini E. Design culture and dialogic design[J]. Massachusetts Institute of Technology, 2016, 32（1）: 52-59.

[51] Pemer F, Sieweke J, Werr A, et al. The cultural embeddedness of professional service purchasing—a comparative study of german and swedish companies[J]. Journal of Purchasing and Supply Management, 2014, 20（4）: 273-285.

[52] Fotopoulos C B, Psomas E L. The impact of "soft" and "hard" TQM elements on quality management results[J]. International Journal of Quality & Reliability Management, 2009, 26（2）: 150-163.

[53] Voss G B, Voss Z G. Strategic orientation and firm performance in an artistic environment[J]. Journal of Marketing, 2000, 64（1）: 67-83.

[54] Gambi L N, Gerolamo M C, Carpinetti L C R. A theoretical model of the relationship between organizational culture and quality management techniques[J]. Procedia Social and Behavioral Sciences, 2013, 81（2）: 334-339.

[55] 中华人民共和国国家质量监督检验检疫总局. GB/T 19001—2016 质量管理体系要求[S]. 中国标准出版社, 2017.

[56] Choi Y M. Utilizing end user input in early product development[J]. Procedia

Manufacturing，2015，3：2244-2250.

[57] 王晓暾，熊伟. 基于改进灰色预测模型的动态顾客需求分析[J]. 系统工程理论与实践，2010，30（8）：1380-1388.

[58] 马钦海，李艺. 服务消费顾客满意与顾客忠诚关系调节因素的实证研究[J]. 管理科学，2007，20（5）：48-59.

[59] Fynes B，de Búrca S. The effects of design quality on quality performance[J]. International Journal of Production Economics，2005，96（1）：1-14.

[60] Wilkinson C R，de Angeli A. Applying user centred and participatory design approaches to commercial product development[J]. Design Studies，2014，35（6）：614-631.

[61] 刘书庆，刘杰. 采购过程质量危机预防与预警模型研究[J]. 工业工程与管理，2014，19（5）：31-42.

[62] Lotfi Z，Sahran S，Mukhtar M，et al. The relationships between supply chain integration and product quality[J]. Procedia Technology，2013，11（1）：471-478.

[63] 刘书庆，刘杰，刘佳，等. 生产运作过程质量危机预防与预警模型[J]. 系统管理学报，2017，26（4）：787-798.

[64] Law A K Y，Ennew C T，Mitussis D. Adoption of customer relationship management in the service sector and its impact on performance[J]. Journal of Relationship Marketing，2013，12（4）：301-330.

[65] 苏秦，李钊，徐翼. 基于交互模型的客户服务质量与关系质量的实证研究[J]. 南开管理评论，2007，10（1）：44-49.

[66] Maxham J G，Netemeyer R G. A longitudinal study of complaining customers' evaluations of multiple service failures and recovery efforts[J]. Journal of Marketing，2002，66（4）：57-71.

[67] 中华人民共和国国家质量监督检验检疫总局. GB/T 19580—2012 卓越绩效评价准则[S]. 中国标准出版社，2012.

[68] Murthy D N P，Rausand M，Virtanen S. Investment in new product reliability[J]. Reliability Engineering & System Safety，2009，94（10）：1593-1600.

[69] 狄国强，曾华艺，勒中坚，等. 网络舆情事件的系统动力学模型与仿真[J]. 情报杂志，2012，31（8）：12-20.

[70] 刘书庆，董丽娜. 质量改进有效性对产品实现过程影响实证研究[J]. 工业工程与管理，2014，19（6）：12-21.

[71] 吴明隆. 结构方程模型——AMOS 的操作与应用[M]. 重庆：重庆大学出版社，2010.

[72] Lai X，Xie M，Tan K C，et al. Ranking of customer requirements in a competitive environment[J]. Computers & Industrial Engineering，2008，54（2）：202-214.

[73] Wankhade L，Dabade B M. Analysis of quality uncertainty due to information

asymmetry[J]. International Journal of Quality & Reliability Management, 2006, 23（2）: 230-241.

[74] Lee C K M, Lau H C W, Yu K M, et al. Development of a dynamic data interchange scheme to support product design in agile manufacturing[J]. International Journal of Production Economics, 2004, 87（3）: 295-308.

[75] Gelderman C J, Semeijn J. Managing the global supply base through purchasing portfolio management[J]. Journal of Purchasing and Supply Management, 2006, 12（4）: 209-217.

[76] Facco P, Masiero A, Beghi A. Advances on multivariate image analysis for product quality monitoring[J]. Journal of Process Control, 2013, 23（1）: 89-98.

[77] Feng T W, Wang D, Prajogo D. Incorporating human resource management initiatives into customer services: empirical evidence from Chinese manufacturing firms[J]. Industrial Marketing Management, 2014, 43（1）: 126-135.

[78] Hall J, Matos S, Silvestre B, et al. Managing technological and social uncertainties of innovation: the evolution of Brazilian energy and agriculture[J]. Technological Forecasting & Social Change, 2011, 78（7）: 1147-1157.

[79] Raspotnig C, Opdahl A. Comparing risk identification techniques for safety and security requirements[J]. The Journal of Systems and Software, 2013, 86（4）: 1124-1151.

[80] 吴伟伟, 邓强, 于渤. 技术能力对新产品开发绩效的影响: 以技术管理为调节变量[J]. 科学学研究, 2010, 28（3）: 429-435.

[81] 刘书庆, 吴维娜, 苏秦. 科技成果产业化产品试制绩效影响因子实证研究[J]. 科技进步与对策, 2013, 30（2）: 19-25.

[82] Kenne J P, Nkeungoue L J. Simultaneous control of production, preventive and corrective maintenance rates of a failure-prone manufacturing system[J]. Applied Numerical Mathematics, 2008, 58（2）: 180-194.

[83] González-Benito J, da Rocha D R, Queiruga D. The environment as a determining factor of purchasing and supply strategy: an empirical analysis of Brazilian firms[J]. International Journal of Production Economics, 2010, 124（1）: 1-10.

[84] Groenland E A G. Qualitative research to validate the RQ-dimensions[J]. Corporate Reputation Review, 2002, 4（4）: 308-315.

[85] Stefanou C J, Sarmaniotis C, Stafyla A. CRM and customer-centric knowledge management: an empirical research[J]. Business Process Management Journal, 2003, 9（5）: 617-634.

[86] Khodakarami F, Chan Y E. Exploring the role of customer relationship management （CRM）systems in customer knowledge creation[J]. Information & Management, 2014, 51（1）: 27-42.

[87] Spithoven A, Teirlinck P. Internal capabilities, network resources and appropriation mechanisms as determinants of R&D outsourcing[J]. Research Policy, 2015, 44（3）: 711-725.

[88] 黄亦潇, 邵培基. 基于客户生命周期的客户知识价值变化趋势实证研究[J]. 系统管理学报, 2007, 16（4）: 390-394, 400.

[89] Jabrouni H, Kamsu-Foguem B, Geneste L, et al. Continuous improvement through knowledge-guided analysis in experience feedback[J]. Engineering Applications of Artificial Intelligence, 2011, 24（8）: 1419-1431.

[90] 刘书庆, 许妍. 资源保障性对质量改进有效性影响实证研究[J]. 生产力研究, 2015,（5）: 121-123.

[91] Haridy S, Wu Z, Lee K M, et al. Optimal average sample number of the SPRT chart for monitoring fraction nonconforming[J]. European Journal of Operational Research, 2013, 229（2）: 411-421.

[92] Musulin E, Roda F, Basualdo M. A knowledge-driven approach for process supervision in chemical plants[J]. Computers & Chemical Engineering, 2013, 59: 164-177.

[93] 中华人民共和国国家质量监督检验检疫总局. GB/T 32230—2015 企业质量文化建设指南[S]. 中国标准出版社, 2016.

[94] 刘冰峰. 基于知识共享的企业文化整合与价值观构建[J]. 企业经济, 2013, 32（3）: 22-26.

[95] Aboelmaged M G. Linking operations performance to knowledge management capability: the mediating role of innovation performance[J]. Production Planning & Control, 2014, 25（1）: 44-58.

[96] 中华人民共和国国家质量监督检验检疫总局. GB/T 19000—2016 质量管理体系基础和术语[S]. 中国标准出版社, 2017.

[97] Kapala A, Minta S, Tańska-Hus B. Selected quality signs of food products in Poland, legal and economic aspects[J]. Journal of Agribusiness and Rural Development, 2016, 2（40）: 281-288.

[98] Hofmann A, Oldehaver G. Vertically linked industries, product quality and minimum quality standards[J]. German Economic Review, 2015, 17（1）: 92-103.

[99] Zhao L, Wang C W, Gu H Y, et al. Market incentive, government regulation and the behavior of pesticide application of vegetable farmers in China[J]. Food Control, 2018, 85（3）: 308-317.

[100] Vatamanescu E M, Nistoreanu B G, Mitan A. Competition and consumer behavior in the context of the digital economy[J]. Amfiteatru Economic, 2017, 19（45）: 354-366.

[101] Zhang J J, Mei Q, Liu S X, et al. Study on the influence of government intervention on the occupational health and safety（OHS）services of small-and medium-sized

enterprises（SMEs）[J]. BioMed Research International，2018，（3）：1-15.

[102] 温小琴，胡奇英. 基于质量意识和工艺创新的供应链质量决策[J]. 管理科学学报，2018，21（2）：80-90.

[103] Plambeck E L，Taylor T A. Testing by competitors in enforcement of product standards[J]. Management Science，2019，65（4）：1735-1751.

[104] 程宏伟，冯茜颖，赵平飞. 资源控制权、和谐产业链与声誉危机治理——以乳品产业链为例[J]. 中国工业经济，2009，（4）：127-136.

[105] Wei W，Hu X，Li Y P，et al. Integrating nonmarket and market action，response，and initiating firm performance in competitive dynamics[J]. Management Decision，2015，53（3）：512-532.

[106] 张弛. 论生产、销售伪劣产品罪与《食品安全法》之衔接——福喜事件若干问题钩沉[J]. 中国刑事法杂志，2017，（3）：51-65.

[107] 王宇，汤家红，魏守华. 提高最低质量标准真的能够增进社会福利吗[J]. 经济理论与经济管理，2018，（9）：64-72.

[108] 黎晓武，郭兆羚，钟筱红. 对企业产品质量国家标准偏低的法律思考[J]. 企业经济，2015，34（10）：184-188.

[109] Ortega D L，Wang H H，Olynk N J，et al. Chinese consumers' demand for food safety attributes：a push for government and industry regulations[J]. American Journal of Agricultural Economics，2011，94（2）：489-495.

[110] 彭建仿. 农产品质量安全机制溯源：供应链关系优化导向——龙头企业与农户共生视角[J]. 中央财经大学学报，2014，（3）：91-97.

[111] Jia C H，Jukes D. The national food safety control system of China—a systematic review[J]. Food Control，2013，32（1）：236-245.

[112] 王彩霞. 政府监管失灵、公众预期调整与低信任陷阱——基于乳品行业质量监管的实证分析[J]. 宏观经济研究，2011，（2）：31-35，51.

[113] Sangshetti J N，Deshpande M，Zaheer Z，et al. Quality by design approach：regulatory need[J]. Arabian Journal of Chemistry，2017，10（3）：412-425.

[114] 彭泗清,李兰,潘建成,等. 中国企业家成长20年:能力、责任与精神——2013·中国企业家队伍成长20年调查综合报告[J]. 管理世界，2014，（6）：19-38.

[115] Athanasopoulou P，Giovanis A N，Avlonitis G J. Marketing strategy decisions for brand extension success[J]. Journal of Brand Management，2015，22（6）：487-514.

[116] 孙立，何佳讯. 国家品牌战略、企业制度性行为与品牌资产——中国乳业市场的证据[J]. 经济管理，2019，41（4）：142-157.

[117] Inderst R，Ottaviani M. Sales talk，cancellation terms and the role of consumer protection[J]. The Review of Economic Studies，2013，80（3）：1002-1026.

[118] Prasad S，Tata J. The role of socio-cultural，political-legal，economic，and educational

dimensions in quality management[J]. International Journal of Operations & Production Management，2003，23（5）：487-521.

[119] 叶传盛，陈传明. 组织学习对创业者社会资本与绩效的中介机制：以环境复杂性为调节变量[J]. 科技进步与对策，2019，36（17）：11-19.

[120] 隋静，和金生，于建成. 质量管理过程知识创新研究[J]. 科学学与科学技术管理，2010，31（9）：115-120.

[121] Brach S，Walsh G，Shaw D. Sustainable consumption and third-party certification labels：consumers' perceptions and reactions[J]. European Management Journal，2017，36（2）：254-265.

[122] 龚强，成酩. 产品差异化下的食品安全最低质量标准[J]. 南开经济研究，2014，（1）：22-41.

[123] Lim S，Prakash A . From quality control to labor protection：ISO 9001 and workplace safety，1993—2012[J]. Global Policy，2017，8（S3）：66-77.

[124] Wang C，Chen Y H，He X G. Quality regulation and competition in China's milk industry[J]. Custos e Agronegocio on Line，2015，11（1）：128-141.

[125] Sultan S，Zaheer H A，Waheed U，et al. Internal quality control of blood products：an experience from a tertiary care hospital blood bank from southern Pakistan[J]. Journal of Laboratory Physicians，2018，10（1）：64-67.

[126] Smirnova O，Yusuf J E，Leland S. Managing for performance：measurement and monitoring of contracts in the transit industry[J]. Journal of Public Procurement，2016，16（2）：208-242.

[127] Tao F，Cheng J F，Qi Q L，et al. Digital twin-driven product design，manufacturing and service with big data[J]. The International Journal of Advanced Manufacturing Technology，2018，94（9）：3563-3576.

[128] 于涛，刘长玉. 政府与生产企业间产品质量问题博弈分析[J]. 山东大学学报（哲学社会科学版），2014，（2）：63-69.

[129] 方伟，梁俊芬，林伟君，等. 食品企业质量控制动机及"优质优价"实现状态分析——基于 300 家国家级农业龙头企业调研[J]. 农业技术经济，2013,（2）:112-120.

[130] 秦星红，苏强，洪志生. 考虑顾客期望与质量成本的网购物流服务供应链的竞争合作策略研究[J]. 管理工程学报，2019，33（3）：136-146.

[131] 张红霞，安玉发. 食品质量安全信号传递的理论与实证分析[J]. 经济与管理研究，2014，（6）：123-128.

[132] Oke A，Prajogo D I，Jayaram J. Strengthening the innovation chain：the role of internal innovation climate and strategic relationships with supply chain partners[J]. Journal of Supply Chain Management，2013，49（4）：43-58.

[133] 熊伟，孙林岩，李一，等. 供应商和客户参与对供应链绩效的影响[J]. 工业工程

与管理，2014，19（2）：1-8.

[134] Djelassi S，Decoopman I. Customers' participation in product development through crowdsourcing: issues and implications[J]. Industrial Marketing Management，2013，42（5）：683-692.

[135] Barnes B R，Morris D S. Revising quality awareness through internal marketing: an exploratory study among French and English medium-sized enterprises[J]. Total Quality Management，2000，11（6）：473-483.

[136] 张星久，闫帅. 文化传统、制度创新与日本的"质量奇迹"[J]. 宏观质量研究，2013，1（2）：10-18.

[137] Wong C W Y，Lai K，Lun Y H V，et al. A study on the antecedents of supplier commitment in support of logistics operations[J]. International Journal of Shipping and Transport Logistics，2012，4（1）：5-16.

[138] 徐静，姚冠新，周正嵩，等. 质量承诺对农产品供应链企业财务绩效影响的实证研究[J]. 工业工程与管理，2015，20（4）：123-129.

[139] 魏华，王勇，邓仲华. 基于消费者感知的网购物流服务质量测评[J]. 中国流通经济，2016，30（1）：88-94.

[140] Cheng C C J. Sustainability orientation, green supplier involvement, and green innovation performance: evidence from diversifying green entrants[J]. Journal of Business Ethics，2018，161（2）：393-414.

[141] 边志强，周彬. 用市场换外资技术:靠优惠税率还是靠公平竞争?[J]. 现代财经（天津财经大学学报），2018，38（5）：42-54.

[142] Subramanian N，Gunasekaran A，Abdulrahman M D，et al. Out-in, in-out buyer quality innovation pathways for new product outcome: empirical evidence from the Chinese consumer goods industry[J]. International Journal of Production Economics，2019，207：183-194.

[143] Liu X Y，Huang Q H，Dou J S，et al. The impact of informal social interaction on innovation capability in the context of buyer-supplier dyads[J]. Journal of Business Research，2017，78：314-322.

[144] Auer R A，Chaney T，Sauré P. Quality pricing-to-market[J]. Journal of International Economics，2018，110：87-102.

[145] Deci E L，Olafsen A H，Ryan R M. Self-determination theory in work organizations: the state of a science[J]. Annual Review of Organizational Psychology and Organizational Behavior，2017，4（1）：19-43.

[146] Kozlovskiy V，Aydarov D. System of customer satisfaction monitoring by new cars in view of perceived quality[J]. Quality-Access to Success，2017，18（161）：54-58.

[147] Hazen B T，Skipper J B，Ezell J D，et al. Big data and predictive analytics for supply

chain sustainability: a theory-driven research agenda[J]. Computers & Industrial Engineering, 2016, 101: 592-598.

[148] Wirtz J, Kum D, Lee K S. Should a firm with a reputation for outstanding service quality offer a service guarantee?[J]. Journal of Services Marketing, 2000, 14（6）: 502-512.

[149] 纪雪洪, 陈志祥, 孙道银. 供应商参与、专用性投资与新产品开发绩效关系研究[J]. 管理评论, 2015, 27（3）: 96-104.

[150] Stake J. Evaluating quality or lowest price: consequences for small and medium-sized enterprises in public procurement[J]. The Journal of Technology Transfer, 2017, 42（5）: 1143-1169.

[151] Sun L B, Guo S S, Li Y B, et al. Application of quality early warning system base on web form design[J]. Advanced Materials Research, 2011, 201/203: 1553-1557.

[152] Hu H J, Wei Y H, Zhou Y . Product-harm crisis intelligent warning system design based on fine-grained sentiment analysis of automobile complaints[J]. Complex & Intelligent Systems, 2021,（9）: 1-8.

[153] Xiao X, Jiang W, Luo J W. Combining process and product information for quality improvement[J]. International Journal of Production Economics, 2019, 207: 130-143.

[154] Fan X. Study on quality and safety trust early warning of dairy products based on statistical process control[J]. Asian Agricultural Research, 2017, 9（10）: 63-67, 71.

[155] Hu X L, Liu D, Jiang Q. The crisis early warning of the quality of supply chain based on rough set&feature weighted support vector machine[J]. MATEC Web of Conferences, 2017, 119: 01039.

[156] 曾欣平, 吕伟, 刘丹. 基于供应链和可拓物元模型的乳制品企业食品质量安全风险预警研究[J]. 安全与环境工程, 2019, 26（3）: 145-151.

[157] 刘书庆, 苏秦, 王志强. 科技成果产业化目标市场顾客需求识别与评审模型研究[J]. 科技进步与对策, 2011, 28（23）: 33-38.

[158] 刘爱东, 赵金玲. 政府投资公共工程绩效审计评价指标研究——来自问卷调查的经验证据[J]. 审计与经济研究, 2010, 25（3）: 31-38.

[159] 周晓光. 基于熵权的模糊物元决策[J]. 系统管理学报, 2009, 18（4）: 454-458.

[160] 张晓平. 基于贴近度的模糊综合评判结果的集化[J]. 山东大学学报（理学版）, 2004, 39（2）: 25-29.

[161] 刘书庆, 白静涛, 张向东. 开发类科研院所高层管理者年度绩效考核方案设计[J]. 科研管理, 2006, 27（2）: 1-8.

[162] Li H T, Yang B, Wang W, et al. Resource conflict resolution strategy in collaborative design environment[J]. Advanced Materials Research, 2012, 542/543: 255-260.

[163] Petersen K J, Handfield R B, Ragatz G L. Supplier integration into new product

development：coordinating product, process and supply chain design[J]. Journal of Operations Management, 2005, 23（3/4）：371-388.

[164] Bailetti J, Callahan R . Coordination at different stages of the product design process[J]. R & D Management, 1998, 28（4）：237-247.

[165] Park M, Kim J J Y, Kwon K M, et al. Process control and economic cost design for total quality management[J]. Total Quality Management & Business Excellence, 2017, 28（7/8）：858-878.

[166] Choi Y, Bunse C. Design verification in model-based μ-controller development using an abstract component[J]. Software and Systems Modeling, 2011, 10（1）：91-115.

[167] Mohammadian S H, Ait-Kadi D . Design stage confirmation of lifetime improvement for newly modified products through accelerated life testing[J]. Reliability Engineering & System Safety, 2010, 95（8）：897-905.

[168] Kifor C V, Oprean C, Banciu D D M . Intelligent system for assisting decisions in advanced product and process planning and design[J]. Studies in Informatics & Control, 2009, 18（3）：247-254.

[169] Braga G K. Complaint handling in pharmaceutical companies[J]. The Quality Assurance Journal, 2007, 11（1）：16-21.

[170] 中华人民共和国国家市场监督管理总局，国家标准化管理委员会. GB/T17989. 2-2020 控制图第 2 部分：常规控制图[S]. 中国标准出版社，2020.

[171] Ebadi M, Shahriari H . A process capability index for simple linear profile[J]. The International Journal of Advanced Manufacturing Technology, 2013, 64(5/8)：857-865.

[172] Liu S Q, Su Q, Li P. Research on the quality stability evaluation and monitoring based on the pre-control chart[J]. International Journal of Quality & Reliability Management, 2014, 31（9）：966-982.

[173] Saaty T L. Decision-making with the AHP：why is the principal eigenvector necessary[J]. European Journal of Operational Research, 2003, 145（1）：85-91.

[174] 李泓泽，郭森，唐辉，等. 基于改进变权物元可拓模型的电能质量综合评价[J]. 电网技术，2013, 37（3）：653-659.

[175] Smith A M, Fischbacher M, Wilson F A . New service development：from panoramas to precision[J]. European Management Journal, 2007, 25（5）：370-383.

[176] Gebauer H, Edvardsson B, Gustafsson A, et al. Match or mismatch：strategy-structure configurations in the service business of manufacturing companies[J]. Journal for Service Research, 2010, 13（2）：198-215.

[177] Rabinovich E, Bailey J P. Physical distribution service quality in internet retailing：service pricing, transaction attributes, and firm attributes[J]. Journal of Operations Management, 2004, 21（6）：651-672.

[178] Aurich J C, Fuchs C, Wagenknecht C . Life cycle oriented design of technical product-service systems[J]. Journal of Cleaner Production, 2006, 14（17）: 1480-1494.

[179] Izogo E E, Ogba I E . Service quality, customer satisfaction and loyalty in automobile repair services sector[J]. International Journal of Quality & Reliability Management, 2015, 32（3）: 250-269.

[180] Collier J E, Bienstock C C . Model misspecification: contrasting formative and reflective indicators for a model of E-service quality[J]. Journal of Marketing Theory and Practice, 2009, 17（3）: 283-293.

[181] Komunda M, Osarenkhoe A. Remedy or cure for service failure? Effects of service recovery on customer satisfaction and loyalty[J]. Business Process Management Journal, 2012, 18（1）: 82-103.

[182] Johnson V, Peppas S C. Crisis management in Belgium: the case of Coca-Cola[J]. Corporate Communications: An International Journal, 2003, 8（1）: 18-22.

[183] Qian G X, Guo X C, Guo J J, et al. China's dairy crisis: impacts, causes and policy implications for a sustainable dairy industry[J]. International Journal of Sustainable Development & World Ecology, 2011, 18（5）: 434-441.

[184] Vassilikopoulou A, Lepetsos A, Siomkos G, et al. The importance of factors influencing product-harm crisis management across different crisis extent levels: a conjoint analysis[J]. Journal of Targeting, Measurement & Analysis for Marketing, 2009, 17（1）: 65-74.

[185] 崔保军. 产品伤害危机情境下消费者感知风险的研究述评与展望[J]. 商业经济与管理, 2015, （4）: 63-73.

[186] Coombs W T. Designing post-crisis messages: lessons for crisis response strategies[J]. Review of Business, 2000, 21（3/4）: 37-41.

[187] Coombs W T. An analytic framework for crisis situations: better responses from a better understanding of the situation[J]. Journal of Public Relations Research, 1998, 10（3）: 177-191.

[188] Bradford J L, Garrett D E. The effectiveness of corporate communicative responses to accusations of unethical behavior[J]. Journal of Business Ethics, 1995, 14（11）: 875-892.

[189] 陈锟, 彭怡, 寇纲, 等. 产品伤害危机的营销补救策略优化[J]. 系统工程理论与实践, 2012, 32（5）: 919-927.

[190] Magno F. Managing product recalls: the effects of time, responsible vs. opportunistic recall management and blame on consumers' attitudes[J]. Procedia Social and Behavioral Sciences, 2012, 58: 1309-1315.

[191] Laufer D, Coombs W T. How should a company respond to a product harm crisis? The

role of corporate reputation and consumer-based cues[J]. Business Horizons, 2006, 49 (5): 379-385.

[192] 方正, 江明华, 杨洋, 等. 产品伤害危机应对策略对品牌资产的影响研究——企业声誉与危机类型的调节作用[J]. 管理世界, 2010, (12): 105-118, 142.

[193] 青平, 胡武阳, 冯娇娇, 等. 产品伤害危机事件后补救策略效果分析——以乳制品为例[J]. 农业经济问题, 2013, 34 (12): 94-101, 112.

[194] 袁海霞. 产品伤害危机影响机制的边界条件及修复策略研究[J]. 软科学, 2016, 30 (1): 110-114.

[195] 冯蛟, 卢强, 李辉. 群发性产品伤害危机中未曝光企业应对策略影响消费者购买意愿的动态机制研究——来自解释水平理论框架的解释[J]. 商业研究, 2016, (8): 107-119.

[196] 吴思, 唐生桂. 产品伤害危机溢出效应中的应对策略效果比较研究——基于品牌相对地位的视角[J]. 管理学刊, 2017, 30 (6): 33-41.

[197] Kuo M S, Liang G S. Combining VIKOR with GRA techniques to evaluate service quality of airports under fuzzy environment[J]. Expert Systems with Applications, 2011, 38 (3): 1304-1312.

[198] 刘书庆, 苏秦, 刘佳, 等. 科研院所科技成果产业化模式选择模型研究[J]. 研究与发展管理, 2013, 25 (5): 106-117.

[199] 魏亚荣, 李长俊, 吴瑕. 基于贝叶斯网络的页岩气集输管道失效概率计算方法研究[J]. 中国安全生产科学技术, 2019, 15 (1): 121-127.

[200] 吴天魁, 王波, 赵旖旎, 等. 基于故障树分析法的液氨泄漏事故分析[J]. 安全与环境学报, 2014, 14 (4): 15-20.

[201] Lucas P J F. Bayesian network modelling through qualitative patterns[J]. Artificial Intelligence, 2005, 163 (2): 233-263.

[202] Wang W H, Shen K L, Wang B B, et al. Failure probability analysis of the urban buried gas pipelines using Bayesian networks[J]. Process Safety and Environmental Protection, 2017, 111: 678-686.

[203] 王广彦, 马志军, 胡起伟. 基于贝叶斯网络的故障树分析[J]. 系统工程理论与实践, 2004, 24 (6): 78-83.

[204] Chen J Q, Zhao S Q, Ma Y F, et al. Distribution network reliability assessment based on Bayesian network and blind number[J]. Electric Power Automation Equipment, 2015, 35 (6): 112-116.

[205] 何立华, 魏琪, 李奕睿. 基于故障树和贝叶斯网络的建筑施工火灾风险评价[J]. 工程管理学报, 2017, 31 (5): 107-111.

[206] Wang S B, Li C W, Sun X G. Search method for wind turbine gearbox failures based on grey and fuzzy fault tree analysis[J]. Journal of Applied Sciences, 2013, 13 (6):

901-906.

[207] Liu X Q. Depth analysis of typical accident with FTA technology[J]. Applied Mechanics & Materials, 2014, 538: 443-446.

[208] 丁敩, 徐峰. 基于贝叶斯网络的工程风险管理研究——以港珠澳大桥主体工程设计风险为例[J]. 系统管理学报, 2018, 27（1）: 176-185, 191.

[209] Chen S M. Sham or shame: rethinking the China's milk powder scandal from a legal perspective[J]. Journal of Risk Research, 2009, 12（6）: 725-747.

[210] 樊帅, 田志龙. 产品伤害危机下 CSR 策略匹配度对购买意愿的影响——基于消费者怀疑的中介作用[J]. 经济管理, 2017, 39（8）: 116-132.

[211] 孙瑛, 马宝龙, 李金林. 产品伤害危机对顾客价值的影响——基于随机模型方法的实证分析[J]. 经济管理, 2011, 33（8）: 80-85.

[212] van Heerde H J, Helsen K, Dekimpe M G . The impact of product-harm crisis on marketing effectiveness[J]. Marketing Science, 2007, 26（2）: 230-245.

[213] Lai C S, Yang C F, Wu H C. The influence of product-harm crises on consumer attribution and identification: the moderating effect of corporate social responsibility[J]. Procedia Social and Behavioral Sciences, 2015, 207: 553-559.

[214] 全世文, 曾寅初, 刘媛媛. 消费者对国内外品牌奶制品的感知风险与风险态度——基于三聚氰胺事件后的消费者调查[J]. 中国农村观察, 2011, （2）: 2-15, 25.

[215] Ki H M, Chung D H. Evaluating corporate crisis communication strategy: comparison between experts and the public[J]. Korean Crisis Management Review, 2017, 13（9）: 153-170.

[216] 涂铭, 景奉杰, 汪兴东. 产品伤害危机中的负面情绪对消费者应对行为的影响研究[J]. 管理学报, 2013, 10（12）: 1823-1832.

[217] 王晓玉, 晁钢令, 吴纪元. 产品伤害危机及其处理过程对消费者考虑集的影响[J]. 管理世界, 2006, （5）: 86-95.

[218] 夏茵, 晁钢令. 产品危机情境下分销商反应行为的影响因素研究[J]. 现代管理科学, 2014, （5）: 101-103.

[219] Lee H S, Tzeng G H, Yeih W, et al. Revised DEMATEL: resolving the infeasibility of DEMATEL[J]. Applied Mathematical Modelling, 2013, 37（10/11）: 6746-6757.

[220] 王文和, 朱正祥, 米红甫, 等. 基于 DEMATEL-ISM 的城市地下综合管廊火灾事故影响因素研究[J]. 安全与环境学报, 2020, 20（3）: 793-800.

[221] Zhang D Y, Gao Y, Morse S. Corporate social responsibility and food risk management in China: a management perspective[J]. Food Control, 2015, 49: 2-10.

[222] 汪邦军, 李润岐, 戴伟, 等. 产品制造过程质量波动源解释结构模型与应用[J]. 工业工程, 2016, 19（5）: 146-152.

[223] 刘书庆, 车艳. 产品质量危机事件应对策略研究[J]. 科技促进发展, 2018, 14（3）: 182-187.

[224] Xie Y, Peng S Q. How to repair customer trust after negative publicity: the roles of competence, integrity, benevolence, and forgiveness[J]. Psychology & Marketing, 2009, 26（7）: 572 -589.

[225] 方正, 杨洋, 汪明华, 等. 可辩解型产品伤害危机应对策略对品牌资产的影响研究: 调节变量和中介变量的作用[J]. 南开管理评论, 2011, 14（4）: 69-79.

[226] 方正, 杨洋, 李蔚. 产品伤害危机应对策略效果研究[J]. 软科学, 2011, 25（11）: 73-77.

[227] 杨洋, 方正, 李蔚. 产品伤害危机的管理模式研究——基于相关文献回顾[J]. 华东经济管理, 2010, 24（11）: 139-142.

[228] Chen Y B, Ganesan S, Liu Y. Does a firm's product-recall strategy affect its financial value? An examination of strategic alternatives during product-harm crises[J]. Journal of Marketing, 2009, 73（6）: 214-226.

[229] Vassilikopoulou A, Chatzipanagiotou K, Siomkos G, et al. The role of consumer ethical beliefs in product-harm crises[J]. Journal of Consumer Behaviour, 2011, 10（5）: 279-289.

[230] Vassilikopoulou A, Siomkos G, Chatzipanagiotou K, et al. Product-harm crisis management: time heals all wounds?[J]. Journal of Retailing and Consumer Services, 2009, 16（3）: 174-180.

[231] 刘书庆, 李春花. 基于改进型 TOPSIS 的协同创新参与主体组合模式优选模型研究[J]. 工业工程与管理, 2016, 21（5）: 1-8.

[232] Opricovic S, Tzeng G H. Extended VIKOR method in comparison with outranking methods[J]. European Journal of Operational Research, 2007, 178（2）: 514-529.

[233] Yazdani M, Kahraman C, Zarate P, et al. A fuzzy multi attribute decision framework with integration of QFD and grey relational analysis[J]. Expert Systems with Applications, 2019, 115: 474-485.

[234] Mir M A, Ghazvinei P T, Sulaiman N M N, et al. Application of TOPSIS and VIKOR improved versions in a multi criteria decision analysis to develop an optimized municipal solid waste management model[J]. Journal of Environmental Management, 2016, 166（9）: 109-115.

[235] Yang W G, Wu Y G. A new improvement method to avoid rank reversal in VIKOR[J]. IEEE Access, 2020, 8: 21261-21271.

[236] Li N N, Zhao H R. Performance evaluation of eco-industrial thermal power plants by using fuzzy GRA-VIKOR and combination weighting techniques[J]. Journal of Cleaner Production, 2016, 135: 169-183.

[237] Wei G W. Grey relational analysis model for dynamic hybrid multiple attribute decision making[J]. Knowledge-Based Systems, 2011, 24（5）: 672-679.

[238] Tong L I, Chen C C, Wang C H. Optimization of multi-response processes using the VIKOR method[J]. The International Journal of Advanced Manufacturing Technology, 2007, 31（11/12）: 1049-1057.

[239] Simanaviciene R, Ustinovichius L. Sensitivity analysis for multiple criteria decision making methods: TOPSIS and SAW[J]. Procedia Social and Behavioral Sciences, 2010, 2（6）: 7743-7744.

[240] 袁宇, 关涛, 闫相斌, 等. 基于混合 VIKOR 方法的供应商选择决策模型[J]. 控制与决策, 2014, 29（3）: 551-560.

[241] Rubel O, Naik P A, Srinivasan S. Optimal advertising when envisioning a product-harm crisis[J]. Marketing Science, 2011, 30（6）: 1048-1065.

[242] Cleeren K, van Heerde H J, Dekimpe M G. Rising from the ashes: how brands and categories can overcome product-harm crises[J]. Journal of Marketing, 2013, 77（2）: 58-77.

[243] Lin C P, Chen S C, Chiu C K. Understanding purchase intention during product-harm crises: moderating effects of perceived corporate ability and corporate social responsibility[J]. Journal of Business Ethics, 2011, 102（3）: 455-471.

[244] 方正, 杨洋. 产品伤害危机及其应对研究前沿探析[J]. 外国经济与管理, 2009, 31（12）: 39-44, 57.

[245] 张圣亮, 高欢. 服务补救方式对消费者情绪和行为意向的影响[J]. 南开管理评论, 2011, 14（2）: 37-43.

[246] 张淑萍, 陆娟. 产品伤害危机后消费者购买意愿的恢复研究——以乳品行业为例[J]. 宏观经济研究, 2013,（10）: 53-58, 94.

[247] Kim P H, Dirk S K T, Cooper C D. The repair of trust: a dynamic bilateral perspective and multilevel conceptualization[J]. Academy of Management Review, 2009, 34（3）: 401-422.

[248] 刘星, 高嘉勇. 国外最新组织信任修复模型评介[J]. 外国经济与管理, 2010, 32（4）: 25-30.

[249] 徐小龙. 产品伤害危机下消费者与品牌关系再续机制[J]. 现代经济探讨, 2015,（4）: 88-92.

[250] 杨强, 武一波, 张宇. 服务补救对消费者正面口碑传播意愿的影响: 品牌依恋的调节作用分析[J]. 预测, 2015, 34（4）: 21-26.

[251] 董亚妮, 李蔚, 花海燕, 等. 产品伤害危机后的产品策略对消费者购买意愿影响的实证研究[J]. 管理现代化, 2009,（1）: 12-14.

[252] 韩福荣, 郝进. 质量管理体系有效性综合评价模型[J]. 北京工业大学学报, 2000,

26（3）：120-124.

[253] 刘书庆，董雅文. 基于 ISO 9000 族标准的质量管理体系有效性评价方案设计[J]. 工业工程，2006，9（3）：88-93.

[254] 史丽萍，刘强. 企业质量管理成熟度的评价[J]. 统计与决策，2015，（3）：183-185.

[255] 王斌，穆菁，孙振，等. 基于风险思维的质量管理体系过程绩效量化评价及管理研究[J]. 质量与可靠性，2019，（3）：49-54.

[256] 范春梅，叶登楠，李华强. 产品伤害危机中消费者应对行为的形成机制研究——基于 PADM 理论视角的扎根分析[J]. 管理评论，2019，31（8）：230-239.

[257] Heller V L，Darling J R. Anatomy of crisis management：lessons from the infamous Toyota case[J]. European Business Review，2012，24（2）：151-168.

[258] 杨科，李英. 社交网络中消费者维权观点扩散机制：基于汽车产品伤害危机的仿真研究[J]. 管理工程学报，2020，34（1）：177-185.

[259] 张正林，庄贵军. 基于时间继起的消费者信任修复研究[J]. 管理科学，2010，23（2）：52-59.

[260] Cui P W，Li W，Yang Y . The impact of recovery strategies on brand trust after production operations management failure[J]. Applied Mechanics & Materials，2013，423/426：2270-2274.

[261] 刘书庆，李平. 产品质量危机管理对策实证研究[J]. 工业工程与管理，2013，18（4）：1-9，15.

[262] Priporas C V，Vangelinos G. Crisis management in pharmaceuticals：evidence from Greece[J]. International Journal of Pharmaceutical and Healthcare Marketing，2008，2（2）：88-102.

[263] Souiden N，Pons F. Product recall crisis management：the impact on manufacturer's image，consumer loyalty and purchase intention[J]. Journal of Product & Brand Management，2009，18（2）：106-114.